E-Book inside.

Mit folgendem persönlichen Code
können Sie die E-Book-Ausgabe
dieses Buches downloaden.

70184-r65p7-
x3d01-d30w1

Registrieren Sie sich unter
www.hanser-fachbuch.de/ebookinside
und nutzen Sie das E-Book
auf Ihrem Rechner*, Tablet-PC
und E-Book-Reader.

Der Download dieses Buches als E-Book unterliegt gesetzlichen
Bestimmungen bzw. steuerrechtlichen Regelungen, die Sie unter
www.hanser-fachbuch.de/ebookinside nachlesen können.
* Systemvoraussetzungen: Internet-Verbindung und Adobe® Reader®

Bleiben Sie auf dem Laufenden!

Daniel Takai

Architektur für Websysteme

Serviceorientierte Architektur,
Microservices,
Domänengetriebener Entwurf

HANSER

Der Autor:

Daniel Takai, Thun (CH)
takai@silberruecken.ch

Bibliografische Information der Deutschen Nationalbibliothek:

Die Deutsche Nationalbibliothek verzeichnet diese Publikation in der Deutschen Nationalbibliografie; detaillierte bibliografische Daten sind im Internet über http://dnb.d-nb.de abrufbar.

© 2017 Carl Hanser Verlag München, www.hanser-fachbuch.de
Lektorat: Brigitte Bauer-Schiewek
Copy editing: Jürgen Dubau, Freiburg/Elbe
Herstellung: Irene Weilhart
Layout: le-tex publishing services GmbH
Umschlagdesign: Marc Müller-Bremer, www.rebranding.de, München
Umschlagrealisation: Stephan Rönigk
Datenbelichtung, Druck und Bindung: Kösel, Krugzell
Ausstattung patentrechtlich geschützt. Kösel FD 351, Patent-Nr. 0748702
Printed in Germany

Print-ISBN: 978-3-446-45056-1
E-Book-ISBN: 978-3-446-45248-0

Inhalt

TEIL I

Geschäftssysteme

1 Einleitung

■ 1.1 Buchmodell

If you want to build a ship, don't drum up people together to collect wood and don't assign them tasks and work, but rather teach them to long for the endless immensity of the sea. – Antoine de Saint Exupéry

Die Sprache als Werkzeug

Softwaresysteme sind komplex und schwierig zu begreifen. Die Fehler unsichtbarer Laufzeitumgebungen geben uns bei der Analyse Rätsel auf. Wenn wir verstehen möchten, was ein System tut, müssen wir sein Umfeld und die Arbeit verstehen, die mit dem System verrichtet wird. Dieses Verständnis ist schwer aufzubauen, wenn uns die gemeinsame Sprache der Konzepte des Systems fehlt. Haben wir jedoch ein gemeinsames, fachliches Verständnis der Domäne und sind Technik und Geschäft kohärent, so können wir unsere natürlichen linguistischen Fähigkeiten für die Analyse und Synthese eines Systems nutzen.

Aus diesem Grund habe ich für dieses Buch ein eigenes Modell entwickelt, eine Art von Allgemeinsprache (5.3), in der jeder verwendete Fachbegriff genau beschrieben ist. Was im Entwurf eines Systems funktioniert, das sollte für ein Buch lange reichen.

Jeweils zu Beginn eines Abschnitts habe ich die im Text folgenden Beschreibungen und Definitionen der besseren Übersichtlichkeit halber als *TL;DR* aufgeführt. Der ganz eilige Leser kann nur diese Textboxen lesen, um die Inhalte dieses Buches zu erfassen.

Für wen ist dieses Buch geschrieben?

Dieses Buch enthält das Wissen um die Architektur von Web- bzw. Geschäftssystemen, also Systemen, die über das Internet funktionieren und für die Arbeit mit Menschen entworfen werden. Das Buch richtet sich an Softwarearchitekten oder jene, die Softwarearchitekt werden möchten. Ebenfalls interessant ist das Buch für Personen, die im Anforderungsmanagement arbeiten. Durch die durchgängige Illustration mit Qualitätsszenarien soll das Buch helfen, Anforderungen besser zu spezifizieren.

Nicht geeignet ist das Buch zum Erlernen spezifischer Technologien oder Programmiersprachen. Zwar sind immer mal wieder konkrete Beispiele für Technologien angegeben, aber dieses Buch konzentriert sich auf Entwurfsmuster und Methoden.

Aufbau des Buches

Im ersten Teil dieses Buches werden verschiedene Architekturstile und Entwurfsmuster für Geschäftssysteme beschrieben: Was bedeutet Architektur und wie wird sie angewendet? Die vorgestellten Möglichkeiten werden in den Teilen danach über die Qualitätsmerkmale beschrieben, die für ein Geschäftssystem heute relevant sind. Jedes Qualitätsmerkmal ist dabei in Submerkmale untergliedert, welche wiederum durch verschiedene Techniken und Methoden im Detail erläutert werden.

Somit eignet sich der Aufbau des Buches auch als Checkliste für Systembewertungen oder als Grundlage für die Planung des Entwurfs. Ich selber nutze in meiner Praxis genau diesen Aufbau, um effizient Expertisen zu schreiben und Beratungsleistungen zu erbringen.

Geschäftssysteme

In diesem Buch geht es um den Entwurf, die Bewertung, Implementierung und Wartung von Geschäftssystemen (1.3), also Systemen, die die Arbeit mit Menschen in Organisationen über das Internet unterstützen. Geschäftssysteme reagieren auf Geschäftsereignisse mit Geschäftsfällen, deren Geschäftstätigkeiten durch Geschäftsregeln bestimmt werden. Das Geschäft steht in diesem Buch für die Arbeit einer Organisation und kann jeden erdenklichen fachlichen Hintergrund haben. Allgegenwärtig ist dabei die *unverzichtbare Komplexität*, die ein Geschäftssystem abbilden muss und die nicht reduziert werden kann. Eine Hauptaufgabe des Architekten ist neben der Möglichkeit, diese Komplexität zu bewältigen, vor allem die Kontrolle und Eliminierung unnötiger Komplexität. Hierfür bietet dieses Buch eine Dokumentation verschiedener Architekturstile, Entwurfsstandards, Qualitätsmodelle sowie Qualitätsmerkmale, die für Geschäftssysteme relevant sind.

Architekturstile

In diesem Buch werden drei Architekturstile vorgestellt, die aufeinander aufbauen und komplementär zueinander stehen. Zum besseren Verständnis gehe ich auf die Geschichte und Hintergründe der Stile ein. Zudem gibt es hier und dort Vergleiche mit dem Architekturstil des Monolithen.

 Sammlungen von Entwurfsprinzipien heißen *Architekturstile*. In diesem Buch sind drei verschiedene Stile beschrieben, die zueinander passen und gemischt werden dürfen.

- Serviceorientierte Architektur (1.3)
- Microservice-Architektur (1.4)
- Domänengetriebener Entwurf (1.5)

Entwurfsstandards

Für Microservices, sonstige Services, Monolithen, Service-Bus-Systeme und Öffentliche APIs haben sich in den letzten Jahren Entwurfsmuster gebildet, die ich in diesem Buch festhalten möchte.

Der Entwurfsstandard ist eine Vorschrift der Governance für den Systementwurf. In diesem Buch sind drei Standards zur Vorgabe enthalten.

- Entwurfsstandard des Service (2.3)
- Entwurfsstandard des Open Host (2.4)
- Entwurfsstandard des Service Bus (2.5)

Qualitätsmodelle für Geschäftssysteme

Ich habe es oft erlebt, dass die für den Entwurf eines Systems notwendigen Grundlagen in Form von Qualitätsanforderungen nicht vorhanden waren. Zwar gibt es immer den einen oder anderen Satz, dass das System superschnell und sehr sicher sein soll, aber diese Beschreibungen sind meistens unzulänglich. Ich denke, dass der Grund hierfür in mangelndem Wissen um die möglichen Qualitäten und ihre Beschreibung ist. Es ist mir also ein Anliegen, die für ein Geschäftssystem notwendigen Qualitäten zu beschreiben, damit diese als Bewertungsgrundlage dienen kann: Welche Eigenschaften muss ein Service haben, damit er im Kontext erfolgreich sein kann?

Ein Qualitätsmodell beschreibt, bewertet und sagt Qualität voraus. Das Modell bildet damit die Basis des Entwurfs, der bewertet werden soll. In diesem Buch sind drei Qualitätsmodelle für Geschäftssysteme enthalten.

- Cloud-Native Systeme (3.1)
- Reaktive Systeme (3.1)
- Geschäftssysteme (3.1)

Es gibt heute viele verschiedene Methoden und Techniken in der Softwareentwicklung wie Eskalationsmanagement, Open Auth Connect, Mehrfaktorauthentifizierung oder Sandboxing. Aber es ist nicht in jedem Fall klar, welche Qualitäten des Produkts diese Methoden beeinflussen, und dies erschwert die Investitionsplanung. Wird ein wartbarer Service benötigt, aber nicht in Methoden investiert, die Wartbarkeit schaffen, so ist das ein Problem. Ein System kann funktional fehlerfrei sein und doch maßlos enttäuschen, weil stillschweigende Erwartungen nicht erfüllt wurden. Dem Architekten kommt die schwierige Rolle zu, diese Erwartungen im Rahmen des vorhandenen Budgets über die Qualitätsmerkmale zu verhandeln.

Qualitätsmerkmale von Geschäftssystemen

 Qualitätsmerkmale sind Eigenschaften eines Systems. In diesem Buch sind 19 Qualitätsmerkmale beschrieben. Zu jedem Qualitätsmerkmal gibt es ein Herleitung, Qualitätsszenarien, Entwurfsmuster und Methoden für den praktischen Einsatz.

- Wartbarkeit (II)
  - Konzeptionelle Integrität (5)
  - Konsistenz (6)
  - Testbarkeit (7)
  - Analysierbarkeit (8)
  - Änderbarkeit (9)
- Performance (III)
  - Latenz (11)
  - Service-Performance (12)
  - Kapazität (13)
  - Skalierbarkeit (14)
- Zuverlässigkeit (IV)
  - Verfügbarkeit (16)
  - Herstellbarkeit (17)
  - Prüfbarkeit (18)
  - Resilienz (19)
- Informationssicherheit (V)
  - Identifizierung (21)
  - Autorisierung (23)

Danksagung

Ohne die Hilfe meiner hochgeschätzten Kollegen wäre dieses Buch niemals entstanden. Besonderen Dank möchte ich jenen aussprechen, die mit mir gemeinsam die Diskussion gesucht haben. Viele der Inhalte und Aussagen dieses Buches sind aus dem gemeinsamen Schreiben von Artikeln für Fachmagazine entstanden. Mein ausdrücklicher und großer Dank gilt Christoph Huber, Olaf Otto, Nicolas Bär, Christian Wittwer, Thomas Jaggi, Gion Manetsch, Verena Linder, Urs Siegenthaler, Carlo Bonati, Christoph Camenisch, Marcel Wiedemeier, Karsten Petersen, Stefan Zörner und Thomas Walser. Besonderen Dank gebührt Daniel Rey, ohne dessen exakte und fundierte Kritik mir die abschließende Korrektur des Werks sehr viel schwerer gefallen wäre.

Ich möchte mich außerdem bei all denjenigen Architekten und Autoren bedanken, die das Wissen um die Serviceentwicklung im Web vorantreiben und aktiv teilen. Dazu gehören insbesondere auch Organisationen, die ihr Wissen durch das Führen von Engineering Blogs und die Veröffentlichung von Open Source teilen.

1.2   Architektur und Entwurf

> **⚡ TL;DR**
>
> - Architektur ist der Schlüssel zum Verständnis eines Systems [CKK02].
> - *Softwarearchitektur* ist die systematische Beschreibung der Services (2.3) und Qualität (3) eines Systems in der Allgemeinsprache (5.3).
> - Der *Entwurf* ist die schöpferische Leistung, die zur Softwarearchitektur führt.
> - Die Eingaben des Entwurfs sind Rahmenbedingungen, Annahmen, Anforderungen (5.7) und Qualitätsmerkmale (3).
> - Die Ausgaben des Entwurfs sind die Architektur, eine Planung, Risiken und Kosten.
> - Ein *Entwurfsprinzip* ist eine verallgemeinerte, akzeptierte Industriepraxis.
> - Eine Sammlung von Entwurfsprinzipien heißt *Architekturstil*. In diesem Buch sind drei Architekturstile beschrieben: Die serviceorientierte Architektur (1.3), die Microservice-Architektur (1.4) und der domänengetriebene Entwurf (1.5).
> - Eine konkrete Entwurfsvorlage, die ein verbreitetes und wiederkehrendes Problem löst, heißt *Entwurfsmuster*. In diesem Buch werden verschiedenste Entwurfsmuster zur Unterstützung von Qualitätsmerkmalen angegeben.
> - Vorgaben für den Entwurf eines Systems heißen *Entwurfsstandards*. Entwurfsstandards spiegeln die Rahmenbedingungen einer Organisation. In diesem Buch sind drei Entwurfsstandards beschrieben: Service (2.3), Open Host (2.4) und Service Bus (2.5).

Was ist Softwarearchitektur?

In fast jedem Buch über Softwarearchitektur steht zu Beginn die Frage, was Softwarearchitektur eigentlich ist. Die Frage ist in der Literatur so offen wie ungeklärt. Tatsächlich bietet das Software Engineering Institute der Carnegie Mellon Universität sogar eine Sammlung vieler verschiedener Definitionen von Softwarearchitektur an [sei]. Es folgen verschiedene Definitionen und Erläuterungen über Softwarearchitektur:

- *Software architecture is the set of design decisions which, if made incorrectly, may cause your project to be cancelled.* - Eoin Woods [sei]

  In dieser Definition tritt weder das Wort Komponente, Microservice oder Schnittstelle auf, beschreibt einen wesentlichen Teil von Architektur aber sehr gut: In der Architektur geht es um *Entscheidungen*, die hohe Kosten verursachen können und sich später schwer rückgängig machen lassen.

- *The set of structures needed to reason about the system, which comprises software elements, relations among them, and properties of both.* - Paul Clements [CBB+10]

  In dieser Definition geht es um Strukturen von Software und deren Eigenschaften. Zweifellos ist es wichtig zu wissen, aus welchen Bausteinen ein System besteht und welche Eigenschaften, auch Qualitätsmerkmale (3.1) genannt, diese Bausteine haben sollen. Es ist vor allem die Dokumentation des Systems, die in dieser Definition eine tragende Rolle spielt, auch wenn sie nur implizit genannt ist.

- *Architecture is first and foremost key to achieving system understanding. As a vehicle for communication among stakeholders, it enables high-bandwidth, informed communication among developers, managers, customers, users, and others who otherwise would not have a shared language.* Paul Clements [CKK02]

Dies ist meine Lieblingsdefinition von Softwarearchitektur, weil sie die Bedeutung der gemeinsamen Sprache in der täglichen Kommunikation mit den Stakeholdern so schön hervorhebt. Für mich ist die Sprache ein subtiles, aber wertvolles Werkzeug der Entwicklung, dem ich in diesem Buch viel Platz gelassen habe. So bezieht sich dann auch die letzte Definition von Softwarearchitektur, die zu meinem Buchmodell passt, auf die Allgemeinsprache (5.3):

- *Softwarearchitektur ist die systematische Beschreibung der Services und Qualität eines Systems in der Allgemeinsprache.* Daniel Takai

Dies ist die Definition von Architektur, die also für den Rest dieses Buches gelten soll.

Das gesamte Gebiet der Informatik unterliegt einer zunehmenden Spezialisierung von Wissen und Rollen, und so auch die Architektur. Die Unterschiede zwischen Softwarearchitektur, Unternehmensarchitektur, Geschäftsarchitektur oder Technologiearchitektur sind in diesem Buch jedoch nicht beschrieben, weil der Prozess der Standardisierung noch im Gange ist und es schlicht zu früh wäre, trennscharf zu unterscheiden.

Architekturstile mischen

Beginnt man mit der Analyse oder Synthese eines Systems, so können bekannte Entwurfsformen eine Hilfe sein. Eine verallgemeinerte, akzeptierte Industriepraxis ist ein *Entwurfsprinzip*, vergleichbar mit einer Best Practice. Im Rahmen der Softwarearchitektur führt die konsistente Anwendung von Entwurfsprinzipien zur Erreichung bestimmter Qualitätsmerkmale. Beispielsweise führt die Anwendung des Prinzips der Zustandslosigkeit einer Schnittstelle zu einem skalierbaren Service (14).

Eine Sammlung von Entwurfsprinzipien heißt *Architekturstil*. Da die Anwendung der Prinzipien gewisse Qualitätsmerkmale fördert, führen diese zu einer homogeneren IT-Landschaft, weil sich die Services ähnlich verhalten. In der Praxis findet man häufig Mischformen der Architekturstile: eine serviceorientierte Architektur, die aus Monolithen besteht, oder eine Microservice-Architektur, die domänengetrieben entworfen wurde. Architekturstile dürfen also gemischt werden.

Sammlungen von Entwurfsprinzipien heißen *Architekturstile*. In diesem Buch sind drei verschiedene Stile beschrieben, die zueinander passen und gemischt werden dürfen:

- Serviceorientierte Architektur (1.3)

- Microservice-Architektur (1.4)

- Domänengetriebener Entwurf (1.5)

Entwurfsstandard

Ein *Entwurfsmuster* ist eine konkrete Entwurfsvorlage, die ein verbreitetes Problem löst, beispielsweise der Entwurf eines Test Harness (7.5) für automatische Tests.

Ein *Entwurfsstandard* ist eine verbindliche Vorgabe für den Entwurf eines Systems, die die konkrete Umwelt einer Organisation als Standard spiegeln. Solch ein Standard ist ein Architekturstil in Kombination mit einer Sammlung von Entwurfsmustern, die auf die Organisation zugeschnitten sind. So kann beispielsweise im Rahmen einer IT-Strategie eine bestimmte Datenbanktechnologie vorgegeben werden. Die Kontrolle der Umsetzung von Entwurfsstandards heißt *Compliance*, die unter anderem über das Test Management (7.3) sichergestellt werden kann.

Der Entwurfsstandard ist eine Vorschrift der Governance für den Systementwurf. In diesem Buch sind drei Standards zur Vorgabe enthalten.

- Entwurfsstandard des Service (2.3)
- Entwurfsstandard des Open Host (2.4)
- Entwurfsstandard des Service Bus (2.5)

Architektur und Programmierung

Die Softwareentwicklung beschäftigt sich mit der *Programmierung* eines Service und einem konkreten Bezug zur Implementierung. Die Softwarearchitektur hingegen definiert die Kommunikationswege zwischen den Services und beschäftigt sich mit ihren Schnittstellen. Aus verschiedenen Services komponiert die Architektur ein System. Das bedeutet aber nicht, dass Architektur und Programmierung nicht von derselben Person ausgeführt werden können, es sind nur andere Aufgaben.

Die Programmierung ist die Aufgabe des Entwicklers. Durch *Software Craftsmanship*, *Clean Code* und den Dialog mit dem Team stellt er eine bestmögliche Performance des Service sicher. Da er für den Service die Verantwortung übernimmt, sollte er auch bestimmen, mit welchen Technologien gearbeitet wird. Der Entwickler sollte anhand der eigenen Kompetenzen und Erfahrungen die Entscheidungen in Bezug auf die Programmierung fällen dürfen. Für mich gehört dazu auch die Wahl der Programmiersprache und der verwendeten Frameworks (6.3). Es ist aber auch verständlich, dass in vielen Organisationen aus Compliance-Gründen Vorgaben für einsetzbare Technologien gemacht werden. Dies ist zum Beispiel dann der Fall, wenn damit zu rechnen ist, dass viele verschiedene Entwickler im Laufe der Zeit an dem Service arbeiten werden. In diesem Fall wählt man eine *Plattform*, die populär ist und für die es auch in zehn Jahren noch genügend Personal geben wird.

Interessanterweise wird die Qualität eines Systems nicht nur durch die Qualität eines Service bestimmt, sondern mehrheitlich durch die Architektur, also die Komposition der Dienste [KKB+98]. Somit teilen sich also die Architektur und die Arbeit des Entwicklers die Aufgabe der Qualitätserreichung und sollten deswegen Hand in Hand arbeiten.

Der Entwurfsprozess

Um zur Architektur zu kommen, durchläuft der Architekt einen *Entwurfsprozess*, bei dem viele *Entscheidungen* getroffen werden. Viele Entscheidungen haben eine lange Lebensdauer und lassen sich so gut wie nicht mehr revidieren. Denken Sie nur an die Wahl eines Frameworks oder die Auswahl eines Cloud Providers: Können solche Entscheidungen noch rückgängig gemacht werden, wenn die Anwendungen auf dieser Basis ein paar Wochen später produktiv laufen? Die wesentlichen Entscheidungen zu identifizieren und teilweise auch zu treffen, ist die Arbeit des Architekten. Im *Entwurfsprozess*, der in Bild 1.1 visualisiert ist, sammelt der Architekt die folgenden Informationen:

- Informationen, die noch nicht vorliegen, müssen durch *Annahmen* ersetzt werden. Die Annahmen sollte der Architekt dokumentieren, auch damit man sie verfolgen kann. Bei Werksverträgen können solche Annahmen wertvoll sein, um nachzuweisen, dass es eine andere Ausgangslage gab als *angenommen*. Durch die Dokumentation der Annahmen, beispielsweise in einem Angebot, werden diese zum Vertragsbestandteil.

- Rahmenbedingungen (5.7) sind Anforderungen, die nicht verändert werden können. Beispiele für Rahmenbedingungen sind das verfügbare Budget, die Ausbildung der Projektmitarbeiter oder regulatorische Vorgaben, denen das Geschäft unterliegt. Rahmenbedingungen sind nicht veränderbar, aber sie müssen nicht notwendigerweise statisch sein. So kann es sein, dass sich die Gesetzgebung im Laufe des Projekts verändert. Die Dokumentation der Rahmenbedingungen kann wichtig sein, um Entscheidungen später nachvollziehen zu können.

- Die geplante Qualität (3) eines Systems zu verhandeln und im Entwurf zu berücksichtigen, ist eine Kernkompetenz des Architekten. Hierfür werden Qualitätsszenarien (3.2) für die relevanten *Qualitätsmerkmale* erhoben, die diese Qualität möglichst vollständig beschreiben.

- Neben den Qualitätsmerkmalen und Rahmenbedingungen werden auch Informationen über die funktionalen Anforderungen (5.7) benötigt. Vom *Requirements Engineer* bekommen Sie eine Zusammenfassung der Geschäftsziele, Epics und Features des Systems,

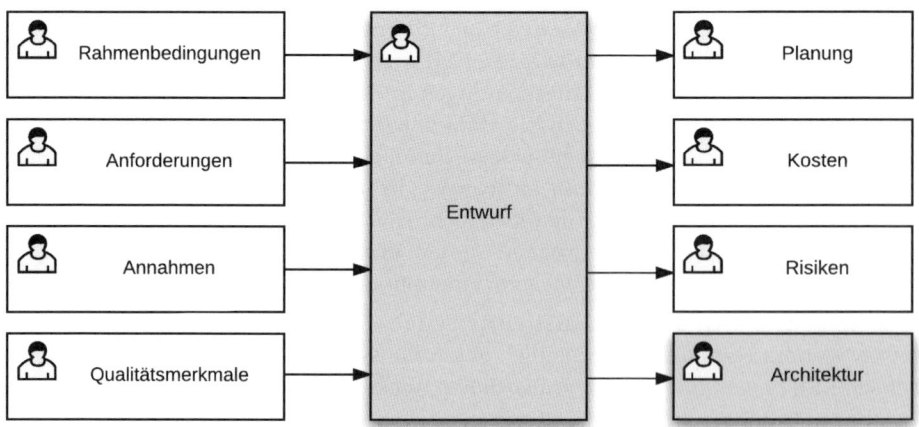

Bild 1.1 Entwurf der Architektur

die die funktionalen Anforderungen auf einer hohen Abstraktionsebene bündeln. So haben Sie eine Chance zu verstehen, was mit dem System erreicht werden soll, und kommen mit der Architektur weiter. Meiden Sie Detaildiskussionen zu funktionalen Anforderungen, denn diese sind für die Architektur selten relevant.

Die Analyse der Eingaben dient dem Architekten als Grundlage für den *Entwurf*. Der Architekt muss diesen Syntheseprozess nicht alleine durchlaufen, er kann den Entwurf auch gemeinsam mit dem Team oder anderen Stakeholdern durchführen. Da beim Entwurf sehr viele Dinge bedacht werden müssen, ist es sogar angeraten, Ergebnisse gemeinsam zu besprechen. Ich lasse mich immer wieder gerne von kreativen Ideen aus unerwarteten Richtungen überraschen. Gleichzeitig erhöht der Dialog über die Lösung den Buy-In der Stakeholder. Der Entwurfsprozess erzeugt vier Ausgaben:

- Die *Planung* des Systems wird anhand der definierten Services und Anwendungen sowie ihrer räumlichen Verteilung möglich. Die Planung wird durch das Engineering Management (9.1) begleitet. Ein Hilfsmittel der Kommunikation ist die Dokumentation (8.3) des geplanten Systems.

- Im Tandem mit der Planung lassen sich auch die *Kosten* für das System abschätzen. Kosten entstehen vor allem durch die Allokation von Personal, den Aufbau und Betrieb von Produktionstechnologien wie Continuous Deployment oder Versionskontrolle, die Definition von Produktionsprozessen, den Betrieb der verschiedenen benötigten Umgebungen (7.4) sowie möglicherweise Lizenzen, wenn Standardprodukte eingekauft werden. Hinzu kommen laufende Mittel für IaaS- oder PaaS-Produkte sowie die verdeckten Kosten, die entstehen, wenn der Architekt eine falsche Entscheidung trifft. Diese Kosten sind allerdings nicht finanzieller Natur, sondern nagen eher am Renommee: Architekten werden daran gemessen, wie gut ihre Entscheidungen sind.

- Der Architekt weist *Risiken* aus, die im Zusammenhang mit der Entwicklung und dem Betrieb des Systems stehen. Risiken entstehen immer dann, wenn gewünschte und geplante Qualität nicht übereinstimmen, weil dies bedeutet, dass Anforderungen der Stakeholder nicht erfüllt werden können. Stellen Sie sich vor, Ihr System muss von Hunderten Fachkräften eingesetzt werden, und es wird kein Budget für Usability-Tests reserviert. Es besteht dann das begründete Risiko, dass die Anwendung von den Benutzern nicht akzeptiert wird. Ähnliches gilt für die Wartbarkeit (II), Performance (III), Zuverlässigkeit (IV) oder Sicherheit (V).

■ 1.3 Serviceorientierte Architektur

Services, not packaged software. Tim O'Reilly [wha]

 TL;DR

- Ein *Service* ist eine Laufzeiteinheit, die unabhängig installiert werden kann.
- Ein Service kann durch seinen Quelltext (9.5), seine Anforderungen (5.7), seine Schnittstellen (2.3) sowie seine Qualitätsmerkmale (3) beschrieben werden.

> • *Geschäftssysteme* sind soziotechnische Feedbacksysteme zur Unterstützung der Arbeit von Menschen und folgen einem ähnlichen Qualitätsmodell (3.1).
>
> • Eine *Serviceorientierte Architektur (SOA)* ist ein Architekturstil, der auf die Erhöhung von Effizienz, Agilität und Produktivität einer Organisation zielt. Dies wird erreicht durch die Positionierung von Services als primäre Quelle von Geschäftslogik [Erl08].

Das Geschäftssystem

Zu Beginn dieses Abschnitts steht die Definition des Geschäftssystems, da die meisten Geschäftssysteme Teil einer serviceorientierten Architektur sind.

Ein Geschäftssystem ist verteiltes Softwaresystem, das heute de facto über den Browser, eine mobile App oder eine Web API mit seinen Benutzern kommuniziert. Geschäftssysteme sind *soziotechnische Feedbacksysteme*, also Systeme, die von Menschen genutzt werden. Ihnen ist zu eigen, dass sie sich durch Feedback ihrer Stakeholder sowie durch Änderungen in der Umwelt stetig verändern [Leh80].

Ein Geschäftssystem ist genau dann erfolgreich, wenn es die *Bedürfnisse* seiner Stakeholder erfüllt. Man sagt auch, dass die Stakeholder den *Anforderungsraum* aufspannen. Die möglichen Einflüsse auf ein Geschäftssystem durch seine Stakeholder und die Umwelt werden im Detail im Abschnitt über die Wartbarkeit (Teil II) besprochen.

Serviceorientierte Architektur

In einer serviceorientierten Architektur (SOA) stellt ein Service die primäre Quelle von Geschäftslogik dar. Diese Architektur besteht aus Services (2.3), die nach den Regeln eines Vertrags (2.4) miteinander kommunizieren. In welcher Technologie ein Service gefertigt ist, spielt für die Kollaboration keine Rolle. Die SOA ist ein Architekturstil (1.2).

SOA kam im Jahr 2000 auf und wurde durch das Platzen der Dotcom-Blase in 2001 beflügelt, als man feststellte, dass die Serviceorientierung Marktvorteile bietet ... wenn man sie richtig einsetzt.

Die serviceorientierte Architektur erwuchs aus zwei Strömungen: Die objektorientierte Analyse und Design hatte die Architekten geschult, auf Erweiterbarkeit, Wiederverwendbarkeit, Flexibilität, Robustheit und die Erfüllung von Geschäftszielen zu achten.

Die andere Strömung waren Webservices. Die Interoperabilität und Unabhängigkeit von einer konkreten Technologie bei der Servicekommunikation war ein fehlender Faktor bei der Verbindung von bisher getrennten Systemen. Plötzlich war es möglich, dass Systeme miteinander kommunizieren konnten, obwohl sie nicht in derselben Programmiersprache oder vom selben Hersteller stammten. Über APIs konnten die Systeme nun auch ferngesteuert werden. Webservices machten vor allem auch die Kommunikation zwischen Geschäftspartnern leichter und in vielen Fällen dadurch erst möglich. Schon bald sprach man nur noch von *Services, not packaged software* [wha].

Entwurfsprinzipien der SOA

Da Services bzw. deren Anbindung für ein Geschäftssystem so bedeutend sind, lohnt es, sich die Eigenschaften einer SOA im Detail anzuschauen. Hier kann man etwas lernen und auf eine Microservice-Architektur übertragen. Nach Thomas Erl gibt es acht Entwurfsprinzipien, die für eine SOA gelten sollten [Erl08]:

- *Servicevertrag:* Verträge formen die Basis der Kommunikation zwischen Services und bilden damit das Fundament der Architektur. Ein Servicevertrag besteht aus einer Sammlung von Dokumenten, die den Service und seine Nutzung beschreiben. Welche Dokumente das sind, hängt vom Service ab. Bei einem Microservice kann dies beispielsweise eine Swagger-Definition[swa] sowie eine Kontextkarte mit Domänenmodell sein. Der in diesem Buch beschriebene Entwurfsstandard sieht einen technischen Vertrag (2.3) in Kombination mit Nutzungsbedingungen (2.4) vor.

- *Loose-Kopplung:* Je enger zwei Services aneinander gekoppelt sind, desto abhängiger sind sie voneinander. In einer SOA sollten Services möglichst loose gekoppelt sein, damit sie austauschbarer und unabhängiger werden. Allerdings ist ein gewisser Grad an Kopplung unvermeidbar. Ein Team sollte die Abhängigkeiten seines Service von anderen Services kennen. In einem späteren Kapitel werden die verschiedenen Beziehungsformen (1.6) zwischen Entwicklungsteams besprochen.

- *Serviceabstraktion:* Dieses Entwurfsprinzip sucht die Funktion eines Services zu kapseln, sodass nur die für die Schnittstelle wesentlichen Konzepte nach außen sichtbar sind. Beim domänengetriebenen Entwurf wird über die Kontextgrenze das Äußere vom Inneren eines Service getrennt.

- *Servicewiederverwendbarkeit:* Aus der objektorientierten Entwicklung stammt das Prinzip der Wiederverwendbarkeit, das sich auch auf eine SOA übertragen lässt. Die Idee ist einfach: Ein und derselbe Service kann von verschiedenen Akteuren genutzt werden. Mittel zum Zweck ist ein Servicekatalog (2.2), in dem die in einer Organisation verfügbaren Services verzeichnet sind. Services sollten kooperativ sein, damit sie gut von Dritten genutzt werden können.

  Adam Jacob fügt dem hinzu, dass ein Service hierfür so entwickelt werden sollte, dass er keine Annahmen über seine Umwelt oder seine Nutzung machen sollte [JA10]. Damit meint Jacob, dass ein Service beispielsweise keine Dateien nach *c:*
  temp schreiben sollte. Natürlich darf ein Service zum Beispiel Annahmen über seine Persistenzschicht treffen.

- *Serviceautonomie:* Die Autonomie meint die Vorgaben und Kontrolle in der Entwicklung eines Services sowie die Kontrolle des Service über seine Laufzeitumgebung. Je mehr Autonomie ein Service in der Entwicklung genießt, desto höher kann die Kontrolle über die Laufzeitumgebung sein, so die Theorie.

- *Servicezustandslosigkeit:* Ist ein Service zustandslos, so muss ein Akteur nichts über seine Geschichte wissen, um eine Anfrage platzieren zu können. Das bedeutet, dass ein Service gut skalierbar ist, denn wir können mehrere Instanzen des Service unabhängig voneinander anfragen. Aus diesem Grund sind die Zustandslosigkeit und die Idempotenz wichtige Prinzipien im Serviceentwurf.

- *Service Discoverability:* Dieses Prinzip besagt, dass Services (automatisch) entdeckt werden sollten. So sollte ein Service etwa einen Storage-Dienst automatisch entdecken können, der dann von Umgebung zu Umgebung verschieden konfiguriert wird. Zudem können bestehende Dienste manuell über einen Servicekatalog im Unternehmen kommuniziert werden. Die automatische Entdeckung von Services skaliert besser als eine manuelle Konfiguration.

- *Service Composability:* Ebenfalls ein altes Prinzip der Softwareentwicklung ist die Komposition von Programmen aus verschiedenen Modulen. Dieses Prinzip lässt sich auch auf eine SOA übertragen, bei der eine Anwendung aus verschiedenen Diensten besteht. Aus einzelnen Geschäftsprimitiven kann eine anspruchsvolle Geschäftsanwendung geschaffen werden. Wenn die Infrastrukturdienste wie Lastverteilung, Bootstrapping, Konfiguration, Artefakt Repository und Automation eine saubere API haben, kann ich darüber einen Continuous Deployment (9.4)-Prozess bauen.

Emergente Eigenschaften

Irgendwann hat die Organisation den Punkt erreicht, an dem die Services als kleine, modulare Einheiten vorliegen, die wunderbar funktionieren. Nun zahlt sich die Architektur aus, denn neue Anwendungen können auf Basis der bestehenden Dienste komponiert werden, ohne dass Services dafür umgeschrieben werden müssen.

An diesem Punkt kann man dann feststellen, dass das Ganze mehr ist als die Summe seiner Teile. Diese Eigenschaft von Informationssystemen ist bekannt als *Emerging Properties* oder *emergente Eigenschaften*. Bei der Suche nach einer guten Definition für Emerging Properties bin ich auf folgendes Zitat gestoßen, das von einem Chemiker stammt, aber dennoch einen interessanten Bezug zur Dekomposition von Services aufweist:

> *An emergent property is a property which a collection or complex system has, but which the individual members do not have. A failure to realize that a property is emergent [...] leads to the fallacy of division. - Issam Sinjab*

In der Physik gibt es einfache Beispiele für solche Eigenschaften: Mischt man rot und gelb, so erhält man grün! Auf eine Servicearchitektur übertragen bedeutet dies, dass sobald Geschäftsfunktionen modularisiert sind und neu „gemischt" werden können, kann das Fach neue und innovative Möglichkeiten der Komposition zur Verbesserung des Geschäfts entdecken. Beispielsweise kann ein gut dokumentierter *Lagerdienst*, der für den Online-Shop entwickelt wurde, auch leicht in die App für die Filialmitarbeiter integriert werden, damit diese dem Kunden sofort Auskunft geben können. Dies steigert den Geschäftsnutzen und bedeutet einen Wettbewerbsvorteil.

Damit diese emergenten Eigenschaften genutzt werden können, ist die Herstellung der Kommunikation zwischen den Stakeholdern im Rahmen der Service Governance von größter Bedeutung.

Qualitäten der SOA

Nach Thomas Erl führt die rigorose Anwendung der genannten acht Entwurfsprinzipien zu den folgenden Eigenschaften des Gesamtsystems:

- Es entsteht eine erhöhte Konsistenz, wie Funktionalität und Daten in der Organisation repräsentiert werden.
- Es gibt weniger Abhängigkeiten zwischen den Services.
- Anwendungen benötigen weniger Wissen über die Funktionsweise von Services, die sie konsumieren.
- Es gibt mehr Möglichkeiten zur Wiederverwendung von Services für unterschiedliche Einsatzmöglichkeiten.
- Es entstehen mehr Möglichkeiten bei der Aggregation und Komposition von Services in verschiedensten Konfigurationen.
- Die Vorhersagbarkeit von Verhalten erhöht sich.
- Die Verfügbarkeit und Skalierbarkeit der Services und Anwendungen erhöht sich.
- Die Wahrnehmung von bereits existenten Dienste steigt, was wiederum die Wiederverwendung begünstigt.

Typisierung von Services

Hat man eine Vielzahl von verschiedenen Diensten und möchte diese kategorisieren, beispielsweise um Entwurfsstandards anzuwenden, so stellt sich die Frage, ob sich verschiedene Typen von Services definieren lassen. Wiederum war es Thomas Erl, der eine solche Typisierung nach Entity Service, Task Service oder Utility Service vorschlug:

- *Entity Service*: Ein Entity Service fokussiert sich auf Daten und bildet Teile des Domänenmodells auf die Persistenzschicht ab. Wenn das Domänenmodell stimmt, dann ist so ein Service gut wiederverwendbar, da ihn viele Geschäftsprozesse nutzen können.

  Allerdings bietet solch ein Service keine Funktionalität. Reine Datendienste gelten aber als anämisch [New15]. In einer Microservice-Architektur werden auch Entitäten manipuliert, allerdings sowohl ihr Verhalten als auch ihre Daten, wie wir im nächsten Kapitel sehen werden.

- *Task Service*: Ein Task Service erfüllt eine spezifische Aufgabe in einem konkreten Geschäftsprozess und ist aus diesem Grund wenig wiederverwendbar [Erl08]. Interessanterweise werden Microservices nur wenige Jahre später nicht mehr nach diesem Prinzip entworfen. Hier achtet man darauf, dass der Service seine Domäne besonders gut beherrscht. Er trifft so wenig Annahmen wie möglich über seine Verwendung und ist dadurch wiederverwendbar. Task Services sind also ein veraltetes Konzept.

- *Utility Service*: Der Utility Service ist ein Dienst, der von vielen anderen Services benötigt wird. Gute Beispiele sind Logging, Notifications oder die Autorisierung. Man nennt solche Dienste auch *vertikale Services* oder *Infrastrukturdienste*.

Die Unterteilung in Infrastrukturdienste und Geschäftsdienste, die sowohl Task Service als auch Entity Service sind, macht für mich Sinn. Was die beiden unterscheidet, ist die rein technische Aufgabe in der Infrastruktur (zum Beispiel ein HTTP Cache), im Gegensatz zur geschäftlichen Aufgabe eines Geschäftsdiensts.

Kritik an der SOA

Die Einführung serviceorientierter Architekturen zu Beginn des Jahrtausends hat die Unternehmen viel Geld gekostet, und in vielen Fällen sind die Einführungen gescheitert. Als 2009 die IT-Budgets aufgrund der Finanzkrise weltweit zusammengestrichen wurden, waren Programme rund um SOA ganz oben auf den roten Streichlisten. Und das trotz der vielen Vorteile, die eine SOA einer Organisation bringen kann. Wie konnte es also sein, dass das Akronym SOA für viele Entscheider in der IT heute immer noch ein rotes Tuch ist? Hierfür gibt es viele verschiedene Gründe:

- In einer serviceorientierten Architektur steigt die Komplexität der Unternehmensarchitektur. Services, die früher nur von einer Abteilung verwendet wurden, werden plötzlich von allen konsumiert. Dies führt beispielsweise zu höheren Anforderungen an die Performance und die Skalierbarkeit und im täglichen Betrieb zu langsamen Diensten.

  Die reibungslose Kommunikation der Dienste war noch nicht erlernt und Ausfälle und Unterbrechungen die Folge. Es war schlicht ein neues Paradigma, das erst erlernt werden wollte. Fortschrittliche Mechanismen der Resilienz wie beispielsweise der Circuit Breaker kamen erst Jahre später.

- Es wurde damals viel über technische Standards gesprochen, aber wenig über das Geschäft. Wie auch? Es waren ja zwei getrennte Abteilungen: das Business und die IT. So war es wichtiger, schwergewichtige Standards wie SOAP zu etablieren, beispielsweise um Services vermeintlich sicherer zu machen, als sich über den eigentlichen Geschäftsnutzen der Dienste zu unterhalten. Auch hier fehlten die Methoden und das Wissen zur fachlichen Dekomposition der Unternehmensdienste. Eric Evans schrieb sein Buch über domänengetriebenes Design erst 2003. Es dauerte viele Jahre, bis dieses Denken in der Praxis angenommen wurde. Bis vor kurzem waren der Monolith und seine inhärente Komplexität immer noch ein Standard in der Architektur.

- Eine SOA wurde damals in vielen Fällen zum Anlass genommen, die Datenarchitektur einer ganzen Organisation zu harmonisieren. Heute weiß man, dass dieses Unterfangen zu komplex ist, um beherrscht werden zu können. Möchte man erreichen, dass verschiedene Systeme ein- und dasselbe Datenmodell verwenden, so koppelt man diese aneinander und behindert ihre individuelle Entwicklung.

- Damals war Hardware noch ein Investitionsgut. Neue Maschinen mussten erst bewilligt und bestellt werden, bevor auf ihnen ein neuer Dienst laufen konnte. Keinesfalls konnten Maschinen ad hoc provisioniert werden, so wie wir es heute in virtualisierten Umgebungen gewöhnt sind. Viele der Vorteile einer SOA konnten also gar nicht genutzt werden.

- Die Reife in der Softwareentwicklung ist seit Anfang des Jahrtausends enorm gestiegen. Seit der allmählichen Einführung von Continuous Integration hat sich seit 2006 die Anzahl funktionaler Fehler drastisch reduziert. Funktionale Fehler in Services sind aufgrund automatischer Testfälle selten geworden. Als es noch keine automatischen Testfälle gab, waren diese Fehlerraten höher und die Systeme entsprechend unzuverlässiger. Auch dies trug zum Misserfolg der Servicekompositionen bei.

Fazit

Die Wiederverwendbarkeit von Geschäftsdiensten gewährt Unternehmen Vorteile, weil sich die Architektur besser anpassen lässt. Das Versprechen möglicher emergenter Eigenschaften ist darüber hinaus ein verlockender Punkt. Der Zusammenschluss der Services eröffnet Organisationen in jedem Fall neue Möglichkeiten.

Jedoch fehlte es bei der serviceorientierten Architektur heute noch oft an einer geschäftlichen Vision zum Wohle des Unternehmens. Viel zu oft wird Technologie heute noch mit unklaren Geschäftszielen und keiner übergeordneten, inhaltlichen Architektur versehen. Wie ich im nächsten Kapitel zeigen werde, kann der domänengetriebene Entwurf diese Lücke zwischen Geschäft und Technik schließen.

■ 1.4 Microservice-Architektur

SOA is dead; Long Live Services. - Anne Thomas Manes

By focusing each service in a narrow band, the services become easier to manage, develop, and test. - Adam Jacob

 TL;DR

- Ein *Microservice* ist isolierter, kooperativer und autonomer Service (2.3), der nur eine Aufgabe hat.
- Eine *Microservice-Architektur* ist ein Architekturstil (1.2), bei dem Services zur Laufzeit komponiert werden.
- Eine *Anwendung* ist in diesem Buch ein Microservice mit einer Benutzerschnittstelle. Anwendungen sind *Kompositionen* von *Services*.
- Ein *Monolith* ist ein einschichtiges, untrennbares und technologisch homogenes System, das verschiedene Services in sich vereint.
- Ein Microservice ist leichter testbar, analysierbar, änderbar, schätzbar, skalierbar und prüfbar als ein Monolith.
- Ein wenig diplomatisches Synonym für Monolith ist *Big Ball of Mud* [mud].
- Die Komposition über das Netzwerk erzeugt Komplikationen, die bei einer monolithischen Architektur nicht gegeben sind.
- Eine Microservice-Architektur hat eine höhere Latenz (11) als ein Monolith.

Was ist ein Microservice?

Ein Microservice ist ein isolierter Dienst mit eigener Laufzeitumgebung und Non-Shared Storage State (13.3). Er hat nur eine einzige Geschäftsaufgabe, aber erledigt diese besonders gut. Zusammen mit anderen Diensten lässt sich ein Microservice zu einer Microservice-Architektur *komponieren*. In diesem Kapitel werden die Vor- und Nachteile einer solchen Architektur besprochen und mit der serviceorientierten Architektur verglichen.

Eine *Anwendung* ist eine Komposition von Microservices mit einer Benutzerschnittstelle. Bild 1.2 zeigt die Komposition eines Systems aus Anwendungen und Microservices.

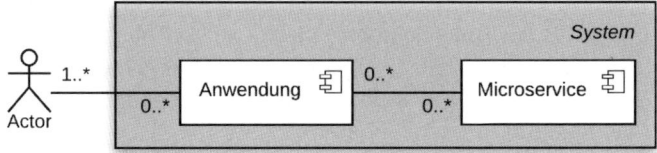

Bild 1.2 Ein Geschäftssystem als Komposition von Anwendung und Microservices

Single-Responsibility-Prinzip

Das *Single-Responsibility-Prinzip* ist eines der SOLID-Prinzipien der objektorientierten Entwicklung. Das Prinzip besagt, dass jede Klasse nur eine einzige Aufgabe haben sollte und sich auch nur aus diesem Grund verändern darf. Diese Aufgabe soll die Klasse kapseln und damit gleichzeitig eine hohe Kohäsion erzeugen. Dieses Prinzip lässt sich auch auf einen Service anwenden, um diesen besser zu kapseln und kohärenter zu machen. Tatsächlich ist das Single-Responsibility-Prinzip das wichtigste Prinzip eines Microservice und gibt ihm auch seinen Namen: Ein Microservice darf nur eine einzige Aufgabe haben, aber diese soll er besonders gut beherrschen. Deswegen hat der Microservice eine hohe Kohärenz und ändert sich nur, wenn sich auch seine geschäftliche Funktion verändert.

Wie diese Geschäftsfunktionalität identifiziert werden kann, ist nicht Teil des Microservice-Architekturstils, der nur die technische Dekomposition eines Systems umfasst. Wie man das Geschäft zerlegt, ist Aufgabe des domänengetriebenen Entwurfs, den ich im nächsten Kapitel bespreche.

Komplexität bewusst machen

Die konsequente Anwendung des Single-Responsibility-Prinzips führt zu einer optimierten *Komplexität* des Microservice. Das bedeutet aber nicht, dass die Geschäftslogik trivial sein muss, denn die Geschäftswelt ist komplex.

Diese inhärente Komplexität, die auch von Brooks besprochen wird [Bro75], heißt *unverzichtbare Komplexität*. Man nennt sie unverzichtbar, weil man sie nicht reduzieren kann, ohne gleichzeitig das Geschäft zu reduzieren und sich dadurch selber Marktvorteile zu nehmen. Das Ziel der Softwareentwicklung ist nicht, dem Geschäft seine Eigenarten zu rauben, sondern dieses zu unterstützen.

In einem Monolithen müssen viele verschiedene Domänen Platz finden, was zu einer größeren Komplexität des Service führt. Der Service kann dann zu einem verworrenen Haufen Spaghetti-Code werden, der sich nur noch schwer ändern lässt. Man kann auch sagen: Die

Software ist hässlich, weil das Problem hässlich ist oder zumindest nicht gut verstanden wurde [mud].

Häufig werden monolithische Entwicklungsprojekte auch ohne Veränderung an der Organisationsstruktur vorgenommen, sodass in ein und derselben Software unterschiedliche Interpretationen des Geschäfts durch verschiedene Abteilungen Platz finden müssen. Nach Melvin Conway ist das eine schlechte Idee, denn die Organisation sollte das System reflektieren und umgekehrt [Con68]. Im domänengetriebenen Entwurf, der im kommenden Kapitel besprochen wird, werden die Domänen häufig nach Abteilungsgrenzen geschnitten.

Das Streben nach optimaler Komplexität ist eine wesentliche Aufgabe des Architekten und *Keep it simple* eine zentrale Designphilosophie. Tatsächlich sollte ein Architekt stets danach streben, unnötige und vor allem unkontrollierte Komplexität zu vermeiden. Die Ethikrichtlinien der Schweizer Informatik Gesellschaft weisen dies explizit aus [sig].

Sie können die Komplexität dadurch reduzieren, dass Sie entscheiden, welche Teile der unverzichtbaren Komplexität abgebildet werden sollen.

Mit optimaler Komplexität steigt die Änderbarkeit und Flexibilität, weil es leichter ist, einen solchen Service zu formen. Wenn wir den Service sogar zur Laufzeit verstehen können, dann können wir ihn auch gut diagnostizieren und kommen Fehlern schneller auf die Spur.

Isolation

Die zweite Charakteristik eines Microservice ist die Isolation, wodurch sich der Dienst ohne Einfluss auf andere Dienste ändern lässt. Dies beginnt bei der Entwicklung, denn ein Microservice kann in einem eigenen Repository versioniert werden, verfügt über eigene Build-Pläne und kann unabhängig von anderen Services installiert werden. Mehr Informationen dazu finden Sie im Kapitel über die Änderbarkeit (9). Die Verwaltung der Quelltexte in einem eigenen Repository ist meiner Meinung nach wichtig, und zwar aus Gründen des Lifecycle Managements. Viele Teams speichern jedoch alle Quelltexte in einem einzigen Repository, und das Thema ist umstritten [sin].

Eine Microservice-Architektur wird zuverlässig (Teil IV) ausgelegt, sodass Störungen lokal begrenzt bleiben und keine anderen Dienste stören. Dies ist in einer monolithischen Architektur nicht machbar, denn die klassische Endlosschleife führt hier zum Versagen aller Dienste. Auf der anderen Seite kann ein Microservice-System durch Schneeballeffekte beim Versagen einzelner Instanzen abstürzen.

Des Weiteren ist ein Microservice auch beim Storage auf sich alleine gestellt. Jeder Service hat sein eigenes Schema bzw. unter Umständen sogar sein eigenes Storage-System, auf das kein anderer Service Zugriff hat. Integrationen auf der Datenbankebene (ein verbreitetes Anti-Pattern, auch *Distributed Monolith* genannt) können so effektiv verhindert werden. Zudem ist die Größe der Daten für den Service optimiert und ihre Pflege deswegen besonders einfach.

Ein Downstream-Service kann den Zustand eines Microservice nur über seine API abfragen. Durch diese Kapselung kann die Entwicklung durch Refactorings im Rahmen der Kontextgrenze besser gepflegt werden.

Unterschiede zur SOA

Eine serviceorientierte und eine Microservice-Architektur unterscheiden sich in einigen wenigen, aber bedeutsamen Punkten. In beiden Fällen dienen die Services als primäre Quelle der Geschäftslogik.

Der kleine große Unterschied zwischen den beiden ist, dass ein Microservice nur eine einzige Aufgabe wahrnimmt, in einer SOA darf ein Dienst jedoch beliebig viele Aufgaben haben. De facto verbindet man mit einer Microservice-Architektur außerdem die Verwendung von REST (2.3) zur Kommunikation zwischen den Diensten.

In einer SOA ist SOAP prädominant, aber es gibt daneben in der Regel noch viele andere Protokolle, sodass man es mit einem babylonischen Wirrwarr von Dialekten zu tun hat. Ein Mittel zur Integration dieser unterschiedlichen Sprachen für ältere Systeme ist der Einsatz eines Service Bus (2.5).

SOAP steht auch in der Kritik, weil es ein schwergewichtiges Protokoll ist, das von Menschen schlecht lesbar ist. Eine WSDL ist ein komplexes Artefakt mit erstaunlich wenig Aussagekraft. Entsprechend sind auch die SOAP-Implementierungen nicht einfach zu handhaben.

Komposition der Microservice-Architektur

In der klassischen, monolithischen Entwicklung unterscheidet man zwischen *Modul* und *Komponente*. Noch im Jahr 2012 definierte Len Bass den Unterschied folgendermaßen [BKC13]:

- Ein *Modul* ist eine gekapselte Implementierungseinheit. Wenn wir über ein Modul sprechen, so haben wir immer einen konkreten Bezug zur Implementierung.
- Eines oder mehrere Module können bei einer *Komponente* zusammengestellt werden. Eine Komponente ist eine Laufzeiteinheit, die unabhängig deployed werden kann. Eine Komponente besteht aus verschiedenen Modulen, wobei die Abbildung surjektiv, aber nicht injektiv ist.

Interessanterweise ist ein Microservice sowohl Modul als auch Komponente, denn ein Microservice wird isoliert entwickelt und ist gleichzeitig eine Laufzeiteinheit, die unabhängig deployed werden kann. Der wesentliche Unterschied zur klassischen Definition ist, dass Microservices zur *Laufzeit* komponiert werden können. D.h. ich muss meine Software nicht neu bauen, wenn sich an einer Funktion etwas ändert, sondern kann zur Laufzeit beispielsweise einen neuen Service hinzufügen. Dies eröffnet dem Team im Umgang mit einem System fundamental neue Möglichkeiten. Die gewonnene Flexibilität sorgt vor allem für mehr Geschwindigkeit in der Entwicklung.

Die Isolation auf den Ebenen Entwicklung, Fehlerpropagierung und Datenbank ist im Zusammenspiel mit der Komponierbarkeit zur Laufzeit förderlich für Continuous Deployment (9.4).

Vorteile einer Microservice-Architektur

Zusammenfassend kann man die folgenden Vorteile einer Microservice-Architektur anrechnen:

- *Programmierung*: Die Microservice-Architektur begünstigt Software Craftsmanship, denn ein Microservice zeichnet die Grenzen des Geschäfts nach, das er abbilden soll [New15].

- *Technische Heterogenität und Flexibilität*: Wenn unser System aus diskreten Diensten besteht, dann dürfen diese aus verschiedenen Technologien bestehen, ohne dass sich die Qualität des Systems ändert. Generell rate ich aus Gründen der Konsistenz (6) von zu viel Verschiedenheit ab und empfehle, immer dieselben Technologien einzusetzen. Aber in einer Microservice-Architektur ist die Möglichkeit der Inkonsistenz ein Vorteil, wenn bereits bestehende Systeme oder externe Systeme, die nicht kontrolliert werden können, integriert werden sollen. Dann ist die Architektur flexibel genug, diesen Rahmenbedingungen genüge zu tun.

- *Innovation*: Eine Microservice-Architektur vereinfacht die Einführung neuer Technologien, denn neue Services können in anderen Programmiersprachen geschrieben werden oder andere Frameworks (6.3) verwenden, ohne dass dies die Qualität der Architektur beeinflusst. Wenn eine neue Technologie vielversprechend, aber riskant erscheint, kann bei einer Microservice-Architektur ein wenig kritischer Dienst zur Probe gewählt werden.

- *Zuverlässigkeit*: In einer Microservice-Architektur sind viele verschiedene Dienste an einem Anwendungsfall beschäftigt. Der Ausfall eines Service kann durch einen guten Entwurf kompensiert werden, beispielsweise durch einen Wechsel von synchronem zu asynchronem Messaging. Dies steigert die Widerstandsfähigkeit gegen Fehler und erhöht die Zuverlässigkeit (IV) [New15].

- *Skalierbarkeit*: In einem Monolithen müssen alle Services zusammen skaliert werden, aber bei einer Microservice-Architektur können nur die Services skaliert werden, bei denen das auch nötig ist [New15]. Dies erhöht die Ressourceneffizienz und dient auch der Kostenoptimierung.

- *Leichte Deployments*: Eines der größten Probleme monolithischer Architekturen sind die Deployments, da das System immer als Ganzes veröffentlicht werden muss. Hierfür haben sich in der Vergangenheit elaborate Prozesse in der Versionskontrolle (9.5) etabliert, die sicherstellen sollen, dass nur funktionierende Commits ihren Weg in den Release Branch finden. Bei Microservices stellt sich dieses Problem nicht mehr, da jeder Service unabhängig von anderen Diensten deployed werden kann. Das schafft viel organisatorische Flexibilität und ist ein echter Vorteil, weil neuer Geschäftswert schneller in Produktion gebracht werden kann.

- *Gesetz von Conway*: Bei einer Microservice-Architektur kann das Team leichter an die Architektur des Systems und der Organisation angepasst werden, da die Wartung einer spezifischen Codebase weniger Personal benötigt. Dies schafft vor allem Flexibilität und eine verbesserte Abstimmung durch optimierte Kommunikationswege, wenn man es richtig macht. Mehr zu Conway's Law finden Sie in Abschnitt 5.11.

- Der Service ist einfach zu benutzen, da seine API so primitiv ist, dass sie jeder versteht. Tatsächlich lädt dieses Vorgehen andere ein, die API zu benutzen, anstatt ähnliche Funktionalität zu entwickeln, was auch die die Wiederverwendung fördert [JA10].

- Der Service ist einfach zu entwickeln, da nur wenige Anforderungen erfüllt werden müssen. Dies zieht kurze Turnaround-Zeiten nach sich, d.h. der Geschäftswert kann früher erzeugt werden. [JA10]

- Der Service ist einfach zu testen, und somit lassen sich automatische Tests günstig entwickeln. Eine gute Testabdeckung führt wiederum zu höherer Qualität und steigert das Vertrauen der Benutzer, was auch die Wiederverwendung steigert. [JA10]

- Der Service ist einfach zu betreiben, und in Kombination mit einer funktionierenden Virtualisierung (oder Containerisierung) erlaubt dies eine schlanke und vorhersagbare Budgetierbarkeit. [JA10]

- Der Service hat eine hohe Konzeptionelle Integrität (5).

Damit dies funktionieren kann, benötigt es einige Anforderungen an den Service, die erfüllt sein müssen, damit sich der Service nahtlos in die Dienstlandschaft einer Organisation integrieren kann. Der hierfür benötigte Entwurfsstandard des Service (2.3) ist in einem kommenden Kapitel beschrieben.

Nachteile einer Microservice-Architektur

Wo Licht ist, ist auch Schatten, und so haben Microservice-Architekturen gegenüber Monolithen auch einige Nachteile:

- *Latenz*: Durch die Komposition verschiedener Dienste in eigenen Laufzeitumgebungen entsteht mehr Verkehr im Netzwerk, der langsamer ist als Aufrufe innerhalb derselben Maschine. Die Latenz (11) der Aufrufe steigt, und das System ist langsamer. Insbesondere bei Systemen mit viel Traffic, kann dies deutliche Auswirkungen auf das Benutzererlebnis haben.

- *Netzwerkkomplikationen*: Ein verteiltes System ohne Fehler ist nicht möglich, und Störungen und Ausfälle können gravierende Konsequenzen für die Funktion eines Systems haben. Ein Monolith ist nicht auf ein funktionierendes Netzwerk angewiesen, weswegen die Fehlerbehandlung hier einfacher ist. Die möglichen Fehlersituationen sind in Abschnitt 15.2 diskutiert.

- *Referenzielle Integrität*: Dadurch, dass die Geschäftslogik auf verschiedene Dienste mit jeweils eigener Persistenzschicht verteilt ist, können keine Datenbankmechanismen zur Wahrung der referenziellen Integrität genutzt werden. Dies kann bei komplexen Domänen Auswirkungen auf die Komplexität im Code und die notwendigen Transaktionen sowie die Performance haben.

- *Neues Paradigma*: In einer Microservice-Architektur kapseln die Dienste ihre Geschäftslogik, und dadurch werden diese in sich weniger komplex. Die Komplexität des Geschäfts verschwindet dadurch aber nicht, sondern verlagert sich hin zur Komposition der Dienste zu einem funktionierenden Ganzen. Dies ist für viele Teams heute Neuland und benötigt auch Kompetenzen im Bereich System und Reliability Engineering, vor allem aber in der Domänenanalyse.

Fazit

Viele Organisationen sind heute auf Monolithen zur Durchführung ihres Geschäfts angewiesen. Diese *Systems of Record* bilden in vielen Branchen das Rückgrat der Geschäftsfähigkeit und sind das Ergebnis hoher Investitionen, die geschützt werden müssen. Die Idee, dass kleine, agile und flexible Microservices zur Erbringung von Geschäftsdiensten eingesetzt werden können, ist neu. Ebenfalls neu ist aber auch, dass Unternehmen Vorteile haben, wenn ihre Informationssysteme klein, agil und flexibel sind, weil sie so schneller neue Dienstleistungen am Markt anbieten können. Der Trend hin zu diesen Architekturen darf also nicht ignoriert werden. Da Microservice-Architekturen auch Mischformen von Monolithen und Microservices erlauben, können Unternehmen Mischformen adaptieren und so iterativ wettbewerbsfähig bleiben.

■ 1.5 Domänengetriebener Entwurf

Cells can exist because their membranes define what is in and out and determine what can pass. - Eric Evans

 TL;DR

- Die *Domäne* ist die Arbeit einer Organisation in ihrer Umwelt.

- Ein *Domänenmodell* repräsentiert den Teil der Domäne, der durch Software unterstützt werden soll, und ist in der Allgemeinsprache (5.3) beschrieben.

- Ein Domänenmodell kann in *Subdomänen* zerlegt werden.

- In einer Domäne repräsentieren *Aggregate* die Daten und das Verhalten von Objekten.

- Das *Aggregat* ist eine Transaktionsgrenze, die kohärent zur Arbeit der Organisation ist.

- Ein Domänenmodell hat eine *Kontextgrenze*, die den Gültigkeitsbereich seiner Konzepte bestimmt.

- Der *domänengetriebene Entwurf* zerlegt die Arbeit der Organisation in Domänenmodelle und komponiert diese im *strategischen Entwurf* zu einem System.

- Ein Microservice (1.4) implementiert entweder ein Domänenmodell, ein Aggregat oder einen Domänendienst.

- Eine domänengetriebene Microservice-Architektur bietet Wettbewerbsvorteile.

Was ist der domänengetriebene Entwurf?

Im Kapitel über Microservices haben wir gesehen, dass die technische Trennung von Services eine gute Idee ist, um die *unverzichtbare Komplexität* [Bro75] eines Systems in der

Entwicklung beherrschen zu können. Die Gretchenfrage lautet nun, wie diese Teilung vorzunehmen ist, um das Geschäft optimal zu unterstützen. Hier kommt der domänengetriebene Entwurf ins Spiel, der uns eine *fachliche Dekompositionstechnik* an die Hand gibt, die sich gut mit der technischen und physischen Dekomposition einer Microservice-Architektur verbinden lässt. In diesem Abschnitt gehe ich auf die wichtigsten Punkte des domänengetriebenen Entwurfs ein.

Die Allgemeinsprache

Die Allgemeinsprache (5.3) ist ein Werkzeug des domänengetriebenen Entwurfs. Die Begriffe dieser Sprache bilden die konzeptionelle Grundlage für die Arbeit des Teams. Durch den rigorosen Einsatz einer gemeinsamen Sprache kann das Team seine natürlichen linguistischen Fähigkeiten bei der Entwicklung des Systems nutzen.

Event Storming

Grundlage des domänengetriebenen Entwurfs ist die Identifikation der wirkenden Geschäftsereignisse. Im Anforderungsmanagement wird schon seit vielen Jahren die Erstellung eines Systemkontexts (5.4) gelehrt [PR15]. Der Systemkontext umfasst solche Geschäftsereignisse, auf die das System eine Antwort haben sollte. Die Geschäftsereignisse sind ein Synonym für Domänenereignisse und Ausgangspunkt für die Analyse der Arbeit der Organisation.

Domänenereignisse sind nicht technisch, obwohl sie später auch auf die technische Architektur abgebildet werden müssen. Stattdessen repräsentieren sie fachliche Ereignisse und werden deswegen von den Stakeholdern gut verstanden. Die Formulierung der Ereignisse durch Nomen und Verben der Allgemeinsprache fördert eine informative Kommunikation über die Domäne. Dies vertieft und schärft das Verständnis des Systems im Team.

Im Anforderungsmanagement (5.7) ist für die Beantwortung eines Geschäftsereignisses ein Anwendungsfall (5.8) vorgesehen, anhand dessen sich Verhalten und Daten der Domäne ableiten lassen. Die Erkundung des Ereignisraums einer Domäne geschieht im *Event Storming*. Das ist ein Workshop, zu dem die fachlichen Stakeholder, das Management, Benutzer, aber auch Entwickler und Architekten eingeladen werden – kurzerhand alle Personen mit einem potenziellen Einfluss auf das System. In einem gemeinsamen Workshop leitet ein Moderator die Gruppe an, gemeinsam die Domänenereignisse zu identifizieren. Dabei entstehen auch die ersten Domänenmodelle und Aggregate, die die Ereignisse verarbeiten und die im Folgenden beschrieben werden. Weitere Informationen über die Durchführung von Workshops finden Sie in [Unt15].

Domänenmodelle schneiden

Um das System zu zerlegen, verwenden wir Domänenmodelle. Ein *Domänenmodell* ist ein konzeptionelles Modell der Domäne, das sowohl Daten als auch Verhalten enthält. Das heißt, die Domäne modelliert die Arbeit einer Organisation in ihrer Umwelt. Eine Domäne kann in *Subdomänen* zerlegt werden, die durch eine *Kontextgrenze* (engl. *bounded context*) voneinander getrennt sind. Hierbei wird der also fachliche Kontext in disjunkte Modelle zerlegt, die jeweils einen Teil der Arbeit des Geschäfts repräsentieren.

Bild 1.3 zeigt ein vereinfachtes Beispiel für einen Online-Shop, bei dem Preisberechnung, Artikelkatalog, Lager und der Warenkorb jeweils als eigene Subdomänen modelliert sind. Alle Konzepte der Domänenmodelle sind Teil der Allgemeinsprache (5.3) unseres Systems.

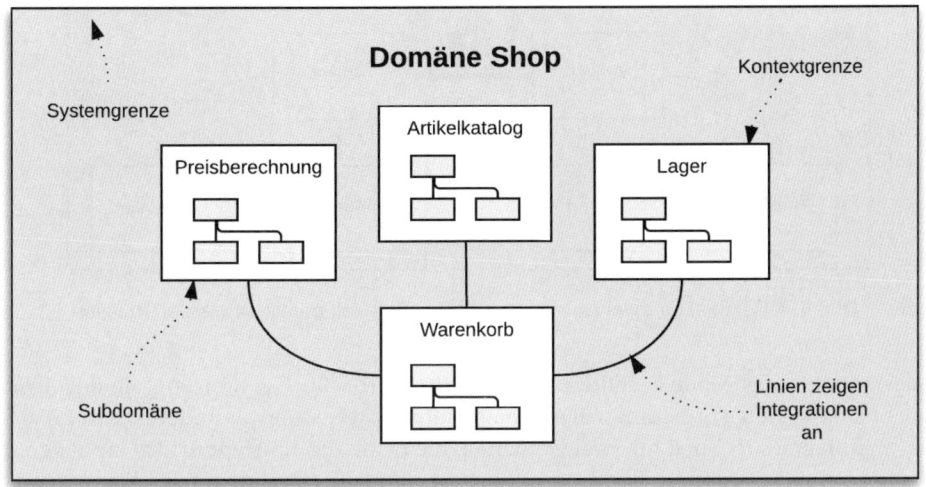

Bild 1.3 Beispiel für eine Dekomposition der Domäne am Beispiel Shop

Domänenmodelle bilden zusammen mit ihren Entitäten, Wertobjekten und anderen Basiskonzepten die *Bausteine* des domänengetriebenen Entwurfs. Die aus den Bausteinen konstruierten Modelle können dann im *strategischen Entwurf* zu einem System komponiert werden.

Die Etablierung der Kontextgrenze ist beim domänenorientierten Entwurf eine Schlüsseltechnik, denn die Grenze steckt den Bereich ab, in dem ein Konzept, seien es Daten oder Verhalten, seine Bedeutung hat. Dieser Punkt ist zentral: Ein Konzept muss außerhalb seines Kontexts keine Bedeutung haben. Dies macht das Modell unabhängig und verschafft dem Team Freiraum bei der Modellierung. Und nur, wenn es Freiraum hat, ist es handlungsfähig und kann Geschwindigkeit entwickeln.

Möchte man mehrere Modelle zusammenlegen, so wird das Gesamtmodell unweigerlich komplexer. Tatsächlich ist solch ein Abgleich verschiedener Modelle weder praktikabel noch kosteneffektiv [Eva03]. Ein Beispiel hierfür ist das sogenannte *Master Data Management*, das alle möglichen Daten querschnittlich durch eine Organisation modellieren möchte. Hier hat man es automatisch mit vielen verschiedenen Teams zu tun, die auf die Daten angewiesen sind, weil es die IT-Strategie nun so verlangt. Ein Abgleich der Modelle wird dadurch kompliziert, schwerfällig, langsam und teuer. Darüber hinaus müssen die Teams Kompromisse eingehen und können ihre eigene Domäne also nicht vollständig abbilden.

Trotzdem müssen Domänenmodelle aber in vielen Fällen zusammenarbeiten. In Bild 1.3 zeigen die Linien zwischen den Subdomänen Integrationspfade der Domänen an. So ist im Beispiel der Warenkorb abhängig vom Artikelkatalog, um Artikel im Warenkorb anzeigen zu können, vom Lager, um die Verfügbarkeit von Artikeln darzustellen, sowie von der Preisberechnung. Wie genau das funktioniert, werden wir später sehen. Wir halten an dieser Stelle fest, dass trotz der Integration die Modelle nicht zwingend etwas miteinander zu tun haben müssen.

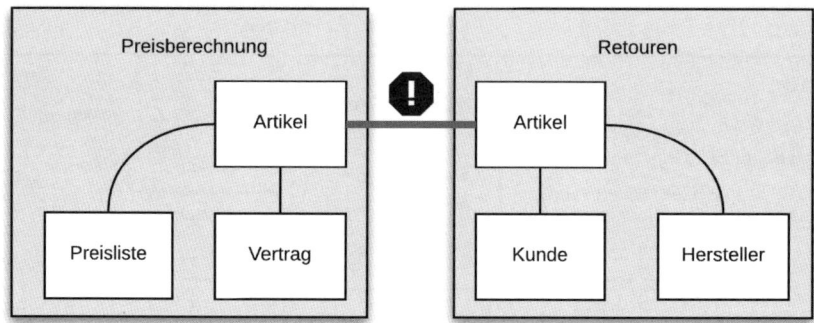

Bild 1.4 Beispiel für zwei Domänenmodelle, die nicht gemischt werden müssen

Jedes Konzept des Modells sollte unmissverständlich sein. Ein Konzept wie der *Artikel* taucht aber in vielen Subdomänen auf, bedeutet aber jeweils etwas anderes. Bild 1.4 zeigt ein vereinfachtes Beispiel für zwei Domänen, die beide das Konzept Artikel enthalten. In einem Monolithen sehe ich häufig, dass für beide Modelle ein und dieselbe Klasse genutzt wird. Tatsächlich hat der Artikel bei der Preisberechnung und bei den Retouren jeweils andere Bedeutungen und deswegen auch andere Eigenschaften. Die beiden Konzepte zu vermischen, wäre ein Fehler, weil damit das *Single-Responsibility-Prinzip* verletzt wird: Eine solche Artikelklasse muss sich dann sowohl um Retouren als auch die Preisberechnung kümmern.

Die Modelle können wir mithilfe der UML (8.4) oder auch freihändig modellieren, um so die in der Sprache definierten Konzepte und ihre Relationen untereinander aufzuzeigen. Die Diskussion der Modelle mit dem Fach schafft in der Regel interessante Erkenntnisse für das gesamte Team. Die Fachexperten sollten sich dabei gegen Begriffe wehren, die das Wissen über die Domäne nicht gut transportieren. Entwickler sollten auf mögliche Fallstricke in der Implementierung achten.

Konzepte des domänengetriebenen Entwurfs

 Zum domänengetriebenen Entwurf gehören die folgenden Konzepte:

- Zum Domänenmodell gehören Entitäten, Wertobjekte, Aggregate, Repositories, Factories sowie Domänendienste.
- Ein Konzept wird als *Entität* (engl. *entity*) modelliert, wenn seine Einzigartigkeit, also die Unterscheidbarkeit von allen anderen Konzepten, wichtig ist.
- Ein *Wertobjekt* (engl. *value object*) beschreibt oder misst ein Konzept der Allgemeinsprache, das keine eigene Identität besitzt.

> • Ein *Aggregat* fasst Wertobjekte und Entitäten innerhalb einer Kontextgrenze zusammen. Ein Aggregat hat eine als *Aggregatwurzel* definierte Entität über die der Zugriff auf alle anderen Entitäten und Wertobjekte des Aggregats erfolgt.
>
> ∎

Entitäten und Wertobjekte

Innerhalb eines Domänenmodells können wir die Konzepte auf verschiedene Weise modellieren, je nachdem um was es sich handelt. Im domänengetriebenen Design gibt es hierfür zwei wesentliche Möglichkeiten: die Entität und das Wertobjekt. Ein Konzept wird als *Entität* modelliert, wenn seine Einzigartigkeit, also die Unterscheidbarkeit von allen anderen Konzepten, wichtig ist [Ver13]. Eine Entität ist einzigartig und hat einen Lebenszyklus. Oft möchte man Änderungen an einer Entität während seines Lebenszyklus beobachten können. Änderungen an Entitäten können Nebenwirkungen haben. Da Entitäten langlebig sind und eine Identität haben, müssen sie gespeichert werden und sind deswegen also teure Konzepte.

Die andere Möglichkeit ist die Modellierung als *Wertobjekt* (engl. *value object*), das keine eigene Identität besitzt. Wertobjekte beziehen ihre Identität durch ihren Wert und sind leichter zu erzeugen, testen, benutzen, optimieren oder zu warten als Entitäten. Änderungen an einem Wertobjekt haben keine Nebenwirkungen [Eva03]. Wertobjekte sind aus diesen Gründen Entitäten vorzuziehen, wenn dies möglich ist.

Aggregate bilden

Häufig machen Objekte nur in Kombination mit anderen Objekten Sinn und werden auch zusammen gespeichert. Eine Bestellung enthält mehrere Artikel, ein Menü mehrere Gerichte und ein Buch viele Kapitel (ich spreche aus Erfahrung). Im domänengetriebenen Entwurf heißen diese Objektgraphen *Aggregate* (engl. *aggregates*). In einem Graphen darf jeweils nur eine Entität nach außen sichtbar sein, und diese Entität heißt *Wurzelentität* (engl. *root entity*). Bild 1.5 zeigt ein Beispiel für das Domänenmodell eines Artikelkatalogs. Der Artikel ist eine Wurzelentität mit verschiedenen Eigenschaften (engl. *trait*s), die über eine Suchfunktion gefunden werden können.

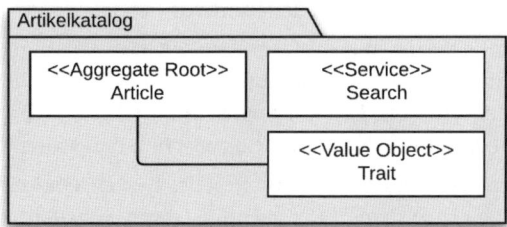

Bild 1.5 Beispiel für das Domänenmodell eines Produktkatalogs

Die Aggregate und die Wurzelentität bilden die *Transaktionsgrenze* unseres Modells. Da unsere Entitäten und Wertobjekte das Geschäft modellieren, ist diese Transaktionsgrenze konsistent mit der Geschäftspraxis der Organisationseinheit. Die Erzeugung und Löschung eines Aggregats und seiner Attribute sind miteinander verbunden, während die Erzeugung und Löschung ihrer Bestandteile unabhängig voneinander ist [Eva03].

Diese Art der Modellierung erzeugt eine konzeptionelle Integrität zwischen System und Geschäft des Unternehmens und macht es möglich, die unverzichtbare Komplexität beherrschbar zu machen, weil andere Modelle keinen Einfluss auf die Konzepte der Domäne haben.

Factories, Repositories und Services

Im domänengetriebenen Entwurf gibt es noch ein paar weitere Konzepte, auf die ich an dieser Stelle kurz eingehen möchte:

- Wenn die Erzeugung von Aggregaten zu kompliziert wird, sollte eine *Factory* eingesetzt werden, um das Softwaredesign zu vereinfachen und den Prozess der Erzeugung zu vereinfachen.
- Alle Operationen zum Speichern von Daten sollten an ein *Repository* delegiert werden. Achten Sie darauf, dass Ihr Service dabei crash-konsistent (17.4) bleibt.
- Manchmal macht es keinen Sinn, eine Methode an ein Aggregat, eine Entität oder ein Wertobjekt zu hängen. In diesem Fall gibt es das Konzept des *Service*, der die Geschäftslogik implementiert, die auf mehreren Objekten basiert.

Modelle im Kontext sichtbar machen: Die Kontextkarte

Wie wir schon gesehen haben, stehen unsere Domänenmodelle in Beziehung zueinander. Beispielsweise müssen für den Warenkorb die Preise berechnet und Lieferzeiten angezeigt werden. Wir möchten diese Abhängigkeiten zu anderen Modellen gerne explizit machen, aber wir möchten unsere Freiheit behalten. Gleichzeitig stellt sich nun das erste Mal die Frage nach der physischen Verteilung von Modellen auf Laufzeiteinheiten. Ein Diagramm, das Kontextgrenzen sichtbar macht, heißt *Context Map* oder *Kontextkarte*. Diese Kontextkarte ist ein Werkzeug des *strategischen Entwurfs* und wird aus der Perspektive des Teams gezeichnet, das für ein bestimmtes Modell verantwortlich ist.

Das Hauptziel der Kontextkarte ist es aufzuzeigen, welche Abhängigkeiten zwischen Domänenmodellen bestehen, und ob es Konzepte gibt, die nicht zueinander passen und deswegen übersetzt werden müssen. Die Kontextkarte nimmt deswegen die tatsächliche Situation auf und identifiziert die Kontaktpunkte zwischen den Modellen.

In einer serviceorientierten Architektur ist nicht jeder Service ein Microservice. Ist eine integrierte Domäne durch ein *System of Record* oder *Legacy System* implementiert, so ist die Wahrscheinlichkeit groß, dass die Konzepte nicht gut passen und übersetzt werden müssen. Mittel zum Zweck ist hierfür der Anti-Corruption Layer, der im folgenden Abschnitt beschrieben wird. Häufig werden ältere Systeme gekapselt mit dem Ziel, sie besser integrieren zu können. Dieses Thema beschreibe ich im Kapitel über den Service Bus (2.5).

Domänengetriebene Microservices

In einer Microservice-Architektur bilden wir jeweils ein Aggregat oder ein Domänenmodell auf einen Service ab. Ich nutze für die Notation UML-Komponenten, um anzuzeigen, dass es sich tatsächlich um eine physische Laufzeiteinheit handelt. Bild 1.6 zeigt eine sogenannte *Kontextkarte* für einen Checkout-Service. Je nachdem, wie die Abhängigkeiten gerichtet sind, stehen Microservices in einer Upstream- oder Downstream-Beziehung zueinander: Derjenige Service, der eine API aufruft, ist der Upstream-Service. Im Diagramm werden die Assoziationen zwischen den Services mit U für Upstream und D für Downstream beschriftet. Über diese Kontextkarte kann das Team eindeutig kommunizieren, von welchen anderen Diensten es abhängig ist. Weitere Informationen zur Dokumentation mit Kontextkarten finden Sie in einem Artikel von Alberto Brandolini [bra].

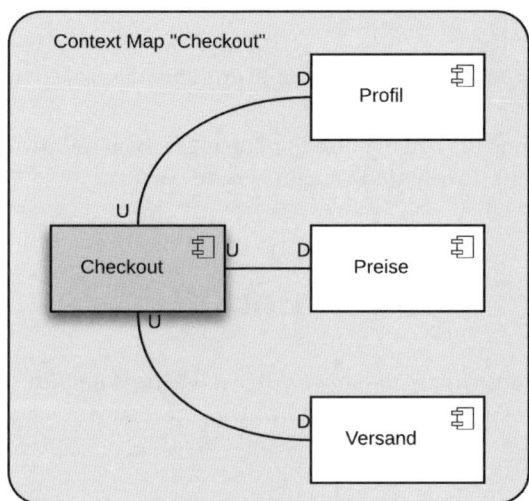

Bild 1.6 Beispiel für Upstream- und Downstream-Beziehungen von Services

Microservices und domänengetriebener Entwurf ergänzen sich aus den folgenden Gründen gut zur Unterstützung des Geschäfts:

- Es bietet sich an, einzelne Domänenmodelle oder Aggregate auf einen Microservice abzubilden. Das muss nicht so sein, aber da unser System am Ende des Tages aus Microservices besteht, die auch von verschiedenen Teams entwickelt und gewartet werden, macht diese Dekomposition Sinn, weil die Dienste dann die geschäftliche Dekomposition nachbilden. Mehr zur Organisation von Teams im kommenden Kapitel.

- Werden Domänenmodelle auf Microservices abgebildet, so lassen sich diese auch über erhobene Metriken (12.2) im Rahmen der Service Governance (2.1) zur Laufzeit aufzeichnen und beobachten. Die Auswertung der Metriken zugunsten strategischer Entscheidungen ist ein Wettbewerbsvorteil [PF13]. Da bei einer domänengetriebenen Architektur die aufgezeichneten Geschäftsereignisse besonders informativ sind, können Vorteile allenfalls besser genutzt werden.

- Die durch Geschäftsereignisse ausgelöste Modellierung passt gut zum asynchronen Entwurf (14.4), der die Skalierbarkeit begünstigt.

Fazit

Das Domänenmodell ist eine Vereinfachung. Es handelt sich um eine Interpretation der Wirklichkeit, die die für das System relevanten Aspekte abstrahiert und überflüssige Details ignoriert. Zusammenfassend hat das Domänenmodell drei Verwendungszwecke, die alle die konzeptionelle Integrität beeinflussen:

1. Das Modell und der Entwurf beeinflussen einander, was dazu führt, dass das Modell für die Architektur und die Softwareentwicklung relevant wird. Das gut recherchierte Modell spiegelt sich im fertigen Produkt. Im Laufe der Entwicklung können Quelltexte durch das Modell leichter interpretiert werden.

2. Das Modell bildet die Grundlage für das gemeinsame Verständnis im Team. Die Entwickler können mit dem Fach über die definierte Allgemeinsprache (5.3) kommunizieren. Unsere natürlichen linguistischen Fähigkeiten können dazu genutzt werden, das Modell zu verbessern.

3. Das Modell ist das destillierte Wissen des Teams über das System und die Domäne gleichermaßen.

Weitere Informationen zum Thema des domänengetriebenen Entwurfs finden Sie in den Büchern von Eric Evans [Eva03] und Vaughn Vernon [Ver13].

■ 1.6 Organisation und Kultur

We must ruthlessly scope requirements. Two sets of functionality with no indispensable relationship can be cut loose from each other. - Eric Evans

 TL;DR

- In einem System können Services (2.3) von unterschiedlichen Akteuren in verschiedenen Domänen (1.5) stammen.
- Die Kosten der Entwicklung steigen mit der Anzahl der Kommunikationswege.
- Die Kultur des Teams beeinflusst seine Effizienz.
- Teams können sich Teile ihrer Domänenmodelle als *Shared Kernel* teilen.
- Ein Service, der konsumiert wird, heißt *Upstream-Service* und der konsumierende Service heißt *Downstream-Service*.
- Das Upstream-Serviceteam heißt *Lieferant*, das Downstream-Serviceteam heißt *Kunde*. Lieferant und Kunde werden als Synonym für Upstream und Downstream-Service verwendet.
- Wenn der Kunde keinen Einfluss auf den Lieferanten nehmen kann, spricht man von *Konformismus*.
- Um das Domänenmodell eines Lieferanten zu übersetzen, verwendet man einen *Anti-Corruption Layer*.
- Das Schnittstellenmodell eines Service heißt *Shared Language*.
- Die günstigste Integration ist der Verzicht auf eine Zusammenarbeit und heißt *Separate Ways*.

Die Organisation beeinflusst den Entwurf

Die Art und Weise, wie eine Organisation aufgestellt ist, beeinflusst die Zusammenarbeit und nach Melvin Conway (5.11) sogar den Entwurf. Entwickelt ein Team ein neues System und verwendet dabei Services von anderen Teams, so schadet es nicht, die Beziehung zu den anderen zu analysieren. Aus dem domänengetriebenen Entwurf gibt es hierfür eine Liste von Beziehungstypen, die in diesem Kapitel beschrieben werden. Außerdem spielt die Kultur der Zusammenarbeit sowie die Anzahl der beteiligten Personen eine Rolle, weswegen diese Themen auch besprochen werden.

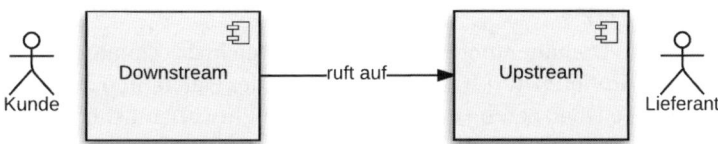

Bild 1.7 Der Downstream-Service des Kunden konsumiert den Upstream-Service des Lieferanten.

Zusammenarbeit definieren

Die folgenden Arten von Beziehungen gibt es zwischen den Teams in einer serviceorientierten Architektur:

Shared Kernel

Wenn sich zwei Teams auf die gemeinsame Nutzung von Konzepten einigen, nennt man dies einen *Shared Kernel*. Der geteilte Code kann als Quelltext oder Bibliothek vorliegen; in jedem Fall entsteht aber eine enge Kopplung der Teams, die für die Effizienz gut oder schlecht sein kann und deswegen wohl überlegt sein will. Um Abhängigkeiten zu reduzieren, sollte der gemeinsame Kern möglichst klein sein. Man sollte ihn nicht ohne Rücksprache mit dem anderen Team ändern. Wenn es sich um Verhalten handelt, besteht die Option zur Auslagerung in einen dedizierten Service.

Customer-Supplier

Ein Upstream-Team heißt auch *Lieferant* (engl. *supplier*) und ein Downstream-Team *Kunde* (engl. *customer*). Bedürfnisse des Kunden sollten beim Lieferanten Gehör finden dürfen, damit dieser eine möglichst nützliche API schaffen kann. In großen Organisationen ist es unter Umständen schwierig, diese Kommunikation herzustellen, beispielsweise weil die Teams an unterschiedlichen Standorten arbeiten oder deren Manager verschiedene Ziele verfolgen. Es kann auch sein, dass der Lieferant Angst hat, dem Kunden etwas kaputt zu machen, und deswegen bei der Evolution seines Service behindert wird. Deswegen sollte eine klare Kommunikation zwischen den Teams hergestellt werden, damit eine reibungslose Zusammenarbeit möglich wird.

Konformismus

Wenn ein Kunde seine Bedürfnisse aus Gründen der Organisation nicht einbringen kann, so entsteht eine konformistische Beziehung, bei der gegessen wird, was auf den Tisch kommt. Beim *Konformismus* kann der Kunde keinen Einfluss nehmen, und das Modell des Lieferanten schwappt in das eigene Modell. Damit das funktionieren kann, muss das Modell des Lieferanten übersetzt werden. Da die Übersetzung nicht in jedem Fall möglich ist, kann das Kundenteam auch nicht den besten Service entwickeln. Das hört sich fürchterlich an, ist aber die De-facto-Beziehung vieler Teams zu APIs, die sie konsumieren.

Anti-Corruption Layer

Die Übersetzung des Domänenmodells eines Lieferanten in das Domänenmodell des Kunden heißt *Anti-Corruption Layer*(ACL). Die Kapselung des Lieferanten durch einen eigenen Microservice, der die Übersetzung übernimmt, ist ein Entwurfsmuster. Dieser Service besteht aus Fassaden, Adaptern und Übersetzern. Ein ACL wird für jeden externen Dienst benötigt, und hierzu zählen auch Legacy-Systeme bzw. Systems of Record der eigenen Organisation. Häufig wird die Übersetzung durch einen Service Bus (2.5) übernommen.

Open-Host-Service

Eine Variante der Kunden-Lieferanten-Beziehung ist ein Service, der innerhalb einer Organisation für alle nutzbar ist. Solch ein Service heißt *Open-Host-Service* und ist immer dann nützlich, wenn mehrere Teams ein und denselben Service konsumieren möchten. Anstatt für jedes Team eine eigene Schnittstelle anzubieten, wird nur noch eine gepflegt, und die Kunden müssen die Übersetzung selber vornehmen. Es gibt verschiedene Abstufungen des Open-Host-Service. Spätestens, wenn er einer breiten Öffentlichkeit zugänglich gemacht wird, gilt sein Modell für die Kunden als verbindlich. Die Veröffentlichung und Dokumentation seines Modells heißt dann *Published Language*. In diesem Buch ist ein Entwurfsstandard des Open Host (2.4) beschrieben.

Separate Ways

Wenn ein Domänenmodell nichts mit den Anforderungen und dem Modell eines anderen Teams zu tun hat, so sollte man sich nicht davor scheuen, hieraus ein eigenständiges System zu machen. Jede Integration kostet, und wenn sich die Möglichkeit bietet, etwas zu entfernen, dann sollte man sie nutzen.

Teamgröße kalkulieren

Eine häufige Frage ist die nach der optimalen Größe eines Teams. Ich stelle später in Abschnitt 5.11 das Gesetz von Conway vor, das besagt, dass Architektur und Teamorganisation etwas miteinander zu tun haben. Wir sollten unsere Teams also so aufstellen, dass sie gut zur gewünschten Architektur passen. In einer Microservice-Architektur sind dies Teams nach Domänen bzw. nach Microservice.

Bei der Zusammenstellung der Teams muss man in Betracht ziehen, dass ein Kostenfaktor der Softwareentwicklung die Anzahl der Kommunikationswege im Team ist. Dies liegt daran, dass die Softwareentwicklung eine wissensbasierte Tätigkeit ist. Aus diesem Grund müssen im selben Team eigentlich alle alles wissen, damit sie effizient arbeiten können, und dies ist auch der Grund für den großen Erfolg von Kommunikationsdiensten wie Slack oder HipChat in der Softwareentwicklung, weil diese die Kommunikation vereinfachen. Die Anzahl der Kommunikationswege berechnet sich nach der folgenden Formel:

$$K = \frac{N \cdot (N - 1)}{2} \tag{1.1}$$

Die Kosten sind nun bei einer Teamgröße von eins bis drei optimiert, da hier die Anzahl der Kommunikationswege null, eins oder drei beträgt. Vier Personen verursachen bereits sechs Kommunikationswege. Deswegen sind Teams von drei Personen meiner Erfahrung nach besonders effizient, allerdings gibt es hierzu meines Wissens keine Forschungsdaten. Adrian Cockcroft hat seine Teams bei Netflix immer zu dritt aufgestellt. Ein möglicher Aufbau für ein Team einer Microservice-Architektur ist in Bild 1.8 dargestellt.

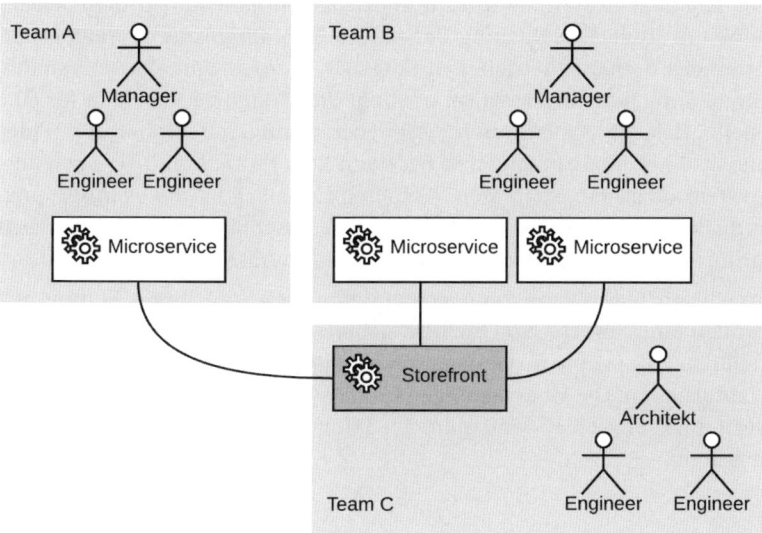

Bild 1.8 Ausschnitt aus einer Organisationsstruktur für eine Microservice-Architektur

Kultur und Effizienz

Ein zu selten diskutiertes Thema in der Softwareentwicklung ist die Kultur. Bei der Formation einer schlagkräftigen Truppe sollte man die kulturellen Kräfte nicht außer Acht lassen. Gut beraten ist, wer seine Kultur dokumentiert und aktiv formt, beispielsweise durch Reflektion und Diskussion im Team. Einer der wesentlichen Gründe, warum agile Entwicklung so gut funktioniert, ist für mich die Kollaboration auf Augenhöhe in Kombination mit gegenseitigem Vertrauen.

Ein Team bildet durch Kommunikation ein gemeinsames Verständnis vom System, seiner Domäne sowie der vorliegenden Aufgabe. So sollte neben der syntaktischen Ebene der Allgemeinsprache vor allem die Art und Weise der Kommunikation gestaltet werden. Häufig kann das Team nicht an einem Ort zusammenkommen, und Kommunikation über reinen Text ist nicht effizient. Häufig ist das gefürchtete E-Mail- oder Ticket-Pingpong Auslöser für Konflikte und Spannungen, weil man sich schlicht nicht versteht.

In diesem Fall sollten Sprachanrufe dem Schreiben von Texten vorgezogen werden. Hierfür kann man einfache Regeln definieren, zum Beispiel dass man zuerst per Messenger anklopft, bevor man tatsächlich anruft, um zu klären, ob jetzt gerade ein guter Zeitpunkt zum Sprechen ist. Es sollten zudem alle den Unterschied zwischen einem Feedback- und einem Konfliktgespräch kennen. Ich empfehle jedem Wissensarbeiter eine Zusatzausbildung in Kommunikation, um unweigerlich auftretende Konflikte und Spannungen lösen zu können.

Sprache und Übersetzungen

Die Allgemeinsprache (5.3) ist die Sprache, die in der Domäne für ein identisches Verständnis der Semantik sorgt. Die Nutzung der natürlichen, linguistischen Fähigkeiten ist ein großer Vorteil des domänengetriebenen Entwurfs. Werden nun aber in einem verteilten Team mehrere Sprachen eingesetzt, so benötigt dies kognitive Kapazität für Übersetzungen. Das heißt, dass die Arbeit durch diese Übersetzungen behindert wird. Idealerweise spricht man also nur eine Sprache und hat dann kein Problem mit Übersetzungen mehr. Wählt man Deutsch als Projektsprache, so sollten also alle im Team Deutsch sprechen, was besonders die Kommunikation mit dem Fach stark vereinfacht. Schade nur, dass die deutschen Begriffe im Quelltext nicht viele Fans finden. Was also tun?

In mehrsprachigen Teams kann es neben der definierten Sprache zur Kommunikation mit dem Fach auch eine Sprache im Quelltext geben. Hierfür übersetzt man einfach die im Code abgebildeten Konzepte im Glossar, sodass alle im Team eine Referenz auf die korrekte Übersetzung haben. Die Übersetzungen im Glossar verursachen zusätzlichen Aufwand, der aber vertretbar sein sollte, wenn man sich dafür entscheidet, mit fremdsprachigem Personal zu arbeiten.

Vertrauen schaffen

Ein weiterer Punkt in der Schaffung einer angenehmen und produktiven Arbeitskultur ist das Geben von Vertrauen. Dies überträgt allen im Team mehr Verantwortung, erleichtert aber die Arbeit, wenn Teams über ihre Services selber entscheiden dürfen. Bei Netflix gibt es beispielsweise eine *No Hand Over*-Kultur. Das bedeutet, dass der Entwickler auch für den Betrieb verantwortlich ist und im Monitoring-System Optimierungen vornehmen darf, um seinen Service besser überwachen zu können. Das Monitoring-Team sorgt dafür, dass alles top dokumentiert ist, und präsentiert regelmäßig Änderungen und Neuerungen den anderen Teams. Jeder traut jedem im Team alles zu, und wenn jemand entscheidet, etwas zu machen, dann wird das schon seine Richtigkeit haben. Wenn ich unsicher bin, so wende ich mich an einen Kollegen, der mir gerne hilft, die Aufgabe zu lösen. Bei meinem Handeln lasse ich Umsicht walten, weil mir die anderen vertrauen, dass ich die richtigen Dinge tue.

Damit die Kommunikation und das Vertrauen blühen können, bedarf es einer geringen Regulierung der Arbeit. *Formale Prozesse* sind für Entwicklungsteams ein Anathema, weil sie die Entwicklung behindern. Die eingesetzten Technologien, das Geschäft, die Umwelt, alles ändert sich so schnell, dass die Formalisierung von Prozessen in jedem Fall ein Hindernis darstellt. Etwas anderes ist der Einsatz von *Methoden*. Eine Methode ist eine konzeptionelle Grundlage für geplantes Handeln, und deswegen habe ich mich in diesem Buch genau auf die Methoden konzentriert, die für die Entwicklung von Produktqualitäten wichtig sind.

2 Servicemanagement

■ 2.1 Service Governance

 TL;DR

- Die *Service Governance* ist die planvolle Evolution von Services (2.3) im Rahmen einer *Servicestrategie* nach den Entwurfsprinzipien der serviceorientierten Architektur.

- Die Service Governance nutzt drei operative Werkzeuge:
  1. Die Administration eines Servicekatalogs (2.2).
  2. Die Führung eines Dateninventars (17.4), in dem alle zu speichernden Daten der Services verzeichnet sind.
  3. Die Pflege eines *Governance Log*, in dem alle Entscheidungen in Bezug auf die Service Governance dokumentiert werden.

- Sind die Services modular gegliedert und einfach in der Funktionalität, so können sie planvoll zu komplexeren Geschäftsanwendungen komponiert werden.

- Die Modularisierung von Software in möglichst kleine, einfache und modulare Services ist eine Kernkompetenz moderner Unternehmen.

- Die Komposition von Services hat emergente Eigenschaften, die einen Wettbewerbsvorteil darstellen können.

Was ist Service Governance?

Service Governance ist die planvolle Evolution von Services (2.3) im Rahmen einer *Servicestrategie* nach den Prinzipien einer serviceorientierten Architektur, bei der modulare Dienste die Quelle der Geschäftslogik darstellen. Diese Dienste sind das Rückgrat von Organisationen, weil sie zentrale Geschäftsprozesse steuern, und deswegen ist die Modularisierung eines Systems in Services eine Kernkompetenz moderner Unternehmen. Service Governance ist identisch mit IT Governance, und je nachdem, welchen strategischen Wert die Dienste für die Organisation haben, sogar identisch mit der Management Governance. Entsprechend sind bei Weborganisationen die Servicestrategie, die IT-Strategie sowie die Geschäftsstrategie identisch. Die Service Governance verfolgt folgende Ziele:

- Die Positionierung von modularen Services als primäre Quelle von Geschäftslogik.

- Strukturierte Investitionsplanung über das Serviceportfolio inklusive Rechnungen zur Wirtschaftlichkeit von Diensten.

- Erkennung und Kommunikation von Rahmenbedingungen, insbesondere die Erkennung von Risiken in Bezug auf die Serviceentwicklung und die Ableitung von Compliance-Vorgaben für diese Risiken. Siehe hierzu auch den Abschnitt über das Testmanagement (7.3).

- Kommunikation und Diskussion der Servicestrategie mit den Stakeholdern der Dienste. Siehe hierzu auch den Abschnitt über das Stakeholder Management (5.5).

- Die Durchführung von *Change Management* zur planvollen Evolution des Serviceportfolios. Dazu gehört auch die Beobachtung, wer welche Services in welchem Umfang und zu welchem Zweck nutzt.

- Die Vorgabe von Entwurfsstandards für die Entwicklung und den Betrieb von Services, beispielsweise die Vorgabe zur Entwicklung von Microservice-Architekturen.

Einen Überblick über die Prozesse und Konzepte der Service Governance bietet Bild 2.1.

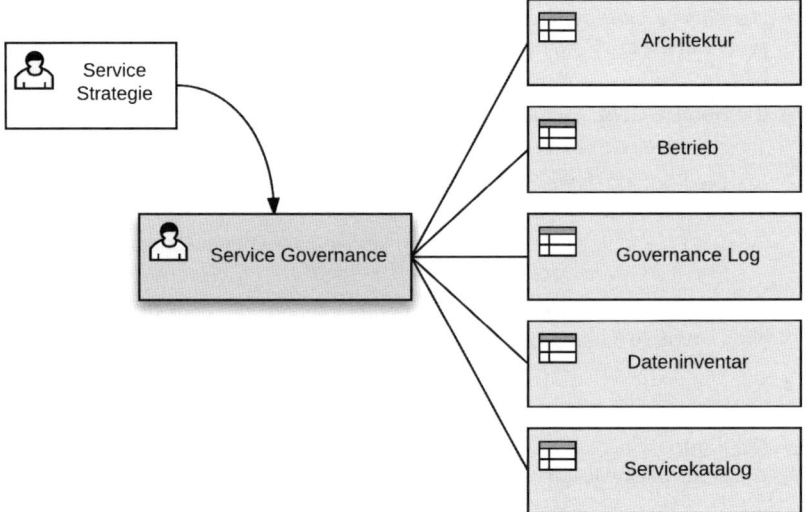

Bild 2.1 Prozesse der Service Governance

Operative Umsetzung der Governance

Um die Governance erfolgreich umsetzen zu können, sind die folgenden operatives Maßnahmen ein Schlüssel zum Erfolg:

- Die Administration eines Servicekatalogs (2.2), für die disziplinierte und systematische Ablage von Dokumentationen als Grundlage des ordentlichen Servicemanagements.

- Ein Dateninventar (17.4), in dem alle zu speichernden Daten der Services verzeichnet sind. Das Inventar enthält unter anderem Angaben zu Datenarten, Bestimmungszwecken, Standort und Größe von Datensammlungen.

- Die Pflege eines *Governance Log*, in dem alle Entscheidungen in Bezug auf die Service Governance dokumentiert werden.

- Die Service Governance etabliert einen verbindlichen Prozess für den Service Lifecycle (Inception, Development, Maintenance, Shutdown).

- Die Service Governance diktiert die Rahmenbedingungen für die Zusammenarbeit von Organisationseinheiten, Partnern und Zulieferern im Rahmen der Realisierung der Servicestrategie.

- Die Service Governance legt Entwurfsstandards für die Fertigung von Services und Systemen der Organisation fest. Die Etablierung von Entwurfsstandards führt zu einer homogeneren Servicelandschaft, da sich die Services ähnlich verhalten. Eine homogenere Landschaft ist effektiver und kostengünstiger als eine heterogene Landschaft.

- Die Service Governance dirigiert die Zuweisung von Verantwortlichkeiten auf Services oder Gruppen von Services. Dabei setzt sie Ziele und nutzt Metriken (12.2) für die systematische Steuerung.

■ 2.2 Servicekatalog

 TL;DR

- Der *Servicekatalog* bietet eine Übersicht der Services einer Organisation und ist ein Werkzeug der Service Governance.
- Der Servicekatalog kann als Medium der Kommunikation eingesetzt werden.
- Die konkreten Inhalte eines Katalogeintrags können von Organisation zu Organisation und von Service zu Service verschieden sein.
- Der Servicekatalog ist Grundlage der Komponierbarkeit einer serviceorientierten Architektur.

Was ist ein Servicekatalog?

Es nützt nichts, alle Services einer Organisation modular aufgebaut zu haben, wenn nicht allen bekannt ist, welche Services es gibt und wo diese zu finden sind. Mittel zum Zweck ist hier der Servicekatalog, in dem alle Services zu finden und damit verwendbar sind. Dazu gehören nicht nur Services, die die Organisation selber produziert und betreibt, sondern auch externe Dienste, die eingekauft wurden. Der Servicekatalog ist ein Werkzeug der Service Governance und kann auch als strategisches Medium der Kommunikation eingesetzt werden. Im Servicekatalog gibt es pro Service einen Eintrag.

Umfang des Katalogs

Ein Servicekatalog kann umfangreich sein. Schon kleinere, digitalisierte Organisationen nutzen Dutzende Dienste, um ihrem Geschäft nachgehen zu können. Die Anzahl der Services korreliert mit der Anzahl der Personen, die für die Organisation tätig sind, sowie der Diversität ihres Geschäfts. Es ist nicht ungewöhnlich, mehrere Hundert Katalogeinträge vorzufinden, sodass ein unterstützendes Informationssystem für die Verwaltung des Katalogs angeraten ist, beispielsweise ein Wiki.

Es ist nicht notwendig, dass es nur einen Servicekatalog pro Unternehmen gibt. Ein Katalog eignet sich auch für ein Microservice-System, bei dem dann nicht allzu viele Dienste dokumentiert sind, jedoch der Katalog unter der Kontrolle des Teams steht. Es ist also durchaus denkbar, zwischen einem System- und einem Servicekatalog zu unterscheiden, auch um die Granularität oder Wichtigkeit von Diensten in einer Organisation unterscheiden zu können.

Inhalte der Katalogeinträge

Je nachdem, um was für einen Service es sich handelt, können die Einträge im Katalog variieren. So sind beispielsweise die Angaben für einen Service, der selber entwickelt wird, anders als für einen Service, der von einem externen Anbieter bereitgestellt wird.

Die folgende Liste von Inhalten können Sie für Ihre Bedürfnisse zuschneiden. Ich nutze die Liste in meiner Praxis als Grundlage, die ich dann jeweils auf den konkreten Fall anpasse.

Identifikation

Diese Angaben dienen der Identifizierung des Dienstes:

- *ID:* Eindeutiger Identifikator des Service für eventuelle Referenz
- *Name:* Offizieller Name des Service
- *Nicks:* Andere Namen, unter denen der Service bekannt ist
- *Abkürzungen:* Standardisierte Abkürzung des Service, so wie er auf Diagrammen, in E-Mails etc. verwendet wird
- *Beschreibung:* Eine kurze Beschreibung des Service, beispielsweise eine Dokumentation des Geschäftswerts oder die Angabe der Domäne, die der Service repräsentiert. Bei einem Microservice ein Verweis auf die Kontextkarte (1.5) und das Domänenmodell (1.5).
- *Policy:* Angabe einer Policy für den Umgang mit dem Service: Wofür darf der Service benutzt werden und wofür nicht? Gegebenenfalls eine Referenz auf die Nutzungsbedingungen (2.4).
- *Budget:* Angabe des Budgets für den Betrieb und die Evolution des Service.
- *Geschäft:* Beschreibung der Auswirkungen auf das Geschäft, wenn der Service nicht verfügbar ist: finanzielle Auswirkungen, Beeinträchtigung der Aufgabenerfüllung, Verstoß gegen Gesetze, Negative Innen- und -außenwirkung.

Organisation

Diese Angaben dienen der Einordnung in die Organisation sowie der Erreichbarkeit von Ansprechpartnern für Belange rund um den Service:

- *Owner:* Welche Abteilung in der Organisation für den Service verantwortlich ist. Bei externen Diensten ist das die Drittfirma, von der der Service bezogen wird.
- *Kontakt:* Angabe einer Person mit E-Mail und Telefonnummer für die Kontaktaufnahme.
- *Stakeholder:* Angabe aller identifizierten Stakeholder inklusive Kontext- und Kontaktinformationen.
- *Implementor:* Angabe des Herstellers bzw. der Entwickler des Service mit Kontaktdaten.
- *Supporter:* Angabe des Service Desk (18.4) mit Kontaktdaten.

Betriebsangaben

- *Betriebszeiten:* Die Betriebszeit ist der Zeitraum, innerhalb dessen der Service dem Kunden zur Verfügung steht.
- *Geplante Ausfälle:* Wie und wo werden die geplanten Ausfälle (16) des Service kommuniziert?
- *Wartungsfenster:* Periodisch wiederkehrende Zeitfenster für Instandhaltungsmaßnahmen (II) am produktiven System. Organisationen vereinbaren oft ein Zeitfenster für Wartungsarbeiten an verschiedenen Systemen gleichzeitig, um die Auswirkungen des Ausfalls für das Geschäft zu minimieren.

  In diesem Zusammenhang gibt es in der Regel eine Frist für die Ankündigung von Ausfällen von kritischen Systemen, zum Beispiel 48 Stunden vorher.

  Auch werden die möglichen Zeitfenster von Wartungsarbeiten festgelegt, um sie mit den Personalplänen abzustimmen. Gibt es beispielsweise keine Pikettregelung in der Organisation, so sollten die Wartungsfenster von Montag bis Freitag an Werktagen stattfinden. Dies schützt dann den Betrieb vor Nacht- oder Wochenendarbeit.

- *Servicezeiten:* Die Servicezeit ist der Zeitraum, innerhalb dessen die vertraglich definierten Leistungen erbracht, gemessen und ausgewiesen werden, zum Beispiel von Montag bis Freitags zwischen 06:00 und 22:00 Uhr.
- *Verfügbarkeit:* Die Verfügbarkeit (16) des Systems ist der tatsächlich gemessene Anteil an den vereinbarten Betriebszeiten in Prozent. Die Messung der Verfügbarkeit erfolgt über einen Zeitraum, etwa quartalsweise.

  Die maximale Verfügbarkeit pro Jahr ist mit 8760 Stunden festgelegt.

  Häufig wird eine Verfügbarkeit von 99,4% festgelegt. Das entspricht einer durchschnittlichen Ausfallszeit von etwa 4 Stunden pro Monat.

- *Besetztzeiten:* Die Besetztzeiten sind die intern angeordneten Zeitfenster, in denen Mitarbeiter angeordnet am Platz sind, beispielsweise von Montag bis Freitag zwischen 07:00 - 12:00 und 13:00 - 18:00 Uhr.

  Während in Cloud-Umgebungen der „Platz" ziemlich weit weg sein kann, werden physische Systemkomponenten, bei denen dann eine Handreichung notwendig sein könnte, häufiger. Als Beispiel sei eine Zugangsschranke in ein Gebäude genannt. Die Frage nach den Besetztzeiten kann also wichtig sein.

- *Bürozeiten:* Die Bürozeiten sind die nach außen kommunizierten Zeitfenster, in denen ein Anfrager in direkten Kontakt mit einem Mitarbeiter aus dem Service Desk treten kann.
- *Pikettzeiten:* In der Pikettzeit sind Personen des Service Desk erreichbar und haben je nach Bedarf Interventionsmöglichkeiten oder Vor-Ort-Einsätze. Eine Besetztzeit kann durch eine Pikettzeit abgedeckt werden, wenn das Zeitintervall der Vor-Ort-Intervention kurz genug ist.
- *Alarmierungszeit:* In der Alarmierungszeit werden Personen mit definierten Zuständigkeiten über abnormale Betriebszustände informiert, beispielsweise von Montag bis Sonntag zwischen 04:00 und 23:00 Uhr. Die Alarmierungszeit umfasst die Pikettzeit und die Bürozeit des Service.

Leistungsvereinbarung

- *Schutzbedarf:* Wie hoch ist der physische Schutzbedarf des Systems? Welche Anforderungen an die Informationssicherheit (V) gelten?
- *Service Level Agreement (SLA):* Zusammenfassung der vertraglich zugesicherten Betriebsangaben und ihrer Zuordnung zu den Vertragsparteien über Service Level Indikatoren (16.1) und Service Level Targets (16.1).
- *Erreichtes SLA:* Angabe des tatsächlich erreichten Service-Level. Hier können die Daten des letzten Jahres oder der letzten drei Monate abgelegt werden.
- *Service-Level-Indikatoren (SLI):* Angabe der Indikatoren, die für diesen Service ausgewertet werden. RTO (17.4) und RPO (17.4) sind Beispiele für Service-Level-Indikatoren.
- *Maximum Tolerable Downtime (MTD):* Die maximal tolerierbare Ausfallzeit des Systems, bis die Organisation selbst in Gefahr gerät.
- *Dateninventar:* Angaben zur Speicherung der Daten des Service im Dateninventar (17.4).

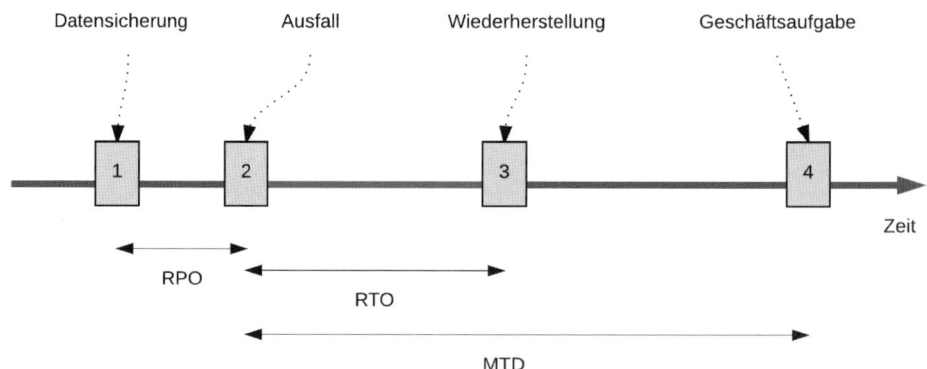

Bild 2.2 RPO, RTO und MTD für ein SLA

Softwarelebenszyklus

- *SDLC:* Angabe der verwendeten System-Development-Lifecycle-Methode, zum Beispiel Wasserfall, Agil oder Inkrementell
- *Release Frequenz:* Wie oft wird der Service verändert?
- *Agile Praktiken:* Welche agilen Entwicklungspraktiken werden bei der Serviceentwicklung eingesetzt? Gibt es beispielsweise automatische Tests oder Continuous Deployment?
- *Changes:* Wie kann der Service verändert werden? Gibt es einen Prozess für Change Requests?
- *Tests:* Wie kann die Integration des Service getestet werden? Gib es ein Testsystem oder ist ein anderes Test Double verfügbar? Sind Testdaten vorhanden?
- *Wahrgenommene Zufriedenheit:* Ist die Organisation zufrieden mit dem Service? Werden beispielsweise die SLAs eingehalten? Entspricht der Nutzen den Kosten?

Funktionale Informationen

Falls es sich nicht um einen domänengetriebenen Microservice handelt, der bereits im Abschnitt über die Identifikation per Domänenmodell beschrieben wird, können bei einem Service die folgenden Daten aufgenommen werden, damit klarer wird, welche Aufgaben der Dienst im Kontext der Organisation hat:

- *Scope:* Angabe des funktionalen Leistungsumfangs des Service sowie seiner Ziele.
- *Daten:* Welche Daten führt der Service als Master? Ein Produktservice sollte beispielsweise der Master für Produktdaten sein.
- *Geschäftsobjekte:* Welche Geschäftsobjekte behandelt der Service? Die Geschäftsobjekte sollten mit Hinweis auf das entsprechende Domänenmodell definiert sein, zum Beispiel Mitarbeiter, Produkt, Dokument usw.

Technische Informationen

- *Technologien:* Angabe der Technologien, mit denen der Service realisiert ist.
- *Logische Architektur:* Kurze Beschreibung der logischen Module bzw. Komponenten des Service.
- *Physische Architektur:* Angabe der physischen Verteilung der Systemkomponenten.
- *Schnittstellen:* Angabe der öffentlichen Schnittstellen des Service. Für jede Schnittstelle sind die Angaben unter *Schnittstelle* auszufüllen.
- *Umgebungen:* Angabe der Umgebungen, die der Service verwendet (Produktion, Integration usw.). Angabe von URL Endpoints. Angabe von Informationen für den Zugriff, zum Beispiel Hinweis auf Credentials.

Schnittstelle

In diesem Abschnitt werden die technischen Details der Schnittstellen beschrieben, die der Service anbietet. In einer Microservice-Architektur bietet ein Service (2.3) eine Schnittstelle über eine Aggregatwurzel, ein ganzes Domänenmodell oder einen Domänendienst an.

- *Protokoll:* Über welches Protokoll wird mit dem Service kommuniziert?
- *Schnittstellenmodell:* Funktioniert die Schnittstelle über Ressourcen, Methoden oder Dokumente?
- *Payload:* In welchem Format sind die Nachrichten des Service gespeichert? JSON?
- *Message Exchange Pattern (MEP):* Wie wird mit dem Service interagiert? Synchron, asynchron mit ARAP (2.3), asynchron mit ARAC (2.3) oder per Streaming?
- *Schnittstellenmodell:* Hinweise auf die Published Language (2.4) des Service.
- *Error handling:* Wie meldet der Service Fehler? Verweis auf den Fehlerkatalog (15.2) des Service.

■ 2.3   Entwurfsstandard des Service

Your API is a protocol, treat it like one. - Todd Montgomery

 Die folgenden Entwurfsprinzipien können für einen Service gelten:

1. Der Service soll REST verwenden.
2. Der Service soll ein Domänenmodell (1.5) und eine Kontextkarte (1.5) haben.
3. Der Service soll wartbar (Teil II), schnell (Teil III), zuverlässig (Teil IV) und sicher (Teil V) sein.
4. Ein Service soll Nutzungsbedingungen (2.4) und einen *technischen Vertrag* haben.
5. Ein Service sollte keine Annahmen über seine Laufzeitumgebung treffen und möglichst keine Dienste auf Betriebssystemebene nutzen, wie beispielsweise das Lesen oder Schreiben von Dateien.
6. Der Service soll *idempotent* sein.
7. Der Service soll den HTTP-Cache-Mechanismus nutzen.

Entwurfsprinzipien für Services

In diesem Kapitel habe ich verschiedene Entwurfsprinzipien zu einem Entwurfsstandard kombiniert. Dieser Standard kann auf das Umfeld einer Organisation zugeschnitten werden. Die Verwendung von Entwurfsstandards für Services führt zu einer homogeneren IT und damit zu reduzierten Kosten im IT-Servicemanagement sowie einer vergleichbaren

Qualität der Dienste. Der hier beschriebene Entwurfsstandard ist für einen Microservice gedacht, kann aber für Monolithen angepasst werden, wenn Sie das möchten.

Das in diesem Buch entwickelte Qualitätsmodell lässt sich auf eine breite Anzahl von Systemen anwenden. Insbesondere können Sie auch mehrere Standards für Ihre Organisation definieren, je nachdem wie verschieden Ihr konkretes Umfeld ist.

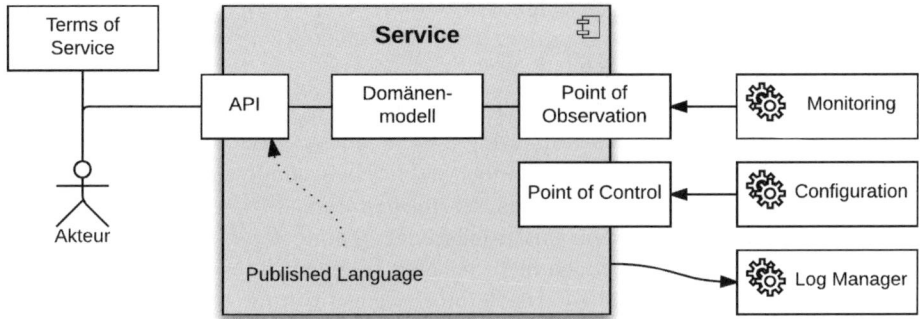

Bild 2.3 Anatomie eines Service

Point of Observation

Der Point of Observation (7.5) erlaubt es dem Monitoring, auf den internen Zustand eines Service zuzugreifen, um Metriken zu erheben. Zudem ist diese Schnittstelle wichtig für Integrationstests des Microservice, damit ein Testergebnis ausgelesen werden kann: Nicht jede Änderung des Domänenmodells ist über das Schnittstellenmodell, also die Published Language, nachvollziehbar.

Gut definierte Metriken helfen bei der Bewertung eines Service im laufenden Betrieb und bilden auch die Grundlage für die Skalierbarkeit (14). Wenn ein Service seine Last zuverlässig transparent anzeigen kann, können Über- und Unterlast erkannt werden, um den Pool verfügbarer Instanzen dynamisch anzupassen. Bei vielen Systemen basieren die Schwellwerte für die Poolsteuerung heute auf Erfahrung und nicht auf dem Feedback des Service. Wie wir später noch sehen werden, kann sich die Last eines Service jedoch nach Art der Nutzung stark verändern, weswegen Erfahrungswerte nicht immer hilfreich sind.

Der Point of Observation wird auch für die geschäftliche Bewertung eines Service eingesetzt. Zu den über diesen Port verfügbaren Metriken (12.2) gehören also auch Angaben über Geschäftsereignisse oder Fehlerraten. Konkret sind dies die Daten für vereinbarte SLIs, die gemessen werden wollen.

Point of Control

Der Point of Control (7.5) ist für die Konfiguration des Service verantwortlich und wird vom Configuration Service (17.3) genutzt, um den Service im Betrieb anpassen zu können. Der Configuration Service bringt den Service wiederholbar in einen bestimmten Betriebszustand und ist ein wesentlicher Baustein der Herstellbarkeit (17).

Log Management

Die ältesten Kommunikationsschnittstellen von Software sind *stdout* und *stderr*, und auch heute schreiben Programme gerne und viele Log-Nachrichten. In einer Microservice-Architektur, bei der viele verschiedene Instanzen eines Service in verteilten Umgebungen ihren Dienst verrichten, muss sich das Log Management anpassen, um diese Nachrichten sichtbar zu machen. Hierfür kommt also ein zentraler *Log Management Service* zum Einsatz, über den das Team auf die Logs der einzelnen Instanzen zugreifen kann. Ein Beispiel für solch einen Service ist Papertrail [pap].

Über Logs lässt sich auch ein anderes Entwurfsmuster des Monitoring implementieren: der Heartbeat. Hierbei misst das Monitoring-System, ob der Service regelmäßig eine Log-Nachricht schreibt. Werden diese nicht mehr geschrieben, so nimmt das Monitoring den Knoten aus der Lastverteilung. Wenn das Heartbeart-Intervall kürzer als der Timeout auf dem Point of Observation ist, kann ein Ausfall früher erkannt werden. Bei vielen Serviceinstanzen kann der Heartbeart jedoch nicht beliebig kurz gewählt werden, weil dies sonst einem Denial-of-Service-Angriff auf das Monitoring gleichkommt.

Technischer Vertrag

Ein Service sollte mit einem Vertrag ausgestattet werden, damit die Benutzer wissen, wie sie den Dienst zu verwenden haben. Hierzu gehören auf der einen Seite die Nutzungsbedingungen (2.4), die die rechtlichen Aspekte der Nutzung einer API regeln. Die Nutzungsbedingungen werden im Abschnitt über den Open Host erklärt, da es dort um öffentliche APIs geht.

Die andere Seite der API ist der technische Vertrag, der genaue Anweisungen an Downstream-Services gibt und die technischen Entwurfsentscheidungen explizit macht. Der Vertrag enthält die Schnittstellenspezifikation, auch Published Language (1.5) genannt, die API-Spezifikation, einen Fehlerkatalog, die Payload und das Message Exchange Pattern des Service.

Es gibt also zwei Modelle im Service: die Published Language, die durch Domänenereignisse gesteuert wird, sowie das eigentliche Domänenmodell. Änderungen am Domänenmodell müssen nicht notwendigerweise Änderungen am Schnittstellenmodell verursachen [Ver13].

Bei einem Microservice ist die Basis des Schnittstellenmodells oft eine Aggregatwurzel. Das Schnittstellenmodell enthält also die Entitäten, mit denen der Service mit seinen Benutzern kommunizieren möchte. Für jedes Domänenereignis ist im Service eine dedizierte Ressource definiert.

Zum **technischen Vertrag** eines Service gehören:

- Die Dokumentation des Typs der Schnittstelle, die Payload der Nachrichten sowie das verwendete Protokoll. Bei einem REST-Service wäre das eine ressourcenbasierte Schnittstelle mit JSON über HTTP.

- Eine API-Spezifikation, zum Beispiel per Swagger [swa].

- Ein Fehlerkatalog (15.2), in dem die möglichen Fehler des Service referenziert sind. Fehlerreferenzen können für die Übersetzung von Fehlermeldungen eingesetzt werden, sind aber auch im Monitoring und der Analyse von Interesse.

- Das *Message Exchange Pattern (MEP)* des Service soll beschrieben sein.

Typen von Schnittstellen

Es gibt drei Arten von Schnittstellentypen:

- *Ressourcen:* Die Schnittstelle bietet dem Konsumenten Ressourcen an, und die Zusammenarbeit erfolgt durch den Austausch von Repräsentationen dieser Ressourcen. Dieser Stil wird auch REST genannt und wird weiter unten genauer beschrieben.

- *Methoden:* Konsumenten rufen Methoden auf und erhalten Antworten in Abhängigkeit vom konkreten Servicemodell. Die gängigen Web-Service-Frameworks funktionieren so und nutzen XML als Antwortformat.

- *Dokumente:* Upstream- und Downstream-Service kommunizieren über den Austausch von Nachrichten, die Dokumente enthalten.

Payload

Der technische Vertrag regelt außerdem die *Payload*, die das Format der Nachrichten unseres Dienstes bestimmen. In der Praxis kommen heute drei verschiedene Arten zum Einsatz:

- *XML* erlaubt eine aussagekräftige Repräsentation von Daten, und es gibt verschiedene Open-Source-Bibliotheken, die zur Überprüfung der Wohlgeformtheit und Validität der Payload eingesetzt werden können. Allerdings ist XML teuer zu erzeugen und zu parsen.

- *Industriespezifische Formate* gibt es wie Sand am Meer. Diese verfeinern die allgemeine XML-Syntax oder kommen in einer ganz eigenen Syntax. Systems of Record bieten oft Schnittstellen mit individuellen Formaten.

- *JSON*-Payloads sind in der Webentwicklung sehr verbreitet und können im Browser effizient verarbeitet werden. JSON ist auch kompakter als XML, und die Payloads sind kleiner. Die Tatsache, dass ich eine JSON API im Browser mit ein paar Zeilen Code in eine Anwendung integrieren kann, spricht für dieses Datenformat. Deswegen sollte meiner Meinung nach ein Microservice stets JSON liefern.

Keine Protokollfrage

Ist das Format der Payload, gewählt stellt sich die Frage nach dem Protokoll, die bei einem Microservice nach diesem Entwurfsstandard HTTP ist:

- SOAP (Simple Object Access Protocol) ist ein XML-basiertes Protokoll, bei dem Nachrichten in XML über HTTP ausgetauscht werden. Obwohl SOAP über HTTP funktioniert, nutzt es nicht seine Semantik, was die Analysierbarkeit und damit die Entwicklung erschwert. Durch die Codierung der Nachrichten in XML ist das Protokoll zudem langsam.
- XML-RPC ist ein entfernter Methodenaufruf (RPC steht für *Remote Procedure Call*) über HTTP, bei dem die Methode und Parameter in XML verpackt werden und auch die Antwort ein XML-Dokument ist.
- HTTP ist die Grundlage des Webs und unserer Geschäftssysteme und gleichzeitig ein vollwertiges Protokoll für Anwendungen. Die Nutzung dieses Protokolls bildet die Grundlage für den RESTful-Architekturstil, der sich besonders gut für Microservice-Architekturen eignet.

Representational State Transfer (REST)

REST basiert auf HTTP und ist ein ressourcenbasiertes Schnittstellenmodell. Kurz und knapp besteht REST aus den folgenden fünf Prinzipien [fie] [TESW15]:

1. *Identification of resources:* REST verwendet URIs zur Adressierung von Ressourcen. Eine URI ist eine Entität (1.5).

2. *Hypermedia as the engine of application state (HATEOAS):* Mittels HTTP Request und Response können zwei Laufzeiteinheiten ihren Zustand austauschen. Der Service kann zum Beispiel der Anwendung eine Liste von Links schicken, die es der Anwendung erlauben, den Zustand des Service zu verändern.

3. *Manipulation of resources through representations:* Über den Accept Header kann die Anwendung dem Service mitteilen, in welchem Format die Ressource geliefert werden soll.

4. *Self-descriptive messages:* Die Anwendung übergibt dem Service alle Daten, die für die Bearbeitung seiner Anfrage notwendig sind. Der Service muss also keinen anwendungsspezifischen Zustand speichern, um eine Anfrage beantworten zu können. Seine Schnittstelle ist zustandslos.

5. *Standardmethoden:* REST nutzt die HTTP-Verben GET, POST, PUT, DELETE, HEAD und OPTIONS, deren Semantik in der HTTP-Spezifikation [rfcj] definiert ist.

Die Anwendung kann ihren Zustand lokal speichern und bei einem Request an den Server übergeben.

Idempotenz

Ein wichtiges Merkmal der Methoden GET, HEAD, PUT und DELETE ist ihre Sicherheit durch Idempotenz: Eine Operation ist dann idempotent, wenn ein mehrmaliges Aufrufen die gleichen Seiteneffekte bewirkt wie ein einmaliges Aufrufen [TESW15]. Da das Netzwerk Fehler hat und nicht alle Requests oder deren Antworten ankommen, kann die Anwendung denselben Request noch einmal schicken, ohne sich Sorgen machen zu müssen. Dies trägt zur Zuverlässigkeit des Service bei. Die Idempotenz ist im HTTP-Standard vorgegeben [rfcj].

Die POST-Methode ist übrigens nicht idempotent und nicht sicher. Hier müssen Sie auf das Netzwerk vertrauen oder anderweitig das Problem umschiffen. Und zwar in der Anwendung, denn die serviceseitige Implementierung kann natürlich von Ihnen idempotent entworfen werden, wenn Sie das möchten.

Problematisch ist auch die DELETE-Methode. Viele Services liefern nach der ersten Löschung einer Ressource einen 404 (Not Found)-Fehler anstatt 200 (OK) oder 204 (No Content), was den Kunden verwirren kann. Der Zustand auf dem Service ist aber derselbe (die Ressource wurde gelöscht), weswegen das in Ordnung geht; der Kunde muss es nur beachten. Einige APIs markieren deswegen Ressourcen als gelöscht und senden trotzdem 200.

Die Prüfung der Idempotenz kann durch automatische Tests abgesichert werden.

Die Skalierbarkeit eines Service wird durch Idempotenz des API positiv beeinflusst, weil es keine Rolle spielt, welche Instanz den Request beantwortet.

Das Richardson-Maturity-Modell

Leonard Richardson beschreibt eine schrittweise Annäherung an einen optimalen REST-Entwurf, an dem eine Organisation wachsen kann. Das Modell besteht aus vier Ebenen [Fowc]:

- Im Keller tropft's: Der Service nutzt HTTP für den Transport von Nachrichten in einem eigenen Protokoll, beispielsweise XML-RPC.
- Im Erdgeschoss ist unser Service ressourcenorientiert. Anstatt die Nachrichten also an eine einzige Serveradresse zu schicken, wenden wir uns nun an bestimmte URIs und sprechen so mit bestimmten Ressourcen.
- Im Obergeschoss setzen wir die HTTP-Verben als Protokoll ein, zum Beispiel GET und POST.
- Auf dem Dach haben wir beste Aussichten: Voller HATEOAS ist erreicht, denn unser Service kann durch semantisch reiche Antworten dem Kunden helfen, sein Ziel zu erreichen. Hierfür werden die Möglichkeiten unser API verständlich in den Response geschrieben, und der Client kann auf Entdeckungsreise gehen.

Cache

Da das HTTP-Protokoll verwendet wird, kann eine API Gebrauch von einem Cache (11.6) machen. Damit steht dem Entwickler die Möglichkeit offen, seine Antworten feingranular auf dem Weg zum sowie im Browser selbst zwischenzuspeichern. Wer diesen Effekt für eine effektive Performance-Verbesserung bei der globalen Bewirtschaftung von Anwendungen einsetzen möchte, kommt um ein CDN (11.4) nicht herum.

Message Exchange Pattern (MEP)

Wie ein Konsument mit einem Service interagiert, ist eine bedeutende Architekturentscheidung, da hierdurch vor allem die Kapazität des Service gesteuert werden kann. Es gibt

- *Synchron:* Die Anwendung ruft den Service auf und erhält die gewünschte Antwort. Die Anwendung blockiert solange, bis die Antwort fertig berechnet, verschickt und empfangen worden ist. Dieses MEP koppelt die Anwendung eng an den Service. Die Performance der Anwendung ist an die Performance des Service geknüpft.

- *Asynchron mit Request/Acknowledge/Poll (ARAP)*: Hier fragt die Anwendung nach einer Antwort und erwartet diese an einer URI, die ihr der Service liefert. Die Anwendung ruft in regelmäßigen Abständen die URI ab, bis der Service die Antwort berechnet hat. Die Anwendung ist nicht blockiert, und die Performance ist nicht mehr an den Service gekoppelt. Dafür entsteht bei diesem MEP mehr Last auf dem Service.

- *Asynchron mit Request/Acknowledge/Callback (ARAC)*: Bei dieser Art der Integration fragt die Anwendung nach einer Antwort und schickt dem Service eine URI, bei der er die Antwort abliefern soll. Der Service berechnet dann die Antwort, sobald es ihm opportun erscheint, und ruft die angegebene URI mit seinem Ergebnis auf. Die Anwendung ist nicht blockiert und die Performance nicht mehr an den Service gekoppelt. Die Last auf Anwendung, Service und Netzwerk ist optimiert, weswegen es sich um ein günstiges, ressourcenschonendes Verfahren handelt.

Bild 2.4 zeigt das ARAC-Muster am Beispiel: Der Downstream-Service übergibt seine Arbeit zusammen mit einer Callback-URI dem Upstream-Service (1). Dieser nimmt die Aufgabe an und gibt sofort ein OK zurück. Ist er mit der Bearbeitung fertig, ruft er die übergebene Callback-URI auf (2). Dieses Vorgehen erlaubt es dem Upstream-Service, seine Last optimal zu verteilen, und Lastspitzen bereiten keine Sorgen mehr, solange die Queue für die Abarbeitung groß genug ist … und Downstream-Services genug Zeit mitbringen.

Sowohl ARAP als auch ARAC sind Bausteine reaktiver Systeme (3) und des asynchronen Entwurfs (14.4).

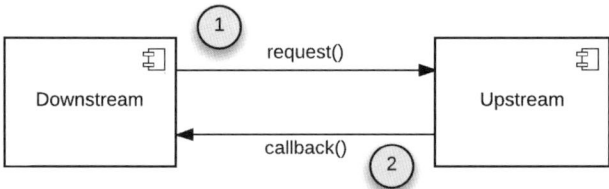

Bild 2.4 Asynchron mit Request/Acknowledge/Callback

- *Streaming*: Die letzte Möglichkeit ist das Streaming. Hier fragt die Anwendung nach einer Antwort. Der Service liefert die Antwort synchron und andauernd, entweder über einen bestimmten Zeitraum oder kontinuierlich.

Fazit

Zusammenfassend bringt der Entwurfsstandard des Service der Architektur die folgenden Vorteile:

- Die konsequente Anwendung derselben Entwurfsprinzipien führt zu einem ähnlichen Verhalten der Services und damit zu einer homogenen IT.

- Werden dieselben Prinzipien von verschiedenen Teams angewendet, so können sich diese leichter austauschen, und es entstehen Synergieeffekte.

- Der konsequente Einsatz von REST macht die Ad-hoc-Diagnose sowie die Prüfbarkeit von Services im Allgemeinen leichter, weil diese über den Browser beobachtet werden können.

- Die Komponierbarkeit von Services steigt, weil diese denselben Standards folgen.

- Ein Entwurfsstandard fördert die Implementierung von Continuous Deployment, weil es einfacher wird, Instanzen zu provisionieren, wenn sich diese ähnlich verhalten.

■ 2.4   Entwurfsstandard des Open Host

TL;DR

- Wird ein Upstream-Service von vielen Kunden konsumiert, so handelt es sich um einen *Open Host*.

- Ein Open Host wird seinen *Nutzungsbedingungen* gemäß den Kunden angeboten. Ist der Open Host Teil eines Geschäftsmodells, spricht man auch von einer *Öffentlichen API* oder *Web-API*. In diesem Fall verlangen die Nutzungsbedingungen eine besonderen Aufmerksamkeit.

- Um die Nutzungsbedingungen kontrollieren zu können, werden *API Management Services* eingesetzt.

- Die Nutzungsbedingungen sollten eine Referenz auf den technischen Vertrag (2.3) enthalten.

- Die Limitierung der Anzahl von Transaktionen (10.1) heißt Throttling (19.2).

- Eine erfolgreiche API benötigt guten Support.

Eine öffentliche API anbieten

Das Management integrer und modularer Services ist eine Kernkompetenz moderner Unternehmen. In den meisten Fällen werden die Services intern für die planvolle Komposition von Geschäftsfunktionen verwendet. Vermehrt bieten Organisationen ihre APIs aber auch Geschäftspartnern für die Zusammenarbeit an. Eine solche, *öffentliche API* ist in den seltensten Fällen öffentlich, d.h. für jedermann zugänglich. Für Organisationen kommen solche APIs primär für die Zusammenarbeit mit Partnern in Frage, um ihr Geschäft sinnvoll zu unterstützen, oder sie bieten den Service als kostenpflichtige Dienstleistung an. In beiden Fällen schließt das Unternehmen einen Vertrag über die API, den sie einhalten möchten. Wie dies funktioniert, ist in diesem Abschnitt beschrieben.

Wer eine API öffentlich anbieten möchte, bietet eine Plattformfunktion, auf die sich die Kunden verlassen können. Viele Organisationen sind es nicht gewöhnt, Plattformen herzustellen, sondern führen Projekte durch. Die anschließende Erwartung und Evolution des Angebots wird selten frühzeitig geplant.

Eine Architektur für eine öffentliche API, auch *Open Host* genannt, berücksichtigt die notwendigen Qualitätsmerkmale genauso wie seinen Kunden, den Entwickler mit seinen spezifischen Bedürfnissen, der unsere API nutzen möchte. Erfolgreiche Web-APIs haben einige Dinge gemeinsam, wie einen benutzerzentrierten Entwurf, eine funktionierende Governance und guten Support [KO14].

Nutzungsbedingungen

Die *Nutzungsbedingungen* (engl. *terms and conditions*) regeln die Art und Weise, wie ein Kunde mit der API umgehen darf. Es handelt sich um ein schriftliches Dokument, das dem Kunden Unsicherheit und Risiko bei der Nutzung der API nehmen soll. Eine technisch perfekte API kann durch ihre Nutzungsbedingungen zerstört werden, weswegen die folgenden Punkte adressiert sein sollten [pub]:

- *Service Level Agreement:* Eine garantierte Uptime Ihrer API kann für Kunden wichtig sein, sogar so wichtig, dass diese Geld verlieren, wenn Ihre API nicht mehr funktioniert. Eine wichtige Entscheidung ist also, ob die API mit *best effort* angeboten wird, oder ob die Verfügbarkeit (16) garantiert wird. Im Schadensfalle auf Seiten des Kunden sollten die Nutzungsbedingungen angeben, wie mit diesem umgegangen wird. Eine Möglichkeit ist es, der Laufkundschaft ohne Vertrag einen *best effort* anzubieten und sich die garantierte Uptime vergüten zu lassen.

- *Datenschutz:* Eine API sollte den Umgang mit personenbezogenen Daten genau regeln, falls diese verarbeitet werden. Viele APIs werden als Plug-ins auf anderen Diensten verwendet. Was geschieht mit den Benutzerdaten, auf die das Plug-in Zugriff hat und verarbeitet? Die Nutzungsbedingungen sollen darauf achten, dass der Umgang mit solchen Daten nicht gegen den Datenschutz verstößt. Insbesondere muss die API bei der Speicherung personenbezogener Daten auf das Recht auf Vergessen durch den Benutzer achten.

- *Caching:* Die Nutzungsbedingungen sollen angeben, ob die Antworten der API zwischengespeichert werden dürfen. Darüber hinaus sollten die Antworten korrekt eingestellte Cache Header (11.6) haben. Je nachdem, welches Geschäftsmodell die API repräsentiert, kann das Caching einen positiven oder negativen Effekt haben. Zahlt der Kunde für jeden Zugriff, so sollte man kein Caching zulassen. Technische Möglichkeiten, einen Client vom Caching abzuhalten, haben Sie übrigens nicht. Sollten die Nutzungsbedingungen eine Zwischenspeicherung erlauben, so sollten Sie angeben, ob diese Daten an Dritte weitergegeben werden dürfen.

- *Branding:* Ein Open Host, der gratis verwendet werden darf, kann in seinen Nutzungsbedingungen angeben, dass Kunden eine Referenz auf die API angeben müssen, wenn sie sie verwenden.

- *Rate limits:* Damit die Kunden die API angemessen verwenden, sollten die Nutzungsbedingungen eine Klausel enthalten, um eine deutlich überdurchschnittliche Nutzung zu verhindern. Es ist ein Spagat: Auf der einen Seite möchte man, dass die API genutzt wird, auf der anderen Seite müssen die Kosten für den Betrieb des Service getragen werden. Viele Dienste bieten also ein Nutzungsmodell an, bei dem man ab einem bestimmten Volumen unterschiedlich viel für weitere API Calls zahlen muss. Die Kontrolle der Kundenzugriffe ist ein beliebtes Feature des API Management Services, den ich weiter unten bespreche.

- *Versionierung:* Viele Nutzungsbedingungen enthalten eine Klausel, die es dem Lieferanten ermöglicht, die API und die Nutzungsbedingungen selber zu ändern. Damit sollte man sehr vorsichtig sein, denn die Kunden kennen das Risiko, das plötzliche Änderungen an einer API für ihre eigenen Systeme nach sich ziehen kann. Deswegen sollte der Lieferant vernünftige Bedingungen für Änderungen an seiner API angeben, die den Kunden ausreichend Zeit lassen, ihr System anzupassen. Siehe hierzu auch den Abschnitt über Semantic Versioning (9.7).

- *Kill switch*: Die Nutzungsbedingungen sollten Gründe angeben, warum ein Kunde von der Nutzung der API ausgeschlossen werden darf. Generell sind dies Verstöße gegen die anderen Klauseln, aber an dieser Stelle darf man gerne nochmals den Datenschutz, sittenwidrige Inhalte oder Zugriffsraten nennen.

Identifizierung

Unternehmen bieten ihren Partnern und Kunden immer häufiger öffentliche APIs für die Nutzung von Geschäftsdiensten an. Ein Marktplatz möchte beispielsweise, dass Händler ihre ERP-Systeme automatisch anbinden können. Die traditionellen EDI-Formate, bei denen bei Batchläufen CSV-Dateien geschrieben werden, werden nach und nach durch moderne REST-APIs ersetzt. Da hier Geschäftsfunktionen angeboten werden, möchte man sicherstellen, dass die Nutzung reglementiert ist. Der erste Schritt hierzu ist die Identifikation des Nutzers. Um den Geschäftspartner korrekt identifizieren zu können, gibt es verschiedene Möglichkeiten:

- *API Key:* Eine der ältesten und populärsten Methoden ist die Verwendung von API-Schlüsseln, die der Kunde dem Service bei Nutzung übergibt, beispielsweise im *Authorization Header*. Passt der Schlüssel nicht, so erhält der Kunde eine Fehlermeldung. Das Verfahren besticht durch seine Einfachheit, ist jedoch nicht sehr sicher. Durch einen Man-in-the-Middle-Angriff kann ein Angreifer den Schlüssel stehlen und so die API kompromittieren. Keinesfalls dürfen solche Schlüssel als Klartext über HTTP übertragen werden. HTTPS ist solange für die Übertragung sicher, wie das Endgerät des Kunden nicht kompromittiert ist.

  Der Schlüssel wird pro Partner generiert und identifiziert diesen damit eindeutig. Der Partner wiederum kann den Schlüssel dann in seine eigene Software backen.

  Aufgrund der Kompromittierbarkeit des Verfahrens sollten die Schlüssel regelmäßig ausgetauscht werden. Es kann sich außerdem lohnen, Verfahren zur Erkennung von Unregelmäßigkeiten über das Monitoring (18) einzurichten.

- Zur Identifizierung des Kunden kann auch ein Protokoll wie OAuth (21.11), SAML (21.10) oder Open ID Connect (21.12) eingesetzt werden. Die Authentifizierung wird also an einen orthogonalen Dienst delegiert, und unser Gateway bzw. der Service kann sich auf die Autorisierung und Geschäftslogik konzentrieren.

Bei der Verwendung eines externen Identity-Providers ist die Verwendung technischer Benutzer aufgrund der Nutzungsbedingungen in vielen Fällen nicht möglich. Kontrolliert man den Identity-Provider jedoch selbst, so können auch technische Benutzer für die Service-zu-Service-Kommunikation eingesetzt werden.

Weitere Details zur Sicherung der API gegen unbefugten Zugriff finden Sie in den beiden Blogs von Skip Hovsmith [hova] [hovb]. Des Weiteren ist in beiden Fällen die Autorisierung des externen Zugriffs noch ungelöst. Es ist sowohl eine rollenbasierte Autorisierung (23.2) als auch eine attributbasierte Autorisierung (23.3) möglich, die im letzten Teil dieses Buches beschrieben werden.

Kontrolle durch ein API Management Gateway

Um die Nutzungsbedingungen einer API kontrollieren und durchsetzen zu können, werden API Management Gateways eingesetzt. Bei öffentlichen APIs, auch Web-APIs genannt, verwendet man in der Regel ein API Gateway, um die dahinter liegende API zu schützen. Das Gateway kümmert sich um die Autorisierung des Zugriffs über den Schlüssel, bietet aber noch andere Funktionen, zum Beispiel um die Anzahl der Aufrufe zu limitieren (engl. *throttling*). Das Gateway kontrolliert also die Last, die auf die API durchschlagen kann, und bietet damit einen Schutz vor erratischen Partnern, die sie selber nicht kontrollieren können. Bild 2.5 verdeutlicht die Funktionsweise des Gateway.

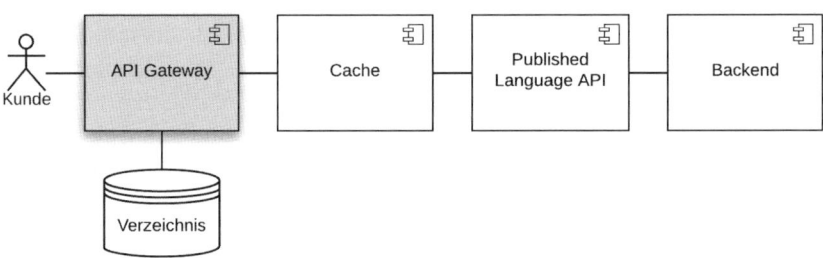

Bild 2.5 Bausteinsicht eines API Management Gateways

Eingehende Aufrufe erreichen den Service über ein API Gateway, welches den Kunden über das Verzeichnis identifiziert und autorisiert. Passt der konfigurierte, verkaufte Plan des Kunden zu seinem Aufruf, so wird dieser an den Cache weitergeleitet. Bei einem Cache Miss geht der Call an die Published Language unseres Backends, die diesen in die Sprache des Monolithen übersetzt, der in diesem Beispiel die eigentliche Geschäftsfunktion bietet.

Kapazität

Die Kapazitätsüberlegungen spielen eine wichtige Rolle bei der Planung der API. Die am Markt erhältlichen API Gateways haben allesamt Funktionen, um die Anzahl der Aufrufe zu limitieren. Die Limitierung der Anzahl von Transaktionen (10.1) heißt Throttling (19.2). Das Gateway kontrolliert also die Last, die auf die API durchschlagen kann, und bietet damit auch einen Schutz vor der Sprengung der Kapazitätsgrenze (13).

Bei einer öffentlichen, monetarisierten API sollte die Kapazitätsgrenze genau bekannt sein, damit keine Unzufriedenheit beim Kunden entsteht bzw. das verkaufte SLA nicht verletzt wird. Eine solche vereinbarte Menge von Aufrufen heißt auch *Quota*.

In Bild 2.5 ist hinter dem Gateway ein Cache installiert, der diejenigen Antworten zwischenspeichert, die von der Published Language API entsprechend per Cache Header (11.6) markiert worden sind. Das ist eine tolle Sache, denn so kann der Cache viel Kapazität hinzufügen und gleichzeitig die Antwortzeit verbessern. Wenn sich also Antworten zwischenspeichern lassen, dann sollte der Cache genutzt werden. Einige API Gateways haben bereits einen eingebauten Cache, der hierfür genutzt werden kann.

Bei den meisten APIs wird die Kapazität durch den Backend Service bestimmt, der am Ende die Domänenfunktion ausführt. Die Kapazitätsgrenzen des Backends zu verhandeln bzw. zu messen, kann in verteilten Organisationen eine anspruchsvolle Aufgabe sein. Siehe hierzu auch den Abschnitt über Teams (1.6).

Published Language

Hinter dem Gateway und dem Cache steht die API, die den eingehenden Request bedient. Die API ist das Schnittstellenmodell, auch Published Language, unserer Domäne, und nicht das eigentliche Domänenmodell, auf dem unser Service arbeitet. Die Entkopplung und Übersetzung durch das Schnittstellenmodell erlaubt es, Änderungen am Domänenmodell vorzunehmen, ohne dass diese auf die Schnittstelle durchschlagen müssen.

Multi-Tenant Management Infrastructure

Bei der Auswahl eines API Management Gateways ist außerdem darauf zu achten, dass sich das Produkt skalieren (14) lässt, damit im Zweifel auch große Mengen von Transaktionen abgearbeitet werden können.

Hat man eine lebendige API-Landschaft, so ist außerdem ein API-Lifecycle zu planen, der die Evolution und Wartbarkeit der einzelnen APIs in der Organisation regelt. Die Teams werden ihre APIs regelmäßig ändern wollen, und hierfür wird dann ein funktionierender Prozess ohne Betriebsunterbrechung benötigt*.

Support durch Personas

Ist die API zu einem Teil des Geschäftsmodells der Organisation geworden, so ist die Betreuung ihrer Benutzer ein weiterer Erfolgsfaktor. Gute APIs brauchen einen hervorragenden Kundendienst, um erfolgreich zu sein zu können [KO14]. Da die Kunden in diesem Falle Softwareentwickler sind, die die API in ihre eigenen Anwendungen und Services einbinden, muss auch der Kundendienst abgestimmt funktionieren. Entwickler haben nun mal andere Bedürfnisse als die Laufkundschaft im Laden.

Um die Kundenzufriedenheit also sicherzustellen, nutzen einige Architekten zur Modellierung der potenziellen Kunden eine *Persona*. Eine Persona ist ein Modell eines Kunden, die eine Zusammenfassung von Nachforschungen über die Kunden unserer API enthält. Auf einer Seite wird eine fiktive Person mit den Eigenschaften seiner Gruppe zusammengefasst, inklusive Foto. Die Technik stammt aus dem UX und wird hier für die Charakterisierung aller möglichen Stakeholder eingesetzt. Sie erlaubt es im vorliegenden Fall, für eine spezifische Person zu entwerfen und nicht für die anonyme Masse. Dadurch kann man sich beim Entwurf der API besser auf die speziellen Bedürfnisse des Nutzers einlassen.

Was macht der Entwickler, wenn die API einen Fehlercode meldet? Sollte die Fehlermeldung auf Deutsch sein? Reicht ihm ein XML-Dokument oder braucht er JSON? Dies sind alles Fragen, die man einfacher beantworten kann, wenn man eine Persona vorliegen hat. Insbesondere ist hierbei auch an den Support für Kunden zur Laufzeit zu achten. Wo können Fehler oder Fehlverhalten gemeldet werden? Gibt es einen Change-Request-Prozess, und steht dieser den externen Nutzern offen?

Fazit

Öffentliche APIs anzubieten, wird für immer mehr Unternehmen wichtig. Dabei werden die traditionellen Broker-Architekturen mit ihren schwergewichtigen Nachrichtenformaten und Protokollen zusehends durch leichte REST-Services ersetzt. Diese sicher und vertragskonform anbieten zu können, benötigt eine gute Planung. Zusammenfassend gelten die folgenden Empfehlungen:

- Für Throttling und Quotas sind API Management Gateways eine gute Wahl. Eine ähnliche Funktionalität stellen aber auch einige Load Balancer oder Service-Bus-Produkte zur Verfügung.
- Die API sollte benutzerzentriert mit Personas entwickelt werden [KO14].
- Eine API benötigt klare und vollständige Nutzungsbedingungen, die den Kunden nicht abschrecken sollten.
- Eine öffentliche API benötigt guten Support und einen Service Desk für die Beantwortung von Kundenanfragen.

■ 2.5 Entwurfsstandard des Service Bus

TL;DR

- Die Systemlandschaft einer Organisation kann ein bizarres Ökosystem verschiedenster Technologien sein. Ein Geschäftssystem muss sich in diese Landschaft integrieren können. Diese Integration ist Teil der Domäne der *Enterprise Application Integration (EAI)*.
- Neben dem Problem der inhaltlichen Übersetzung auf Geschäftsebene sind vor allem die technischen Herausforderungen, die bei der Integration gemeistert werden müssen.

- Ein *System of Record* ist ein System, das für zentrale Geschäftsprozesse die Datenautorität hat.

- Ein *Enterprise Service Bus (ESB)* ist eine Messaging-Infrastruktur, die das Entwurfsmuster des *Control Bus* und *Message Bus* [HW03] implementiert.

- Ein ESB besteht aus drei Schichten: API Layer, Business Layer und Connector Layer. Ein Synonym für API ist *Endpoint*.

- Auf dem Business Layer des ESB liegen Nachrichten im *Canonical Data Model (CDM)* vor. Ich bespreche in diesem Abschnitt die Abhängigkeiten zum domänengetriebenen Entwurf.

- In einer gewachsenen Systemlandschaft kann ein ESB ein wichtiger Baustein der Resilienz (19) sein.

Die Rolle des Service Bus

Die Entwicklung von Services in mittleren und großen Organisationen folgt nur selten einem Masterplan, sondern unterliegen einer schrittweisen Evolution, bedingt durch die sich wandelnden Umweltbedingungen. Wird ein älteres System heute integriert, so war diese Integration mit hoher Wahrscheinlichkeit zum Zeitpunkt seines Entwurfs nicht geplant. Zudem wurde es gegebenenfalls für einen Einsatzzweck vorgesehen, der sich seitdem aufgrund äußerer Einflüsse verändert hat. Für uns bedeutet das, dass das damals entwickelte Modell des Dienstes nur wenig mit dem zu tun hat, wofür wir es heute benötigen: Schon unsere Allgemeinsprache passt nicht und das Domänenmodell umso weniger.

In bestehenden IT-Landschaften treffe ich häufig auf monolithische Systeme, die kein definiertes Domänenmodell haben und deren Konzepte unklar sind. Dokumentation gibt es, aber sie ist unverständlich und unvollständig. Ganz offensichtlich vereint das System viele verschiedene Domänen in sich, aber welche das sind, das weiß niemand so genau. Die Sprache älterer Monolithen ist nur in den wenigsten Fällen dokumentiert. Dies war auch über lange Jahre gar nicht nötig, weil das System in seinem Kontext gut funktionierte, sodass man mit dem erhobenen Zeigefinger sehr vorsichtig sein sollte. Diese Systeme erfüllen häufig kritische Aufgaben in der Organisation und sind das Ergebnis hoher Investitionsleistungen, die geschützt werden möchten.

Ein System, das für zentrale Geschäftsprozesse eine autoritäre Datenquelle ist, heißt *System of Record*. Änderungen an solchen Systemen sind durchaus machbar, allerdings meistens schwerfällig, langwierig sowie kostenintensiv und deswegen nicht immer nützlich.

Gewachsene Systemlandschaften sind ein reiches, teilweise bizarres Ökosystem von Technologien und Protokollen, je nachdem was in der Vorzeit mal modern war. Nicht selten findet man auch technologische Eigenentwicklungen wie selbstgebaute Netzwerkkarten oder eigene Betriebssysteme vor. Ein Service muss sich in dieses babylonische Wirrwarr von Protokollen und Formaten nahtlos einfügen können. Je besser er dies kann, desto erfolgreicher ist die Systemlandschaft als Ganzes. Mit der Anzahl verschiedener Protokolle und Nachrichtenformate, die ein Service beherrschen muss, steigen der Aufwand in der Anbindung anderer Dienste und damit das Projektrisiko.

Idealerweise möchten wir für den Entwurf die Sprache jedes Systems kennen, damit wir sie übersetzen können. Wir möchten außerdem lieber stets das gleiche Protokoll und Nachrichtenformat integrieren, weil das einfacher ist. In vielen Organisationen wird hierfür ein *Enterprise Service Bus (ESB)* eingesetzt, der Formate transformieren und Protokolle übersetzen kann. Ein ESB implementiert das *Control Bus Pattern* und das *Message Bus Pattern* [HW03], das eine bestimmte Anatomie bedingt, die in diesem Abschnitt beschrieben ist.

Canonical Data Model und andere Schnittstellenmodelle

Das *Canonical Data Model (CDM)* übersetzt Nachrichten von verschiedenen Systemen in eine konsistente Terminologie und wurde das erste Mal von Hohpe und Woolf dokumentiert [HW03]. Dieses Entwurfsmuster soll die Abhängigkeiten zwischen Services minimieren, wenn diese verschiedene Datenformate einsetzen. Die Idee ist, dass es auf dem Bus nur ein einziges, kanonisches Datenmodell gibt, auf dem Geschäftsfunktionen ausgeführt werden. Alle integrierten Systeme werden nun in diese kanonische Sprache übersetzt, anstatt eine Übersetzung (auch *Message Translator* genannt) für jeweils zwei einzelne Dienste zu implementieren. Letzteres Vorgehen ist nämlich teuer, weil die Anzahl möglicher Kombinationen für Übersetzungen sehr groß werden kann.

 Enterprise Integration Patterns [HW03] war 2003 für die Integrationsarchitektur ein Meilenstein. Das Buch erschien in einer Zeit, als serviceorientierte Architekturen zunehmend an Bedeutung gewannen und immer mehr Systeme untereinander integriert wurden. Es gab den Ingenieuren und Architekten damals funktionierende Werkzeuge an die Hand.

Interessanterweise veröffentliche Eric Evans im selben Jahr *Domain-Driven Design* [Eva03], verwendete hier jedoch für dieselben oder zumindest ähnliche Konzepte andere Begriffe. Während sich Hohpe und Woolf eher auf die technischen Aspekte konzentrierten, bewegte sich Evans auf der Geschäftsebene. Ich stelle die jeweiligen Begriffe in diesem Abschnitt zueinander in Beziehung, auch um eine Übersetzung zu ermöglichen. Während die geschäftliche Trennung über Domänenmodelle eine wichtige konzeptionelle Grundlage bildet, sind die technischen Aspekte der Integration genauso wichtig. Die folgenden Konzepte der Integrationstechnik und des domänengetriebenen Entwurfs sind korrelierbar:

- **Canonical Data Model:** Das kanonische Datenmodell ist ein *Domänenmodell*, das die Konzepte der integrierten Dienste in sich vereinen muss. Damit ist es es gleichzeitig ein *Shared Kernel* und die *Published Language* des Gesamtsystems.

  Das kann nur funktionieren, wenn die integrierten Systeme in Gänze wenig komplex sind, da sonst das Modell zu kompliziert wird. Zudem müssen sich alle beteiligten Services an der Sprache beteiligen, sodass sich die Organisation verändert können sollte. Ich kann aus der Erfahrung heraus sagen, dass dies für einzelne Systeme funktioniert, weil dann die integrierten Dienste dieselben Ziele haben und die Organisation eine Einheit bildet.

  Eine darüber hinaus gehende Integration mit gemeinsamer Sprache ist nicht zu empfehlen, und hiervon rät sogar die TOGAF-Spezifikation ab [tog]. Stattdessen sollten dann mehrere Busse eingesetzt werden, die dann jeweils ihr eigenes CDM haben.

> - **Message Translator:** Das Entwurfsmuster des Message Translator ist das Pendent zum *Adapter*-Muster der Gang of Four [GHJV95] und korrespondiert technisch mit dem *Anti-Corruption Layer* des domänengetriebenen Entwurfs.
> - **Open Host:** Für Konsumenten sehen die auf einem ESB publizierten *Endpoints* einem *Open Host* sehr ähnlich.
> - **Anti-Corruption Layer:** Der ESB funktioniert effektiv als *Anti-Corruption Layer*, um die Konzepte und das Verhalten von Systemen in eine Sprache zu übersetzen, die das Team versteht.

Schichtenarchitektur des Control und Message Bus

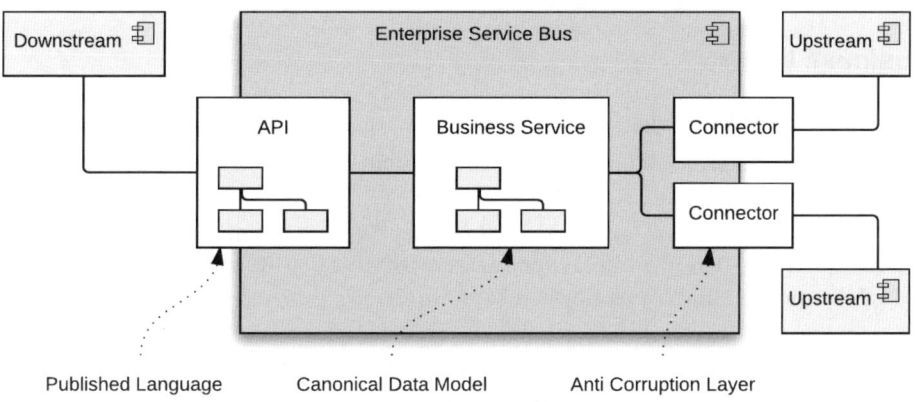

Bild 2.6 Module der ESB-Komponente

Der Bus hat drei Schichten: API Layer, Business Service Layer und Connector Layer:

- Der *Connector* bindet einen Service physisch an und übersetzt Nachrichten in seine Sprache.
- Das *Business Modul* bildet Geschäftslogik der Integration wie beispielsweise die Anreicherung von Nachrichten ab.
- Schließlich bildet die *API-Schicht* die Schnittstelle, mit der Anwendungen auf die Dienste des Unternehmens zugreifen können.

Durch diese Architektur kann der Business-Service unabhängig von einem konkreten Connector oder einer API agieren, und die Module sind voneinander entkoppelt. Dies eröffnet eine nachhaltige Wiederverwendbarkeit der implementierten Geschäftsdienste, weil diese von Lieferanten als auch Konsumenten entkoppelt sind.

Der API Layer

Ein ESB kann mehrere Endpoints anbieten. Die Verantwortlichkeiten eines Endpoints sind im Einzelnen:

- *Validierung* eingehender Daten, um sicherzustellen, dass diese in das CDM transformiert werden können.

- *Filterung* eingehender Daten, um den Hauptspeicher zu entlasten und die Verarbeitungsgeschwindigkeit zu erhöhen. Werden beispielsweise gewisse Parameter bei der weiteren Verarbeitung nicht benötigt, so werden sie an dieser Stelle entfernt.

- *Transformation* der Payload in das Common Data Model, damit der Business-Service diese verarbeiten kann.

- *Routing* von Nachrichten hin zum richtigen Business-Service.

- Prüfung der *Sicherheit*, beispielsweise ob der Zugriff authentifiziert ist. Bei öffentlichen APIs kommen hier spezielle Schlüssel zum Einsatz, siehe Abschnitt 2.4.

- Sicherstellung der *Auditierbarkeit* durch das Aufzeichnen von Aufrufen. Oft kommt hierfür ein eigener Service zum Einsatz.

Business Layer

Die Verantwortlichkeiten der Business-Services in der „Mitte" des ESB sind:

- Der Business-Service sorgt für das korrekte *Routing* von Nachrichten zwischen API und Connector.

- Eine *Orchestrierung* von Aufrufen verschiedener Services kommt häufig vor, beispielsweise wenn eine Benutzerinteraktion mehrere Services betrifft, so wie eine Nachricht an das ERP und das CRM, wenn etwas gekauft wurde.

- Die *Aggregation* von Nachrichten kann wichtig sein, etwa wenn nur zu bestimmten Zeiten Last auf ein System gebracht werden soll. In diesem Fall kann der ESB die Nachrichten sammeln und zur vereinbarten Zeit dann zusammen verschicken. Die Aggregation ist zustandsbehaftet. Je nachdem, ob viele Nachrichten zu einer Nachricht zusammengefasst oder einfach nur viele Nachrichten schnell hintereinander verschickt werden sollen, spricht man entweder von *Aggregation* oder *Batching*.

- *Splitting* ist der umgekehrte Fall der Aggregation. Hier wird eine Nachricht in ihre Bestandteile zerlegt und dann auf verschiedene Services verteilt.

- Der Business-Service erkennt und berichtet *qualifizierte Fehler*.

Connector Layer

Die Verantwortlichkeiten des Connectors sind schließlich:

- Der Connector führt den *physischen Aufruf* des Service durch

- Der Connector *validiert* die Antworten des aufgerufenen Service. Antwortet der Service beispielsweise mit einer Payload im XML-Format, so kann der Connector das XML auf Wohlgeformtheit und Validität überprüfen.

- Die Rückgabe des Service wird zurück in das Common Data Model *transformiert*, damit der Business-Service die Nachricht interpretieren kann.

- *Error Handling* ist im Connector wichtig, beispielsweise bei Netzwerkproblemen oder wenn der Inhalt der returnierten Nachrichten nicht stimmt.

- Der Connector übernimmt die *Sicherheit* bei der Kommunikation mit dem Service.
- Der Connector übernimmt Aufgaben der *Resilienz* durch den Einsatz eines Circuit Breaker (19.6).

Ein Beispiel für Message Enrichment

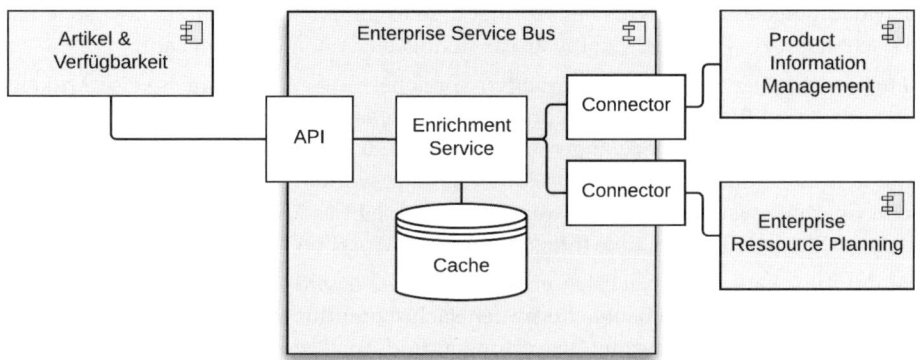

Bild 2.7 Beispiel für den Einsatz eines ESB

Der Vorteil eines Service Bus lässt sich anhand eines Beispiels illustrieren, wie in Bild 2.7 dargestellt. In diesem Beispiel werden Produktdaten aus dem *Product Information Management (PIM)* mit Artikeldaten aus dem *Enterprise Resource Planning (ERP)* angereichert. Eine Anwendung, die auf einem Tablet betrieben wird, zeigt den Filialmitarbeitern dann die Verfügbarkeit und Produktdetails von Artikeln an. Weil das ERP-System eher gemütlich arbeitet und zu Stoßzeiten viele Mitarbeiter die Anwendung benutzen, wurde ein Cache zur Zwischenspeicherung von Nachrichten eingebaut.

Angenommen, das Product Information Management wird durch ein neues Produkt ausgetauscht, so muss nur der Connector für die Übersetzung des PIM-Modells in das CDM ausgetauscht werden. Am CDM ändert sich nämlich nichts, sodass keine Änderung am Business Service notwendig wird. Die einzelnen Schichten werden im Folgenden beschrieben.

Eigenschaften eines ESB

Die folgenden Punkte zeichnen einen Bus aus:

- *Transparenz*: Den Konsumenten werden nur die Endpoints zugänglich gemacht. Das System muss keine weiteren Kenntnisse über die integrierten Systeme haben, braucht also keine Annahmen über deren Laufzeitumgebung oder Annahmen über Nebeneffekte zu treffen.
- *Entkopplung*: Die Trennung der direkten Kommunikation von Kunde und Lieferant entkoppelt diese voneinander. Der Lieferant kann verändert werden, ohne dass dies Änderungen oder Ausfälle beim Kunden nach sich zieht. Dies eröffnet organisatorische Flexibilität bei Wartungsfenstern des Lieferanten.

- *Versionierung von Schnittstellen*: Der Bus erlaubt es, Schnittstellen in verschiedenen Versionen zu betreiben, damit keine Änderungen beim Kunden notwendig werden. Er funktioniert somit als Katalysator der Systemevolution durch Entkopplung.

- *Übersetzung*: Der ESB kann Payload und Protokoll konvertieren und dem Kunden technisch konsistente Schnittstellen anbieten. Dies ist für den Kunden ein Vorteil, da er sich für alle auf dem Bus angebotenen Dienste nur mit einem Protokoll beschäftigen muss.

- *Routing*: Auf dem Bus können Nachrichten nach vorkonfigurierten Regeln sowie nach Payload umgeleitet werden. Dies eröffnet dem Architekten Flexibilität, da er so je nach Geschäftsprozess die Nachrichten an die richtigen Kunden verteilen kann.

- *Enrichment*: Der ESB kann Nachrichten anreichern. Werden beispielsweise Artikeldaten aus dem ERP bezogen, so können diese bereits auf dem Bus mit weiteren Texten aus einem anderen Service angereichert werden. Ich habe es häufig beobachtet, dass auf dem ESB ganze Geschäftsprozesse umgesetzt wurden, weil dieser in die bestehenden Geschäftssysteme integriert war. Tatsächlich gibt es für Open Source Produkte wie Apache ServiceMix [smx] tiefe Integrationen von Workflow Engines wie Activiti [act].

- *Monitoring*: Laufen alle Nachrichten über den Bus, so wird dieser zur Buschtrommel der Organisation. Durch die Beobachtung der Nachrichtenflüsse und Nachrichteninhalte ist es möglich, sehr interessante Auswertungen und Analysen zu erstellen. Dies fängt bei simplen Performancedaten (der Service ist zu langsam) an und endet bei fortgeschrittenen Geschäftsprozessanalysen. Siehe hierzu auch den Abschnitt über das Monitoring (18). Dieser Vorteil entfällt, wenn die Services selber gut in das Monitoring, insbesondere das Geschäftsmonitoring, integriert sind. Dies ist aber bei älteren Systemen so gut wie nie der Fall. So habe ich schon beobachtet, dass nach der Einführung eines ESB zentrale Geschäftsvorfälle das erste Mal mit zuverlässigen Zahlen unterlegt werden konnten.

- *Sicherheit*: Der ESB kann die integrierten Services im Sinne des Informationsschutzes absichern. Er kann aber auch als Sicherung vor Überlast oder vor schlecht konstruierten Aufrufen sichern. Hierfür gibt es Open-Source-Bibliotheken wie beispielsweise Hystrix [hys], das eine vorbildliche Circuit-Breaker-Implementierung bietet.

- *Qualifizierte Fehler*: Werden Geschäftsfehler mittels qualifizierter Prozessanalyse antizipiert (19), so ist der ESB ein mögliches Werkzeug bei der Realisierung. Er ist in der Lage, *physische Fehler* in *qualifizierte Fehler* umzuwandeln. Fällt beispielsweise ein Service aus, weil beispielsweise sein Service Provider einen Ausfall unbekannter Natur im Rechenzentrum hatte, so kann der ESB dies mittels Circuit Breaker (19.6) erkennen und hierfür einen qualifizierten Fehler zurückgeben. Die disziplinierte Behandlung von Fehlern (15.2) auf dem ESB ist eine Best Practice, da hierdurch die Anzahl auftretender Störungen von Anwendungen gesenkt wird und dadurch die Stakeholder zufriedener mit dem System sind.

Fazit

Der Service Bus ist ein altes Entwurfsmuster, das seit Langem zum Repertoire der *Enterprise Application Integration (EAI)* gehört. Aber erst mit dem Aufkommen des domänengetriebenen Entwurfs und der reflektierten Diskussion der Komplexität kann ein Bus in der richtig geschnittenen Sprache effektiv eingesetzt werden.

Viele Organisationen haben bereits einen ESB im Einsatz, den man gegebenenfalls nutzen kann. Man sollte jedoch sicherstellen, dass an diesem ESB die gewünschten Dienste tatsächlich angelegt werden können und die vorgenannten Best Practices auch gelebt werden. Es sollte also ein stehendes Team für die Bewirtschaftung der Integration in der Organisation geben, und dieses sollte ausreichend Zeit haben, um Business-Services und Konnektoren zu schreiben sowie die neuen APIs zu entwerfen.

Ist kein ESB oder kein Team für den ESB vorhanden, so ist der Aufbau eines solchen bei Systemen mit vielen Integrationen zu empfehlen, auch wenn dies initial Mehraufwand bedeutet. Von diesem Bus können dann später auch andere Systeme profitieren, was zeigt, dass ein Architekt nicht nur über Systemgrenzen, sondern auch über Projektgrenzen hinweg denken sollte.

In jedem Fall kann ein ESB die Messaging-Infrastruktur für den asynchronen Entwurf (14.4) sein.

3 Systemqualität

■ 3.1 Qualitätsmodelle

 TL;DR

- Ein *Qualitätsmodell* beschreibt, bewertet und sagt Qualität voraus [Wag13]. Qualitätsmodelle werden auch *Qualitätsbäume* genannt, weil sie sich verfeinern lassen.

- Ein *Qualitätsmerkmal* ist eine qualitative Eigenschaft. Qualitätsmerkmale werden auch *nicht-funktionale Anforderungen*, *Leistungsmerkmale* oder *Systemqualitäten* genannt.

- Die *Qualität* ist eine Bewertung der *Qualitätsmerkmale* eines *Qualitätsmodells* in einem konkreten System. Für die Bewertung können Qualitätsszenarien (3.2) eingesetzt werden.

- Beim Entwurf kann ein Qualitätsmodell als Grundlage verwendet werden. In diesem Abschnitt werden vier verschiedene Qualitätsmodelle besprochen:
  ISO 25010 ist ein generisches Qualitätsmodell für alle Softwaresysteme.
  Cloud-Native-Systeme sind zuverlässig (Teil IV) und elastisch (14).
  Reaktive Systeme sind zuverlässig (Teil IV), elastisch (14) und nachrichtengesteuert (14.4).
  Geschäftssysteme sind wartbar (Teil II), schnell (Teil III), zuverlässig (Teil IV) und sicher (Teil V).

- Qualitätsmerkmale sind häufig *Basismerkmale*, die stillschweigend erwartet werden. Beispielsweise wünschen sich alle Stakeholder, dass das System sicher und schnell sein soll, kommunizieren das aber nicht.

- Qualitätsmerkmale sollten in einem Katalog gepflegt werden und referenzierbar sein, damit man sie für spätere Bewertungen verwenden kann.

Was ist ein Qualitätsmodell?

Ein *Qualitätsmodell* ist ein Planungswerkzeug und eine Bewertungsgrundlage für ein Softwaresystem. Das Modell erlaubt es, die Qualität eines Systems zu beschreiben, zu bewerten oder vorherzusagen [Wag13]. Die *Qualität* eines Systems oder Service ist die Gesamtheit seiner Eigenschaften, die als *Qualitätsmerkmale* erhoben werden. Beispiele für Qualitätsmerkmale sind die Performance, die Wartbarkeit oder die Sicherheit. Je besser die Qualitätsmerkmale zu den Anforderungen der Stakeholder passen, desto höher ist die Qualität des Systems.

Gruppen von Qualitätsmerkmalen bilden ein *Qualitätsmodell*. Das bekannteste Qualitätsmodell für Software ist ISO 25010 [Int11]. In der Literatur werden Qualitätsmodelle manchmal auch *Qualitätsbäume* genannt, da sie wie ein Baum hierarchisch strukturiert werden können. Zum Beispiel ist ein Submerkmal der Wartbarkeit die Testbarkeit.

Ein *Qualitätsmerkmal* ist eine Eigenschaft eines Softwaresystems, zum Beispiel wie sicher, schnell oder schön es sein soll. Diese Merkmale werden auch nicht-funktionale Anforderungen genannt, um sie von den funktionalen Anforderungen zu unterscheiden, die beschreiben, was eine Software tun soll. Manche Autoren nennen die Qualitätsmerkmale auch *Charakteristika* eines Softwaresystems [Erl08].

Qualitätsmodelle bilden also Gruppen von Qualitätsmerkmalen, die es erlauben, eine bestimmte Art von System zu beschreiben und zu bewerten. Dabei ist die Dekomposition der Qualität als Qualitätsbaum mehrdeutig [Wag13]. Dies liegt daran, dass eine Qualität wie beispielsweise die Performance nicht absolut beschrieben werden kann, sondern im Kontext eines bestimmten Systems interpretiert werden muss. Es kann sich beispielsweise um die Anzahl verarbeiteter Nachrichten, den Umsatz im Shop oder die Antwortzeit der Suche handeln.

ISO/IEC 25010 ist ein generisches Qualitätsmodell, das für alle Softwaresysteme gilt. Deswegen ist es schwierig gegen ein konkretes Geschäftssystem bewertbar. Es gibt viele Arten verschiedener Software, abhängig vom Einsatzgebiet. Transaktionsmonitore im internationalen Zahlungsverkehr oder die Steuerungssoftware einer Drohne haben andere Qualitäten aufzuweisen als ein Hotelbuchungsdienst. In diesem Buch beschreibe ich Geschäftssysteme und habe für diese Art von Systemen Qualitätsmodelle entwickelt. Mithilfe dieser Modelle lassen sich also verschiedene Geschäftssysteme miteinander vergleichen.

Qualität messen

Schlussendlich kann über die Messung der Qualitätsszenarien die Qualität eines Systems bestimmt werden. Hiervon geht die *ATAM-Methode* (Architecture Tradeoff Analysis Method) aus [KKB+98]. In den wenigsten Fällen basieren diese Messungen jedoch auf harten Daten, sondern werden per Gutachten oder Heuristik interpretiert. Es ist üblich, an dieser Stelle auch auf weiche Indikatoren zu setzen. Stefan Toth hat in seinem Buch über Vorgehensmuster in der Architektur hierfür gute Beispiele, die Sie dort nachlesen können [Tot13].

 Ein Qualitätsmodell besteht aus Qualitätsmerkmalen. In diesem Buch sind neunzehn Qualitätsmerkmale beschrieben. Zu jedem Qualitätsmerkmal gibt es eine Herleitung, Qualitätsszenarien, Entwurfsmuster und Methoden für den praktischen Einsatz.

- Wartbarkeit (II)
  – Konzeptionelle Integrität (5)

- Konsistenz (6)
- Testbarkeit (7)
- Analysierbarkeit (8)
- Änderbarkeit (9)
- Performance (III)
  - Latenz (11)
  - Service-Performance (12)
  - Kapazität (13)
  - Skalierbarkeit (14)
- Zuverlässigkeit (IV)
  - Verfügbarkeit (16)
  - Herstellbarkeit (17)
  - Prüfbarkeit (18)
  - Resilienz (19)
- Informationssicherheit (V)
  - Identifizierung (21)
  - Autorisierung (23)

Kein UX!

Leider hätte eine Behandlung des Qualitätsmerkmals der *User Experience (UX)*, das das Erleben des Kunden mit einer Anwendung beschreibt, den Umfang dieses Buchs gesprengt. Es gibt auch eine Menge Bücher zu diesem Thema, sodass Sie aus einem reichen Fundus schöpfen können. Die UX gilt außerdem nur für Anwendungen, während die meisten Services lediglich eine API aufweisen. Das Thema lässt sich also leicht „delegieren". Nicht vergessen sollte man, dass vor allem die Performance eine gute UX ermöglicht.

Warum ein Qualitätsmodell?

Das Qualitätsmodell kann für die Spezifikation der Architektur sowie die Evaluation eines Systems aus unterschiedlichen Perspektiven eingesetzt werden. Dabei werden die folgenden Aktivitäten durch den Einsatz eines Qualitätsmodells gestützt und erlauben ein zielgerichtetes Handeln:

- Identifikation von Anforderungen
- Prüfung des Umfangs der Anforderungen
- Identifikation von Entwurfszielen
- Identifikation von Kontrollkriterien in der Qualitätssicherung
- Identifikation von Abnahmekriterien
- Produktprüfung beim Einkauf
- Planung von Metriken für die Beobachtung des Systems

In diesem Buch habe ich Qualitätsmodelle für drei Klassen von Systemen beschrieben: Cloud-Native Systeme, Reaktive Systeme und Geschäftssysteme. Die Modelle folgen einer Hierarchie und bauen aufeinander auf.

Das Qualitätsmodell ISO/IEC 25010:2011

ISO/IEC 25010:2011 [Int11] ist eine Norm für Softwarequalität. Sie definiert auf der Basis einer einheitlichen Struktur verschiedene Qualitätsmerkmale, welche wiederum bestimmte Eigenschaften aufweisen. Die Norm definiert zwei Strukturen:

1. Betriebsqualität: Definition der gewünschten Qualität von Interaktionen der Akteure mit dem System (Effektivität, Effizienz, Zufriedenheit, Risikoverringerung, Anwendungsbereich).

2. Produktqualität: Definition der gewünschten statischen und dynamischen Eigenschaften der Software (Funktionalität, Effizienz, Kompatibilität, Bedienbarkeit, Zuverlässigkeit, Sicherheit, Wartbarkeit, Portierbarkeit).

ISO/IEC 25012 fügt dem noch ein drittes Modell hinzu: die Datenqualität, die die Definition der Qualität der Daten im System umfasst. Diese ist für ein System selbstverständlich sehr wichtig, denn Rechtschreibfehler in Überschriften oder pixelige Bilder mit niedriger Auflösung können das Benutzererlebnis erheblich schmälern. Die Diskussion der Datenqualität ist jedoch umfangreich und hätte den Umfang dieses Buches erheblich erweitert, weswegen Sie an dieser Stelle keine Diskussion des Themas finden.

Der ISO-Standard gibt an, dass sich die Modelle auf Software und Computersysteme beziehen, aber auch auf andere Systeme und Dienste angewendet werden können. Ich persönlich bin nicht sicher, warum das nötig sein sollte. Anstatt das Modell so generisch wie möglich zu machen, ist es besser, das Modell enger zu fassen, damit es leichter interpretiert werden kann.

Cloud-Native Systeme

Die *Cloud* meint die Möglichkeit des virtualisierten Betriebs von Maschinen, der entweder im eigenen Rechenzentrum oder bei einem spezialisierten Anbieter erfolgt. Eine Cloud verfügt üblicherweise über APIs zur Herstellung (17) solcher Maschinen.

Ein *Cloud-Native*-System ist ein System, das in einer Cloud betrieben werden soll. Solch ein System sollte sowohl zuverlässig (IV) als auch elastisch (14) sein. Das bedeutet, dass das System seine Kapazität automatisch anpassen kann und zudem auch bei Auftreten von Störungen seinen Dienst nicht versagt. Die Qualitätsmerkmale sind in Bild 3.1 visualisiert.

Das System wird in einer virtualisierten Umgebung betrieben, die nicht notwendigerweise unter der Kontrolle der Organisation steht. Das Qualitätsmodell Cloud-Native sagt nichts über den Bestimmungszweck eines Systems aus, es geht hier ausschließlich um technische Eigenschaften in Bezug auf den Betrieb. Durch seine Skalierbarkeit ist das Modell aber für skalierbare Geschäftsmodelle geeignet.

Durch die Elastizität kann die Performance garantiert werden, weil die Services des Systems sowohl geografisch als auch funktional skaliert werden können. Die Betriebskosten

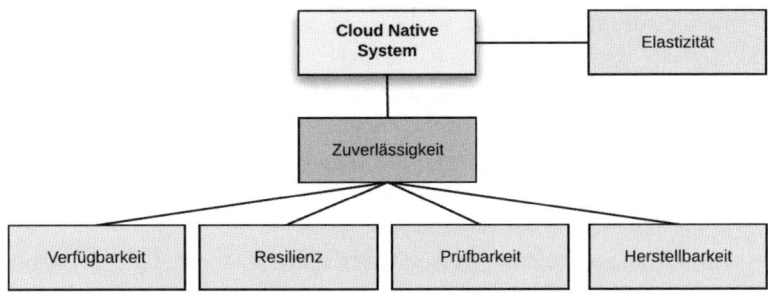

Bild 3.1 Qualitätsmodell für Cloud-Native Systeme

sind eine Funktion der Last des Systems. Je mehr Last, desto mehr Maschinen. Durch Optimierung der Service-Performance können die Betriebskosten gesenkt werden, da weniger virtuelle Maschinen betrieben werden müssen.

Es reicht also nicht, wenn sich eine Software auf einer virtualisierten Maschine installieren lässt. Das System muss Last erkennen und automatisch neue Instanzen provisionieren können, damit es als Cloud-Native gelten darf. Für viele Legacy-Produkte ist insbesondere die Repartitionierung des Storage State ein Problem, weswegen diese Systeme nicht als Cloud-Native gelten. Wer also ein skalierbares Geschäftsmodell umsetzen möchte, muss die eingesetzten Services in Bezug auf die genannten Merkmale prüfen.

Reaktive Systeme

Eine Verfeinerung des Cloud-Native-Qualitätsmodells ist das *Reaktive System* [rea]. Zusätzlich zur Zuverlässigkeit (IV) und Elastizität (14) muss diese Architektur zudem nachrichtengesteuert (14.4) sein. Das bedeutet, dass die Services in diesem System untereinander asynchron Nachrichten austauschen und deswegen entkoppelt und isoliert ihre Arbeit verrichten können. Bild 3.2 zeigt das Qualitätsmodell als Diagramm.

Reaktive Systeme sind *responsive* und antworten stets in nützlicher Zeit. Sie zeichnen sich durch konsistente Servicequalität aus, die wenig variiert und dadurch eine hohe Benutzerzufriedenheit erzeugt und die Fehlerbehandlung vereinfacht. Durch ihre Elastizität kann

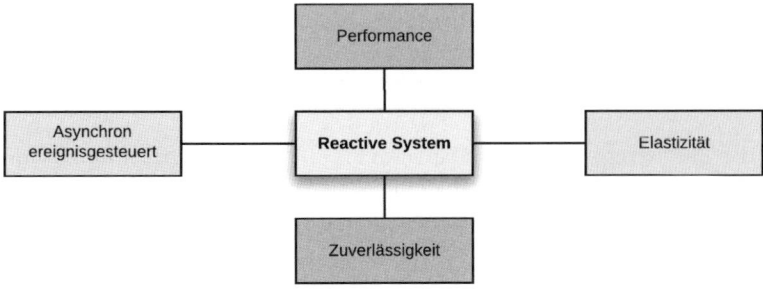

Bild 3.2 Ein Qualitätsmodell für Reaktive Systeme

diese Performance garantiert werden, weil die Services des Systems skaliert werden können.

Reaktive Systeme sind widerstandsfähig oder *resilient* gegen Störungen in der Laufzeitumgebung, und Störungen in einem Service beeinflussen andere Instanzen nicht. Ausfälle werden automatisch erkannt und verlorene Instanzen ersetzt. Kunden eines resilienten Systems müssen sich nicht mit Fehlerbildern des Systems beschäftigen, und deswegen erzeugt die Zuverlässigkeit auch Zufriedenheit beim Kunden.

Reaktive Systeme sind *elastisch* und passen ihre Kapazität automatisch der Arbeitslast an. Hierfür müssen die Systeme ohne Engpässe bei der Skalierung des Storage (14.3) entwickelt werden. Reaktive Systeme unterstützen proaktives Monitoring durch eine gute Prüfbarkeit.

Reaktive Systeme sind *nachrichtengesteuert*, kommunizieren also mithilfe asynchroner Nachrichten. Dies führt zu einer losen Kopplung der Services im System und isoliert diese voneinander. Hierdurch können Dienste individuell skaliert werden, je nachdem wo die meiste Last anfällt. Dies führt zu einem kostenoptimierten Betrieb, da die Anzahl der benötigten Maschinen reduziert werden kann. Asynchrone Kommunikation erlaubt es nämlich, dass der Empfänger nur kommunizieren muss, wenn er auch aktiv ist. Im Abschnitt über den asynchronen Entwurf (14.4) werden diese Punkte detaillierter besprochen. Man beachte, dass eine ereignisgesteuerte Architektur dieselben Qualitäten aufzuweisen scheint, wie eine nachrichtengesteuerte Architektur.

Geschäftssysteme

Ein Geschäftssystem erweitert das Qualitätsmodell um die beiden Qualitätsmerkmale der Wartbarkeit (II) und Sicherheit (V). Zu den rein technischen Merkmalen der Cloud-Native und Reaktiven Systeme fügen wir nun die geschäftlichen Aspekte der Produktion und konzeptionellen Integrität sowie Aspekte der Informationssicherheit hinzu. Bild 3.3 zeigt das Qualitätsmodell des Geschäftssystems als Diagramm.

Qualität im Vorfeld bestimmen

Die gewünschte Qualität bestimmt das benötigte Budget für die Entwicklung und den Betrieb, weswegen es einen Unterschied zwischen gewünschter und geplanter Qualität gibt. Ein einfaches Beispiel ist die Verfügbarkeit, denn eine hohe Systemverfügbarkeit bedeutet den Betrieb von vielen Servern. Eine niedrige Verfügbarkeit kann hingegen schon mit einem Server erreicht werden. Die Verfügbarkeit ist also eine Funktion des Budgets für den Serverbetrieb. Bei Cloud-Anwendungen ist dieser Preis durch den Cloud-Provider bestimmt.

Der Grad des Einflusses eines Qualitätsmerkmals auf den Entwurf ist unterschiedlich. Einige Qualitätsmerkmale bedeuten nur kleine Änderungen oder können sogar organisatorisch umgesetzt werden. Andere Merkmale haben jedoch weitreichende Konsequenzen, die alle Systemteile berühren und massive Kosten auslösen können. Dies zu beurteilen, obliegt dem Architekten, der entscheiden muss, wie ein Merkmal erreicht werden kann. Dabei kommt ihm eine schwierige Rolle zu: Er muss es nicht nur schaffen, das Merkmal

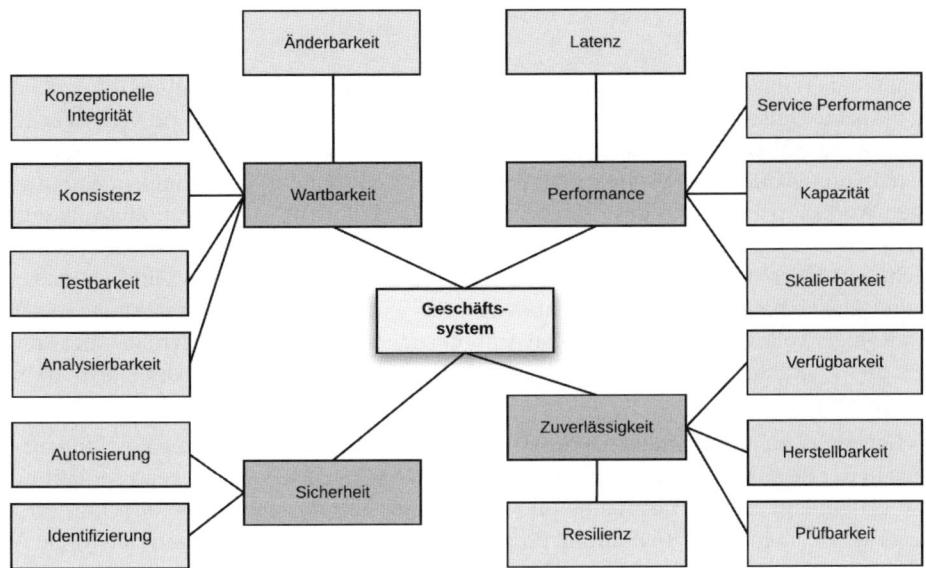

Bild 3.3 Qualitätsmodell für Geschäftssysteme

griffig fassbar zu machen, um mit dem Fach darüber sprechen zu können; er muss auch die Auswirkungen auf die Architektur und die damit verbundenen Kosten abschätzen und transparent machen können.

Die Erhebung von Qualitätsmerkmalen ist nicht nur für korrekte Architekturentscheidungen bedeutend, sondern auch ein wichtiger Faktor im Erwartungs- und Risikomanagement. Der Auftraggeber erwartet ein schnelles, sicheres und schönes System, das sich gut warten lässt. Erwartet hingegen der Auftraggeber keine hohe Wartbarkeit, so ist er später nicht überrascht, wenn sie zusätzliches Geld kostet. Merkmale, über die der Kunde nicht mit Ihnen sprechen möchte, aber an die er trotzdem (hohe) Anforderungen hat, heißen *Basismerkmale* [KSTT84]. Basismerkmale werden von den Stakeholdern erwartet, auch wenn sie es Ihnen nicht sagen.

Wenn Sie also die geplanten Qualitäten im Vorfeld besprechen, gibt es am Ende für alle Beteiligten keine Überraschungen mehr. Denken Sie immer daran: Die stillschweigenden Erwartung des Kunden ist, dass das System schnell wie Google, sicher wie Fort Knox und schön wie die Mona Lisa wird. Wenn Ihr Entwurf auf Basis des verfügbaren Budgets diese Erwartungen nicht erfüllen kann und Sie dies im Vorfeld kommunizieren, dann sind alle informiert und später nicht überrascht. Gegebenenfalls identifizieren Sie dabei aber ein echtes Problem, beispielsweise wenn die gewünschte Performance aufgrund der hohen Kosten nicht erreicht werden kann oder – was oft vorkommt – die Anforderungen an die Wartbarkeit nicht mit der Releaseplanung vereinbar sind. Oft wünscht der Kunde einen Go-Live in drei Monaten, aber um die Wartbarkeit herzustellen, werden sechs Monate benötigt. Es lohnt sich an dieser Stelle, die Qualitätsmerkmale mit *Risiken* in Beziehung zu setzen. Eine strukturierte Ausweisung der Projektrisiken über Systemqualitäten, die zu einer rationalen Diskussion mit den Sponsoren führt, zeugt von einer hohen Reife im Architekturprozess.

Lebenszyklus

Qualitätsmerkmale unterliegen einem Wandel vom fachlichen Wunsch über die Architektur bis in die Umsetzung und Systemevolution. Sie sind zudem abstrakt und benötigen teilweise längere Abklärungen zur Machbarkeit bzw. den Kosten. Es ist also ab einer gewissen Systemkomplexität bzw. Systemgröße nicht möglich, die Qualitätsmerkmale in einem einzigen Workshop zu Beginn des Projekts zu erheben. Vielmehr ist eine Annäherung durch ein iteratives Vorgehen im Projekt anzustreben [Tot13]. So kann sich das Fach der Thematik auch schrittweise nähern und außerdem ein Verständnis für die „andere Seite" entwickeln. Grundsätzlich habe ich aber beobachtet, dass die geforderten Qualitätsmerkmale wesentlich weniger volatil als die funktionalen Anforderungen sind. Ist das System in einer ersten Version live gegangen, so ändert sich in der Regel an den gewünschten Qualitätsmerkmalen nicht mehr viel.

Im Gegensatz zu funktionalen Anforderungen ändern sich die benötigten Qualitätsmerkmale in der Regel über den gesamten Lebenszyklus des Systems wenig. Features kommen und gehen, Usability, Performance und Wartbarkeit bestehen. Ich habe es schon erlebt, dass ein System in seiner Bedeutung für die Organisation gestiegen ist und sich damit Anforderungen an Resilienz und Herstellbarkeit verschoben haben.

Dokumentation

Qualitätsszenarien sollten in einem Katalog gepflegt werden und referenzierbar sein. So haben Sie die Möglichkeit in den technischen Konzepten, E-Mails oder im Chat darauf zu verweisen. Da die Menge der Szenarien zumeist überschaubar ist, lohnt sich ein dediziertes Managementsystem in Form einer Datenbank nicht unbedingt.

Rechtliches

Werden Qualitätsszenarien erhoben, so könnte man aus deren Messbarkeit ableiten, dass die gewünschten Werte immer erreicht werden können. Leider ist dies nicht der Fall. Es ist also für alle Beteiligten wichtig zu verstehen, dass Qualitätsmerkmale keine Verträge darstellen, sondern eine schwer messbare Beschreibung der Produkteigenschaften sind, von denen nicht immer klar ist, ob sie eingehalten werden können.

Ein Beispiel: Für eine Performance-Anforderung wurde eine maximale Antwortzeit für einen gewissen Prozentsatz an Anfragen an ein System unter einer bestimmten Last vorgegeben. Möchten wir nun überprüfen, ob das System die Vorgabe leistet, so benötigen wir ein zweites System, das mit der Produktionsumgebung identisch ist. Auf diesem System können wir dann den Test durchführen. Ein Test auf der Produktionsumgebung ist nicht möglich, da wir für den Test eine Fixture mit vorgegebener Last bereitstellen müssen und diese durch den Produktions-Traffic verschmutzt würde. Das ist aufwendig und teuer, aber die Forderung des Lieferanten nach einer solchen Umgebung sowie die Durchführung der Lastsimulation durch einen Dritten sind ethisch vertretbar. Der Lieferant hat keine Beweispflicht, die liegt beim Kunden, und so muss sich der Kunde überlegen, ob ihm die vertragliche exakte Regelung wirklich so wichtig ist. Zudem ist in virtualisierten Umgebungen eine exakte Prognose des Verhaltens durch Varianz in der Laufzeitumgebung auch gar nicht immer möglich.

Vertraglich relevant sind Qualitätsmerkmale also, weil ihre Implementierung aufwendig sein kann. Eine Diskussion dieser Merkmale lenkt also auch die Aufmerksamkeit weg von der reinen Geschäftsfunktion hin zur technischen Realität, die in vielen Fällen für den Erfolg des Systems relevanter ist als eine große Menge von Funktionen in der Software.

Fazit

Ein Qualitätsmodell ist für den Architekten ein guter Ausgangspunkt für den Entwurf eines Systems. Je nachdem, welche Qualitätsmerkmale für das System wichtig sein werden, kann er mithilfe von Qualitätsszenarien Lösungsoptionen erarbeiten. Eine genaue Definition und Kontextualisierung der Qualitätsmerkmale hilft, die Qualität des zu entwickelnden Systems im Vorfeld zu bewerten.

■ 3.2 Qualitätsszenarien

 TL;DR

- Ein *Qualitätsszenario* beschreibt eine bestimmte, nicht-funktionale Eigenschaft eines Systems in der Allgemeinsprache (5.3).
- Ein Qualitätsszenario ist ein Kommunikationsmittel, das dem Architekten die Verhandlung ermöglicht.

Was ist ein Qualitätsszenario?

Wie bei allen Anforderungen ist ihre Messbarkeit ein wichtiger Faktor, damit objektiv festgestellt werden kann, ob ein System die gewünschten Qualitätsmerkmale tatsächlich erfüllt. Die Messkriterien von Qualitätsmerkmalen verlangen ein hohes Maß an technischer Kompetenz (Antwortzeit, Latenz, Kapazität usw.). Da dieses Verständnis auf der Fachseite nicht vorausgesetzt werden kann, braucht es also eine Brücke zwischen den notwendigen technischen Entscheidungsgrundlagen und dem fachlichen Verständnis auf der anderen Seite. Dies ist insbesondere dann wichtig, wenn der Kostenrahmen begrenzt ist und die technische Realisierbarkeit den Idealvorstellungen des Auftraggebers entgegengestellt werden muss.

Hierfür eignen sich Qualitätsszenarien als Kommunikationsmittel, da diese so formuliert werden können, dass alle Stakeholder die Aussage eines Szenarios verstehen. Dadurch, dass sie verstanden werden können, bieten die Szenarien also eine gute Diskussions- und Verhandlungsgrundlage für die Arbeit des Architekten. Qualitätsszenarien wurden zuerst in [BKC03] erwähnt und in einer Folgeausgabe desselben Buches verfeinert [BKC13]. In der deutschsprachigen Fachliteratur findet sich die erste Übersetzung in einem Buch von Stefan Zörner [Zör12]. Auch Stefan Toth bespricht die Szenarien in seinem Buch über Vorgehensmuster in der Architektur [Tot13].

Mittel der Verhandlung

Dem Architekt obliegt es zu vermitteln, welche Lösungsoptionen ein Szenario impliziert und welche Kosten dabei entstehen werden. Die Verfügbarkeit ist hierfür ein einleuchtendes Beispiel, denn je höher die gewünschte Verfügbarkeit, desto mehr redundante Instanzen muss das Geschäftssystem vorhalten. Selbstverständlich kostet aber der Betrieb von mehr Instanzen auch mehr Geld. Dieser Zusammenhang ist einleuchtend, aber für das Fach nicht offensichtlich und muss deswegen erläutert werden. Bei dieser *Verhandlung* kann der Architekt also im Dialog die Vor- und Nachteile eines Szenarios beschreiben und das Szenario den Wünschen entsprechend anpassen.

Die Erhebung der Szenarien ist schwierig. Oft müssen diese zu einem Zeitpunkt erhoben werden, an denen die Stakeholder noch gar kein klares Bild von der zukünftigen Lösung haben. Sie sind zudem sehr abstrakt, sodass sich auch ein erfahrener Entwickler manchmal nichts Konkretes unter ihnen vorstellen kann. Es braucht also eine gute Kommunikationskompetenz, um die Merkmale verständlich beschreiben zu können, sowie gute Fähigkeiten in der Dokumentation, um die Ergebnisse der Erhebung so zu formulieren, dass sie auch tatsächlich bei Architekturentscheidungen hilfreich sein können. Der Architekt sorgt dafür, dass die Szenarien sowohl genau als auch verständlich formuliert sind und sich stets auf ein einzelnes Qualitätsmerkmal beziehen.

Schema der Szenarien

Ein Qualitätsszenario beschreibt also eine bestimmte Qualität an einem fachlichen Beispiel, welches für alle Stakeholder verständlich und beurteilbar ist. Ein Szenario wird immer auf dieselbe Art und Weise nach einem Schema spezifiziert, wie in Bild 3.4 dargestellt. Die Verwendung dieses Schemas erlaubt es, Szenarien besser miteinander vergleichen zu können. Der Preis hierfür ist, dass Aussagen manchmal künstlich in die vorgegebene Form gepresst werden müssen. Ein Rechte- und Rollenkonzept beispielsweise wird meistens als Matrix zwischen Berechtigungen und Ressourcen geführt. Dieses in Form von Qualitätsszenarien zu dokumentieren, wäre zu unübersichtlich. In der Regel können die gewünschten Merkmale jedoch gut als Szenarien beschrieben werden.

Im Schema erzeugt die *Quelle* einen Stimulus. Der *Stimulus* beschreibt eine spezifische Zusammenarbeit der Quelle mit dem System. Die *Umgebung* beschreibt den Zustand des Systems zu einem bestimmten Zeitpunkt. Das *Artefakt* ist ein Baustein unseres Systems, der vom Szenario betroffen ist. Die *Antwort* wird über das *Messkriterium* messbar gemacht. Im Detail sind die Komponenten eines solchen Szenarios die folgenden:

- Die *Quelle* ist eine Entität, die den Stimulus auslöst, beispielsweise ein Akteur, ein externer Dienst, eine Störung oder irgendeine andere Ursache, die hier genannt werden möchte. Je nach Quelle kann sich das System unterschiedlich verhalten.

- Der *Stimulus* ist ein Reiz auf das System, auf den das System antworten muss. Bei Geschäftssystemen handelt es sich oft um einen HTTP-Request. Im Falle einer Anforderung an die Sicherheit kann hier aber auch ein Angriffsvektor als Stimulus dienen.

- Wenn der Stimulus auf das System wirkt, so hat dieses einen bestimmten Zustand, der als *Umgebung* beschrieben wird. Beispielsweise kann das System unter Maximallast stehen oder die Verbindung zu einem externen Dienst ist zusammengebrochen. Über die Umgebung können so verschiedene Reaktionen des Systems auf verschiedene Umstände beschrieben werden.

- Ein Stimulus wirkt stets auf ein konkretes *Artefakt* unseres Systems. Das Artefakt kann ein Microservice, eine bestimmte Maschine oder auch das gesamte System sein. Die Angabe soll helfen, das Szenario zu konkretisieren.

- Die *Antwort* beschreibt, wie das System auf den Stimulus reagieren soll. Bei Geschäftssystemen ist die Antwort häufig ein HTTP-Response. Es kann sich jedoch auch um eine organisatorische oder prozessuale Antwort handeln, zum Beispiel wenn der Entwicklungsprozess betroffen ist.

- Das *Messkriterium* dient der Beurteilung, ob die *Antwort* des Systems befriedigend ist. Ein einfaches Beispiel ist eine Zeitangabe für Performance-Anforderungen. Es kann sich aber auch um die Angabe eines Zeitintervalls für die Bearbeitung von Systemänderungen handeln.

Bild 3.4 Schema eines Qualitätsszenarios

Beispiele

Eine Menge von Qualitätsszenarien beschreibt dann das Qualitätsmerkmal aus unterschiedlichen Perspektiven und erlaubt so eine ausreichend genaue Definition derselben. In diesem Buch liefere ich zu jedem Qualitätsmerkmal verschiedene Beispiele, die zu einem gewissen Grad wiederverwendbar sind und als Vorlage für eigene Werke dienen können. Es macht Spaß, sich zur Übung Gedanken über mögliche Lösungsoptionen für die folgenden Szenarien zu machen:

- Ein entfernter Benutzer sendet bei Hochauslastung des Systems eine Suchanfrage und erhält innerhalb von drei Sekunden die erste Seite des Suchergebnisses.

- Ein Entwickler kann während der Wartungsphase automatische Testfälle erstellen, die auch das Buchungssystem betreffen.

- Ein Servicemitarbeiter kann auf die persönlichen Daten eines Kunden während des regulären Systembetriebs nicht zugreifen, sofern er nicht auch der Rolle Kundendienst angehört.

- Ein Entwickler, der neu im Team ist, kann während der Systemevolution innerhalb eines Tages Änderungen am System selbstständig durchführen.

- Ein Administrator kann zu Spitzenzeiten die Kapazität des Systems selbstständig anpassen, ohne dass der Betrieb unterbrochen werden muss.

Qualität wird weniger durch die Programmierung beeinflusst

Szenarien sind von der Implementierung unabhängig, weil sie nicht das funktionale Verhalten des Artefakts verändern. Dadurch sind Szenarien langlebig, da die gewünschten Qualitäten stabil bleiben, aber die konkrete Funktionalität nicht. Dennoch müssen für die Spezifikation die Artefakte bekannt sein, auf die sich die Aussagen beziehen. Dies ist möglich, denn die gewünschten Features (oder Epics) sind oft frühzeitig bekannt. Qualitätsszenarien beziehen sich also nicht auf einzelne Stories, sondern adressieren das Verhalten von Features. Bezieht sich ein Szenario auf ein Feature als Artefakt, so sollte diese Beziehung in der Dokumentation reflektiert werden.

Die Szenarien eignen sich zudem auch als Mittel der Kollaboration mit dem Anforderungsmanagement und dem UX Design. Hier helfen die Szenarien, Zusammenhänge aufzudecken und die Lösung zu führen. Dem Architekten hilft der Austausch, um seine Szenarien zu verbessern und zu verfeinern.

Klassifizierung nach Toth

Stefan Toth hat Qualitätsszenarios klassifiziert nach Akzeptanzkriterien, Qualitätsgeschichten und allgemeinen Merkern [Tot13]. Die Kategorisierung kann helfen abzuschätzen, wie viel Arbeit dem Team aus den Qualitätsszenarien erwachsen wird.

- Ein *Akzeptanzkriterium* gehört zu funktionalen Anforderungen, d.h. es hat einen konkreten Lösungsbezug: Wie schnell muss das Suchergebnis geliefert werden? Wie viele Klicks braucht der Checkout-Prozess?

- Eine *Qualitätsgeschichte* ist unabhängig von bestimmten Funktionalitäten, jedoch für den Erfolg des Systems genauso zentral. Beispiele für Qualitätsgeschichten sind die Skalierbarkeit und Verfügbarkeit.

- Ein *Allgemeiner Merker* ist dem Team eine Richtlinie für die Arbeit. Es handelt sich hierbei um gewisse Prinzipien wie das SOLID-Prinzip oder die Trennung von Verantwortlichkeiten, die in der Architektur beachtet werden müssen.

Fazit

Qualitätsszenarien helfen dem Architekten, die Zusammenhänge zwischen fachlichem Wunsch und Maßnahmen in Entwicklung und Betrieb aufzuzeigen. Werden die Szenarien strukturiert über ein Qualitätsmodell erfasst, so sind die Informationen geeignet, um einen passenden Entwurf zuzulassen. Dieses Vorgehen nimmt der Entwicklung eines Systems Risiken. Während des gesamten Projekts sollte das Team die Qualitätsszenarien immer vor Augen haben.

TEIL II

Wartbarkeit

4 Einleitung

■ 4.1 Einführung in die Wartbarkeit

mit Christoph Huber

Nichts ist so beständig wie der Wandel - Heraklit

 TL;DR

- Die *Wartbarkeit* wird durch die Konzeptionelle Integrität (5), Konsistenz (6), Testbarkeit (7), Analysierbarkeit (8) und Änderbarkeit (9) eines Systems und seiner Services bestimmt.

- Je besser die Wartbarkeit, desto länger ist die Lebensdauer eines Geschäftssystems.

- Die Wartung eines Geschäftssystems oder Service kann durch Wartungsverträge geregelt werden. Wartungsverträge regeln die korrektive, adaptive, perfektive und präventive Wartung eines Systems oder Service.

- Die Wartbarkeit eines Geschäftssystem umfasst die folgenden Submerkmale:
  1. Die Konzeptionelle Integrität (5) ist die Kohärenz von Technik und Geschäft.
  2. Die Konsistenz (6) ist die durchgängige Anwendung von Entwurfsentscheidungen in der Architektur, im Softwaredesign, dem Einsatz von Produktionstechnologien sowie der Dokumentation.
  3. Die Testbarkeit (7) bestimmt, wie leicht ein System seine Fehler preisgibt.
  4. Die Analysierbarkeit (8) bestimmt, wie gut sich Änderungen am System vorhersagen lassen.
  5. Die Änderbarkeit (9) bestimmt, wie schnell sich eine Modifikation am System vollziehen lässt.

Was ist Wartbarkeit?

Geschäftssysteme müssen sich ständig anpassen, weil sich ihre Umwelt verändert. Die Veränderung eines Systems wird durch seine Wartbarkeit ermöglicht, die sich aus verschiedenen Faktoren zusammensetzt. Als Beispiel für die notwendige Wartbarkeit sei das sogenannte *Cookie Law* von 2011 genannt. Dieses schreibt in der Europäischen Union vor, dass Benutzer klar darüber zu informieren sind, wenn auf dem Endgerät eines Besuchers Daten gespeichert werden. Jede Website, die Cookies setzt, muss sich seitdem vom Benutzer bestätigen lassen, dass er einverstanden ist, oder es dürfen keine Daten auf seinem Endgerät gespeichert werden. Durch diese Änderung der Umwelt mussten sich die Websites in der Europäischen Union anpassen, egal ob sie es wollten oder nicht. Das bedeutet, dass die Änderbarkeit eines Geschäftssystems in jedem Fall aus rechtlichen Gründen gegeben sein *muss*, und im Umkehrschluss, dass derjenige, der dieses verhindert, ob gewollt oder nicht, die Lebensdauer eines Systems unnötig begrenzt.

Über die Notwendigkeit der Wartbarkeit

Das Qualitätsmerkmal der Wartbarkeit beschreibt die Anpassbarkeit eines Geschäftssystems über seinen gesamten Lebenszyklus hinweg. Je besser die Wartbarkeit, desto leichter lassen sich Änderungen an einem System vornehmen. Solange es sich leicht anpassen lässt, solange hat es auch Bestand. Erst wenn die Kosten von Änderungen größer als ihr Nutzen werden, verliert ein System an Tauglichkeit und wird zu einem Legacy-System. Bei Geschäftssystemen ist dies heute in der Regel schneller der Fall, als dem Sponsor lieb ist. Viele Systeme müssen bereits nach zwei oder drei Jahren ausgewechselt werden, weil sie sich nur noch mit unverhältnismäßig hohem Aufwand anpassen lassen.

Als Architekten verstehen wir diese Problematik gut und haben gelernt, damit umzugehen, dass nichts so bleibt, wie es war. Der Nutzer des Systems versteht dies jedoch nicht, und in vielen Fällen handelt es sich gleichzeitig um den Sponsor, dem die substanziellen Kosten zur Erhaltung der Wartbarkeit in Rechnung gestellt werden müssen. Um die Notwendigkeit der Wartbarkeit belegen zu können, habe ich die möglichen Ursachen zusammengefasst. Die folgenden Faktoren führen zu Änderungen am System:

- *Gesetzliche Vorgaben und Regularien*: Wie am Beispiel des Cookie Law illustriert, können gesetzliche Änderungen einen Einfluss auf ein System haben, sodass es umgebaut werden muss. Dies können auch industriespezifische Regularien sein, wie der Sarbanes Oxley Act oder Basel II. Da Geschäftssysteme global genutzt werden, entsteht eine interessante rechtliche Abhängigkeit zwischen nationaler Gesetzgebung und dem Systembetrieb. Generell gilt, dass ein System in Bezug auf das Recht eines Landes nur dann angepasst werden muss, wenn entweder die Organisation im jeweiligen Land durch eine rechtliche Entität repräsentiert ist oder das System in diesem Land Umsatz erzeugt. In einigen asiatischen Ländern ist die Definition von Umsatz sehr breit gefasst. So kann bereits die Speicherung von Inhalten als Umsatz geltend gemacht werden, wie es beim Einsatz von Edge-Servern auf einem CDN der Fall ist.

- *Sicherheit*: Die ständige Aktualisierung der eingesetzten Betriebssysteme, Frameworks, Bibliotheken usw. ist bei Geschäftssystemen wichtig, um den Angriffsvektor durch Sicherheitslücken in diesen Softwarepaketen zu minimieren. Die regelmäßige Aktualisierung von Softwarepaketen ist nur praktikabel, wenn eine hohe Testabdeckung durch gute Testbarkeit gegeben ist. Ein Geschäftssystem muss sich also ständig verjüngen, um anpassbar zu bleiben, denn Fehler in der alten Version des verwendeten Web-Frameworks werden nun mal nicht mehr behoben.

- *Kontext*: Geschäftssysteme sind keine Inseln, sondern abhängig vom Kontext, in dem sie operieren. Externe Dienste (APIs) ändern sich. Auch kann der Hosting-Provider die Laufzeitumgebung aktualisieren. Diese Faktoren führen dazu, dass ein System geändert und getestet werden muss. Eine interessante Frage ist dabei, wie man feststellen kann, ob und wann sich ein externer Service ändern wird.

- *Geschäftsanforderungen*: Die häufigste Ursache für Änderungen sind sich wandelnde Anforderungen an das System. Dies liegt daran, dass es sich um soziotechnische Feedbacksysteme handelt, d.h. die Benutzer entdecken im Umgang mit dem System sehr schnell mögliche Verbesserungen, die sie gerne umgesetzt haben möchten. So ist dann auch der *Change Request* einer der ersten und wichtigsten Prozesse, die bei der Produktion eines Systems definiert werden. Geschäftssysteme sind soziotechnische Feedbacksysteme (1.3).

- *Teamwechsel*: Eine banale, jedoch oft unterschätzte Tatsache in der Architektur ist, dass die verwendeten Softwaretechnologien nach dem Wissen des Teams ausgewählt werden. Da sich Teamkonstellationen jedoch ändern, ändern sich auch die eingesetzten Technologien. Ich habe schon Geschäftssysteme gesehen, bei denen auf ein und derselben Seite drei verschiedene JavaScript-Frameworks zum Einsatz kamen. Das Management der eingesetzten Technologien ist also konzeptionell einfach, aber aufgrund von Fluktuation schwierig umzusetzen. Zudem schwindet das Wissen um die alten Versionen von Softwarepaketen, sodass sich im Falle eines Falles vielleicht niemand mehr findet, der überhaupt noch Änderungen vornehmen kann.

- *Evolution*: Die eingesetzten Softwaretechnologien sind einem steten Wandel unterlegen. Die Versionen der verwendeten Frameworks und Bibliotheken zählen regelmäßig hoch. Neben der bereits erwähnten Sicherheit geht es hier auch um neue Funktionalität und Bugfixes, die dem Team das Leben leichter machen. Im Extremfall wird eine verwendete Technologie nicht mehr weiterentwickelt und muss ausgetauscht werden.

- *Fehler*: Neben dem Wandel von Anforderungen sind Fehler eine weitere häufige Ursache für notwendige Änderungen an einem System. Wie wir später noch sehen werden, ist es unmöglich, ein Geschäftssystem in Gänze zu testen, weswegen viele Fehler erst im Produktivbetrieb gefunden werden. Hat man seine Hausaufgaben gemacht und eine hohe automatische Testabdeckung erreicht, sind solche funktionalen Fehler relativ selten geworden. Allerdings bedingt eine hohe Testabdeckung auch eine gute Testbarkeit, wie ich später zeigen werde.

Vertragliche Grundlagen der Wartbarkeit

Um die Tauglichkeit des Systems zu erhalten, müssen Verträge über die hierfür notwendigen Aufwände geschlossen werden. Lientz und Swanson [LS80] geben vier verschiedene Typen von Wartung an: Corrective, Adaptive, Perfective und Preventive Maintenance. Eine Analyse der benötigten Typen kann helfen, Schätzungen zu erwartender Aufwände zu präzisieren. Zudem sollte die Wartung nicht nur des Systems, sondern auch des Test Harness (7.5) sowie der Produktionsinfrastruktur besprochen werden.

- *Korrektive Wartung* beinhaltet die Behebung von bekannten Fehlern des Systems. Hierzu gehören in erster Linie Bugfixes; es können aber auch nicht-funktionale Korrekturen sein, zum Beispiel Maßnahmen zur Verbesserung der Performance, wenn das System zu langsam ist.

- *Adaptive Wartung* beschreibt die Anpassung der Software an sich verändernde Rahmenbedingungen. Fällt beispielsweise eine veraltete Java-Version aus dem Support, so muss das System aktualisiert werden. Die adaptive Wartung kann sehr umfangreich werden, beispielsweise wenn Frameworks oder proprietäre Software aktualisiert werden muss und keine API-Kompatibilität gegeben ist.

- Zur *perfektiven Maintenance* gehören Änderungen, die das System in Bezug auf seinen Einsatzzweck verbessern. In der Regel sind dies Change Requests und Feature Requests vom Fach, die dann umgesetzt werden. Seltener gibt es Änderungswünsche an den Systemqualitäten wie zum Beispiel der Sicherheit oder Skalierbarkeit. Dies liegt auch daran, dass diese Änderungen oft schwierig und damit sehr kostspielig sind.

- *Präventive Maintenance*: Das häufigste Diskussionsthema in Bezug auf die Systemqualität sind Maßnahmen zur Verbesserung der Wartbarkeit, um die Kosten für Änderungen konstant halten zu können. Diese werden auch als präventive Maintenance bezeichnet. Ein Beispiel hierfür ist die regelmäßige Aktualisierung der verwendeten Frameworks und anderen Technologien, um Sicherheitsproblemen vorzubeugen. Sicherheitslücken werden so präventiv geschlossen. Ein weiteres Beispiel ist das Schreiben von Tests oder Verbesserungen am Test Harness.

Der Legacy Scare

Lehman hat für die Wartbarkeit in seinen Gesetzen der Evolution von E-Typ-Systemen (z.B. Geschäftssysteme) bewiesen, dass die kontinuierliche Verbesserung der Wartbarkeit eines solchen Systems notwendig ist, da es sonst an Qualität verliert und sich schlechter anpassen lässt [Leh80]. Und je schlechter sich das System anpassen lässt, desto teurer werden die Änderungen. Dies geht so lange, bis Änderungen an einem System nicht mehr in nützlicher Frist und zu vertretbaren Kosten durchgeführt werden können. Sobald dieser Punkt überschritten ist, gilt das System als Legacy und muss durch ein neues ersetzt werden. Bild 4.1 verdeutlicht dies an einer Grafik. Werden keine Maßnahmen zur Erhaltung der Wartbarkeit eingeleitet, steigt die Cost per Change (CPC) kontinuierlich, bis der „Legacy Scare" erreicht ist.

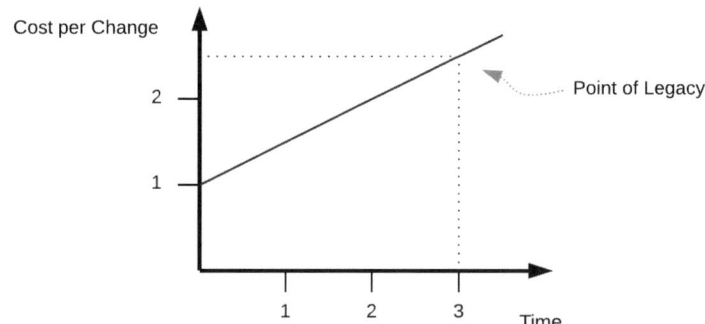

Bild 4.1 Der Punkt, an dem die Kosten für Änderungen zu hoch werden, heißt Legacy Scare

Fazit

Es gibt also viele gute Gründe zur Herstellung von Wartbarkeit eines Systems. Um diese auch erreichen zu können, habe ich sie in fünf Submerkmale unterteilt. Zu jedem Submerkmal gibt es ein eigenes Kapitel mit eigenen Methoden, die das jeweilige Submerkmal begünstigen. Die Wartbarkeit und ihre Submerkmale sind in Bild 4.2 dargestellt:

- Die Konzeptionelle Integrität (5) ist der Grad von Kohärenz zwischen Technik und Geschäft. Je höher die konzeptionelle Integrität, desto wartbarer ist ein System, weil es leichter verstanden werden kann.

- Die Konsistenz (6) beschreibt die durchgängige Anwendung von Entwurfsentscheidungen. Daraus resultiert die Nutzung einheitlicher Design-, Produktions- und Dokumentationstechniken sowie die einheitliche Verwendung der ausgewählten Technologien.

- Die Testbarkeit (7) bestimmt, wie leicht ein System seine Fehler preisgibt. Eine einfache Metrik zur Bestimmung der Testbarkeit ist die Zeit, die benötigt wird, um die Ursache für einen bestimmten Fehler zu finden. Hierzu gehören das Entwurfsmuster des Test Harness, der Umgang mit verschiedenen Umgebungen, das Testmanagement sowie das Management der Testdaten.

- Die Analysierbarkeit (8) bestimmt, wie gut sich Auswirkungen einer Änderung an einem System vorhersagen lassen. Wenn sich ein System schwer analysieren lässt, sind Prognosen über zu erwartende Kosten oder Durchlaufzeit riskant. Die Analysierbarkeit ist wichtig, wenn Personen ein System nicht gut kennen, aber Entscheidungen über das System treffen müssen, beispielsweise der neue Entwickler im Team.

- Die Änderbarkeit (9) bestimmt, wie leicht sich eine Modifikation von der Konzeption bis zum Rollout vollziehen lässt. Dieses Submerkmal wird durch die anderen Submerkmale der Wartbarkeit stark beeinflusst, und ihm kommt aufgrund der hohen Änderungsrate von Geschäftssystemen eine tragende Bedeutung zu.

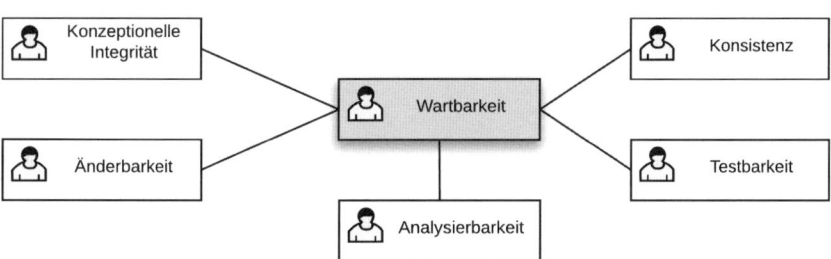

Bild 4.2 Faktoren der Wartbarkeit

5 Konzeptionelle Integrität

■ 5.1 Einführung in die Konzeptionelle Integrität

 TL;DR

- Die *Konzeptionelle Integrität* ist die Kohärenz von Technik und Geschäft.
- Die *Konzeptionelle Integrität* macht die *unverzichtbare Komplexität* [Bro75] des Geschäfts begreifbar.
- Zur Erhöhung der Konzeptionellen Integrität ist ein agiler Prozess zu implementieren mit dem Schwerpunkt der Herstellung einer kreativen Kollaboration aller Stakeholder untereinander, und zwar in einer Umgebung, die Lernen und Entdecken fördert [bra].

Was ist Konzeptionelle Integrität?

Schon Altmeister Brooks diskutierte in seinem berühmten Buch „The Mythical Man Month" [Bro75] die konzeptionelle Integrität. Er nannte sie als maßgeblich für die Einheitlichkeit des Designs und behauptete, dass ohne Integrität keine Bedienbarkeit möglich sei. Freilich galt ein System damals als bedienbar, wenn es ein Handbuch gab, in dem jeder Kommandozeilenbefehl mit allen Parametern verständlich beschrieben war. Die Zeiten haben sich geändert, aber trotzdem erscheint mir die Aussage von Brooks heute noch richtig.

Frederick Brooks prägte in seinem Meisterwerk auch die *unverzichtbare Komplexität* (engl. *essential complexity*), die jeder Domäne innewohnt. Die Methoden rund um die Konzeptionelle Integrität suchen diese Komplexität zu erkennen, falls möglich zu vereinfachen und vor allem begreifbar zu machen. Je besser Technik und Geschäft dabei zusammenpassen, desto höher ist die Konzeptionelle Integrität.

Integrität durch Kultur und Umfeld erhöhen

Zur Erhöhung der Integrität ist ein agiler Prozess zu implementieren mit dem Schwerpunkt der Herstellung einer kreativen Kollaboration aller Stakeholder untereinander, und zwar in einer Umgebung, die Lernen und Entdecken fördert [bra]. Besonders soll es dem Kernteam möglich sein, mit Domänenexperten zusammenzuarbeiten, damit das Verständnis des Modells bei allen Beteiligten gleich ist.

Meiner Meinung nach ist der domänengetriebene Entwurf (1.5) sehr gut geeignet, um die Kohärenz zwischen Technik und Geschäft herzustellen. Die fachliche Dekomposition sorgt dafür, dass das System die Domänen und Subdomänen korrekt abbilden kann.

Zentrale methodische Werkzeuge zur Herstellung der konzeptionellen Integrität sind nach der initialen Erfassung des Systemkontexts (5.4), die Allgemeinsprache (5.3), das Stakeholder Management (5.5), das Anforderungsmanagement (5.7) sowie die Erarbeitung von Anwendungsfällen (5.8).

Um ein besseres Verständnis der künftigen Lösung zu schaffen, können Prototypen (5.12) zur Visualisierung eingesetzt werden. Das Bindeglied zwischen Geschäftssystem und Mensch ist schließlich die Organisation, die das System einsetzt. In Abschnitt 5.11 beschreibe ich, wie man Diskrepanzen mittels einfachem oder inversem Conway-Manöver aus der Welt schaffen kann.

Beispiel für Konzeptionelle Integrität

Nehmen wir als Beispiel eine API, die Straße und Hausnummer in zwei Parametern übergeben haben möchte. Auf dem Kontaktformular soll es hierfür aber nur ein Feld geben. Wird dieser Widerspruch nicht aufgelöst, so muss der Entwickler Aufwand investieren, um die Hausnummer von der Straße zu trennen. Hierfür fällt dann auch mehr Validierungslogik im Frontend an. Konzeptionelle Integrität ist in diesem Beispiel nicht gegeben und verursacht Mehrkosten. Ein anderes Beispiel wäre, dass ein externes System nur fünfstellige Postleitzahlen akzeptiert, aber Bestellungen auch aus der Schweiz möglich sein sollen, wo diese vierstellig sind. Als Korollar ergibt sich also, dass Code und Anforderungsdokumentation einander auch nicht widersprechen sollten, weil dies die Verständlichkeit des Systems reduziert.

Die Konzeptionelle Integrität als Qualitätsmerkmal

Interessanterweise ist der Begriff der konzeptionellen Integrität in der Literatur nicht definiert, aber oft erwähnt. Die konzeptionelle Integrität ist weder Teil von ISO 25010 noch von einem anderen bekannten Qualitätsmodell. Da die Integrität als Merkmal aber eine Brücke zwischen der Intention des Systems und seiner Architektur schließt, habe ich die Konzeptionelle Integrität in mein Qualitätsmodell aufgenommen. Die typischen Prozesse und Datenobjekte zur Herstellung eines Geschäftssystems, die mit der Konzeptionellen Integrität zusammenhängen, sind in Bild 5.1 dargestellt.

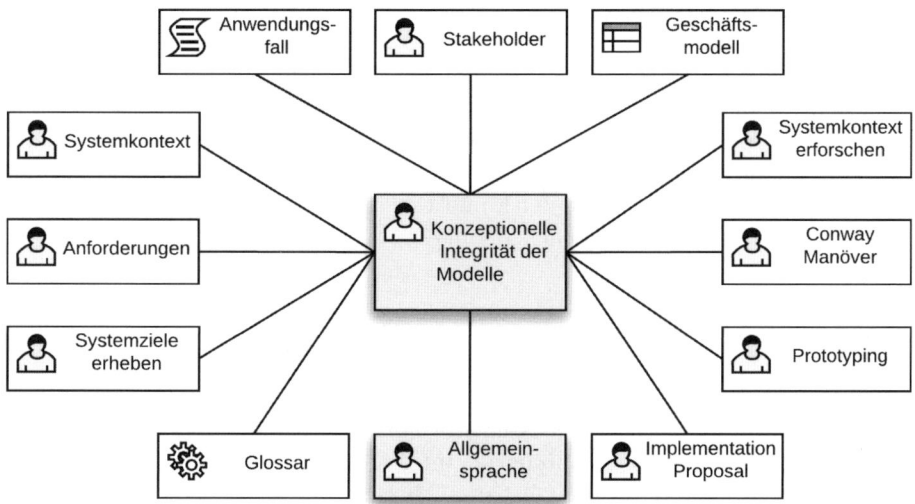

Bild 5.1 Methoden rund um die konzeptionelle Integrität

Auswirkungen hoher konzeptioneller Integrität

Dabei hat die Integrität wesentlichen Einfluss auf andere Eigenschaften eines Systems:

- *Änderbarkeit*: Je konsistenter die Anforderungen und je klarer die Ziele, desto einfacher ist es, Änderungen an den Anforderungen einzubringen und die entsprechenden Anpassungen an der Software vorzunehmen. Daraus folgt, dass die Software auch länger im Betrieb gehalten werden kann, da sie sich besser anpassen lässt.

- *Bedienbarkeit*: Je schlüssiger die Funktionen eines Systems für die Benutzer sind, desto einfacher lassen sie sich auch erlernen. Schon Brooks hat dies behauptet, und es macht durchaus Sinn. Im Idealfall ist die Anwendung so gut aufgebaut, dass sie sich vom Benutzer intuitiv bedienen lässt, weil sie der kognitiven Funktionsweise des Gehirns entgegenkommt und aus bereits erlernten Mustern aufgebaut ist. Beispielsweise wissen die Benutzer heute, dass Checkboxen für Mehrfachauswahlen und Radio Buttons für Einfachauswahlen zu nutzen sind. Dies bedeutet, dass logische Funktion, visuelle Erscheinung und Interaktion bei einer Geschäftsanwendung zusammen gehören.

- *Einfachheit*: Da das System gut durchdacht ist und eine hohe Kohärenz hat, ist es schwieriger, unnötige Komplexität entstehen zu lassen. Einfachheit ist ein Designziel, das erarbeitet werden muss. Es ist in der Regel viel schwieriger, einen einfachen Service zu bauen als ein komplexen.

- *Analysierbarkeit*: Da die Features und ihre Abbildung auf die Software vom Team gut verstanden werden, sind auch die Aufwandsschätzungen gut. Die Planbarkeit nimmt zu. Dies setzt voraus, dass die Anforderungen, Rahmenbedingungen und Ziele in guter Qualität dokumentiert sind. Diese Punkte werden in diesem Kapitel umfangreich beschrieben.

Integrität ist ein Homonym

Der Begriff der Integrität ist ein Homonym, denn seine Bedeutung ist in der Informatik mehrfach belegt. In der Qualitätssicherung bezeichnet Integrität die Fehlerrate einer Komponente. In der Informationssicherheit meint Integrität die Unleugbarkeit von Daten. Bei einem DB-Administrator erzeugt das Wort eine gänzlich andere Assoziation. Man sollte also den Begriff immer in den konkreten Kontext stellen und sich beispielsweise auf Anforderungen oder Geschäftsziele beziehen, damit klar ist, worum es geht.

Die Wischiwaschi-Metrik

Die Definition von widerspruchsfreien Modellen mit hoher Kohärenz ist weich und nicht geeignet, um Integrität tatsächlich messen zu können. Wir können also kein Tool schreiben, das eine rote Fahne hisst, wenn unsere Integrität den Bach runtergeht. Ein Ausweg wäre, die Abwesenheit von Integrität festzustellen. Hierfür einen guten Namen zu finden, haben sich der Christoph Huber und ich mal auf *Wischiwaschi* geeinigt. Niederbayerische Experten verwenden hier lieber den Begriff *Geschwurmel*. Ein guter Indikator für Wischiwaschi sind unklare, mehrdeutige und widersprüchliche Anforderungen. Dies wären beispielsweise User Stories, die nicht verstanden werden und auch vom Fach nicht gut erklärt werden können. Indikatoren für fehlende Integrität sind zudem lange Abstimmungsrunden, hohe Änderungsraten, explodierende Kosten und schließlich Projektverzug.

 Konzeptionelle Integrität und User Experience Design (UX) haben zwar viel miteinander zu tun, sind aber nicht identisch. Während sich die Konzeptionelle Integrität mit der Widerspruchsfreiheit des Gesamtsystems beschäftigt, konzentriert sich das UX mit dem konkreten Produktdesign, so wie der Endbenutzer es im Umgang mit dem Produkt erleben möchte. Man kann sagen, dass die Konzeptionelle Integrität die Basis für eine gute UX legt. ∎

Integrität und Komplexität

Ein weiterer Indikator für fehlende Integrität ist die Komplexität eines Systems. Wenn ein System übermäßig komplex erscheint, so kann dies ein Hinweis auf eine Schiefe in den Anforderungen sein. Es ist zwar auch möglich, ein komplexes System zu haben, das integer ist, jedoch steigt die Schiefe in den Anforderungen mit ihrer Anzahl, da die semantische Prüfung von Menschen durchgeführt werden muss, und Menschen machen Fehler. Die Schiefe kann aber auch bei einer unklaren Produktvision entstehen, bei der dem Team nicht ganz klar ist, wohin die Reise gehen soll. Eine unklare Produktidee führt zu überbordenden Anforderungen, die wiederum zu Widersprüchen führen. Die Wichtigkeit klarer Produktziele wird in Abschnitt 5.6 beschrieben.

Integrität ist aufwendig

Die Aufwände, die nötig sind, für ein System widerspruchsfreie und kohärente Anforderungen so zugänglich zu dokumentieren, dass das gesamte Team davon profitieren kann, sollten nicht unterschätzt werden. Ich bin aber der Meinung, dass die Investitionen in gute Konzeption und Anforderungen die Mehraufwände für Umbauten, Revisionen, die Bedienbarkeit, Änderbarkeit und andere Faktoren mehr als wettmachen. Ich habe im Rahmen meiner Praxis festgestellt, dass als Belohnung dieses Vorgehens ein Lösungsdesign ist, das ein nachhaltiges System zulässt, mit dem alle Beteiligten zufrieden sein können und das sich vor allem gut anpassen lässt.

Alternative Implementation Proposal

In einigen Situationen kann es schwierig sein, ein Miteinander und eine Allgemeinsprache zu etablieren, beispielsweise weil sich die Organisation zu fremd ist. In einem solchen Fall besteht die Möglichkeit, ein Implementation Proposal (5.10) einzusetzen.

Fazit

Die Vorteile kohärenter Modelle in der Softwareentwicklung sind schwierig zu verstehen. Deswegen ist es wichtig, dass der Architekt dieses Thema proaktiv in die operative Planung einbringt, damit die Fachexperten auch genügend Zeit zur Beantwortung von Fragen und zur Teilnahme an Workshops haben.

■ 5.2 Qualitätsszenarien

Um die Diskussion um die Konzeptionelle Integrität anstoßen zu können und um später Bewertungskriterien für die Tauglichkeit der vorgeschlagenen Maßnahmen und Architektur zu haben, beginne ich mit der Vorstellung einiger Qualitätsszenarien, die sich hierfür eignen. Was ein Qualitätsszenario ist und wie es verwendet werden kann, ist in Abschnitt 3.2 beschrieben.

Die Konzeptionelle Integrität erzeugt einen allgemeinen Merker, der allen Projektbeteiligten präsent sein sollte, aber aus dem sich nur schwer konkrete Qualitätsszenarien ableiten lassen. Vielmehr leiten wir aus der gewünschten Integrität organisatorische und methodische Maßnahmen ab, wie zum Beispiel die Dokumentation von Entscheidungen in einem Wiki. Die folgenden Qualitätsszenarien zur konzeptionellen Integrität sollen als Beispiel und Kommunikationstool mit den Stakeholdern dienen. Das erste Szenario beschäftigt sich dabei mit den Systemzielen und soll verdeutlichen, wie wichtig die Kenntnis derselben ist, um sie auch erreichen zu können.

KI01) Alle Teammitglieder kennen die Systemziele und können auf Nachfrage die Vorteile benennen, die das System der Organisation gewährt.

Das nächste Szenario beschäftigt sich mit dem Anforderungsmanagement. Die Intention ist es, kommunikative Maßnahmen auszulösen, die die Qualität der Anforderungen verbessern können:

KI02) Alle Mitglieder im Team wissen, wo im Wiki die Geschäftsanforderungen gespeichert sind, und können die Kommentarfunktion für Rückfragen und Korrekturen nutzen.

Um die inhaltlichen Ziele des Produkts erreichen zu können, sind die folgenden Szenarien mögliche Startpunkte, um in die Diskussion eintauchen zu können:

KI03) Ein Redakteur kann nur Inhalte mit dem System produzieren, deren Struktur zum Domänenmodell passt.

KI04) Produziert ein Redakteur Inhalte, so steht ihm dabei eine Dokumentation des Domänenmodells zur Verfügung.

■ 5.3   Von der Allgemeinsprache

To create a supple, knowledge-rich design calls for a versatile, shared team language, and a lively experimentation with language that seldom happens on a software project.
- Eric Evans

 TL;DR

- Die *Allgemeinsprache* ist die Sprache des Teams in Bezug auf ein Domänenmodell und hilft, die *unverzichtbare Komplexität* [Bro75] des Geschäfts zu beherrschen.
- Die Bedeutung des Vokabulars der Allgemeinsprache spiegelt die Semantik des Domänenmodells. Die Konzepte des Domänenmodells sind das Rückgrat der Allgemeinsprache.
- Die Allgemeinsprache verbindet das Team mit dem System, seinen Services und deren Quelltexten und erzeugt so eine konzeptionelle Integrität zwischen Geschäft und Technik.
- Wenn es keine Allgemeinsprache gibt, muss zwischen Fachexperten und Entwicklern übersetzt werden. Übersetzungen benötigen kognitive Kapazität und behindern deswegen die Softwareentwicklung genauso wie Missverständnisse.
- Die Allgemeinsprache kann in einem Glossar beschrieben werden. Das Glossar hilft bei der Einarbeitung in eine Domäne.
- Erinnern Sie das Team schonungslos daran, die Allgemeinsprache in der gesamten Kommunikation einzusetzen. Verwenden Sie dieselben Begriffe in allen Diagrammen, der Dokumentation, dem Quelltext und insbesondere im persönlichen Gespräch.
- Die andauernde Verwendung fördert Missverständnisse und Ungereimtheiten zutage und stärkt so das Modell.
- Eine Änderung der Sprache ist eine Änderung des Domänenmodells.

Die Bedeutung der Allgemeinsprache

Die Sprache ist das subtilste Werkzeug der Softwareentwicklung. Sie hat Einfluss auf den gesamten Entwicklungsprozess und ist die Grundlage der konzeptionellen Integrität. In seinem wegweisenden Buch über den domänengetriebenen Entwurf hat Eric Evans als Erster die Zusammenhänge zwischen Sprache und Entwicklung beschrieben [Eva03]. Evans erfand das Konzept der *Allgemeinsprache* (engl. *ubiquitous language*), die das technische Modell mit dem fachlichen Modell der Domänenexperten verbindet. Die Allgemeinsprache verbindet und leitet die Aktivitäten des Teams bei der Entwicklung und Pflege eines Systems durch die Nutzung unserer natürlichen Sprachfähigkeiten. Sie ist ein Werkzeug zur Beherrschung der *unverzichtbaren Komplexität* [Bro75] des Geschäfts.

Die Fachexperten im Team haben in der Regel nur ein sehr begrenztes Verständnis vom Softwarejargon der Entwickler, und umgekehrt haben die Entwickler nur wenig Verständnis vom Fach. Die Allgemeinsprache schlägt die Kommunikationsbrücke und trägt zum gegenseitigen Verständnis bei. Missverständnisse bergen Risiken: Wenn die Terminologie in den täglichen Besprechungen nicht mit den Konzepten und Begriffen in den Quelltexten und APIs übereinstimmt, werden Übersetzungen nötig. Diese können aber die Bedeutung der Begriffe verändern und hinzukommt, dass die Übersetzung kognitiv ineffizient ist.

Zusammenhang zum Anforderungsmanagement

Insbesondere ist die Allgemeinsprache für das Anforderungsmanagement (5.7) wichtig, da sie die Unmissverständlichkeit der Dokumentation erhöht. Dies eliminiert ein häufig auftretendes Risiko: die fehlende Verständlichkeit, die für die effiziente Implementierung Voraussetzung ist. Für den *Requirements Engineer* ist die Allgemeinsprache ein Werkzeug bei der täglichen Kommunikation. Da der Requirements Engineer einer der ersten Personen ist, die den Kontext eines Systems erfassen und beschreiben, sollte er auch für den Aufbau der Sprache sorgen.

Ein Glossar führen

Die Allgemeinsprache kann in einem Glossar geführt werden, in dem das verwendete Vokabular erklärt wird. Zur Erklärung gehören auch die Relationen oder Beziehungen der Begriffe und Modelle untereinander. Das Glossar enthält Fachbegriffe, Abkürzungen und Akronyme sowie Begriffe, die im vorliegenden Kontext eine spezielle Bedeutung haben [PR15]. Da das Domänenmodell sowohl Daten als auch Verhalten enthält, beschreiben wir Verben und Nomen unserer Sprache. Die verwendeten Begriffe heißen *Konzepte*, und hier ergibt sich eine Brücke zur objektorientierten Modellierung: Eine Klasse in einem objektorientierten Modell ist ein Synonym für Konzept. Man kann also ein Glossar auch durch Klassendiagramme modellieren.

Die Pflege der Allgemeinsprache im Glossar benötigt Disziplin, die in manchen Projektteams zu wünschen übrig lässt. Keinesfalls sollte man diese verstärken, indem man Hürden bei der Pflege aufbaut. Ein modernes Wiki eignet sich gut, und alle Teammitglieder sollten selbstständig Korrekturen und Erweiterungen vornehmen können. Bei der Einarbeitung in ein System ist das Glossar ein Vorteil, weil dieses das destillierte Wissen des Teams über die Domäne enthält.

Kontinuierliche Verbesserung

Die verwendete Sprache verfeinert und verbessert sich im Laufe der Zeit immer mehr, wenn beispielsweise Entwickler wichtige Nuancen und Unterschiede in der Bedeutung einzelner Begriffe entdecken. Die Klärung dieser Unterschiede ist offensiv anzugehen, damit am Ende des Tages wirklich alle dasselbe Bild haben. Ich habe es oft erlebt, dass sich plötzlich interessante fachliche Erkenntnisse aus einer genaueren Formulierung zentraler Begriffe ergaben.

Beispielsweise habe ich erlebt, dass in einem touristischen Projekt zu Beginn von Reisenden gesprochen wurde. Später erkannte das Team signifikante Unterschiede zwischen Einzelreisenden und Gruppenreisenden. Die Anpassung der Anforderungen führte zu Erkenntnissen sowohl bei den Entwicklern als auch den Fachexperten.

In jedem Fall sollte das Team verstehen, dass eine Änderung der Sprache auch eine Änderung des Modells bedeutet. Wird ein zentrales Konzept also umbenannt, so müssen auch die Quelltexte und die Dokumentation angepasst werden.

Subdomänen abgleichen

Die Allgemeinsprache bezieht sich stets nur auf eine Domäne. Aus diesem Grund dürfen andere Teams und andere Domänen auch andere Bedeutungen für Konzepte kennen. Mittel zum Zweck der Übersetzung ist der Anti-Corruption Layer (2.5) auf der technischen Ebene. Für die Übersetzung ist die Kenntnis der Bedeutung des anderen Modells eine Voraussetzung, weswegen dieses als Published Language (1.6) dokumentiert wird.

Die Allgemeinsprache schafft Effizienz und Konzeptionelle Integrität

Die Bedeutung der Allgemeinsprache sollte nicht unterschätzt werden. Bild 5.2 zeigt die Abhängigkeiten von Sprache, Dokumentation, Quelltexten und Entities. Die Abbildung zeigt aber auch eine Beziehung zu den Entscheidungen, die gefällt werden müssen. Wir müssen davon ausgehen, dass ein gutes und einheitliches Verständnis der Konzepte zu besseren Entscheidungen führt. Allein aus diesem Grund ist die Sprache für den Architekten ein wichtiges Hilfsmittel, das geführt werden will.

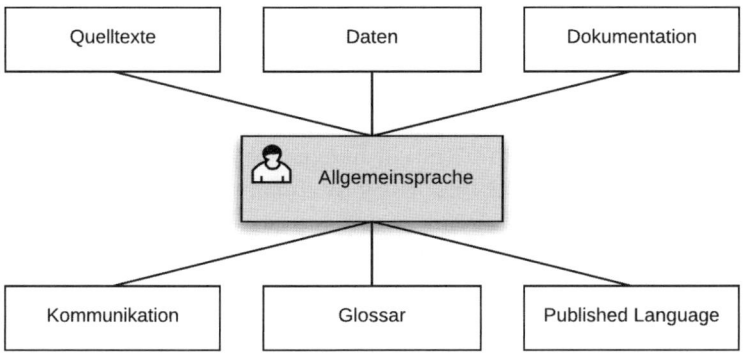

Bild 5.2 Die Allgemeinsprache

■ 5.4 Systemkontext erforschen

 TL;DR

- Der Systemkontext umfasst den Teil der Umgebung eines Systems, der für ein Verständnis der Anforderungen an das Systems relevant ist [PR15].

- Zum Systemkontext gehören Personen, Systeme, Dienste und Organisationen, die zusammenfassend *Akteure* genannt werden, sowie Gesetze und Regularien, die auf das System wirken.

- Akteure lösen *Geschäftsereignisse* aus, die durch Anwendungsfälle (5.8) beantwortet werden. Geschäftsereignisse sind ein Synonym für *Domänenereignisse*.

- Das *Kontextdiagramm* stellt die Akteure in Relation zum System dar und ist seine erste Dekomposition.

- Der Systemkontext definiert den *Umfang* eines Systems über die Geschäftsereignisse durch Abgrenzung.

- Die im Rahmen der Systemkontextanalyse identifizierten Geschäftsereignisse sind eine Eingabe für den domänengetriebenen Entwurf.

- Die *Systemkontextgrenze* separiert den relevanten Teil der Umgebung vom irrelevanten Teil, d.h. dem Umgebungsteil, der keinen Einfluss auf das geplante System und damit auch keinen Einfluss auf die Anforderungen dieses Systems hat [PR15]. ■

Was ist der Systemkontext?

Um den Umfang eines Systems in Planung zu bestimmen, wird als erste Dekomposition der *Systemkontext* bestimmt. Der Systemkontext bestimmt den relevanten Teil der Umwelt, mit dem das System in Berührung kommen wird. Hierzu werden die Personen, Systeme, Dienste und Organisationen sowie Gesetze und Regularien, die auf das System wirken, bestimmt. Diese *Akteure* sind auch gleichzeitig *Stakeholder*, weswegen der Systemkontext

Hand in Hand mit dem Stakeholder Management (5.5) arbeitet. In diesem Kapitel beschreibe ich, wie man zum Systemkontext kommt und welche Eigenschaften er hat.

Der Systemkontext wird grafisch dokumentiert und zeigt auf übersichtliche Art und Weise diejenigen Faktoren an, die einen Einfluss auf das System haben können. Hat eine Person, eine Organisation, ein Geschäftsprozess, ein anderes Softwaresystem, eine bestimmte Gesetzgebung oder ein Regularium potenziell Einfluss, dann ist sie Teil unseres Kontexts und sollte dokumentiert werden.

Die Definition des Systemkontexts hat eine starke formende Wirkung auf die Entwicklung, denn an dieser Stelle wird der Scope unseres Systems das erste Mal definiert. Je nachdem, ob ein Faktor in unsere Betrachtungen mit einbezogen wird oder nicht, ändert sich der Umfang eines Systems. Die Entscheidung, welche Faktoren bei der Analyse mit einfließen dürfen und welche nicht, ist demnach weitreichend und sollte bewusst getroffen werden. Entscheidet man zum Beispiel, eine bestimmte Abteilung nicht mit einzubeziehen, so wird diese später möglicherweise keinen großen Nutzen aus dem System ziehen können.

Das Kontextdiagramm

Das *Kontextdiagramm* visualisiert den Systemkontext und erlaubt es dem Leser, schnell zu erfassen, welche Einflussfaktoren bestehen und wie das System gegenüber seiner Umwelt abgegrenzt ist [PR15]. Es handelt sich also um ein Kommunikationsmittel, um etwa neuen Personen im Team einen ersten Überblick über das System zu ermöglichen, aber auch generell bei Gesprächen mit Stakeholdern.

Das Kontextdiagramm ist etwas anderes als eine *Kontextkarte*, mit der wir die unmittelbare Umgebung eines Service visualisieren. Vielmehr bildet es den Rahmen für die spätere Aufteilung des Systems in Subdomänen und deren Dienste.

Bild 5.3 zeigt die *Systemgrenze*, die *Systemkontextgrenze* sowie einige Akteure mit Einfluss auf. Zu Beginn der Entwicklung sind meistens noch nicht alle Informationen bekannt, weswegen sich die Grenzen im Laufe der Zeit verschieben können.

Scope durch Abgrenzung festlegen

Das Kontextdiagramm grenzt das System, das wir bauen möchten, von seiner Umwelt ab. Diese Abgrenzung heißt *Systemkontextgrenze*, die eine ähnliche Funktion hat wie die Kontextgrenze eines Domänenmodells im domänengetriebenen Entwurf, aber nicht identisch mit ihr ist. Die Systemkontextgrenze bestimmt den *Leistungsumfang* über die Akteure und deren Geschäftsereignisse, die auf das System wirken.

Der Leistungsumfang bestimmt in einem nächsten Schritt die Domäne und deren Subdomänen, die wir mit unserem System abbilden müssen. Außerdem lässt diese erste Dekomposition auch eine erste Budgetindikation der zu erwartenden Kosten zu. Die Definition des Systemkontexts ist Teil des Basiswissens im Requirements Engineering, und ein durch das IREB [ire] zertifizierter *Requirements Engineer* ist qualifiziert, den Systemkontext zu erheben. In vielen Entwicklungsprojekten wird das Anforderungsmanagement durch den Projektleiter durchgeführt. Wenn dies der Fall ist, sollte man darauf achten, dass dieser beispielsweise durch eine Zertifizierung hierfür auch tatsächlich qualifiziert ist.

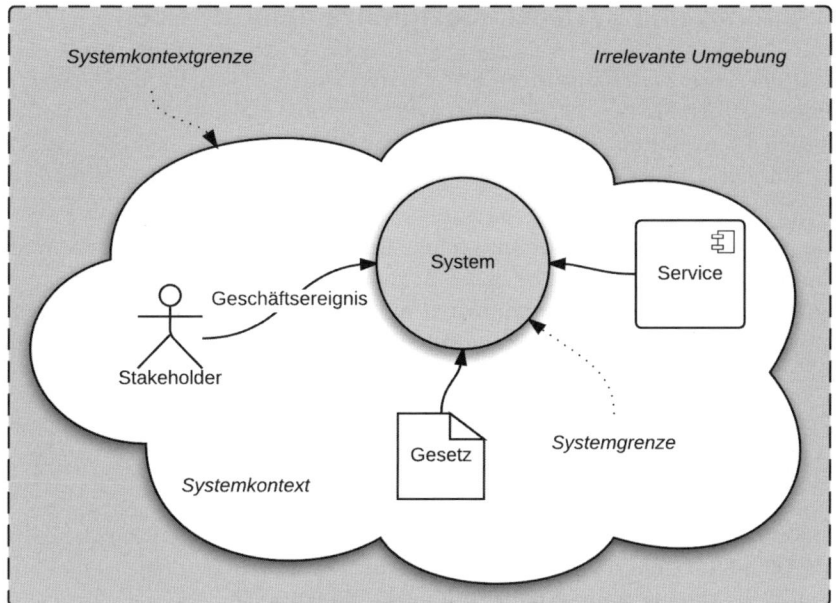

Bild 5.3 Systemkontext

Akteure und Geschäftsereignisse

Zu den im Systemkontext eingezeichneten Einflussfaktoren gehören die folgenden Akteure:

- *Personen*, die mit dem System arbeiten oder einen Einfluss auf das System haben können, werden im Kontextdiagramm modelliert. Personen, die sich im Kontext befinden, heißen auch *Stakeholder*, und hierfür gibt es weiter hinten ein eigenes Kapitel. Personen werden in der Regel nicht mit individuellen Namen notiert, sondern mit einer Rolle belegt, zum Beispiel Benutzer, Redakteur oder Buchhalter.

- *Systeme und Dienste*, die integriert werden sollen, werden im Kontextdiagramm explizit erwähnt. Hierbei muss es sich nicht notwendigerweise um eine technische Integration auf Basis einer API handeln, denn es kann auch manuelle Schnittstellen geben. Beispielsweise könnte ein Ticketservice an einen Redakteur einmal pro Tag eine Liste mit freien Plätzen für die Konzerte am Wochenende verschicken. Der Ticketservice sollte in diesem Fall eingezeichnet werden.

- *Organisationen* mit einem Einfluss auf das System sollten erwähnt werden. Handelt es sich um ein mandantenfähiges System, so könnten die verschiedenen Organisationen, die mit dem System arbeiten, hier dargestellt werden.

- *Gesetze* und *Regularien*, die unser System beeinflussen, sollten visualisiert werden. Angenommen, der Auftraggeber ist ein in den USA börsennotiertes Unternehmen, und das System hat einen Einfluss auf sein Geschäftsergebnis, so muss die Gesetzgebung der USA, namentlich der *Sarbanes-Oxley Act (SOX)*, als geltendes Recht berücksichtigt werden [sox]. SOX hat dann wesentlichen Einfluss auf die Betriebsprozesse eines Systems.

Systemgrenze und Systemkontextgrenze unterscheiden

Um die Brücke zum Geschäftsnutzen eines Systems aufzuzeigen, werden *Geschäftsereignisse* eingezeichnet. Ein Geschäftsereignis wird von einem Stakeholder oder externen System ausgelöst und mittels einfacher Beschriftung der Assoziation sichtbar gemacht. Die vorprogrammierte Antwort unseres Geschäftssystems auf ein Geschäftsereignis ist ein Anwendungsfall (5.8).

Im Systemkontext wird also bestimmt, welche Ereignisse auf das System wirken und von ihm bearbeitet werden müssen. Das bedeutet aber nicht, dass alle Geschäftsereignisse von einer Software bearbeitet werden müssen. Häufig können Ereignisse auch von Menschen erledigt werden. Auf diesen Unterschied geht später die Diskussion der Anwendungsfälle durch sogenannte Geschäfts- und Produktfälle ein.

Fazit

Die Erhebung und Dokumentation des Kontexts dient verschiedenen Herren: Zum einen trägt die Definition dem besseren Verständnis der Anforderungen bei. Wenn dem Leser klar ist, welche Akteure und Systeme sich in der direkten Umgebung befinden, können Anforderungen besser interpretiert werden. Durch den Kontext kann außerdem bestimmt werden, ob Anforderungen vollständig sind: Für alle Geschäftsereignisse muss es Anwendungsfälle und Anforderungen geben.

Ein vollständiger und richtiger Systemkontext erhöht die konzeptionelle Integrität unseres Systems durch Scoping. Gleichzeitig sorgt er für die erste Identifikation der benötigten Domänen.

■ 5.5 Stakeholder Management

 TL;DR

- Das *Stakeholder Management* beschäftigt sich mit der Identifikation und Bewirtschaftung von Akteuren mit Einfluss auf das System.
- Die Identifizierung aller Stakeholder ist wichtig, da diese den Anforderungsraum aufspannen. Werden Stakeholder übersehen, handelt man sich das Risiko fehlender Anforderungen ein.
- Stakeholder haben Pflichten und sollten darüber informiert werden.
- Stakeholder Management benötigt eine gute Kommunikationskompetenz in Wort und Schrift.

Bei Informationssystemen sind oft große Teile einer Organisation involviert, da die Systeme betriebswirtschaftlich relevant und entsprechend wichtig sind. Das Content Marketing möchte die Inhalte pro Zielgruppe flexibel zusammenstellen können; Research & Development will die neue Produktlinie vorstellen, aber die Seiten dürfen noch nicht öffentlich werden; aus dem ERP muss der Produktkatalog synchronisiert werden; Marketing pocht auf Einhaltung der Corporate Identity und so weiter und so fort. Bei Systemen kommen schnell sehr viele involvierte Personen zusammen, deren Bedürfnissen das Geschäftssystem gerecht werden muss.

Die involvierten Personen für ein System ausfindig zu machen und mit einzubeziehen, heißt *Stakeholder Management*. In der Regel ist dies die Aufgabe des Requirements Engineers [PR15] oder des Projektleiters. Es gibt aus beiden Fachdisziplinen entsprechende Hilfsmittel, um das Management zu gewährleisten. Eine einfache und pragmatische Lösung ist zum Beispiel eine Wiki-Seite für das Projekt, bei der die Personen auch gerne selber ihre Telefonnummer, E-Mail-Adresse und Urlaubstermine eintragen können.

Die Identifikation der Stakeholder dient vor allem dem Anforderungsmanagement, welches die Formalisierung von Wissen zugunsten des Teams zum Ziel hat und das in Abschnitt 5.7 beschrieben ist. Das Wissen im Projektteam fließen zu lassen und alle Stakeholder adäquat zu informieren, ist wiederum nur möglich, wenn alle Stakeholder bekannt sind.

Die Stakeholder spannen den Anforderungsraum auf. Das bedeutet, dass ohne korrekte Identifikation und Bewirtschaftung Risiken entstehen, weil das System potenziell nicht die Bedürfnisse aller Beteiligten erfüllen kann. Eine erste wichtige Maßnahme ist also die Identifikation derjenigen Personen, die einen Einfluss auf das System haben könnten, um danach einen Bewirtschaftungsplan zu erstellen.

Unterteilung nach Rollen

Stakeholder lassen sich häufig in Gruppen oder Rollen unterteilen, von denen dann einige Repräsentanten zur Befragung ausgewählt werden. Führt man ein neues Kassensystem ein, so muss man nicht mit jedem Verkäufer sprechen, aber zumindest ein Verkäufer sollte als Stellvertreter befragt werden. In jedem Fall sollten die *Rollen* von Stakeholdern dokumentiert werden. Um im Beispiel zu bleiben, sollte also die Rolle „Verkäufer" dokumentiert sein, und wenn diese durch Erich Mustermann repräsentiert wird, sollte die Funktion von Herrn Mustermann die Rolle des Verkäufers sein.

Zu den wichtigsten Stakeholdern gehören die Benutzer des Systems. Bei einer E-Commerce-Lösung sind dies aber teilweise keine Mitarbeiter der Firma, sondern deren Kunden. Im Rahmen von *User Research* und *Market Research* müssen diese wichtigen Stakeholder jedoch auch identifiziert und (repräsentativ) befragt werden.

Zur Dokumentation gehört auch die Motivation der Personen festzuhalten, zum Beispiel: „Möchte die Umschlagszeit an der Kasse reduzieren". Da es auch negative Stakeholder gibt, die dem System keinen Erfolg wünschen, weil sie unter Umständen durch die Einführung ihren Arbeitsplatz verlieren, sollte man sich von Fall zu Fall überlegen, wie öffentlich die Liste geführt wird.

Stakeholder haben Pflichten

Falls möglich, sollten die Stakeholder über ihre Pflichten im Rahmen des Projekts informiert werden, damit sie ihr Handeln zugunsten desselben ausrichten können. Dies ist bei externen Stakeholdern nicht möglich, bei internen schon, also beispielsweise den Angestellten der Zielorganisation. Diese Pflichten sind zum größten Teil in [PR15] dokumentiert und wurden von mir erweitert:

- Kommuniziert Wissen über die *Domäne* der Zielorganisation.
- Kommuniziert Anforderungen zielgerecht und gewissenhaft.
- Trifft Entscheidungen zeitgerecht.
- Respektiert die Einschätzungen zu Kosten und Machbarkeit seiner Anforderungen durch das Team.
- Priorisiert die Anforderungen nach seinem Ermessen, d.h. wie wichtig ihm persönlich die Anforderungen sind.
- Überprüft die Dokumentationen gewissenhaft und liefert fristgerecht Feedback.
- Kommuniziert Änderungen an den Anforderungen unverzüglich.
- Respektiert die gewählten Prozesse und Methoden des Projektteams.

Kommunikationskompetenz als Schlüssel

Man ist gut beraten, nicht zu vergessen, dass das Stakeholder Management eine *Instrumentalisierung* der Personen verfolgt, damit der Projekterfolg gewährleistet werden kann. Damit dies funktionieren kann, müssen die Stakeholder etwas davon haben, wenn sie instrumentalisiert werden. Es gilt also vor allem herauszustellen, dass es ihre Anforderungen sind, die das System erfüllen wird, sie also bei der Einführung profitieren werden. Zudem erreicht man Buy-In durch transparente und regelmäßige Kommunikation. Ein Statusbericht, der wöchentlich oder monatlich verschickt wird, hilft allen Beteiligten, denselben Informationsstand zu erhalten. Zudem sollte die Kommunikationskompetenz beim direkten Umgang mit Stakeholdern eine hohe Qualität haben, d.h. die Kollegen im Team sollten entsprechend gut ausgebildet sein.

Auf keinen Fall sollte man dabei die kulturellen Gegebenheiten vergessen, denn diese können zu Konflikten aufgrund von Verständnisproblemen führen. Das einleuchtendste Beispiel ist hierfür die Sprache, in der kommuniziert wird. Ist die Allgemeinsprache (5.3) in Englisch, sollten dies auch alle im Team beherrschen. Ich habe es ein ums andere Mal erlebt, dass Anforderungen in Deutsch zugeliefert wurden, das Team in Indien aber nur Englisch sprach. So entstehen Risiken, die durch ein gutes Stakeholder Management rechtzeitig erkannt werden können.

■ 5.6 Systemziele bestimmen

 TL;DR

- Systemziele vermitteln den Zweck eines Systems inhaltlich prägnant und dienen als goldene Anforderungen, an denen sich alle Tätigkeiten der Entwicklung messen lassen müssen.
- Systemziele sollen den Qualitätskriterien für Anforderungen entsprechen.
- Es gibt zwei Methoden der Zieldefinition:
  1. Die PAM-Methode (Purpose, Advantage und Measurement).
  2. SMARTe Ziele

Zielgerichtetes Handeln

Die Entwicklung von Software kostet Geld. Damit der Sponsor einen möglichst großen Nutzen aus dem System ziehen kann, sollten in einem ersten Schritt die Systemziele erhoben werden. Klar formulierte Ziele stellen für den Sponsor einen Investitionsschutz dar, da er nun weiß, was er für sein Geld bekommt. Er kann dann auch besser bestimmen, was ihm das System wert ist. Dabei sollten die Ziele das System *inhaltlich* klar beschreiben und keine Angaben auf konkrete organisatorische Projektkonstellationen oder sogar Metainformationen enthalten. In einem Regierungsprojekt habe ich schon erlebt, dass als Ziel ausgegeben wurde, dass das System eingeführt werden soll. Es braucht dann Mut, vor einer Gruppe von zwanzig Personen aufzustehen und konkretere Ziele einzufordern. Aber es ist auch die Aufgabe des Architekten zu führen, denn seine Qualifikation wird benötigt, um das Projekt erfolgreich zu machen. Wenn also der Requirements Engineer oder der Projektleiter nicht aufstehen: Tun *Sie* es!

Ziele sind goldene Anforderungen

Die Ziele können als *goldene Anforderungen* verstanden werden, an denen sich Anforderungen und Aktivitäten im Projekt messen lassen müssen [RR12]. Und weil sich alle Anforderungen an ihnen messen lassen müssen, tragen die dokumentierten Ziele so zur konzeptionellen Integrität bei. Wenn die Systemziele von allen Stakeholdern verstanden und unterstützt werden und darüber hinaus eine hohe semantische Kohärenz haben, sind Sie auf dem richtigen Weg. Für jedes Projekt habe ich die Systemziele auf einem Slide dabei, um sie regelmäßig bei Meetings noch einmal zeigen zu können. Die Ziele sollten den Qualitätskriterien für Anforderungen (5.7) entsprechen.

Purpose, Advantage und Measurement

Robertson und Robertson verwenden die *PAM-Methode* zur Dokumentation [RR12]. PAM steht für Purpose, Advantage und Measurement (also Zweck, Vorteil und Messkriterium). Angenommen, der Sponsor wünscht sich ein Intranet. Nach einer kurzen Diskussion ergibt sich, dass das Intranet die Mitarbeiter informieren soll. Wir notieren:

- **Zweck: Die Intranet soll die Mitarbeiter über Neuigkeiten im Unternehmen informieren.**

Damit das System für die Organisation des Sponsors einen Sinn ergibt, muss es einen Vorteil bieten. Diesen Vorteil erfragen wir aktiv beim Sponsor und dokumentieren ihn. Nach einigem Hin und Her finden wir heraus, dass es im Unternehmen zu Problemen kommen kann, wenn der Informationsstand der Abteilungen unterschiedlich ist und es zu Abstimmungsproblemen kommt. Dadurch sinkt die Effizienz.

- **Vorteil: Das Intranet erlaubt, alle Mitarbeiter zur selben Zeit und auf die gleiche Weise zu informieren, sodass alle Personen den gleichen Informationsstand haben und dadurch abgestimmt sind.**

Jetzt reibt sich der Sponsor schon die Hände, als Sie ihn nach dem Messkriterium fragen. Gerade erst sprachen wir doch von Effizienz, also soll der Erfolg des Systems am besten am Umsatz gemessen werden! Halt, stopp! Den Umsatz kann das Intranetteam leider nicht kontrollieren. Dieses Messkriterium heben wir uns eher für den Online-Shop auf und messen an dieser Stelle lieber den weichen Einfluss des Systems per Umfrage.

- **Messkriterium: Ein halbes Jahr nach der Einführung des Intranets soll eine Umfrage unter den Mitarbeitern nachweisen, dass sich die Mitarbeiter adäquat, zeitnah und umfassend informiert fühlen.**

Im Falle eines Intranets gäbe es weitere Systemziele, und es muss nicht bei einem Ziel bleiben. Man sollte aber darauf achten, dass es nicht zu viele werden und dass sie tatsächlich erreichbar bzw. machbar sind. Unterm Strich ist die Verhandlung der Systemziele zwischen dem Sponsor und allen Stakeholdern ein wichtiger erster Schritt hin zu einem erfolgreichen System. Ziele können sich auch ändern, wenn sich die Umwelt des Systems ändert. Änderungen an den Zielen haben jedoch große Tragweite, denn es müssen dann unter anderem alle Anforderungen im Hinblick auf die Änderungen abgeklopft werden.

SMARTe Ziele

Sehr verbreitet sind auch die SMART-Kriterien an Ziele, die erstmals 1981 von George Doran definiert wurden [Dor81]. Die Buchstaben des Akronyms stehen für die folgenden Bedeutungen:

- *Specific*: Das Ziel sollte eine bestimmte Verbesserung bewirken.
- *Measurable*: Ein Messkriterium, um festzustellen, ob das Ziel erreicht wurde.
- *Assignable*: Es sollten eine oder mehrere Personen genannt werden, die das Ziel erreichen sollen.
- *Realistic*: Das Ziel sollte mit den gegebenen Mitteln erreichbar sein.
- *Time related*: Die Angabe wann das Ziel zu erreichen ist, sollte nicht fehlen.

Das Akronym SMART hat den großen Vorteil, dass man es sich gut merken kann, aber die Kriterien gelten für alle möglichen Ziele und nicht nur für Geschäftssysteme. So kann dann beispielsweise eine Zeitangabe zu einem Problem werden, wenn jedes Mal, wenn die Deadline verschoben wird, die Ziele angepasst werden müssen. Grundsätzlich funktionieren die Kriterien aber gut, sodass es keine schlechte Idee ist, die Projektziele auch nach diesen Kriterien zu überprüfen.

■ 5.7   Anforderungen erheben

 TL;DR

- Das *Anforderungsmanagement* ist die Kommunikation von Geschäftsanforderungen in der Allgemeinsprache (5.3).

- Anforderungen bestehen aus Daten, Geschäftsereignissen, Geschäftsprozessen und Geschäftsregeln.

- Das Anforderungsmanagement hat zum Ziel die *unverzichtbare Komplexität* [Bro75] der Domäne fassbar zu machen.

- Das Anforderungsmanagement ist die Aufgabe des *Requirements Engineer*, der sich vom IREB [ire] zertifizieren lassen kann.

- Eine *Geschäftsanforderung* kann aus Daten, Ereignissen, Prozessen und Regeln bestehen.

- Ein *Geschäftsprozess* beschreibt das Geschäft einer Organisation als Verknüpfung von Tätigkeiten und kann mithilfe der BPMN (8.4) formalisiert werden.

- Eine *Rahmenbedingung* ist eine Anforderung, die nicht vom Team veränderbar ist.

- Anforderungen müssen Qualitätskriterien genügen, damit sie gültig sind.

- Anforderungen sind die Grundlage der Tests (7).

Was ist Anforderungsmanagement?

Geschäftssysteme sind soziotechnische Feedbacksysteme (1.3), die erfolgreich sind, wenn sie die Bedürfnisse ihrer menschlichen Benutzer und deren Organisation erfüllen. Die Methode der Aufnahme und Kommunikation dieser Bedürfnisse ist das Anforderungsmanagement. Es folgt, dass die korrekte Erhebung, Dokumentation und Validierung von Anforderungen ein kritischer Erfolgsfaktor ist.

Nicht alle Benutzer formulieren konkrete Anforderungen, und nicht alle Anforderungen, die vom Auftraggeber formuliert werden, erfüllen seine Bedürfnisse. Stakeholder haben keine Anforderungen, die wie Fallobst eingesammelt werden können. Stattdessen haben sie Bedürfnisse und Ziele, die man durch Einsatz der richtigen Kommunikations- und Fragetechniken herausfinden muss. Wie genau das geht, steht unter anderem in [Unt15] beschrieben.

Der *Requirements Engineer* hat eine schwierige Aufgabe: Seine Arbeit legt den Grundstein dafür, dass das Produkt später die Bedürfnisse der Benutzer erfüllen kann. Anforderungen sind zudem für den Abschluss von *Werksverträgen* zu festen Kosten zentral, da Aufwandsschätzungen darauf basieren.

Grundlegende Konzepte des Anforderungsmanagements

Das *Anforderungsmanagement* ist die strukturierte Kommunikation von Geschäftsanforderungen, die aus Geschäftsereignissen, Geschäftsprozessen, Geschäftsregeln und Daten bestehen.

Ereignisse, auch Domänenereignisse oder Geschäftsereignisse genannt, lösen vielfältigste Reaktionen im System aus. Ein Ereignis kann ein Timer, ein Signal, eine Anfrage oder irgendeine andere Begebenheit in der Domäne sein. Nicht jedes Ereignis erwartet eine Antwort, einige aber schon, und alle lösen einen Prozess aus.

Ein solcher *Geschäftsprozess* beschreibt das Geschäft einer Organisation als Verknüpfung von Tätigkeiten und kann mithilfe der BPMN (8.4) formalisiert werden.

Eine Tätigkeit in einem Geschäftsprozess wird durch *Geschäftsregeln* bestimmt. So wäre die Addition einer Steuer zu einem Betrag ein Prozess, die Höhe der Steuer die Regel. Regeln benötigen in vielen Fällen Daten, damit sie funktionieren können. Man denke nur an eine Geschäftsregel, die einen Rabatt von 10 % gewährt, wenn der Kunde im letzten Jahr eine bestimmte Summe Umsatz generiert hat.

Geschäftsprozesse lösen häufig andere Geschäftsprozesse aus, je nach ihren Regeln, und generieren hierfür wiederum Ereignisse.

Die Dokumentation und Kommunikation von Ereignissen, Prozessen, Daten und Regeln wird in der Allgemeinsprache (5.3) geführt, damit diese möglichst eindeutig ist. Das Anforderungsmanagement hat zum Ziel, die *unverzichtbare Komplexität* [Bro75] der Domäne fassbar zu machen.

Anforderungen werden in Iterationen erhoben, analysiert, validiert und dokumentiert. Zu Beginn bewegt man sich auf einer hohen Flughöhe und formuliert wenig detailliert. In diesem Stadium werden die Bedürfnisse der Stakeholder in *Epics* und *Features* zusammengefasst. Im Laufe der Zeit verfeinern sich die Anforderungen immer weiter. Ein Mittel dabei ist beispielsweise die Formulierung als *Story*.

Eine *Rahmenbedingung* ist eine Anforderung, die nicht vom Team veränderbar ist. Beispiele für Rahmenbedingungen sind das vorgegebene Budget des Auftraggebers, der Mehrwertsteuersatz oder domänenspezifische Regularien oder Gesetzgebungen. Rahmenbedingungen sind nicht notwendigerweise statisch.

Qualitätskriterien für Anforderungen

Primäres Ziel des Anforderungsmanagements ist die Erzeugung einer Dokumentation, die den geschäftlichen Nutzen des Systems für seine Benutzer so beschreibt, dass das gesamte Team davon profitieren kann. Wenn die Geschäftsanforderungen korrekt erhoben, dokumentiert und validiert wurden, dann ist der Grundstein für den Projekterfolg gelegt. Es folgt also, dass die Qualität des Geschäftssystems maßgeblich von der Qualität der Anforderungen abhängig ist. Um möglichst gute Anforderungen zu erhalten, gibt es Qualitätskriterien, die sie erfüllen müssen [PR15]:

1. *Abgestimmt:* Anforderungen müssen mit allen Stakeholdern abgestimmt werden. Stakeholder müssen die Anforderung als korrekt und notwendig erachten.

2. *Eindeutig:* Alle Leser müssen beim Studium der Anforderung zum selben Ergebnis kommen. Eine Mehrfachinterpretation sollte nicht möglich sein. Dies ist aufgrund der Mehrdeutigkeit von Sprache sehr schwierig und benötigt viel Erfahrung und Präzision im Schriftlichen. Dies spricht auch für den Bezug auf ein konkretes Lösungsdesign (zum Beispiel in Form eines Prototyps), denn nur dann können die Anforderungen von allen gleich interpretiert werden.

3. *Notwendig:* Anforderungen müssen den Gegebenheiten im Kontext entsprechen. Eine Gegebenheit kann die Erwartung eines Stakeholders sein oder die API-Spezifikation eines externen Dienstes.

4. *Konsistent:* Anforderungen müssen sowohl in sich selbst als auch im Vergleich mit anderen Anforderungen konsistent sein. Es darf also keine Widersprüche geben. Ein gemeinsames Verständnis zwischen Entwicklung und Fach über die Allgemeinsprache ist gut geeignet, Konsistenz möglich zu machen.

5. *Prüfbar:* Anforderungen müssen überprüfbar sein, damit man später feststellen kann, ob sie umgesetzt wurden. Zur Überprüfung eignen sich Tests oder Messungen.

6. *Realisierbar:* Nicht jede Anforderung ist im geforderten Budget umsetzbar. Dies ist besonders schwierig, wenn bei den Stakeholdern wenig technisches Verständnis vorhanden ist.

7. *Verfolgbar:* Der Ursprung der Anforderung muss angegeben werden. Zudem sollte jede Anforderung einen eindeutigen Identifikator haben, damit sie referenziert werden kann (engl. *traceability*).

8. *Vollständig:* Anforderungen müssen vollständig sein, d.h. die gewünschte Funktionalität in Gänze beschreiben.

9. *Verständlich:* Die Anforderungen müssen von allen Stakeholdern verstanden werden können. Um dies zu erreichen, sollten sie entweder in der Allgemeinsprache formuliert werden oder es müssen Begriffe in einem Glossar genau erklärt werden.

Auftragnehmer-Auftraggeber-Beziehungen

Die Liste der Qualitätskriterien ist lang, und es benötigt einen Profi, um sie so zu dokumentieren, dass sie den Kriterien auch gerecht werden. Da die Anforderungen aber das Fundament des Projekterfolgs bilden, ist es wichtig, dass sie eine hohe Qualität haben. In der Praxis ist dies in vielen Fällen schwierig zu erreichen. Insbesondere im Rahmen einer Auftraggeber-Auftragnehmer-Beziehung eines Werkvertrags, wie oben beschrieben, handelt es sich um ein Spannungsfeld.

Für den Auftraggeber ist das Projekt ein Erfolg, wenn die Systemziele erreicht werden. Für den Lieferanten definiert sich der Projekterfolg aber über eine positive finanzielle Bilanz nach der Umsetzung. Werden Anforderungen falsch interpretiert und umgesetzt, so entstehen Mehrkosten, die seinen Erfolg schmälern. Der Lieferant hat also eine hohe Motivation, Anforderungen richtig und in hoher Qualität zu erhalten. Nach geltendem Vertragsrecht für Werke ist der Auftragnehmer verpflichtet, dem Lieferanten seine Anforderungen mitzuteilen. Der Lieferant kann sich darauf berufen, dass Anforderungen State-of-the-Art dokumentiert sein müssen, d.h. dass die Anforderungen die genannten neun Qualitätskriterien erfüllen müssen. Tun sie dies nicht, so können sie vom Lieferanten zurückgewiesen werden. Schließlich trägt der Lieferant bereits das Risiko der Softwareentwicklung, d.h. vor allem das Risiko, dass er die Aufwände zur Umsetzung im Vorfeld richtig geschätzt hat. Bei Bieterverfahren herrscht auch Preisdruck, d.h. der Lieferant muss in der Regel knapp kalkulieren, um den Auftrag zu erhalten.

Es ist also ethisch nicht vertretbar, dem Lieferanten die Anforderungen nicht in bester Qualität zu liefern. Manchmal ist dies jedoch aufgrund der Umweltbedingungen nicht möglich, zum Beispiel wenn der Auftraggeber keinen Requirements Engineer zur Verfügung hat, der die Anforderungen sachgerecht erheben kann. In diesem Fall ist man gut beraten, eine pragmatische Lösung zu finden, beispielsweise indem der Lieferant selber einen Requirements Engineer stellt. Es ist auch möglich, mit unscharfen oder ungenügenden Anforderungen zu arbeiten, die dann sukzessiv verbessert werden. Vertraglich kann man sich immer auf alles einigen, aber dem Lieferanten sollte bewusst sein, dass er bei einem Werksvertrag das Risiko trägt.

Eine Menge von Anforderungen, die als Grundlage für einen Vertrag gelten soll, heißt *Baseline*.

Anforderungen und Lösungsbezug

Ein immer wiederkehrende Frage bei der Anforderungsdokumentation ist der *Lösungsbezug*: Dürfen Anforderungen Bezug auf konkrete Lösungsdetails nehmen oder nicht? Oft sind Anforderungen ein Vertragsbestandteil. Enthalten diese Elemente des Lösungsdesigns, so wird dieses plötzlich verbindlich für die Umsetzung. Dies stellt ein Risiko dar, denn wenn sich später herausstellt, dass es eine bessere Lösung gibt, kann diese nicht mehr eingesetzt werden: Der Lösungsraum wird künstlich eingeschränkt.

Auf der anderen Seite hat das Anforderungsmanagement die Dokumentation bestehender Prozesse und Regeln zur Aufgabe, und diese haben einen sehr klaren Lösungsbezug, weil sie bereits existieren. Nur entdeckt das Team während der Diskussion der Anforderungen kontinuierlich Verbesserungen an diesen Prozessen. Darüber hinaus ändern sich die Geschäftsregeln mit der Zeit.

Ohne Lösungsbezug sind Anforderungen für Stakeholder schwierig zu validieren. Der Auftraggeber muss also dem Auftragnehmer das Feld des Lösungsdesigns überlassen und darauf vertrauen, dass dieses in hoher Qualität erfolgen wird. Er kann ihm hierfür Vorgaben zur Usability machen, wenn er dies wünscht. Der Einbezug der Stakeholder in die Umsetzung für die Verfeinerung der Anforderungen ist in jedem Fall geraten. Hierbei bieten sich unter anderem Prototypen für die Entwicklung eines gemeinsamen Verständnis an, siehe Abschnitt 5.12.

Werkzeuge der Dokumentation

Um konzeptionelle Integrität zu gewährleisten, müssen Sie es schaffen, dass Ihre Anforderungen möglichst widerspruchsfrei und kohärent aufgenommen werden und auch bei Änderungen so bleiben. Dies ist schon bei Projekten mittlerer Komplexität nicht mehr ohne den Einsatz von entsprechenden Werkzeugen möglich, denn die Masse an Informationen ist zu groß und die Änderungsfrequenz zu hoch. Sie können damit rechnen, dass beispielsweise für die Website eines Konzerns weit mehr als 1.000 Seiten Papier an Dokumentation anfallen werden (Anforderungen, Rahmenbedingungen, Lösungsbeschreibungen usw.). Ein Mitarbeiter kann sich nicht zu 100 % in das Projekt einbringen, wenn er diese Informationen nicht absorbiert hat, denn Softwareentwicklung ist wissensintensiv. Es gilt also dafür Sorge zu tragen, dass jede der 1.000 Seiten richtig und aktuell ist, sodass keine Fehlinformationen entstehen. Es ist also eine wichtige Aufgabe, diese Informationen auf eine besonders gut zugängliche Art und Weise vorzuhalten, sowie unkomplizierte und angemessene Prozesse zur Aktualisierung zu etablieren.

Ich habe gute Erfahrungen mit der Pflege von Projektinformationen in einem Wiki gemacht, das in Kombination mit dem ALM Tool diese Zugänglichkeit leisten kann. Es gibt am Markt viele verschiedene ALM-Werkzeuge (Application Lifecycle Management). Diese unterstützen die strukturierte Ablage sowie Änderungsprozesse alle mehr oder weniger gut. Irgendein ALM-Werkzeug zu haben, ist schon mal besser, als gar keines zu nutzen, mit der Ausnahme von Excel. Achten Sie darauf, dass alle Stakeholder Zugriff haben, dass die Kollaboration tatsächlich möglich ist, und die Benutzerfreundlichkeit einen Einsatz auch durch fachfremde Personen erlaubt.

Fazit

Der domänengetriebene Entwurf erleichtert das strukturierte Anforderungsmanagement, weil die Trennung der Domänen auch für den Requirements Engineer die Komplexität reduziert. Die Diskussion und Evolution der Anforderungen im Team mithilfe der Allgemeinsprache senkt Projektrisiken und schafft Konzeptionelle Integrität.

In einem Softwareentwicklungsprojekt sollte darauf geachtet werden, dass zwischen Auftragnehmer und Auftraggeber ein Konsens über das Vorgehen beim Anforderungsmanagement herrscht. Insbesondere gilt es, bei Verträgen Klarheit über die Baseline zu haben.

■ 5.8   Anwendungsfälle

 TL;DR

- Ein Anwendungsfall fasst die Schritte eines Akteurs zusammen, der mithilfe des Systems versucht, ein Ziel zu erreichen.
- Auslöser für einen Anwendungsfall ist ein Geschäftsereignis.

- Anwendungsfälle werden in der BPMN (8.4) erfasst.
- Anwendungsfälle sollten eine eindeutige ID haben, damit man sie referenzieren kann.
- Anwendungsfälle teilen die Arbeit unseres Systems auf. Sie erlauben eine Partitionierung der zu leistenden Arbeit in Subdomänen.
- Anwendungsfälle schärfen die Systemgrenze, indem sie festlegen, welche Teile der Arbeit innerhalb und außerhalb derselben erfolgen.
- Anwendungsfälle dienen als Grundlage für Tests (7).

Was ist ein Anwendungsfall?

Der Begriff *Anwendungsfall* (engl. *use case*) wurde 1987 von Ivor Jacobson [Jac92] erfunden, um die Interaktion eines Benutzers mit einem System zu beschreiben. Ein Anwendungsfall fasst die Schritte eines Akteurs zusammen, der mithilfe des Systems versucht, ein Ziel zu erreichen. Die auslösende Aktion hierfür ist ein Geschäftsereignis, durch das der Akteur auf das System wirkt. Die Akteure und Geschäftsereignisse sind in Abschnitt 5.4 über den Systemkontext beschrieben. Für den Architekten ist ein *Anwendungsfall* also die programmierte Antwort des Systems auf ein Geschäftsereignis und funktioniert nach dem Schema in Bild 5.4. Ein *Geschäftsereignis* ist ein identifiziertes Ereignis, auf das wir reagieren möchten. Dies kann ein einzelnes oder eine Menge von verschiedenen Signalen sein, die eine Reaktion auslösen. Die Programmierung sind die Schritte, die entweder der Benutzer, das System selber oder ein anderer, externer Akteur zur Zielerreichung ausführt.

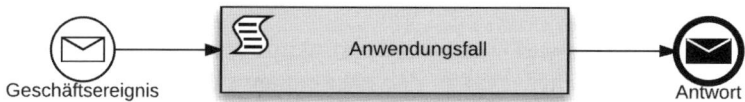

Bild 5.4 Der Anwendungsfall

Anwendungsfälle beschreiben also, wie sich unser System verhalten soll, wenn ein Benutzer es verwendet. Hierzu wird ein *Geschäftsprozess* beschrieben, der exemplarisch die logischen Schritte der Abarbeitung des Anwendungsfalls dokumentiert. Ein solcher Prozess kann mehrere Varianten haben, beispielsweise wenn Fehler auftreten oder Entscheidungen gefällt werden. Die Entscheidungen geschehen dabei anhand von *Geschäftsregeln*, und ein Anwendungsfall kann viele verschiedene Antworten liefern. Das Schema eines Anwendungsfalls ist grundsätzlich einfach, jedoch steckt der Teufel im Detail, und die Spezifikation ist ein aufwendiges Unterfangen, da häufig viele verschiedene Stakeholder involviert sind.

Beispiel für einen Anwendungsfall

Bild 5.5 zeigt ein Beispiel für einen Anwendungsfall, modelliert in der BPMN, bei dem ein Käufer einen gekauften Artikel als Garantiefall melden möchte. Das Beispiel zeigt aus

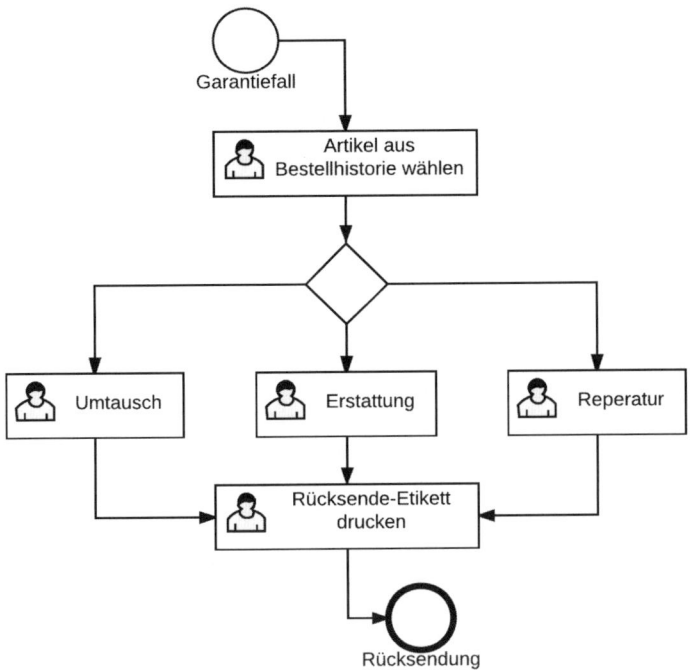

Bild 5.5 Beispiel für einen Anwendungsfall

Gründen der Einfachheit nur die Seite des Käufers. Er wählt zunächst den Artikel aus der Bestellhistorie und entscheidet dann, ob es sich um einen Umtausch, einen Ersatz oder eine Reparatur handelt. Für alle drei Arten von Garantiefällen kann es unterschiedliche Geschäftsregeln geben. Am Ende wird er jedoch stets ein Rücksendeetikett drucken und dem Paket beilegen, das er an den Verkäufer schickt. Das Beispiel ist vereinfacht, und selbstverständlich ist der Anwendungsfall für den Kunden nach der Rücksendung nicht abgeschlossen, sondern erst, wenn der Ersatzartikel eintrifft bzw. das Geld erstattet wurde. Aber das Diagramm kommuniziert die Abfolge der Tätigkeiten und die Intention des Geschäfts auf übersichtliche und verständliche Art und Weise.

Geschäftsfall und Produktfall unterscheiden

Ein interessanter und wichtiger Punkt bei der Analyse der Use Cases ist, dass nicht alle Schritte im Anwendungsfall später programmiert werden müssen. Man kann unterscheiden zwischen *Business Use Case* und *Product Use Case*. Wenn wir im Anwendungsfall die Systemgrenze einzeichnen, können wir den Teil, der als Software entwickelt werden muss, abgrenzen. So definieren wir genau, wo Entwicklungsaufwand entsteht und welche Teile der Arbeit anders gelöst werden müssen. Beispielsweise ist das Geschäftsereignis für eine Versicherung der entstandene Sachschaden, und nicht das Ausfüllen eines Formulars auf der Website. Damit das ganze System nützlicher werden kann, sollte aber mit der Analyse des Ereignisses „Sachschaden" begonnen werden. Oder es könnte bei der Publikation von

Mitteilungen im Intranet ein 4-Augen-Prinzip hilfreich sein, um hochwertige Blog Posts zu generieren. Dies kann aber auch durch eine ausgeklügelte Workflow Engine im Produkt oder aber einen Blick über die Schulter in der Redaktion gelöst werden. Das vorhandene Budget, die Größe der Organisation, die Kritikalität der zu veröffentlichten Nachrichten, all dies sind Faktoren, die diese Entscheidung beeinflussen und damit das künftige Produkt formen.

Relevanz für die Architektur

Für den Architekten sind Anwendungsfälle aus mehreren Gründen relevant, die auch in Bild 5.6 zur besseren Übersicht dargestellt sind:

- Anwendungsfälle sind für Stakeholder gut verständlich, weil sie sich hier in ihrer eigenen Domäne bewegen und somit eine fachliche Bewertung möglich ist. Es handelt sich also um ein Kommunikationsmittel, das in der Allgemeinsprache gehalten wird.
- Anwendungsfälle teilen die Arbeit unseres Systems auf. Sie erlauben eine Partitionierung der zu leistenden Arbeit in Subdomänen.
- Anwendungsfälle dokumentieren Domänenereignisse.
- Anwendungsfälle schärfen die Systemgrenze, indem sie festlegen, welche Teile der Arbeit innerhalb und außerhalb derselben erfolgen.
- Anwendungsfälle dienen als Grundlage für Tests (7). Ich habe es schon erlebt, dass ganze Anwendungsfälle beim Real User Monitoring (12.2) eingesetzt wurden.
- Ein Anwendungsfall ist ein guter Startpunkt für die Definition der qualifizierten Fehler (15.2), bei der mögliche Fehlersituationen im Zusammenspiel verschiedener Services analysiert werden. Hat beispielsweise ein Benutzer keine Rechte, eine bestimmte Akti-

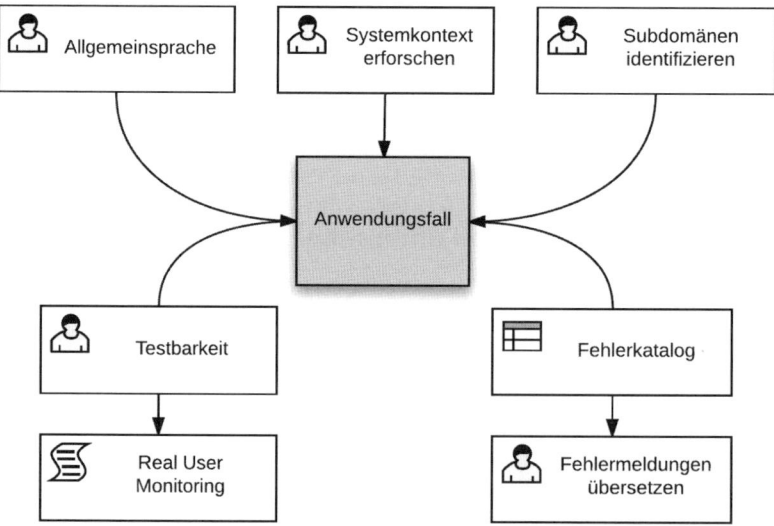

Bild 5.6 Prozesse der Architektur rund um den Anwendungsfall

on auszuführen, so löst dies einen qualifizierten Fehler aus. Qualifizierte Fehler sind die Basis des *Fehlerkatalogs*, der die bekannten Fehler eines Service dokumentiert.

Formale Dokumentation

Anwendungsfälle sollte strukturiert dokumentiert werden. Ein einfaches Template kann helfen, diese Strukturierung zu ermöglichen. Im Minimum sollte ein Anwendungsfall mit den folgenden Daten versehen werden:

- *ID*: Eindeutiger Identifikator zur Referenz in anderen Dokumenten. Wenn die Anwendungsfälle auf eigenen Seiten in einem Wiki gepflegt werden, so kann dies auch die URL sein. Achten Sie aber darauf, dass sich dann die URLs nicht ändern können, was in einem System wie einem Wiki schnell geschehen ist.
- *Name*: Griffige Beschreibung des Anwendungsfalls
- *Geschäftsereignis*: Referenz auf das auslösende Geschäftsereignis
- *Akteure*: Liste der beteiligten Stakeholder. Hierzu gehören auch externe Services, die integriert werden.
- *Bedürfnisse*: Dokumentation der Bedürfnisse, die der Anwendungsfall bei den Stakeholdern erfüllen soll.
- *Szenario*: Spezifikation der Schritte mit Varianten, bedingt durch Fehler oder Verzweigungen.
- *Ergebnis*: Welchen Zustand hat das System nach der Durchführung des Anwendungsfalls? Dies lässt sich in vielen Fällen bereits aus den Schritten des Anwendungsfalls ablesen.

Üblicherweise hilft uns der Systemkontext (5.4) dabei, eine Liste der Geschäftsereignisse zu erstellen, aus der wir dann die Anwendungsfälle ableiten können. Das Systemkontextdiagramm zeigt alle beteiligten Akteure, die auf unser System einwirken können, und skizziert zudem die Geschäftsereignisse, die diese auslösen (ein Akteur kann mehrere auslösen). Diese Vorgehensweise ist systematisch und schließt aus, dass Geschäftsereignisse übersehen werden können, wenn die Liste der Stakeholder vollständig erhoben wurde.

Fazit

Die Anwendungsfälle sind wichtige Bausteine der Konzeptionellen Integrität, da sie dabei helfen, dass die Anforderungen vollständig sind und über den Systemkontext helfen, den Scope zu definieren. Außerdem stellen sie die Funktionen, die das System bereitstellen muss, in einen inhaltlichen Zusammenhang, der sie greifbar und nachvollziehbar macht: Anwendungsfälle können Schritt für Schritt durchgespielt werden, um zu prüfen, ob mit diesem Vorgehen ein sinnvolles Ergebnis erreicht werden kann. Dabei ist die Granularität der Anwendungsfälle wichtig für das gemeinsame Verständnis. Sind die Fälle zu feingranular, ertrinken die Leser in Details. Sind sie zu grobgranular, gehen unter Umständen wichtige Details verloren.

■ 5.9   Geschäftsmodelle implementieren

 TL;DR

- Geschäftssysteme sind in vielen Fällen *strategische Systeme*, die das *Geschäftsmodell* implementieren müssen.
- Die Architektur kann flexible Geschäftsmodelle vorhersehen und hierfür das Entwurfsmuster *Rating, Charging und Billing* einsetzen.

Ein Geschäftssystem, das den Ertrag eines Unternehmens entscheidend beeinflusst, ist ein strategisches System. Die Strategie eines Unternehmens wird durch sein Geschäftsmodell bestimmt, weswegen das Geschäftssystem also das Geschäftsmodell implementieren muss. Da sich das Geschäftsmodell einer Organisation unabhängig vom operativen Geschäft und den hierfür vorgesehenen Services verändern kann, sollte die Architektur hierfür vorbereitet sein. Die Implementierung eines Geschäftsmodells kann als Entwurfsmuster abstrahiert werden: das Muster *Rating Charging Billing*.

Das *Cyclops-Projekt* vom Lehrstuhl für Cloud Economics der Zürcher Hochschule für Angewandte Wissenschaften hat dieses Modell für die Verrechnung von Cloud-Angeboten im Rahmen des *Cyclops*-Projekts entwickelt [cyc]. Das Projekt soll beispielsweise den verwendeten Speicherplatz oder die Anzahl der genutzten CPUs sekundengenau abrechnen können. Das Entwurfsmuster ist aber auch in anderen Domänen einsetzbar. Bild 5.7 zeigt die Funktionsweise des Entwurfsmusters, das als Open Source auf GitHub veröffentlicht ist. Cyclops besteht aus drei verschiedenen Komponenten.

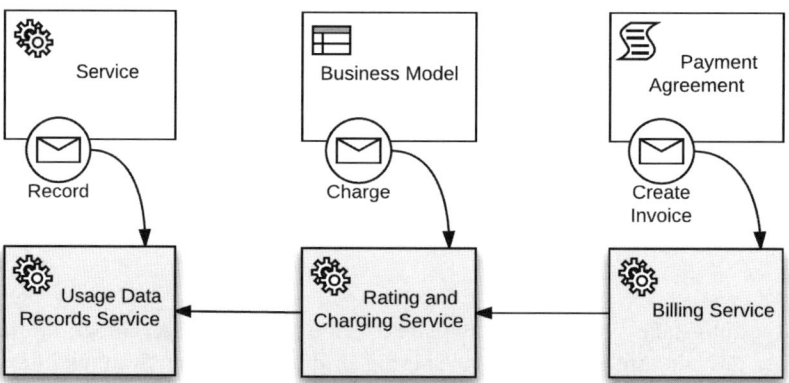

Bild 5.7 Das Entwurfsmuster Rating Charging Billing

Usage Data Records Service

Der *Usage Data Records Service* beobachtet und speichert die Aktivitäten der Akteure in Interaktion mit dem System. Beobachtet wird alles, was relevant in Bezug auf das Geschäftsmodell sein könnte. Bei einer Zeitung wäre dies das Studium eines Artikels, auf einem Markplatz der Kauf eines Gegenstands, bei einer Airline eine Sitzplatzreservierung. Welche Metriken erhoben werden, ist von System zu System verschieden, muss aber für jedes System definiert werden. Da sich Geschäftsmodelle schnell ändern können, müssen sich auch die Metriken flexibel ändern und erweitern lassen. Der Service sollte in Echtzeit mit Daten beliefert werden. Dadurch kann er gleichzeitig als Quelle für die Beobachtung der Geschäftsaktivität im Betrieb genutzt werden.

Hieraus folgt auch, dass die Daten für die Simulation von Änderungen am Geschäftsmodell herbeigezogen werden können. Ist man sich also nicht sicher, wie sich eine Änderung auf den künftigen Ertrag auswirkt, so kann man immerhin aufgrund der vorliegenden historischen Daten eine Prognose wagen.

Rating und Charging Service

Der *Rating und Charging Service* wandelt die Daten des Usage Data Records Service in Rechnungspositionen um, und zwar in Abhängigkeit vom gewählten Geschäftsmodell. Beispielsweise könnte der Service bei einem Marktplatz für Lebensmittel jeden verkauften Artikel seinem Lieferanten mit 0,5 % in Rechnung stellen. Im Monat Juli greift dann ein anderer Satz von 0,6 %, aber nur für Milchprodukte. Der Rating und Charging Service implementiert also das Geschäftsmodell im Kontext, und dem Team sind wenig Grenzen gesetzt: Rabatte, Sonderkonditionen, aber auch Bonusmodelle können realisiert werden.

Billing Service

Am Ende der Verarbeitung wandelt der *Billing Service* die Rechnungspositionen in Rechnungen um. Der Billing Service erstellt Rechnungen nach den verhandelten Zahlungskonditionen und wendet die Steuergesetzgebung an. So können hier monatliche Rechnungen per Lastschrift ebenso produziert werden wie eine jährliche Abrechnung mit Anzahlung. Da Payment-Systeme heute leicht zu integrieren sind, fehlt es nur noch an einem Service für die Verwaltung von Forderungen, um die Debitorenbuchhaltung zu realisieren.

Fazit

Das Entwurfsmuster wird den Ansprüchen von Geschäftssystemen gerecht, da sich diese verändern möchten. Hiervon ist auch das Geschäftsmodell betroffen. Viele Geschäfte sind durch ihre Systeme behindert, weil sie ihnen zu wenig Flexibilität im Modell erlauben. Das Cyclops Pattern erlaubt es Unternehmen, ihr Geschäftsmodell leichter zu verändern. Das vorgestellte Entwurfsmuster passt außerdem gut in eine Microservice-Architektur.

5.10   Handshaking mit Implementation Proposals

> **TL;DR**
>
> - Ein *Implementation Proposal* ist ein Kommunikationsmittel für die Lösungsdefinition in verteilten Teams über kulturelle und sprachliche Grenzen hinweg.
> - Die Methode kann eingesetzt werden, wenn die Etablierung einer Allgemeinsprache nicht möglich ist.

Ein Implementation Proposal ist eine grafisch-textuelle Beschreibung eines Umsetzungsvorhabens, die der Kommunikation zwischen Kunde und Lieferant dient. Die Methode wurde im Rahmen von Softwareentwicklungsprojekten bei Asea Brown Boveri (ABB) und Danaher Motion Särö (DHR) entwickelt. Hintergrund war die Entwicklung von Software gemeinsam mit Offshore-Teams, bei denen Kommunikationsprobleme aus sprachlichen und kulturellen Gründen die Regel sind. Gesucht wurde eine Methode, bei der Anforderungen in ausreichender Qualität spezifiziert werden können, sodass eine gute Lösung gefunden werden kann, aber ohne dass Budget und Durchlaufzeit dabei explodieren [FGBS10].

Im Gegensatz zur traditionellen Wasserfallmethode, bei der die Anforderungen nach Spezifikation übergeben werden, tritt hier ein bidirektionaler Kommunikationsprozess in Kraft. Beim Implementation Proposal beschreibt der Kunde zunächst seine Wünsche. Danach formulieren Konzeption und Technik diese dann als Lösungsvorschlag aus. Der Lösungsvorschlag wird wiederum vom Kunden begutachtet, der Feedback gibt. So setzt sich der Kreislauf fort, bis am Ende eine Lösungsspezifikation steht, mit der beide Seiten zufrieden sind. Dieses Vorgehen verwendet bei der Lösungsdefinition Architekturoptionen und Tradeoffs [KKB+98], um zu einem optimalen Ergebnis zu kommen, das verständlich, realisierbar, vollständig und testbar ist.

Bild 5.8 zeigt eine Skizze des Vorgehens, das sich besonders gut bei geografisch verteilten Teams eignet, die sich auch über kulturelle und sprachliche Grenzen hinweg austauschen wollen. Der Grund hierfür ist der strikte Fokus auf die Formalisierung des Vorhabens als Dokument. Dadurch, dass sowohl Anforderungen als auch Lösung im Dokument spezifiziert werden, sind beide Seiten gezwungen, alle relevanten Informationen hierüber festzuhalten.

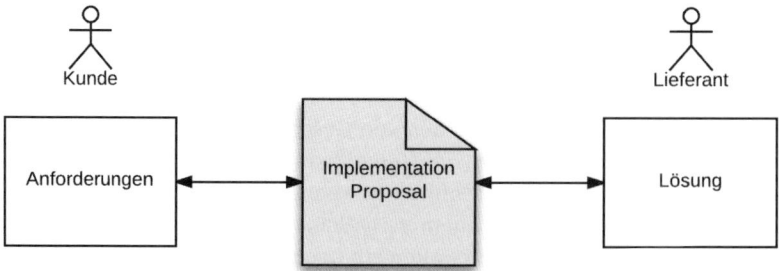

Bild 5.8 Implementation Proposal

Ein Implementation Proposal wird durch Handshaking über drei Phasen formuliert:

1. Position einnehmen: Beide Seiten formulieren Anforderungen und machen Lösungsvorschläge.

2. Verhandlungen führen: Bis beide Seiten das Gefühl haben, dass alle Anforderungen verstanden sind und wie die Lösung funktionieren soll, wird mittels Implementation Proposal verhandelt. Dabei werden vor allem Annahmen zur Validierung durch die Gegenpartei explizit dokumentiert. Die Entwicklung formuliert dabei auch verschiedene Optionen und die jeweiligen Tradeoffs. Für nicht-funktionale Anforderungen können Qualitätsszenarien eingesetzt werden.

3. Einigkeit bestätigen: Am Ende des Prozesses steht das gemeinsame Verständnis als Basis der Umsetzung, das explizit von allen bestätigt wird, zum Beispiel durch Unterschrift.

Fazit

Die Vorteile des Implementation Proposals sind, dass am Ende detaillierte Anforderungen, ein tiefes Verständnis, eine Dokumentation von Entscheidungen sowie eine akzeptierte Lösung stehen. Zudem eignet sich das Vorgehen, um ein komplexeres Vorhaben in mehrere Features aufzuteilen und iterativ zur Gesamtlösung zu kommen. Es unterstützt also ein agiles Vorgehen. Der Nachteil ist, dass der Prozess einen Overhead in der Kommunikation durch die schriftliche Formulierung nach sich zieht. Insbesondere die schriftliche Einverständniserklärung am Schluss kann auf Stakeholder schwergewichtig wirken.

Attributgruppe	Attribut	Beschreibung
Basis	Titel	Der Titel des Proposals mit konkretem Bezug auf ein Feature, ein Teilsystem, oder ein Entwicklungsinkrement
	Anforderungen	Die Anforderungen an die Implementierung. Was bedeutet das Design für den Kunden?
	Design	Das vorgeschlagene Design, das die Anforderungen erfüllt
Verhandlung	Annahmen	Annahmen zur Interpretation der Anforderungen, die das Verständnis des Designs unterstützen
	Einfluss	Einfluss des Designs auf den Kunden, Zulieferer und andere Stakeholder in Bezug auf Vorteile, Limitationen und Risiken
	Verworfene Alternativen	Dokumentation der verworfenen Alternativen unter Angabe von Gründen
	Offene Punkte	Aufruf an den Kunden zur Aktion, beispielsweise zur Klärung offener Fragen oder zur Abnahme des Implementation Proposals
Planung	Scope	Angabe des Leistungsumfangs
	Notwendige Aktivitäten	Angabe der nötigen Tasks als Grundlage für die Aufwandsschätzung und Planung
	Schätzung	Schätzung der Aufwände auf Basis der definierten Tasks mit der Angabe, warum der Lieferant glaubt, dass die Schätzungen korrekt sind

◼ 5.11   Das Conway-Manöver

Any organization that designs a system will inevitably produce a design whose structure is a copy of the organization's communication structure. - Melvin Conway

 TL;DR

- Ein System spiegelt die Kommunikationsstruktur seiner Organisation [Con68].
- Die Veränderung eines Entwicklungsteams und der Architektur eines Systems, um sie besser mit der Zielorganisation in Einklang zu bringen, heißt *Conway-Manöver*.
- Eine Reorganisation des Geschäfts mit dem Ziel dieses passend zum System zu machen, heißt Inverses Conway-Manöver.
- Das Organigramm ist ein Werkzeug der Architektur.

Das sogenannte Gesetz von Conway besagt, dass die Architektur die Organisation spiegelt, aus der sie stammt [Con68]. Dadurch, dass die Organisation auch den Entwicklungsprozess beeinflusst, haben Architektur und Prozess Auswirkungen auf die Qualität des fertigen Softwareprodukts. Obwohl Conway nie schlüssige Beweise für seine Aussage vorlegte, gibt es Studien aus der jüngeren Vergangenheit, die die Aussage bestätigen, zum Beispiel [AM11]. Und es macht ja auch durchaus Sinn: Wenn man den Backend-Entwickler neben den DB-Administrator setzt, muss man sich nicht wundern, wenn direkt auf die Datenbank zugegriffen und die Persistenzschicht nicht in einer eigenen API gekapselt wird. Die Gretchenfrage wäre nun: Ist das gut oder schlecht?

Dies lässt sich natürlich nicht pauschal beantworten, denn die Bewertung einer Architektur (in diesem Falle der Tradeoff zwischen Kapselung und direkter Abhängigkeit) geschieht immer im Kontext der möglichen Optionen [KKB+98]. Sicher ist aber, dass man durch Reorganisation das Produkt verändern kann, das heißt eine Umstellung der Organisation kann zu unerwarteten und teilweise drastischen Änderungen in der Produktarchitektur führen. Kommen noch neue Personen hinzu, so haben die wiederum auch einen signifikanten Einfluss auf die Art und Weise, wie Prozess und Produkt funktionieren. Tatsächlich fand ein Forschungsteam der Harvard Business School heraus, dass es substanzielle Unterschiede in der Modularität von Softwaresystemen vergleichbarer Größe und Funktion gibt [AM11].

Integrität in der Organisation

Bild 5.9 zeigt, wie die konzeptionelle Integrität über verschiedene Ebenen eines Projekts beeinflusst wird. Organisation und Prozesse, in der die Software entsteht, sind entscheidend für das Gelingen des Projekts. Gibt es beispielsweise eine eigene Abteilung für die Frontend-Entwicklung und produziert diese das User Interface entkoppelt vom Team, gegebenenfalls in einer Vorphase der „richtigen" Entwicklung, so ist die Wahrscheinlichkeit hoch, dass das Endprodukt statisch und leblos wirken wird, weil kein Zusammenspiel mit dem Backend-Team entstehen kann.

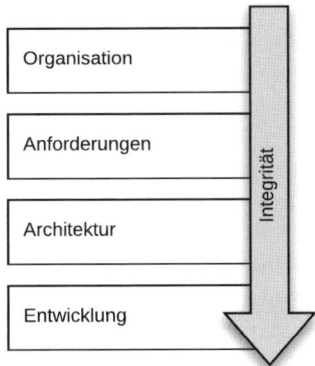

Bild 5.9 Einfluss der Kommunikationsstruktur

Der Entwicklungsprozess von Microsoft

Microsoft-Produkte sind ein gutes Beispiel für Teams, die nicht zum Produkt passen. Bei Microsoft wurde Software bis vor ein paar Jahren nämlich noch in drei Rollen entwickelt: Program Manager (Spezifikation und Design), Developer (Programmierung) und Tester (Qualitätssicherung). Die drei Rollen hatten unterschiedliche Linienführungen, sodass sich die Chefs nicht über die Arbeit austauschen brauchten [msd]. Zudem wurde im Wasserfallmodell gearbeitet. Der Program Manager gab vor, danach kam der Entwickler, und Monate später fand der Tester einen Fehler. In einem solchen System ohne Zusammenspiel entstehen Produkte mit funktionalen Fehlern, aber eben auch geringer nicht-funktionaler Qualität, beispielsweise im Look & Feel oder der Usability. Das Gesetz von Conway gilt nämlich, auch wenn die Forschung es bis jetzt nicht schlüssig beweisen konnte: Unsere Systeme folgen unseren Kommunikationsstrukturen.

Inverses Conway-Manöver

Die Produktion eines Systems ist eine Sache. Ist ein System aber erstmal produziert und im Betrieb, so kann sich auch die Organisation verändern. Oder die Zielorganisation wurde bei der Entwicklung gar nicht berücksichtigt. Häufig tritt dieses Problem auch bei Standardprodukten auf, die eine bestimmte Organisation voraussetzen. Eine Diskrepanz zwischen System und Organisation macht sich durch lange und politisch schwierige Abstimmungszyklen und nicht zuletzt an der Produktqualität bemerkbar. Sollte Ihr System darunter leiden, können Sie ein *Inverses Conway-Manöver* ausführen. Ein Conway-Manöver baut das System so um, dass es zur Organisation passt. Bei einem inversen Conway-Manöver wird die Organisation so umgestellt, dass sie den Strukturen des Systems entspricht. Insbesondere bei größeren Organisationen ist das nur bedingt möglich und ein längerer Prozess. In einem ersten Schritt ist eine bessere Definition und Umstellung der Kommunikationsprozesse ein guter Schritt, um Hürden abzubauen.

Nehmen wir zum Beispiel ein internationales Unternehmen mit verschiedenen Organisationseinheiten, nennen wir sie Divisionen, die räumlich verteilt arbeiten. Jede Division ist mit ihrer Präsentation und teilweise auch ihren Geschäftsprozessen auf der Website des Unternehmens vertreten. Die Weiterentwicklung der Divisionsbereiche erfolgt unabhängig voneinander, da jede Division unterschiedliche Strukturen hat und auch die Budgets separat verwaltet werden. Nutzen nun alle Divisionen dasselbe System, so kann es zu großen Schwierigkeiten bei der Evolution kommen, beispielsweise, wenn Änderungen am Layout vorgenommen werden sollen, aber eine Division kein Budget für die Teilnahme an einem Entscheidungsmeeting hat. Ein inverses Conway-Manöver kann hier Abhilfe schaffen. Sie werden es nicht schaffen, das Budget-Problem der verteilten Organisation zu lösen, aber es liegt in ihrer Hand, die Systemarchitektur zu bestimmen. Eine Lösung wäre also, die Website weiterhin unter einer Domäne zu betreiben, sie jedoch aus unterschiedlichen, entkoppelten Systemen zusammenzusetzen. Die Evolution der Divisionsbereiche könnte dann unabhängig voneinander geschehen.

Das Organigramm als Werkzeug

Es bleibt zu erwähnen, dass eine Analyse nach Conway eine Bausteinsicht des Systems in Kombination mit der Organisationsstruktur erfordert. Welcher Bereich der Organisation dann mit welcher Komponente des Systems interagiert, kann auch zu Restrukturierungen führen. Insbesondere sind hiervon Organisationen betroffen, die Veränderungen an ihren strategischen Systemen vornehmen. Ich lasse mir als Hilfestellung für den Systementwurf in jedem Projekt ein Organigramm der Zielorganisation geben.

■ 5.12 Prototyping

TL;DR

- Prototypen übersetzen abstrakte Anforderungen in anschauliche Beispiele, die Stakeholdern helfen können, das System zu verstehen und Anforderungen zu entdecken.

- Man unterscheidet zwischen High-End- und Low-End-Prototypen, je nachdem inwieweit sie sich dem finalen Produkt in Gestalt und Funktion annähern.

- *Wireframe-Prototypen*, auch *Feinkonzepte* genannt, sind häufig Grundlage von Bieterverfahren. Da diese nicht das Geschäft modellieren, sind sie keine Eingabe für die Architektur, können aber der Kommunikation im Team nützlich sein.

- *Frontend-Prototypen* sind im Browser bedingt funktionsfähig. Diese Prototypen vermitteln allen Stakeholdern eine direkte Ansicht der fertigen Anwendung. Ein effizienter Entwicklungsprozess bindet den Frontend-Prototypen automatisch ein.

Was sind Prototypen?

Anforderungen und Content-Modelle sind abstrakt und für viele Stakeholder schwer fassbar. Prototypen bieten eine Möglichkeit, Software greifbarer werden zu lassen, beispielsweise um Lösungsoptionen für Anforderungen illustrieren zu können. Es ist nicht ungewöhnlich, dass erst nach einer visuellen Präsentation bei den Stakeholdern der berühmte Groschen fällt. An diesem Punkt beginnt dann eine informative Diskussion um das Geschäft, seine Regeln und die Abbildung auf Software.

Generell unterscheidet man zwischen *Low-End-* und *High-End-Prototypen*. Erstere sind schnelle Zeichnungen, die im Dialog mit den Stakeholdern entstehen, um die besprochenen Anforderungen zu illustrieren. Diese Illustration ist gar nicht so einfach, da man sich zum einen um die richtigen Metaphern bemühen muss, die den anwesenden Stakeholdern bekannt sind und ihrem Arbeitskontext entsprechen. Zum anderen benötigt es zeichnerisches Geschick, um die Illustration gestalten zu können. Dieses ist heute eine verbreitete Technik, und unter dem Suchbegriff *Visual Facilitation* findet man viel Material, wie zum Beispiel die Bikablo-Bücher [HS07]. Visual Facilitation benötigt vor allem Übung, weswegen der Architekt jede Gelegenheit nutzen sollte, sein zeichnerisches Können zu verbessern. Keine Angst dabei! Auch fürchterliche Strichmännchen werden Ihnen die Stakeholder nicht übel nehmen, so lange Sie mit einer Portion Selbstironie dabei sind!

Wireframe-Prototypen

Aufwendiger als das Foto der Skizze vom letzten Workshop ist die Arbeit mit *Wireframes* als Prototyp. Axure [axu] und Balsamiq [bal] sind zwei der verbreitetsten Lösungen, um sogenannte Wireframe Mockups herstellen zu können. Axure bietet sogar eine vollwertige Skriptsprache, mit der den Prototypen Leben eingehaucht werden kann. Hier hat man auch die Möglichkeit, ganze Feinspezifikationen aus dem Mockup heraus erzeugen zu lassen, aber dies ist sehr aufwendig. Der Nachteil von Wireframes ist, dass sie nach der Implementierung nutzlos werden, denn es lohnt sich nicht, sowohl die Wireframes als auch die fertige Software weiter zu pflegen. Zudem sind die Prototypen im Umfang meistens unvollständig, eben weil es viel Zeit braucht, sie zu erstellen. Da sie jedoch den Stakeholdern helfen, die Lösung zu verstehen, sind sie trotzdem ein wertvolles Werkzeug. In agilen Projekten, bei denen der UX-Designer ein Teil des Teams ist, ist keine komplette Spezifikation nötig, da hier zwischenmenschlich vom Designer erklärt werden kann, auf was es ankommt. Und vielleicht hat der Entwickler auch noch eine gute Idee, sodass man gemeinsam zu einem tollen Ergebnis kommen kann. Eine volle Feinspezifikation aller Wireframes ist dagegen bei schwergewichtigen Wasserfallprozessen nötig, beispielsweise wenn die Konzeption in New York gemacht wird, die Umsetzung aber in Bern.

Frontend-Prototypen

Am oberen Ende der Skala von Prototypen steht die im Browser voll funktionsfähige Anwendung. Vor einigen Jahren noch hießen diese Frontend-Prototypen. Aufgrund der rasanten Fortschritte im Bereich der Frontend-Entwicklung entwickeln wir heute lieber gleich

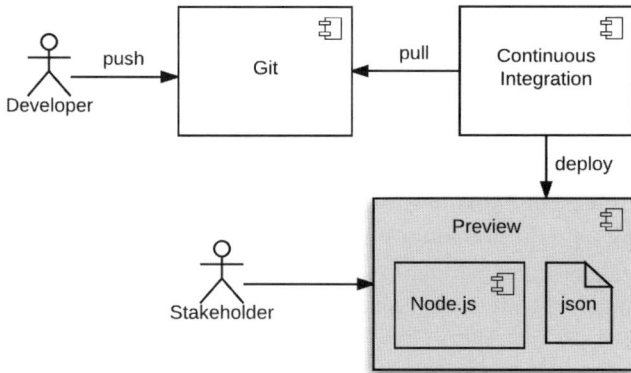

Bild 5.10 Automatisch generierte High-End-Prototypen

die ganze Anwendung fertig und arbeiten dabei mit JSON Mocks, die das Verhalten der konsumierten Backend-Business- und Daten-Services emulieren. Auf der Integrations- und Produktionsumgebung tauschen wir die JSON Mocks gegen die richtigen Services aus.

Bild 5.10 zeigt diesen Prozess. Der Frontend-Entwickler arbeitet dabei lokal und checkt seine Änderungen per Versionskontrolle ein. Der CI-Server nimmt die Änderungen auf, führt das Linting durch und spielt dann auf der Preview-Umgebung aus. Diese besteht aus einem Webserver, der dann die HTML-, CSS- und JavaScript-Artefakte ausliefert. Da JavaScript eine Interpretersprache ist, muss nicht compiliert werden. Es reicht auf der Preview auch ein einfacher Git Pull, um die neueste Version zu erhalten. Backend-Dienste sind per JSON-Dateien emuliert. Die Preview-Umgebung hat eine öffentliche URL, sodass alle Stakeholder den aktuellen Entwicklungsstand begutachten können.

Ein großer Vorteil dieses Vorgehens ist, dass der Frontend-Entwickler isoliert arbeiten kann, da Mocks für die Geschäfts- und Datendienste eingesetzt werden. Seine Arbeit zusammen mit dem UX-Team ist damit effektiv von der Entwicklung der Backend-Services entkoppelt. Zudem müssen hier keine Frontend-Artefakte mehr manuell in die Backend-Systeme kopiert werden, wenn der Entwicklungsprozess im Engineering Management dieses berücksichtigt. Das Team gewinnt dadurch an Effizienz.

6 Konsistenz

■ 6.1 Einführung in die Konsistenz

All problems in computer science can be solved by another level of indirection, except of course for the problem of too many indirections. - David J. Wheeler

TL;DR

- Die *Konsistenz* ist die durchgängige Anwendung von Entwurfsentscheidungen in der Architektur, der Programmierung, dem Einsatz von Produktionstechnologien sowie der Dokumentation.

- Als Faustregel gilt: Je konsistenter ein System ist, desto effizienter kann entwickelt werden.

Es ist einfacher, Dinge in einer bekannten Umgebung zu tun. Deswegen ist die Konsistenz für Geschäftssysteme ein wichtiges Qualitätsmerkmal, denn die Konsistenz meint die durchgängige Anwendung von Entwurfsentscheidungen. Aus der durchgängigen Anwendung resultieren die Nutzung einheitlicher Design-, Produktions- und Dokumentationstechniken sowie die einheitliche Verwendung von ausgewählten Technologien und Frameworks. Maßnahmen zur Erhaltung der Konsistenz drehen sich also hauptsächlich darum, eine Umgebung als bekannt und möglichst einfach zu erhalten. Dieses ist bei Geschäftssystemen schwierig, weil hier die Änderungsrate hoch ist.

Maßnahmen zur Erhaltung der Konsistenz konkurrieren mit Deadlines für die Entwicklung von Funktionalität und der Disziplin des Teams. Die Versuchung ist groß, die Dokumentation doch nicht gerade jetzt zu aktualisieren oder die lokale Bibliotheksversion hochzuzählen, aber diese Konfigurationsänderung nicht dem Betrieb mitzuteilen. Damit ist die Konsistenz vor allem ein Führungsthema, das dem Team hilft, auch in schwierigen und stressigen Situationen die richtigen Schritte zu tun.

Die durchgängige Anwendung von Entwurfsentscheidungen in der Dokumentation und in den Produktionstechnologien werden in Abschnitt 8.3 und Abschnitt 9.1 beschrieben. Bild 6.1 zeigt die Prozesse rund um die Konsistenz. Die Konsistenz beeinflusst die Wartbarkeit eines Geschäftssystems maßgeblich, denn sie senkt die Komplexität und erhöht die Analysierbarkeit und Änderbarkeit eines Systems. Ich habe die Konsistenz als Submerkmal

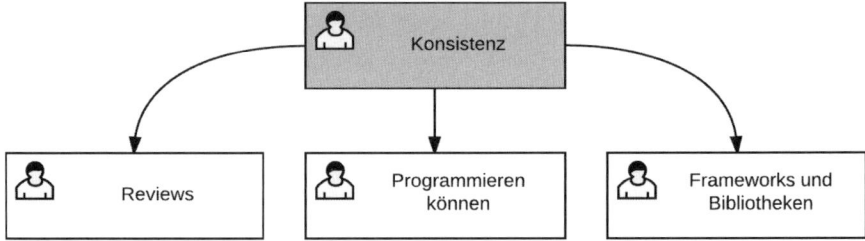

Bild 6.1 Prozesse und Artefakte der Konsistenz

der Wartbarkeit aufgeführt, obwohl sie in keinem ISO-Standard als Qualitätsmerkmal geführt wird, weil ich der Meinung bin, dass es wichtig ist, sich darüber Gedanken zu machen.

Konsistenz ist ein mehrdeutiger Begriff

Der Begriff der Konsistenz ist überladen mit unterschiedlichsten Konnotationen, je nachdem mit welchem Experten man spricht. Usability-Experten meinen beispielsweise mit Konsistenz die einheitliche Verwendung von Bedienelementen, die die Erlernbarkeit einer Software steigert. In der Anforderungsanalyse kann Konsistenz die Bewertung von Anforderungen meinen. In der Systemanalyse gilt ein System als konsistent, wenn eine mehrfach durchgeführte Messung immer dasselbe Resultat liefert. Bei der Architekturdokumentation taucht schließlich die Frage nach der Konsistenz im Sinne einer Prüfung auf Widersprüche auf.

Auswirkungen fehlender Konsistenz

Fehlende Konsistenz macht sich erst spät, manchmal erst während der Wartungsphase bemerkbar. Deswegen wird sie in ihrer Wichtigkeit leicht unterschätzt, und strukturierte Maßnahmen zur Erhaltung werden nicht eingeleitet. Der Architekt spielt bei der Erhaltung der Konsistenz durch Kommunikation mit dem Team eine wichtige Rolle, welche im Abschnitt über Reviews (6.5) beschrieben wird.

Ein weiterer Ansatz für mehr Konsistenz ist die Standardisierung der Umgebung, in dem Webapplikationen und Dienste laufen. Als Beispiel wollen wir hier die PaaS-Lösung Cloud Foundry nennen. Sie führt nicht nur Konsistenz in der Art ein, wie Services verwendet werden, sondern auch in der Weise, wie Applikationen gebaut und deployed werden. Das Resultat dieser Konsistenz sind geringere Betriebs- und Entwicklungskosten. Der erste Schritt zu mehr Konsistenz im Betrieb ist die Vereinbarung von Software-Stacks, die dann auf allen Umgebungen identisch ausgerollt werden. Im Zuge der fortschreitenden Containerisierung von Umgebungen ist die Zusammenarbeit von Entwicklung und Betrieb derzeit stark im Wandel. Als Minimum sollte man die Laufzeitumgebung des Systems für das ganze Team sichtbar definiert haben, um ein Grundmaß an Konsistenz erreichen zu können.

Beispiel Image-Markup

Betrachten wir eine typische Anforderung einer Webanwendung. Unsere Anwendung soll im Backend dynamisch nach einer gewissen Logik, beispielsweise durch ein CMS definiert, Markup erzeugen, welches auch Bilder referenzieren kann. An jeder Stelle, wo ein Bild gezeigt werden soll, müssen wir im View einen Tag ausgeben. Die Bild-URL ist statisch von einem Frontend-Prototypen vorgegeben, kann von einem Redakteur gepflegt werden oder ist durch irgendeine Logik generierbar. Das ist so einfach und tagtäglich, dass die meisten Entwickler sich kaum darüber Gedanken machen, was es für Möglichkeiten gibt, die Anforderung umzusetzen. Wird das Bild benötigt, so wird das Markup in den Output-Stream geschrieben. Die Bild-URL stammt aus dem Model oder wird selber erzeugt. Letzteres ist einfach, da die Logik zur Generierung von URLs meist einfach ist. Haben wir beispielsweise eine REST-API für unsere Bilder im der Form von /animals/x, ergibt sich die URL aus einer trivialen String-Konkatenation. Was ist jetzt also falsch daran, wenn jeder Entwickler sich selber dieses einfachen Themas widmet? Passieren kann dann Folgendes:

1. Die Generierung des Markups geschieht an verschiedenen Stellen im Code mit unterschiedlichen Technologien (Template, Filter, Model, Service usw.).

2. Das Markup-Template für ein Image-Tag gibt es mehrfach an verschiedenen Stellen.

3. Die Bild-URLs werden an unzähligen Stellen erzeugt, egal ob beispielsweise dieselben REST-APIs angesprochen werden.

Wir haben in der Markup-Generierung keine Konsistenz mehr. Diese Kritik mag vielen kleinlich vorkommen, ist doch die Generierung von einzelnen Markup-Tags ein Implementationsdetail, welches auf einer viel tieferen Flughöhe liegt als die Architektur. Und trotzdem kann dies, je nach Projektgröße, Laufzeit und Änderungsanforderungen, zu einem Problem führen, etwa bei einer Modernisierung wie der Umstellung auf Source Sets.

So oder so, die ganze Diskussion und Problematik hätte verhindert werden können, wäre die Generierung des Markups diskutiert und konsistent verfolgt worden. Dann wäre auch aufgefallen, dass aus der Architektur nicht klar wird, von wo die Bilder bezogen werden. Es wäre vielleicht auch zur Diskussion gekommen, wie wichtig die Attributierung der Bilder und deren Findbarkeit ist. Und vor allem wären die Renderer konsistenter implementiert worden. Wäre dies antizipiert worden, hätte es möglicherweise sogar nur ein View-Template und ein Model für das Rendering eines Image-Tags gegeben, sodass die Änderung jetzt ein Kinderspiel wäre. Zudem ließen sich weitere Anwendungsfälle wie die automatische Generierung einer Bildübersicht aller auf der Seite verwendeten Bildern einfacher entwickeln. Es gibt also auch einen Zusammenhang zwischen Konsistenz und Effizienz.

■ 6.2 Qualitätsszenarien

Um die Diskussion über die Konsistenz anstoßen zu können und um später Bewertungskriterien für die Tauglichkeit der vorgeschlagenen Maßnahmen und Architektur zu haben, gebe ich einige Qualitätsszenarien an, die sich hierfür eignen. Was ein Qualitätsszenario ist und wie es verwendet werden kann, ist in Abschnitt 3.2 beschrieben.

Stefan Toth [Tot13] klassifiziert Qualitätsszenarien nach Akzeptanzkriterien, Qualitätsgeschichten und allgemeinen Merkern. Bei der Konsistenz handelt es sich um einen allgemeinen Merker, der allen Projektbeteiligten präsent sein sollte und aus dem organisatorische und methodische Maßnahmen abgeleitet werden können. Um die Kommunikation im Team anzustoßen, können folgende Szenarien verwendet werden:

KONS-01) *Führt der Architekt einen Review der Dokumentation durch, so findet er für jeden Service eine Kontextkarte sowie ein Domänenmodell vor.*

KONS-02) *Führt der Architekt einen Review der Dokumentation durch, so findet er eine Liste der verwendeten Frameworks und Bibliotheken vor, und jeder Eintrag in der Liste ist mit ihm abgestimmt.*

KONS-03) *Zu jedem eingesetzten Framework ist in der Dokumentation ein Programmierbeispiel zu finden.*

Szenario KONS–01 stellt sicher, dass die wesentliche Dokumentation für einen Service vorhanden ist. Das Szenario KONS–02 eröffnet die Diskussion rund um Reviews, die in Abschnitt 6.5 beschrieben sind. Die hier erwähnte Liste kann übrigens auch für das Technologieportfolio-Management in einer Organisation nützlich sein.

◼ 6.3 Frameworks wählen

TL;DR

- Frameworks und Bibliotheken sollten nach den Kompetenzen und durch das Team ausgewählt werden.

- Ist die Entscheidung für ein Framework gefallen, so sollte diese Entscheidung vom Team nachhaltig getragen werden.

- Technologische Vielfalt wird häufig als Argument für eine Microservice-Architektur angeführt. Dies gilt insbesondere, wenn die Services von verschiedenen Teams gebaut und gewartet werden.

- Die mögliche Auswahl von Technologien pro Microservice erlaubt einen graduellen Wechsel des Technologieportfolios.

- Die Auswahl und Pflege der eingesetzten Frameworks ist ein Erfolgsfaktor für jedes Entwicklungsprojekt.

Für die Entwicklung ist die Konsistenz des Einsatzes ausgewählter Frameworks und Bibliotheken besonders wichtig. Beim Bau eines neuen Systems fängt ein Team heutzutage nicht mehr bei null an. Es besitzt meist schon einen Baukasten mit einsatzfähigen Frameworks und Bibliotheken, auf deren Basis die Businesslogik, Datenpersistenz und andere projekt-spezifische Dienste gebaut werden können. Das Problem ist eher, bei neuen Teams geeignete Frameworks und Bibliotheken auszuwählen, denn die Expertise der Teammitglieder variiert, das Framework, das der eine liebt, hat der andere gar nicht gern. Außerdem gibt es für alle möglichen Aufgabenbereiche *Open Source*-Projekte wie Sand am Meer, wobei sich deren Funktionalitäten auch überschneiden können, selbst wenn sie für unterschiedliche Aufgaben gedacht sind. So ist es möglich, dass mehrere Frameworks und Bibliotheken (im Weiteren kurz einfach Frameworks) die Anforderungen erfüllen. Hier kommt dann für uns ein entscheidender Punkt der Konsistenz zum Tragen: Wir entscheiden uns für ein Framework, das die Aufgabe erfüllt, und dieses wird dann vom Team nachhaltig getragen.

Netflix beispielsweise verwendet zur Persistenz ausschließlich Apache Cassandra [cas]. Diese Technologie ist nicht für jeden Aufgabenbereich perfekt geeignet, aber bei Netflix ist man der Meinung, dass der Aufbau von Wissen und Tooling um diese Technologie wichtiger ist als konkrete technische Parameter.

Daher sollte dokumentiert und kommuniziert werden, welche Aufgabe durch welches Framework erledigt wird. Üblicherweise fällt diese Rolle dem Architekten zu, der dies für die verschiedenen beteiligten Teams erledigt. Wenn er das nicht tut, werden dieselben oder ähnliche Aufgaben auf viele verschiedene Arten gelöst werden. Dadurch wird der Source schwieriger zu verstehen und die Wartbarkeit sinkt, weil die Komplexität steigt. Dies führt wiederum dazu, dass Änderungen an der Software mehr Aufwand benötigen, also teurer werden. Als Architekten möchten wir unnötige Komplexität auch aus ethischen Gründen in jeden Fall vermeiden.

Frameworks dokumentieren

Um es insbesondere neuen Mitgliedern im Team einfach zu machen, sollte für jedes Framework und jeden Aufgabenbereich ein Programmierbeispiel dokumentiert werden, das zeigt, wie das Framework einzusetzen ist. Hierzu gehört auch die Dokumentation zur Konfiguration der lokalen Entwicklungsumgebung, zum Beispiel wenn ein spezielles Plug-in benötigt wird. Die verschiedenen Beispiele sollten dann in einem Wiki oder im Source Code Repository selbst übersichtlich und nach Aufgaben geordnet zusammengetragen werden. Beispiele für Aufgaben sind Persistenz, Controller, Views usw.

Framework wechsle dich

Wir haben uns also darauf geeinigt, dass die Frameworks konsistent eingesetzt werden sollten. Die Konsistenz gehört nun zur Wartbarkeit, und Geschäftssysteme sind einem ständigen Wandel ausgesetzt. Der Wandel bei den Frameworks gehört selbstverständlich auch dazu. Ergo müssen wir diesen auch begleiten. Die folgenden Situationen sind bei der Softwareentwicklung alltäglich:

- Eine neue Version des Frameworks ist erschienen und soll verwendet werden.
- Eine neue Version des Frameworks ist erschienen, sie ist aber nicht mehr kompatibel zur alten Version, da es sich um ein Major Release handelt.

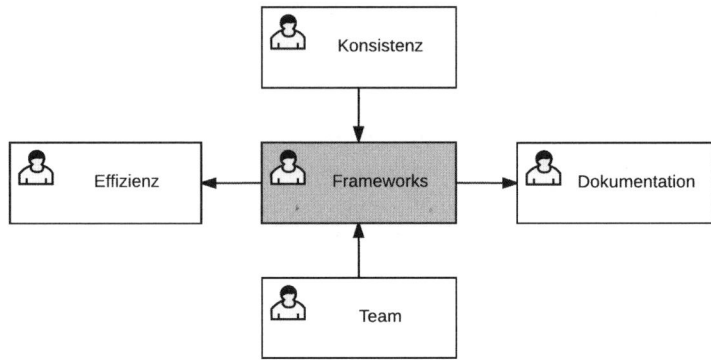

Bild 6.2 Einflussfaktoren eingesetzter Frameworks

- Das alte Framework wird nicht mehr vom Hersteller gepflegt und muss ersetzt werden.
- Ein neues Framework ist erschienen, das die Aufgaben viel besser lösen kann als das alte Framework.
- Das Team wechselt und kennt ein anderes Framework besser als das, was derzeit eingesetzt wird.
- Man entdeckt, dass die Softwarelizenz nicht passt, und muss deswegen wechseln.

Wenn das Dependency Management funktioniert, sollte sich zumindest der erste Punkt leicht lösen lassen. An die Kommunikation, dass sich die Version geändert hat, sollte aber trotzdem gedacht werden. Es ist sicher auch keine schlechte Idee, gleich mitzuteilen, was sich genau geändert hat, denn die anderen müssen mit der neuen Version auch programmieren. Also schicken wir wenigstens einen Link auf die Release Notes mit, besser ein paar begleitende Worte.

Die anderen Fälle sind ungleich schwerer zu handhaben. Zentrale Frameworks zu wechseln, kann sehr große Aufwände nach sich ziehen, wenn diese oft eingesetzt werden. Die Gretchenfrage lautet dann: Wie zentral ist das Framework und mit welchen Aufwänden muss gerechnet werden? Und lohnt sich dies in Bezug auf die zu erwartenden Vorteile? Zu den Vorteilen gehören dann nicht nur Effizienzgewinne, sondern auch ein Gewinn an Sicherheit, sollte das alte Framework nicht mehr gepflegt werden. An diesem Punkt wird also sehr deutlich, warum der konsistente Einsatz eines Frameworks vor allem wirtschaftlich wichtig ist. Sehr gut steht das Team da, wenn es genau sagen kann, wie hoch die Aufwände des Wechsels werden. Hierfür kann eine abgewandelte Funktionspunktanalyse (9.3) eingesetzt werden. Zählen Sie zum Beispiel die Klassen und Tests, die angepasst werden müssen, und multiplizieren Sie diese mit einem Faktor, der zu Ihrem Team passt.

Technologische Vielfalt und Microservices

Ein Vorteil, der bei Microservice-Architekturen häufig genannt wird, ist die mögliche technologische Vielfalt. Da die Services diskret sind und erst zur Laufzeit komponiert werden, können sie auch mit unterschiedlichen Technologien gebaut werden. Für ein einzelnes Entwicklerteam ist das ein Nachteil, weil die Entwicklungsumgebung zwar bekannt sein kann, man sich aber bei jedem Service doch neu eindenken muss. Deswegen ist für mich die technologische Vielfalt ein Vorteil, wenn ich Services verschiedener Teams integrieren möchte. Entwickelt jedoch ein Team mehrere Services, so sollten diese Dienste möglichst homogen sein, um effizienter arbeiten zu können.

Fazit

Die Auswahl und Pflege der eingesetzten Frameworks ist ein Erfolgsfaktor für jedes Entwicklungsprojekt. Der Architekt muss auch die Dokumentation für den richtigen Einsatz schaffen und aktiv kommunizieren und kontrollieren, ob die Frameworks und Bibliotheken richtig eingesetzt werden. Hinzu kommt, dass sich auch die Frameworks selber ändern, und dieser Wandel soll begleitet werden.

■ 6.4　Programmieren können

TL;DR

- Ein Architekt sollte programmieren können und dies auch regelmäßig tun.
- Der Architekt sollte sich an der Programmierung beteiligen.
- Da es zu viele Frameworks gibt, kann der Architekt nicht alle beherrschen.
- Pair Programming ist ein effizientes Werkzeug, um die Zusammenarbeit zu fördern.
- Code-Katas helfen dabei, Wissen frisch zu halten.

Für den Architekten ist ein gutes Verständnis der eingesetzten Technologien wichtig, um Auswirkungen auf das Design und den Entwicklungsprozess besser verstehen zu können. Am wichtigsten sind dabei die verwendeten Programmiersprachen, sodass ein Architekt gewöhnlich mehrere Sprachen beherrscht. Es ist diskutabel, ob der Architekt auch die eingesetzten Frameworks und Bibliotheken im Detail kennen sollte. Kommen verschiedene Programmiersprachen mit spezifischen Frameworks zum Einsatz, ist die Beherrschung *aller* Technologien nicht mehr möglich, da es zu viele sind.

Beherrscht der Architekt ein eingesetztes Framework, so ist das sicher kein Nachteil. Kennt er es hingegen nicht, so kann er die Entwickler bitten, für die Anwendung von Frameworks und Bibliotheken Beispiele zu dokumentieren.

Schlechte Vorbilder

Ich habe schon mal einen Lead-Architekten erlebt, der zu Projektbeginn ein paar Diagramme per E-Mail lieferte. Diese solle das Entwicklerteam umsetzen, es gebe später eine Kontrolle. Da das Team die Architektur nicht verstand, wurde das System anders gebaut. Die

Abnahme wurde dann verweigert, weil das System nicht der Vorgabe entsprach. Solche absurden und höchst ineffizienten Situationen müssen unbedingt vermieden werden. Der Architekt steht in der Pflicht, seine Vorgaben mit dem Team zu besprechen und dabei auch konstruktives Feedback aufzunehmen und umzusetzen. Das Team hat ein Recht darauf, auf die Zuarbeit des Architekten zu bestehen.

Kommunikationskompetenz als Schlüssel

Tatsächlich kann der Architekt im Dialog mit dem Entwicklerteam sehr viel über die eingesetzten Frameworks und Bibliotheken lernen. Gleichzeitig hilft der Gedankenaustausch auch dem Entwickler dabei zu reflektieren, ob sein Entwurf optimal funktioniert; und so haben beide Seiten etwas davon. *Pair Programming* zwischen Architekt und Entwickler ist ein gut geeignetes Instrument hierfür. Damit das reibungslos funktioniert, benötigt der Architekt eine gute Sozial- und Kommunikationskompetenz.

Code-Katas für den Wissenserhalt nutzen

Die gewählten Programmiersprachen geben den Einsatz bestimmter Werkzeuge im Entwicklungsprozess vor und damit den Entwicklungsprozess selber. Interpretersprachen müssen beispielsweise nicht compiliert werden, weswegen keine Binaries verwaltet werden müssen. Für die .NET-Entwicklung braucht man Visual Studio. Der Architekt muss diese Unterschiede gut verstehen, und das geht nur, wenn er die Programmiersprache kennt. Ich probiere, jedes Jahr eine neue Sprache zu lernen, und baue mein Wissen dazu Schritt für Schritt auf. Ein *Code-Kata* ist eine kleine Programmieraufgabe, die in kurzer Zeit gelöst werden muss [kat]. Kata kommt aus dem Karate, hier bezeichnet ein Kata eine choreografierte Folge von Bewegungen. Der Architekt kann sich für jede Programmiersprache einfache Katas als Git Repository anlegen und diese, sagen wir jährlich, wiederholen, um den Blick für das Detail zu behalten.

Ich persönlich glaube nicht, dass Code-Katas einem Entwickler helfen können. Er setzt seine Programmiersprachen täglich ein, deswegen muss er dies nicht unbedingt noch zusätzlich üben. Der Architekt hingegen programmiert üblicherweise nicht so viel. Deswegen können ihm Code-Katas dabei helfen, sein Wissen frisch zu halten. Die Herstellung eines Katas ist bei unbekannten Programmiersprachen aufwendig, und es sollte hierfür genügend Zeit eingeplant werden. Effizient ist es, diese bei einer Pair-Programming-Session mit einem erfahrenen Entwickler zu generieren.

Fazit

Zusammenfassend ist die Beherrschung der eingesetzten Programmiersprachen und Frameworks günstig für richtige Entscheidungen, benötigt aber Zeit für Weiterbildungen und Diskussionen.

■ 6.5   Ergebnisse kontrollieren

 TL;DR

- Eine kontinuierliche Kontrolle der Entwicklungsarbeit durch Reviews ist der Konsistenz förderlich.
- Architekten und Entwickler sollten Pflichten erfüllen, damit die Zusammenarbeit funktioniert.
- Die Zusammenarbeit in der Softwareentwicklung benötigt eine gute Kommunikationskompetenz.

Architekturentscheidungen, welche Konsistenz bewahren sollen, müssen nicht nur dokumentiert, sondern auch gut vermittelt werden. Dokumentierte Entscheidungen bringen nichts, wenn sie nicht von allen im Team verstanden und akzeptiert werden. Meiner Erfahrung nach ist es nötig, Konflikte zwischen den Vorgaben aus der Architektur und der Entwicklung zu überprüfen. Dies hat nichts mit hierarchischer Befehlsgewalt, sondern viel mit dem Transport von Wissen innerhalb des Teams zu tun. In den allermeisten Fällen sind Entscheidungen zur Architektur nicht bekannt, sodass beispielsweise unwissentlich ein neues Framework einbezogen wird.

Dem Architekten kommt hier einmal mehr eine Führungsrolle zu: Seine Aufgabe ist es, die gefällten Entscheidungen im Team mit dem nötigen Fingerspitzengefühl zu kommunizieren und dafür zu sorgen, dass sie eingehalten werden. Dabei ist es selbstverständlich auch möglich, dass Feedback aus der Entwicklung in die Architektur zurückfließt. So profitieren beide Seiten vom Austausch und helfen damit aktiv, die Qualität und die Zufriedenheit mit der Arbeit zu verbessern. Dies ist bei kleinen Teams und einfachen Systemen einfach, denn die Anzahl der Kommunikationswege ist klein. Bei verteilten und größeren Teams, die zusammen an einem größeren Softwareprojekt arbeiten, liegen die Dinge anders. In diesem Fall braucht es eine strukturiertere Herangehensweise.

Strukturierte Reviews

Das Werkzeug des Architekten zur Kontrolle ist der *Review*, bei dem Arbeitsergebnisse überprüft werden. Reviews kann man für alles Mögliche und in den unterschiedlichsten Konstellationen durchführen. Welche Reviews in einem konkreten Vorhaben notwendig erscheinen, sollte situativ entschieden werden. Eine Verankerung von Reviews als Teil der Definition of Done ist keine schlechte Idee! Generell sollte ein Review aus Sicht der Architektur folgende Punkte umfassen:

- Passt das Domänenmodell und die Kontextgrenze noch zum Service oder braucht es Änderungen?
- Gibt es Services, die sich nicht an die vereinbarte Verantwortung halten, und ist Funktionalität mehrfach implementiert?

- Braucht es einen neuen Service?
- Werden die vereinbarten Frameworks und Bibliotheken genutzt?
- Wurden die Geschäftsregeln im Umgang mit den Entwicklungswerkzeugen eingehalten? Siehe hierzu auch die Abschnitte Release Management (9.7), Versionskontrolle (9.5), Build Management (9.6) und Lizenz Management (9.8).
- Unterstützt die Implementierung die vereinbarten Qualitätsszenarien?
- Passt die Umsetzung zur Dokumentation und ist die Dokumentation aktuell?

Pflichten in Entwicklung und Architektur

Damit der Review funktionieren kann, müssen Architekt und Entwickler ihren Pflichten nachkommen. Die Pflichten des Architekten sind:

- Der Architekt ist Vermittler bei Konflikten im Entwicklerteam. Es ist ineffizient, wenn die Entwickler einen ständigen Streit um das beste Logging-Framework oder die korrekte Anzahl von Leerzeichen pro Tabulator führen.
- Der Architekt sollte die Dokumentation der Architektur aktuell halten.
- Der Architekt sollte Änderungen an der Architektur und den Qualitätsszenarien und Anforderungen aktiv kommunizieren. Kommt beispielsweise ein neuer Service hinzu, so muss dies dem Team mitgeteilt werden.
- Der Architekt sollte das Feedback der Entwicklung gewissenhaft aufnehmen und professionell, d.h. wertschätzend und sachlich kommunizieren.
- Der Architekt sollte für Feedback verfügbar sein.

Der Entwickler hat andere Pflichten als der Architekt, aber beide tragen zum Gelingen der Zusammenarbeit bei:

- Der Entwickler sollte die Dokumentation seiner Services aktuell halten.
- Der Entwickler sollte bei Änderungen an Frameworks und Bibliotheken den Architekten proaktiv informieren.
- Der Entwickler sollte dem Architekten gewissenhaft und professionell Feedback zur Architektur geben.
- Der Entwickler sollte sich an die Entscheidungen aus der Architektur halten und diese tragen. Das bedeutet auch, andere anzuleiten, die Entscheidungen zu befolgen.

Probleme in der Zusammenarbeit basieren häufig auf Missverständnissen oder ungenügenden Informationen. Die Pflege einer offenen und transparenten Kommunikationskultur ist deswegen sehr wichtig, damit alle an einem Strang ziehen. Das fällt nicht jedem gleich leicht, weswegen Weiterbildungen im Bereich Kommunikation insbesondere für Architekten immer wichtiger werden.

Fazit

Eine regelmäßige Kontrolle der Entwicklung ist nötig, um das Projekt in der Spur zu halten. Neben den reinen funktionalen Themen der Systementwicklung hängen an der Architektur auch die Planbarkeit und die Erfüllung der vereinbarten Qualitätsszenarien. Dabei ist der Architekt auf Feedback aus der Entwicklung angewiesen - und umgekehrt. Dieses Vorgehen im Team zu planen und vorzubereiten, ist ein wichtiger Erfolgsfaktor bei der Entwicklung von Geschäftssystemen.

7 Testbarkeit

▪ 7.1 Einführung in die Testbarkeit

Program testing can be used to show the presence of bugs, but never to show their absence. - Edsger W. Dijkstra [dij70]

 TL;DR

- Die *Testbarkeit* bestimmt, wie leicht ein System seine Fehler preisgibt.

- Funktionale Anforderungen können mittels Testfällen automatisch geprüft werden. Der Grad der richtigen Erfüllung von funktionalen Anforderungen heißt *Korrektheit*.

- Nicht-funktionale Anforderungen oder Qualitätsmerkmale sind aufwendiger und schwieriger zu testen als Funktionen.

- Durch die Sicherstellung der Testbarkeit stellt der Architekt die nachhaltige Änderbarkeit sicher.

- Ein *Fehler* ist die Nichterfüllung einer Anforderung, also eine Abweichung zwischen dem Soll-Zustand und dem Ist-Zustand beim Ausführen einer Software.

- Ein *Defekt* ist die Ursache eines Fehlers. Ein häufig verwendetes Synonym für Defekt ist *Bug*. Viele verstehen unter einem Defekt einen als bekannt dokumentierten Bug, um die Begriffe voneinander zu unterscheiden.

- Das *Testen* dient der Identifikation von Defekten durch das Finden von Fehlern und damit der Bestimmung der Qualität (3) eines Systems oder Service.

- Die durch Tests bestimmte Qualität ist eine Entscheidungsgrundlage für das Management einer Software.

- Ein *Testlauf* ist die Ausführung eines oder mehrerer Testfälle. Mehrere Testfälle können zu einem *Testszenario* verkettet werden.

- Ein System kann nicht vollständig getestet werden, weil es zu viele verschiedene Zustände und mögliche Fehler gibt.

- Die Planung, Durchführung und Auswertung von Tests heißt Testmanagement (7.3).

- Die Durchführung von Tests benötigt Testumgebungen (7.4).

- Zur Durchführung automatischer Tests muss ein Test Harness (7.5) entwickelt werden.

- Jeder Service sollte sich per Health Check (18.2) auf seine korrekte Funktion hin überprüfen lassen.
- Zum Zwecke der Isolation müssen Test Doubles (7.6) entwickelt werden, was aufwendig sein kann.
- Die Testdaten (7.7) müssen verwaltet und anonymisiert werden.
- Bei Geschäftssystemen sind Tests im Browser (7.8) auf unterschiedlichen Endgeräten wichtig.

Was ist Testbarkeit?

Das Qualitätsmerkmal der Testbarkeit bestimmt, wie leicht ein System seine Fehler preisgibt. Eine Metrik zur Bestimmung der Testbarkeit ist die Zeit, die benötigt wird, um die Ursache für einen bestimmten Fehler zu finden. Hierzu gehört auch, dass ein *automatischer Test* für die Reproduktion geschrieben wird, d.h. für ein gut testbares System sollten sich automatische Testfälle leicht entwickeln lassen.

Dabei müssen wir darauf achten, dass es physisch möglich ist, die gewählten Testobjekte zu testen. Da wir es beim Testing mit einer großen Anzahl Personen mit unterschiedlichen Bedürfnissen zu tun haben, müssen wir verschiedene Testumgebungen für diese Personen einrichten. Dies in einer geplanten und strukturierten Herangehensweise durchführen zu können, darum geht es im Testmanagement (7.3).

Die in diesem Kapitel diskutierten Methoden sind nicht neu, sondern etablierte professionelle Praxis, für die man sich von der ISTQB [ist] zertifizieren lassen kann. Viele der besprochenen Konzepte und Definitionen der ISTQB und ihre Übersetzungen aus dem Englischen sind dem Buch von Spillner und Linz [SL12] entnommen, das für Softwaretester Wissensgrundlagen vermittelt. In dem Buch finden Sie mehr Details zu den Grundlagen, da ich an dieser Stelle nicht auf alle Details eingehe, sondern mich auf die für die Arbeit des Architekten relevanten Punkte konzentriere.

Für den Architekten ist die Testbarkeit ein Qualitätsmerkmal, das das System unterstützen muss, um eine hohe Qualität erreichen zu können. Dabei ergeben sich bei der Erstellung der Architektur und der Planung der Prozesse immer wieder Überraschungen und versteckte Abhängigkeiten, die eine Analyse der Testbarkeit wertvoll für das Gelingen des Entwicklungsprojekts machen.

Hierzu gehört auch, dass sichergestellt wird, dass sich ein System technisch testen lässt. Hierzu muss es pro Service einen Test Harness (7.5) geben, und die Testdaten (7.7) müssen ordentlich verwaltet werden. Ich habe es schon erlebt, dass die Verwendung eines Test Doubles nicht möglich war, weil die Projektleitung dies aus Budgetgründen verbot. Die Downtime des Produktionssystems durch Fixes auf der Live-Umgebung kosteten die Organisation 80.000 Euro täglich. So etwas passiert, wenn der Architekt seine Expertise nicht in die Projektleitung einbringt.

Die hier vorgestellten Methoden sind teilweise kostenintensiv, lohnen sich aber, wenn die Wartbarkeit lange erhalten bleiben soll und eine hohe funktionale Korrektheit erwünscht ist. Tatsächlich können die Kosten explodieren, wenn die besprochenen Maßnahmen *nicht* eingeleitet werden. Denken Sie zum Beispiel an manuelle Funktionstests, die bei jedem Release Dutzende Tage Aufwand verschlingen. Ein guter Architekt sucht also, die Testbarkeit zu vereinfachen, wo es nur geht, damit möglichst viele Tests geschrieben werden können, d.h. die Testabdeckung möglichst hoch wird. Er versucht außerdem, sein Wissen und Können im Kontext der Planung über die hier besprochenen Methoden einzugeben, und trägt damit wesentlich zum Erfolg der Systementwicklung bei. Durch die Sicherstellung der Testbarkeit stellt der Architekt die nachhaltige Änderbarkeit eines Geschäftssystems sicher.

Testbarkeit und Analysierbarkeit

Zudem bilden automatische Tests in vielen Fällen die genaueste Spezifikation, die verfügbar ist. Auch können Fehler per Testfall reproduziert werden, um die Analyse zu vereinfachen. Oft steht nach der Konstruktion des Testfalls bereits fest, wo der Hund begraben liegt, sodass dieser schon im Rahmen der Analyse behoben werden kann – perfekt. In diesem Fall stellt eine vernünftige Testabdeckung sicher, dass nach dem Fix noch alles funktioniert. Handelt es sich jedoch um einen Fehler, der die Architektur oder externe Dienste betrifft, so kann die Behebung entsprechend geplant und delegiert werden.

Man kann generell sagen, dass je besser die Testabdeckung ist, desto besser ist auch die Analysierbarkeit. Ein einfacher Prozess in der Entwicklung, der zu jedem Bugfix einen Test im Rahmen der Definition of Done erfordert, ist ein geeignetes Mittel, um die Abdeckung sukzessiv zu verbessern. Hier sollte gewährleistet sein, dass Tests, Fehler und Anforderungen formal miteinander in Beziehung stehen und nachvollzogen werden können.

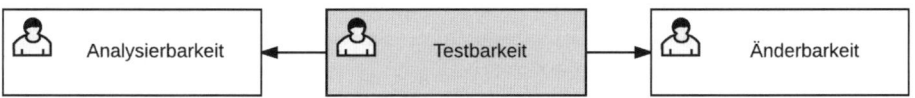

Bild 7.1 Abhängigkeiten der Testbarkeit

Grundlegende Konzepte

Zu den wesentlichen Konzepten der Testbarkeit, die auch in Bild 7.2 dargestellt sind, gehört der Fehler. Ein *Fehler* ist die Nichterfüllung einer Anforderung, also eine Abweichung zwischen dem Soll-Zustand und dem Ist-Zustand beim Ausführen einer Software. Dabei ist der Fehler nur die beobachtbare Wirkung eines *Defekts*, der die Ursache eines Fehlers darstellt. Ein häufig verwendetes Synonym für Defekt ist *Bug*. Viele verstehen unter einem Defekt einen als bekannt dokumentierten Bug, um die Begriffe voneinander zu unterscheiden.

Das *Testen* dient der Identifikation von Defekten durch das Finden von Fehlern und damit der Bestimmung der Qualität (3) eines Systems oder Service. Die durch Tests bestimmte Qualität ist eine Entscheidungsgrundlage für das Management einer Software.

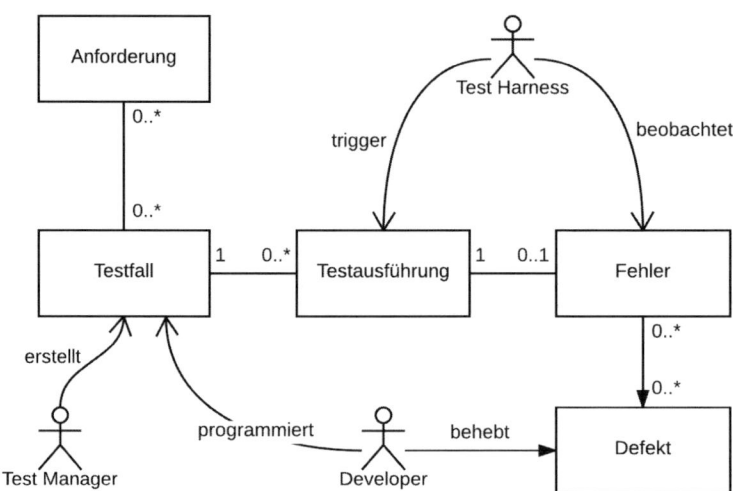

Bild 7.2 Konzepte der Testbarkeit

Zum Testen werden Testfälle entwickelt, die die Funktionen eines Service oder Systems prüfen. Ein Testlauf ist die Ausführung eines oder mehrerer Testfälle. Mehrere Testfälle können zu einem *Testszenario* verkettet werden. Die Testfälle leiten sich aus den Anforderungen ab, weswegen das Testmanagement auf ein gutes Anforderungsmanagement (5.7) angewiesen ist.

Eine wichtige Variante sind *Negativtests*, die Grenzbereiche der Anforderungen an die Software testen und diese dadurch robuster machen. Hier werden beispielsweise Werte übergeben, die laut Spezifikation unzulässig sind. Solche Tests tragen sehr zur Robustheit eines Systems bei.

Behavior-Driven Development

Die fachlich korrekte Konstruktion von Testfällen benötigt neben dem Verständnis der Anforderungen auch Expertise in der Domäne, da nicht alle Informationen über die Anforderungsdokumentation bezogen werden können. Es ist sicherzustellen, dass bei der Konstruktion der Tests dieses Wissen verfügbar ist, damit die Testfälle eine hohe Qualität haben. Häufig ist dieses Wissen nur im Fach bekannt, aber das Fach kann keine Testfälle entwickeln, weil diese Personen dafür nicht ausgebildet sind.

Damit auch das Fach die Tests verstehen kann, kann man diese in einer domänenspezifischen Sprache verfassen. Diesen Umstand macht sich das *Behavior-Driven Development* zunutze, bei dem die Tests über einen Parser, der entwickelt werden muss, in ein für den Test Harness (7.5) ausführbares Format verwandeln. Hier werden Szenarien als Testfälle geschrieben, die sich zur automatischen Ausführung eignen, aber gleichzeitig in natürlicher Sprache verfasst sind und damit vom Fach gut verstanden werden können. Das Fach kann also beurteilen, ob die Testfälle (und damit die Anforderungen) stimmen oder nicht. Ich habe gute Erfahrungen mit Behat [beh] gemacht, um eine Technologie aus diesem Bereich zu nennen.

Nicht-funktionale Tests

Beim Testen geht es um die Prüfung der *funktionalen Korrektheit* eines Systems. Wie man anhand der Definitionen und Qualitätsszenarien der verschiedenen Qualitätsmerkmale in diesem Buch sehen kann, ist eine automatische Prüfung dieser Qualitäten äußerst schwierig. Diese dann auch noch automatisch testen zu wollen, ist so gut wie unmöglich.

Die einzige nicht-funktionale Qualität, die sich gut automatisch messen lässt, ist die Performance, siehe Lastsimulation (13.2). In diesem Kapitel konzentriere ich mich auf funktionale Tests.

Tests und Microservices

Da es eine unendlich große Anzahl von möglichen Fehlersituationen gibt, kann ein Geschäftssystem nicht vollständig getestet werden. Eine häufige Vorgehensweise ist deswegen die Durchführung einer Risikoanalyse: Diejenigen Funktionen, die am kritischsten sind, werden zuerst oder besonders intensiv getestet. Das Vorgehen ist besonders bei monolithischen Architekturen zum Standard avanciert, weil das Testteam eine Möglichkeit zur Priorisierung bei der Vielzahl angebotener Funktionen im *Big Ball of Mud* benötigt.

Bei einzelnen Microservices hingegen ist eine hohe funktionale Testabdeckung im Bereich des Möglichen, weil die Funktionalität des Dienstes eben begrenzt und genau definiert ist. Deswegen können hier automatische Tests entwickelt werden, die eine praktisch vollständige Korrektheit sicherstellen. Eine Microservice-Architektur ist jedoch eine Komposition von verteilten Diensten, und ein verteiltes System ohne Fehler ist nicht möglich. Tatsächlich verlagert sich in dieser Architektur die Komplexität weg vom individuellen Service hin zur Servicekomposition. Mehr Informationen zu Fehlern in verteilten Systemen finden Sie im Abschnitt über die Fehlerquellen (15.2).

In einer Microservice-Architektur habe ich beobachtet, dass sich die Aufwände für die Erstellung der Tests reduzieren, aber gleichzeitig mehr Aufwand im Monitoring (18) anfällt.

■ 7.2 Qualitätsszenarien

Wie bei jedem Qualitätsmerkmal zeige ich auch hier Qualitätsszenarien auf, die in der Kommunikation mit dem Fach nützlich sein können. Die Testbarkeit gehört nach ISO/IEC 25010 [Int11] zur Wartbarkeit und ist eine Qualitätsgeschichte (3.2). Diese ist unabhängig von den konkreten funktionalen Anforderungen an das System und kann eigenständig bearbeitet werden. Bemerkenswert ist, dass die Testbarkeit die Grundlage für die Schaffung messbarer Akzeptanzkriterien schafft, d.h. nur ein gut testbares System lässt sich auch gut bewerten. Wir beginnen mit den einfachsten Szenarien zur Testbarkeit:

TEST-01) Ändert ein Entwickler einen Service, so kann er in nützlicher Zeit für seine Änderung Unit-Tests schreiben.

TEST-02) Ändert ein Entwickler einen Service, so kann er in nützlicher Zeit für seine Änderungen Integrationstests schreiben.

Diese beiden Szenarien sind auf den ersten Blick sehr leicht zu erfüllen, aber es gibt ein paar Hürden. Für Integrationstests muss ein funktionierender Test Harness (7.5) vorhanden sein. Außerdem lässt sich gut über die absolute Dauer von „nützlich" streiten, aber die Szenarien werden nicht automatisch ausgewertet, sondern interpretiert, und die Intention ist klar. Hat man ein externes System zu integrieren, lohnt es sich, auch hierfür ein Szenario zu spezifizieren:

TEST-03) Bei der Entwicklung kann ein Entwickler zu jeder Zeit, außer an vorab kommunizierten Servicefenstern, auf eine Testinstanz des externen Service XYZ zugreifen, um Tests durchführen zu können.

Für die Entwickler ist es wichtig, dass es eine CI-Umgebung gibt, die die Tests ausführt. Umgebungen werden in Abschnitt 7.4 beschrieben.

TEST-04) Bei der Entwicklung kann ein Entwickler nach einem Commit die Ausführung eines Integrationsbuilds, der eine vollständige Suite aller automatischen Tests enthält, auf einer Integrationsumgebung nachvollziehen.

Sind Fehler behoben worden, stellt sich die Frage nach der Validierung. Hierfür ist das UAT-System vorgesehen, und es stellt sich die Frage, wie die Softwarepakete auf das System kommen:

TEST-05) Ein Testmanager kann nach der Behebung eines Fehlers durch die Entwicklung die User-Acceptance-Umgebung selbstständig mit einem neuen Softwarestand bestücken.

Danach können Testingenieure oder das Fach die Validierung vornehmen. Das hierfür notwendige Continuous Deployment System wird in Abschnitt 9.4 beschrieben.

Aus dem folgenden Szenario leitet sich die Zugänglichkeit der User-Acceptance-Umgebung ab:

TEST-06) Nach der Behebung eines Fehlers im Quelltext kann das Fach die Behebung auf UAT verifizieren.

Je nachdem, wie umfangreich der Qualitätsprozess in Ihrem Projekt ausfallen soll, sollten Sie die Szenarien ergänzen und vervollständigen.

■ 7.3 Testmanagement

Our users will cower before our software! Ship it! Ship it and let them flee like the dogs they are! – Klingonische Qualitätssicherung

 TL;DR

- Der *Qualitätssicherungsplan* ist die Dokumentation der übergreifenden Planung aller Qualitätssicherungsmaßnahmen in einem Softwareentwicklungsprojekt.

- Umfang und Intensität der Qualitätssicherung richten sich nach dem *Risiko*, das das Entwicklungsprojekt darstellt.

- Der Qualitätssicherungsplan bestimmt auch die *Testorganisation*.

- Die Planung, Entwicklung, Durchführung und Auswertung von Tests heißt *Testmanagement*.

- Das *Testkonzept* fasst die operativen Maßnahmen zur Sicherung der Qualität zusammen.

- Der *Testbericht* besteht aus Metriken, die die Qualität der Software bewertbar machen.

- Ein System wird in Testobjekte zerlegt, die unabhängig voneinander getestet werden. In einer domänengetriebenen Architektur sind dies die identifizierten Domänen.

- Für das Testmanagement kann man sich vom ISTQB [ist] zertifizieren lassen.

■

Das Testen ist eine zentrale und wichtige Aufgabe in einem Entwicklungsprojekt, weswegen es gut geplant werden sollte. Das Testmanagement kümmert sich um die Planung, Entwicklung, Durchführung und Auswertung von Tests.

Der Grad an Qualitätssicherung, der benötigt wird, damit das Projekt im Rahmen der Organisation erfolgreich sein kann, richtet sich nach den *Compliance-Vorgaben* des Auftraggebers. Dieser schätzt die Kritikalität des Vorhabens ein und stattet dementsprechend die Qualitätssicherung mit Mitteln aus. Compliance-Vorgaben werden nach dem Risiko vorgegeben, den das Entwicklungsprojekt für die Organisation darstellt. Wie diese Risiken erkannt, kommuniziert und behandelt werden, ist Aufgabe der *Governance*. Der Überbegriff für dieses Vorgehen heißt Governance, Risk Management und Compliance (GRC). IEEE 829:2008 [iee08] kennt die folgenden Risikobereiche, die ein Versagen der Software für die Stakeholder auslösen würde:

- Katastrophal

- Kritisch

- Marginal

- Vernachlässigbar

Je nach Risiko sollte die Qualitätssicherung im Umfang angepasst werden. Beispielsweise sollte ein System, dessen Versagen den Verlust von Menschenleben nach sich ziehen könnte, besonders akribisch getestet werden. Solche Systeme werden auch von unabhängigen

Institutionen geprüft, beispielsweise dem TÜV, sodass hier auch wesentlich mehr Dokumentation über die Qualitätssicherung erzeugt werden muss.

Es gibt aber auch Fälle, bei denen keine Personen zu Schaden kommen, aber ein Systemversagen trotzdem katastrophal für die Organisation wäre. Man denke nur an einen Taxidienst, der nur per App funktioniert. Fällt die App aus, so kann kein Taxi mehr vermittelt werden, und es wird kein Umsatz mehr generiert. Es ist dann eine Frage der Zeit, bis die Firma Konkurs anmelden muss. Die meisten Firmen kennen die Zeitspanne bis zur Geschäftsunfähigkeit sehr genau, bei großen Banken sind dies mitunter nur 24 Stunden.

Der Qualitätssicherungsplan

Produzieren Sie also einen strategischen Geschäftsdienst, so ist Ihr Projekt für die Organisation kritisch. Mit entsprechenden Compliance-Vorgaben ist dann zu rechnen. Die Diskussion dieser Vorgaben und die daraus abzuleitenden Maßnahmen ergeben den *Qualitätssicherungsplan* [iee14], und dabei werden unter anderem die folgenden Fragen gestellt:

- Risiko: Wie kritisch ist das Projekt für die Organisation? Gibt es andere Risiken, die beachtet werden müssen?
- Scope: Was wird getestet? Was wird nicht getestet?
- Organisation: Wer ist an der Qualitätssicherung beteiligt?
- Dokumentation: Wo wird die Dokumentation, beispielsweise die Testfälle, abgelegt?
- Verfahren und Metriken: Welche Prozesse und Techniken sollen zum Einsatz kommen und wie werden diese gemessen?
- Software Reviews: Wie wird die Entwicklung kontrolliert? Siehe hierzu auch den Abschnitt über Reviews (6.5).
- Softwaretests: Wie ist bei automatischen Tests zu verfahren?
- Defect Management: Wie werden Fehler gemeldet und wie funktioniert das Korrekturverfahren?
- Werkzeuge: Welche Hilfsmittel werden verfügbar gemacht?
- Testdaten: Wie werden die Testdaten verwaltet?
- Lieferantenmanagement: Wie werden die von Dritten gelieferten Softwareprodukte getestet?
- Qualitätsaufzeichnungen: Was muss dokumentiert werden? Wie soll es dokumentiert werden?

Da die Maßnahmen zur Sicherung der Produktqualität kostenintensiv sind, gilt es, sie richtig zu verhandeln, denn es entstehen hierbei keine Features, die einen direkten Geschäftsnutzen erzeugen. Ziel der Verhandlungen ist es, den besten Kompromiss zwischen Kosten und Qualität zu erreichen. Bild 7.3 zeigt den Plan-Do-Check-Act-Zyklus der Verhandlung von Maßnahmen in der Qualitätssicherung.

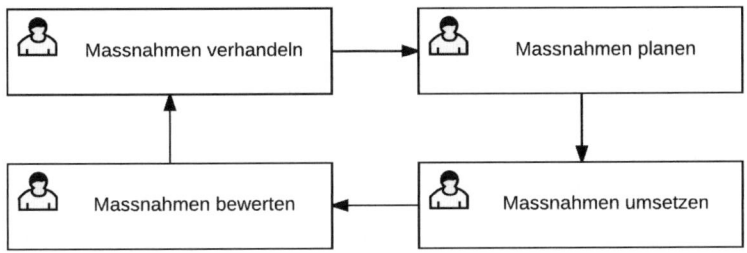

Bild 7.3 PDCA-Zyklus der Qualitätsstrategie

Die Testorganisation

Zu besprechen ist auch, wie die Testorganisation funktionieren soll. Grundsätzlich gibt es fünf verschiedene Möglichkeiten:

- Eingegliedert: Die Entwickler testen selber.
- Intern: Es gibt dedizierte Tester, und diese sind Teil des Entwicklungsteams.
- Integriert: Es gibt ein eigenes Testteam, aber dieses befindet sich in derselben Organisationseinheit wie das Entwicklungsteam.
- Eigenständig: Das Testteam ist eine eigenständige Organisationseinheit neben dem Entwicklungsteam.
- Extern: Das Testen wird durch eine andere Organisation übernommen.

Die Testorganisation hat einen großen Einfluss auf die gewählten Prozesse und Dokumentationen rund um die Qualitätssicherung. Sind die Tester internalisiert, so sind die Kommunikationswege kurz, und es benötigt keine schwergewichtige Dokumentation. Hier kann man am Schreibtisch nebenan kurz nachfragen, wenn etwas nicht klar ist. Ist das Team jedoch extern, so benötigt man größere Kontrolle und Arbeitsnachweise und entsprechend mehr Dokumentation.

Das Testkonzept

Ein Bestandteil des Qualitätssicherungsplans ist die Formulierung eines Testkonzepts, das die beschlossenen Maßnahmen sorgfältig abbildet. Bild 7.4 zeigt die Prozesse rund um dieses Konzept, zu denen die folgenden Inhalte gehören, die so oder ähnlich auch in IEEE 829:2008 [iee08] vorkommen:

- Wie funktioniert der Testprozess, und wer ist am Testing beteiligt?
- Welche Techniken und Technologien werden für das Testing eingesetzt?
- Was wird manuell und was wird automatisch getestet? Wird hierfür ein Test Harness (7.5) benötigt?

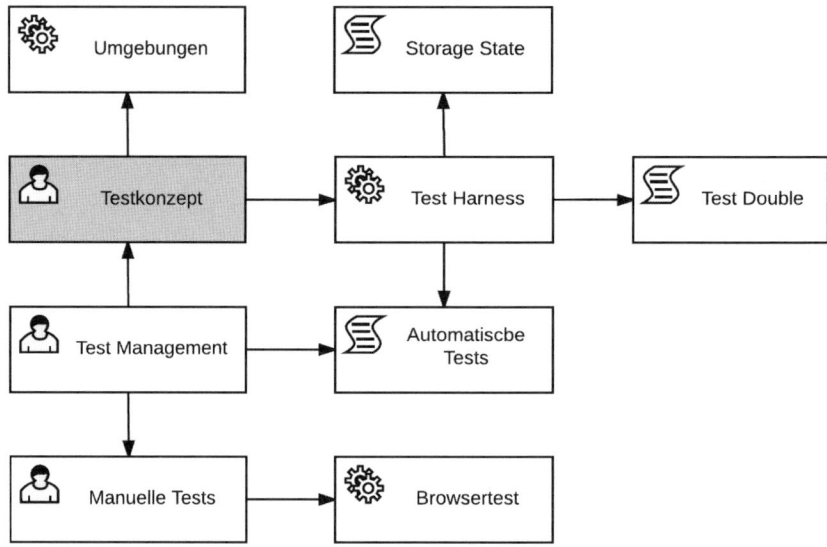

Bild 7.4 Konzepte der Testbarkeit

- Was sind die Anforderungen an die Testumgebungen?
- Welche Services werden auf welcher Umgebung durch Test Doubles (7.6) ersetzt?
- Welche Testdaten (7.7) werden benötigt?
- Wie werden die Browser Tests (7.8) durchgeführt?
- Wie sollen Fehler berichtet werden?
- Welchen Workflow durchlaufen die Defekte?
- Wann sind die Tests abgeschlossen?
- Gibt es Abbruchkriterien bei der Durchführung von Tests?
- Welche Metriken kommen in den Testbericht?
- Wer schreibt den Testbericht?
- Wie sind die Tests geplant? Wer testet wann, was, wo und in welchem Umfang?
- Wie viel Zeit ist für die Tests einzuplanen?

Das Testkonzept ist eine wichtige Eingabe für die Projektplanung. Die beschlossenen Maßnahmen stellen einen verbindlichen Vertrag mit der Projektleitung her, die Maßnahmen umzusetzen. Oft sind hierfür organisatorische Änderungen notwendig, beispielsweise wenn ein Testmanager zum Team stoßen soll. Diese Veränderungen müssen aktiv geplant und dokumentiert werden. Die Testkonzeption ist ein lebendiger Prozess während der gesamten Umsetzungsdauer und auch während der Wartung.

Testobjekte, Domänen und Microservices

Ein wesentlicher Aspekt des Testmanagements ist die Bestimmung der sogenannten Testobjekte. Ein Testobjekt ist eine „Komponente, integriertes Teilsystem oder System, das einem Test unterzogen wird" [SL12]. Im Wesentlichen geht es also darum, einen bestimmten Teil des Systems zu identifizieren, der in sich abgeschlossen und möglichst unabhängig getestet werden kann.

Bei einer Microservice-Architektur haben wir es mit kleinen, autonomen Diensten zu tun. Es bietet sich also an, jeden Microservice als ein Testobjekt zu deklarieren. In einer domänengetriebenen Microservice-Architektur können wir auch die Domänen oder Subdomänen zu Testobjekten deklarieren. Da ein Microservice als Testobjekt zu klein sein kann und die konzeptionelle Integrität in der Domäne gegeben ist, ist dies eine gute Wahl für unabhängige Tests.

Der Testbericht

Das Testkonzept bestimmt auch, welche Metriken wie oft berichtet werden. Da die Metriken abstrakte Kennzahlen der Systementwicklung sind, sollten sie von einem Fachexperten präsentiert werden, der sie interpretieren kann. Diese Fachexpertise fehlt bei Softwareprojekten in der Steuerung häufig, und deswegen empfehle ich, dass die Diskussion zwischen Projektsteuerung und Fachexperten mehr Priorität als die schriftliche Dokumentation haben sollte. Anstatt also lange Berichte zu schreiben, sollte besser das Gespräch gesucht werden. Ein Qualitätsbericht hat eine begrenzte Lebensdauer und ist schon nach kurzer Zeit nicht mehr gültig, weil sich die Software stetig verändert. Deswegen sollte so wenig wie möglich Zeit in seine Formalisierung investiert werden – es sei denn, dies ist wegen Compliance-Vorgaben zwingend.

Am Ende des Tages ist es der Qualitätsbericht, der es der Projektleitung und dem Steuerungsgremium erlaubt zu entscheiden, ob ein Service oder ein System reif genug ist, um veröffentlicht zu werden.

Metriken

Metriken rund um das Testen entstehen bei automatischen und manuellen Tests. Die folgenden Metriken können als Teil des Testberichts kommuniziert werden:

- Fehlermetriken: Anzahl der gefunden Fehler pro Zeiteinheit oder per Softwareversion, abhängig von der Schwere des Fehlers und dem Testobjekt.
- Testmetriken: Anzahl der Testfälle und ihr jeweiliger Status, beispielsweise ob der Testfall schon spezifiziert wurde oder erst geplant ist. Eine interessante Metrik ist auch, welche Tests einen Fehler gefunden haben.
- Testobjektmetriken: Anzahl Fehler pro Programmzeile oder die Code Coverage der automatischen Tests.
- Finanzmetriken: Höhe der Testkosten oder die Kosten und der Nutzen pro Testzyklus, wenn sich die Fehlerkosten bestimmen lassen.

■ 7.4   Sandboxing und Teststufen

 TL;DR

- Voraussetzung für die Testbarkeit ist die Existenz einer Testumgebung, auch *Sandbox* oder *Environment* genannt.
- Für die Entwicklung eines Systems werden mehrere Umgebungen benötigt:
  1. Lokale Entwicklungsumgebung
  2. Integrationsumgebung
  3. User-Acceptance-Umgebung
  4. Produktionsumgebung
  5. Schulungsumgebung
- Diese Umgebungen werden für verschiedene Teststufen benötigt:
  1. Unit-Test
  2. Integrationstest
  3. Akzeptanztest
  4. Smoke-Test
  5. Abnahmetest
- Das Durchlaufen von Softwareartefakten der Umgebungen ist der Entwicklungsprozess eines Teams.

Ein Teil des Testkonzepts ist die Bestimmung der für die Systementwicklung benötigten Umgebungen in Abhängigkeit von den benötigten Teststufen. Eine Umgebung ist eine Instanz eines Systems, die für unterschiedliche Zwecke konfiguriert und eingesetzt werden kann. Die Herstellung einer Systeminstanz wird durch die Herstellbarkeit (17) des Systems und seiner Services bestimmt. An dieser Stelle konzentrieren wir uns auf die soziotechnischen Aspekte im Rahmen des Testkonzepts und möchten die durch Stakeholder vor allem im Rahmen des Testens benötigten Umgebungen bestimmen.

Verschiedene Umgebungen werden benötigt

Erste Voraussetzung für die Testbarkeit ist die Existenz einer Testumgebung, auch *Sandbox* oder *Environment* genannt, auf denen Tests durchgeführt werden können. In der Regel geht man von verschiedenen Testumgebungen aus, die für ein Geschäftssystem benötigt werden, siehe Bild 7.5. Das Diagramm zeigt auch, dass die Bestückung der Umgebung mit neuen Softwareversionen mittels Continuous Deployment (9.4) geschieht.

Der Grund für verschiedene Umgebungen sind unterschiedliche Bedürfnisse der involvierten Stakeholder. Die Entwicklung benötigt eine lokale Umgebung für die Durchführung ihrer automatischen Tests. Die Benutzer möchten möglichst mit Produktivdaten neue Funktionen vor dem Release ausprobieren können. Benutzer sollen im Umgang mit dem System geschult werden usw. Die üblicherweise bei der Systementwicklung benötigten Umgebungen werden im Folgenden beschrieben.

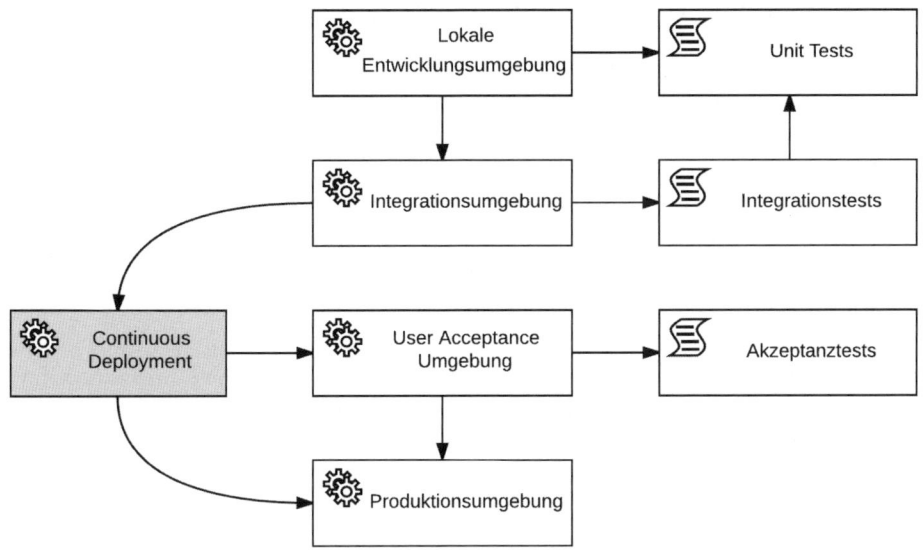

Bild 7.5 Beispiel für einen Entwicklungsprozess über Umgebungen

Unit-Tests und lokale Entwicklungsumgebung

Zur Entwicklung eines Service gehört die Entwicklung von *Unit-Tests*. Dabei handelt es sich um Whitebox-Tests, die mithilfe der *lokalen Entwicklungsumgebung* produziert werden. Eine der ersten Fragen bei der Testkonzeption ist also, wie diese Umgebung verwaltet werden soll. In den meisten Projekten sorgt der Entwickler selbst für das korrekte Konfigurationsmanagement seiner Maschine. Dennoch sollte der verwendete Software-Stack abgestimmt sein. Im Testkonzept halten wir fest, wie die Systemkonfiguration zwischen Entwicklern und System Engineering abgestimmt wird. Eine funktionierende Lösung ist die Verwendung von Containern, beispielsweise mit Docker [doc].

Die Unit-Tests sollten den Quelltext des Service ausreichend testen. Ausreichend bedeutet, dass kritische Bereiche umfangreicher und genauer getestet werden sollten als weniger kritische Bereiche. Die Entwickler erzeugen diese Tests bei ihrer Arbeit automatisch und sorgen für eine ausreichende Testabdeckung. Weil das Schreiben von Unit-Tests zum Beruf des Entwicklers gehört, kann man heutzutage davon ausgehen, dass der entwickelte Service weitgehend fehlerfrei ist.

Für die Messung der Testabdeckung von Unit-Tests gibt es je nach eingesetzter Programmiersprache verschiedene Werkzeuge. Für die Java-Entwicklung eignen sich unter anderem Cobertura [cob] oder Emma [emm].

Eine häufig verwendete Abgrenzung zwischen Teststufen ist, ob die Tests über das Netzwerk kommunizieren dürfen oder nicht. Bei Unit Tests kann man externe Dienste durch Test Doubles ersetzen und eine lokale Datenbank verwenden, wenn keine Netzwerkkommunikation erlaubt ist.

Integrationstests und Continuous Integration

Die *Integrationsumgebung* führt die Arbeitsergebnisse verschiedener Entwickler oder Teams zusammen. Hier kommt ein Continuous Integration Service (9.6) ins Spiel, der über eine Kette von Build-Plänen unsere Softwarepakete produziert. Produkte des CI Service sind Pakete bzw. Release-Artefakte, die von anderen Systemen weiterverarbeitet werden können. Üblicherweise werden Pakete oder Releases im Anschluss in der *User-Acceptance-Umgebung* (UAT) eingespielt, wo sie von den Benutzern geprüft werden können.

In einer SOA oder Microservice-Architektur sind Integrationstests Blackbox-Tests, d.h. der Service wird über seine API bzw. seinen Point of Observation (7.5) und Point of Control (7.5) getestet.

Bei der Erstellung der Build-Pläne muss entschieden werden, welche Kompositionen von Services automatisch in Kombination getestet werden sollen. Eine solche Komposition wird *Integration Build* genannt. Mittel zum Zweck der Durchführung von Integration Builds ist der Test Harness (7.5), der es uns erlaubt, die verschiedenen Services zu steuern.

Wenn wir einen Test Harness haben, dann können wir auch komplexe Szenarien gegen das System testen. Dies ist gar nicht so einfach, da die Konstruktion dieser Szenarien neben Domänenexpertise zumeist auch ein tiefes Verständnis der Anforderungen an das System benötigt. Eine gute Grundlage für diese Szenarien sind Anwendungsfälle (5.8), welche als Integrationstest automatisiert werden können. An dieser Stelle zahlt sich ein gutes Anforderungsmanagement aus.

Die Durchführung von Integrationstests dauert länger als die von Unit-Tests, weil die Services alle konfiguriert, gestartet, mit Testdaten versehen, gestoppt und gelöscht werden müssen. Greift man zudem auf externe Dienste zu, so kann es zu Latenz- und Performanceproblemen kommen. Um die Geschwindigkeit der Tests zu optimieren, sollten die verwendeten Test Doubles (7.6) in den Build-Plänen sorgfältig geplant werden.

Die Entwickler können eigene Fehler in einigen Fällen nicht erkennen [SL12], sodass eine unabhängige Kontrolle durch einen Tester nötig ist. Testfälle können von einem Testmanager erstellt und durch den Entwickler automatisiert werden. Erfahrene Tester sind sehr gut darin, Grenzfälle und Stolpersteine zu finden, können aber nicht gut programmieren. Die Kombination aus Entwickler und Tester ist also eine gute Ergänzung, wenn das Team zusammen arbeitet.

Bei den Integrationstests sollte außerdem eine Beziehung zwischen Tests und Anforderungen hergestellt werden. Die konkreten Maßnahmen sollten im Rahmen der Testkonzeption entschieden werden. Eine Rolle spielt dabei, welche Metriken in den Testberichten verwendet werden sollten. Es kann zum Beispiel interessant sein zu sehen, welche Anforderungen die meisten Fehler verursacht haben.

Mithilfe der Integrationstests möchten wir herausfinden, ob unser System funktional in Ordnung ist. Sobald alle Anforderungen und Anwendungsfälle getestet sind (und die Tests durchlaufen), ist das System in Ordnung. Aber die Tests prüfen nur die Umsetzung der Anforderungen. Ob die Anforderungen wirklich stimmen, können Sie mit einem automatischen Test nicht feststellen. Hierzu benötigen wir eine weitere Teststufe.

In vielen Fällen lohnt es sich, zwischen Service Integration Test und System Integration Test zu unterscheiden.

Akzeptanztests

Die funktionierenden Softwarepakete werden nun in eine User-Acceptance-Umgebung (UAT) gespielt, damit sie durch das Fach geprüft werden können. Neue Softwareversionen werden dem Fach durch das Testmanagement oder die Projektleitung kommuniziert und stehen dann für eine Weile für die Begutachtung zur Verfügung. Mittel zum Zweck ist ein Continuous Deployment Service (9.4), der es erlaubt, die Pakete zielgerichtet auszuspielen.

Auf der UAT-Umgebung kann das Fach genau prüfen, ob sich das System so verhält, wie es benötigt wird. Damit das Verhalten dem der Produktionsumgebung möglichst nahe kommt, ist auch hier die Verwendung von Test Doubles (7.6) genau zu planen.

Da die fachlichen Stakeholder meistens keine Softwareprofis sind, ist der Zugang zur UAT-Umgebung und die Durchführung der Akzeptanztests gut zu dokumentieren. Die Dokumentation ist Aufgabe des Testmanagements.

Smoke-Tests und Produktionsumgebung

Schließlich gibt es ein *Produktionssystem*, das immer dann im Rahmen des Testings benötigt wird, wenn sich ein Fehler nirgendwo sonst reproduzieren lässt. Die genauen Namen dieser Umgebungen unterscheiden sich von Organisation zu Organisation. Es gibt hier keinen Standard, nur ein gemeinsames Verständnis von der Wichtigkeit dieser Umgebungen für den Testprozess.

Ähnlich wie die UAT-Umgebung wird auch das Produktionssystem per Continuous Deployment bestückt. In einigen Fällen vollautomatisch, in anderen Fällen erst nach Freigabe durch die Projektleitung. In jedem Fall sollte aber nach dem Deployment die korrekte Funktion aller Dienste festgestellt werden. Hierfür kann der eingebaute Health Check (18.2) unserer Services genutzt werden. Dieser initiale Test nach einem Deployment heißt *Smoke-Test*. Wenn Rauch aufsteigt, war das Deployment nicht erfolgreich, und es sollte einen *Rollback* auf die alte Version geben.

Schulungsumgebung

Eine häufig wiederkehrende Anforderung ist der Betrieb einer *Schulungsumgebung*. Da jede Umgebung Kosten verursacht, besteht oft der Wunsch, Schulungen auf UAT durchzuführen. Dies hat aber Auswirkungen auf die Projektplanung, da während der Schulungen meist ein anderer Konfigurationsstand benötigt wird als für das Testing. Es kann also sein, dass geplante Schulungen die Release-Planung stören, da nicht getestet werden kann. Als Anekdote kann ich hier berichten, dass ich schon erlebt habe, wie just zu Beginn einer Schulung ein Lasttest gestartet wurde. Wohl dem, der seine Planung besser im Griff hat.

Abnahmetest

Die wichtigste Analyse wird oft am Ende eines Projektauftrags vollzogen. Der Abnahmetest ist heute immer noch ein wichtiger Meilenstein für viele Lieferanten, die beispielsweise per WTO-Ausschreibung ein Werk angeboten haben. Hierfür müssen die Anforderungen aus der Ausschreibung gemessen werden, und dafür muss das System überprüfbar sein. Im Rahmen der Architektur sollten die Kriterien der erfolgreichen Abnahme also genau heruntergebrochen werden, damit es am Ende keine Überraschungen gibt. Eine ordentliche Liste von Anforderungen und Anwendungsfällen mit assoziierten automatischen Integrationstests ist der Traum jedes Architekten mit Kostendruck.

Fazit

Die systematische Planung und Budgetierung dieser Umgebungen erwächst aus der Aufnahme der Anforderungen an die Testbarkeit. Der Betrieb vieler Umgebungen kann kostspielig sein, und da macht es Sinn, dies früh zu planen. Verwendet Ihr Projekt eine Standardsoftware, beispielsweise ein CMS, so sollten die Lizenzbedingungen analysiert werden. Nicht jede Enterprise-Software erlaubt den Betrieb verschiedener Umgebungen zum Nulltarif. Hier kommen dann schnell einige zehntausend Euro an zusätzlichen Lizenzgebühren zusammen.

■ 7.5   Test Harness entwickeln

 TL;DR

- Der *Test Harness* ist ein Entwurfsmuster für eine Software, die einen Service testen kann.
- Synonyme für den Test Harness sind *Orakel* oder *Testtreiber*.
- Der Test Harness muss einen Service konfigurieren, starten, stoppen und löschen können. Er muss außerdem in der Lage sein, Testdaten zu injizieren.
- Die Schnittstelle für die Messung von Ausgaben eines Service heißt *Point of Observation* (PoO).
- Die Schnittstelle für die Messung und Steuerung des Zustands eines Service heißt *Point of Control* (PoC).

Mittel zum Zweck der Durchführung von Tests ist der *Test Harness*. Der Test Harness ist ein spezialisiertes Softwaresystem, das sich um den Test unseres Geschäftssystems kümmern soll. Üblicherweise kann der Test Harness nicht nur automatische Tests ausführen, sondern verwaltet auch Testdaten und kann den Service konfigurieren. Hierfür muss der Harness den Service installieren, starten, stoppen, löschen, Testdaten injizieren und seinen Zustand messen. Bild 7.6 zeigt die abstrakte Architektur des Test Harness. [BKC13] nennt den Test Harness *Orakel*, da wir an dieser Stelle nach transzendenter Offenbarung der Fehler unseres Systems streben. Das ISTQB nennt diese Software einen *Testtreiber* [SL12].

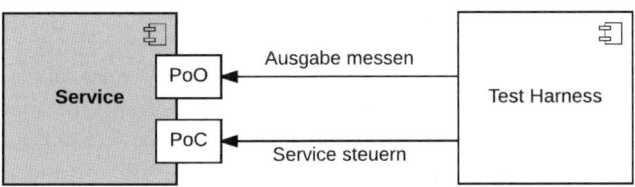

Bild 7.6 Architektur des Test Harness

Point of Observation

Für *Unit-Tests* ist der Harness in der Regel trivial, denn diese können heute in jeder IDE problemlos ausgeführt werden. Die Automatisierung machen die Entwickler sowieso, und die Testausführung dann noch auf der CI-Umgebung einzuschalten, ist eine leichte Übung. Für *Integrationstests* sieht dies anders aus. In einer Microservice-Architektur arbeiten wir mit REST-Schnittstellen, die per HTTP angefragt werden können. Die Schnittstelle für die Messung der Ausgaben eines Service heißt *Point of Observation* (PoO) [SL12]. Der Test Harness füttert den Service über seinen HTTP-Port mit HTTP-Requests und misst dessen HTTP-Response.

Häufig reichen die Ausgaben der Schnittstelle eines Service aber für Tests nicht, beispielsweise weil man im Test eine Änderung des Domänenmodells feststellen möchte, die über das Schnittstellenmodell nicht beobachtbar ist. Liegen solche Anforderungen vor, so kann eine zweite Schnittstelle im Service definiert werden, die dann solche internen Zustandsänderungen sichtbar macht und im Rahmen von Tests genutzt werden kann. In vielen Fällen sollte diese Schnittstelle aus Gründen der Informationssicherheit nicht nach außen sichtbar sein und besonders geschützt werden.

Point of Control

Für Tests müssen wir in der Lage sein, unseren Service in einen bestimmten Ausgangszustand zu bringen, üblicherweise durch das Laden von Testdaten. Hierfür brauchen wir dann einen spezialisierten Port, der die Messung und Steuerung des Zustands unseres Service erlaubt und den wir *Point of Control* (PoC) nennen [SL12]. Realisiert werden PoCs in der Regel per REST-Schnittstelle.

Dieser Port ist für Tests und die Herstellbarkeit (17) gedacht, sollte also nicht notwendigerweise auf einem Produktionssystem nach außen verfügbar sein, denn er kann möglicherweise die Sicherheit kompromittieren. Ein Best Practice kann sein, diese Schnittstelle teilweise als Feature Toggle zu implementieren.

Das UML-Diagramm in Bild 7.6 verwendet einen Port für die Verbindung von Komponente und Test Harness und nicht, wie oft üblich, ein Interface. Der Grund hierfür ist, dass ein Port weniger begrenzt ist, da er auch mehrere Schnittstellen darstellen kann. Zudem besteht dann im Diagramm die Möglichkeit, einen Blow-up der Komponente zu erstellen, also die Verbindung des Ports mit internen Modulen anzuzeigen.

Frameworks für Tests

Um das Schreiben von Tests zu vereinfachen, die das HTTP-Protokoll verwenden, gibt es spezialisierte Werkzeuge. HtmlUnit [htm] ist ein bekannter Vertreter. Hier ist es möglich, Formulare auszufüllen, abzuschicken und die Antwort auf Korrektheit hin zu untersuchen. Für das Testing von REST-basierten APIs ist auch HttpUnit [httb] gut geeignet.

Eine weitere beliebte Technologie, die besonders gut für Tests von Anwendungen geeignet ist, ist ScalaWebTest [sca]. Hier werden für die Prüfung von HTML-Code sogenannte *Gauges*, also Prüflehren, genutzt. HTML-Code im Browser ist umfangreich und ändert sich häufig. Möchte man prüfen, ob bestimmte Ergebnisse im HTML-Code vorkommen, so muss man diesen parsen und prüfen. Häufige Änderungen führen damit auch zu häufigen Änderungen an den Tests. Bei dieser Technologie werden die zu prüfenden Bruchstücke als Prüflehren (sogenannte Gauges) vorgegeben. Die Technologie durchsucht dann den ganzen HTML-Baum, um zu prüfen, ob die Schablone passt oder nicht.

Eine Alternative für das Testen von JSON Payloads ist Cornichon [cor]. Weit verbreitet ist außerdem heute die Nutzung von Selenium [sel].

Fazit

Die Entwicklung eines Test Harness kann bei komplexen und verteilten Systemen teuer werden. Die Eigenentwicklung ist oft nötig, da es keine Software von der Stange gibt, die die Aufgabe erledigen könnte. Wehe dem, der diese Fertigung nicht budgetiert hat: Ohne Test Harness lassen sich automatische Integrationstests nicht durchführen, und das erhöht die Kosten der Entwicklung nachhaltig.

■ 7.6 Test Doubles und Integration planen

 TL;DR

- *Test Doubles* simulieren Services zum Zwecke der Testisolation. Es werden die folgenden Typen von Test Doubles (auch Platzhalter genannt) verwendet:
  - *Fake Objects* sind funktionierende, leichtgewichtige Emulationen eines Service.
  - *Stubs* arbeiten mit aufgezeichneten Antworten eines Service.
  - *Mocks* sind Objekte, die im Rahmen von Tests mit vorprogrammiertem Verhalten versehen werden.
  - *Testservices* sind Instanzen von Services, die eigens für Tests verfügbar gemacht werden.
- Für die Planung der Test-Double-Integration gibt es verschiedene Strategien.
- Der am häufigsten benötigte Testservice ist der E-Mail-Server.

Ein Geschäftssystem ist keine isolierte Insel, sondern integriert verschiedenste Dienste, um Geschäftsfunktionen zu ermöglichen. Oft sind im Rahmen eines einzigen Geschäftsprozesses mehrere Services beteiligt, und die Anwendung hat damit mehrere, komplexe Abhängigkeiten. Um nun die korrekte Funktion testen zu können, gilt es zu planen, auf welcher Umgebung welche Services angelegt werden oder ob ein Test Double zum Zuge kommt.

Typen von Test Doubles

Falls ein Test Double zum Einsatz kommt, muss entschieden werden, welche Art von Test Double benötigt wird. Die folgenden Kategorien von Test Doubles sind üblich [Fowa]:

- *Fake Objects* haben eine funktionierende Implementierung, die sich sehr ähnlich verhält wie Produktion, jedoch Abstriche macht, um leichtgewichtig und schnell zu sein. So würde beispielsweise ein File Sink Fake Object nicht wirklich in eine Datei schreiben. Eine flüchtige in-memory-Datenbank ist ein weiteres gutes Beispiel.

- *Stubs* antworten mit gespeicherten, bzw. aufgezeichneten Antworten. Damit eignen sie sich gut für einfache Dienste, die immer sehr ähnliche und wenig kontextsensitive Antworten liefern. Stubs sind in der Regel unflexibel und entwickeln sich manchmal zu Fake Objects weiter, wenn die Anforderungen an das Verhalten steigen und die Entwicklung „echter" Logik notwendig wird. Ein Beispiel für eine Technologie, die das Erstellen von Stubs unterstützt, ist WireMock [wir].

- *Mocks* sind Objekte, die mit dem erwarteten Verhalten im Rahmen der Tests mit zu erwarteten Methodenaufrufen vorprogrammiert werden. Mocks lassen sich schwieriger wiederverwenden als Stubs oder Fake Objects, sind aber flexibler.

- *Testservices* sind Kopien der Produktionsinstanz eines Services, werden ihrem Team bereitgestellt und sind ausschließlich für das Testing vorgesehen. Es kann sein, dass ihnen eine laufende Instanz mitgeteilt wird, oder sie bekommen ein Image, das sie dann selber betreiben können. Testservices sind oft die günstigste und einfachste Variante für die Verifikation von Software in Kombination mit externen Diensten.

Integrationsspielraum

Es spielt eine große Rolle, ob ein Service schon verfügbar ist oder noch in der Entwicklung steckt. In einer serviceorientierten Architektur sind die verwendeten Dienste bunt gemischt. Einige werden als SaaS von extern bezogen, einige durchlaufen gerade eine erste Entwicklungsiteration, und andere befinden sich in der Wartung. Die folgenden Strategien stehen dem Architekten und dem Testmanager zur Planung der Integration zur Verfügung [SL12]:

- *Top-down-Integration*: Wir beginnen den Test mit der Anwendung, die die benötigten Services integriert. Die Services werden solange durch Fake Objects, Stubs oder Mocks ersetzt, bis sie einen Entwicklungsstand erreicht haben, die den Einsatz eines Testservice ermöglichen. Der wesentliche Nachteil hierbei ist, dass zu Beginn für jeden Service ein Test Double gebaut werden muss.

- *Bottom-up-Integration*: Hier werden zunächst unsere Services getestet, die keine anderen Services aufrufen. Größere Teilsysteme werden zum Testen sukzessive durch fertiggestellte Dienste komponiert. Der Vorteil bei diesem Vorgehen ist, dass keine Test Doubles gefertigt werden müssen. Der Nachteil ist, dass das Testen eine hohe technische Kompetenz benötigt und durch die Rekomposition höhere Aufwände entstehen können.

- *Ad-hoc-Integration*: Bei dieser Strategie werden die Services in der Reihenfolge ihrer Fertigstellung integriert. Der Vorteil ist, dass die Dienste zum Zeitpunkt ihrer Fertigstellung integriert werden können und keine Abhängigkeiten in der Planung entstehen. Der Nachteil ist, dass ähnlich wie bei Top-down die Test Doubles entwickelt werden müssen.

Test-Double-Integration dokumentieren

Um die Testbarkeit externer Dienste zu erreichen, erstelle ich für jede geplante Umgebung eine dedizierte Bausteinsicht, die dokumentiert, welches Test Double wo eingesetzt ist. Diese Architekturen müssen meist über einen längeren Zeitraum verhandelt werden, da Kosten rund um die Fertigung der Test Doubles entstehen. Die Bausteinsicht ist ein gutes Mittel, um zu verdeutlichen, welche Doubles für welche Tests benötigt werden. Bild 7.7 zeigt die Bausteinsicht einer Integrationsumgebung. Bild 7.8 zeigt dasselbe System auf der User-Acceptance-Umgebung. Die Integrationsumgebung verwendet nur Mocks, um die Builds zu beschleunigen. Eine weitere Teststufe ist die Kontrolle gegen Testservices auf der UAT-Umgebung.

Generell empfehle ich, alle externen Schnittstellen durch Test Doubles zu simulieren. Nur so können Integrationstests in Isolation, mit hoher Testabdeckung und unabhängig von Ort und Zeit durchgeführt werden.

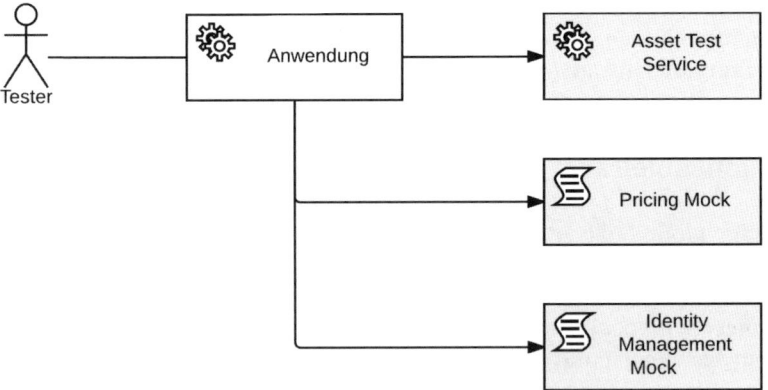

Bild 7.7 Bausteinsicht einer Integrationsumgebung

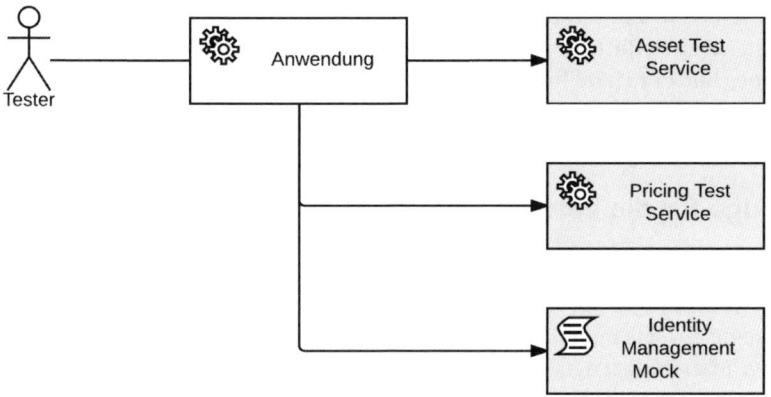

Bild 7.8 Bausteinsicht einer UAT-Umgebung

E-Mail-Testservice

Eine Standardintegration ist übrigens die eines Mail-Servers. In so gut wie jedem Webprojekt ist der Test von Inhalten ausgehender E-Mails von Bedeutung. Ein gutes Werkzeug hierfür ist MailHog [Ken], das sehr leichtgewichtig ist und die Anforderungen an das E-Mail-Testing gut unterstützt.

■ 7.7 Testdaten im Griff haben

 TL;DR

- Je größer die Testdaten, desto langsamer die Tests.
- Das Laden und Speichern von Testdaten eines Service benötigt Werkzeuge, die in vielen Fällen selber hergestellt werden müssen.
- Ein Crash-konsistenter Service ist günstiger zu pflegen.
- Die Testdaten einer Microservice-Architektur sind leichter zu pflegen.
- Die Tests setzen einen bestimmten Zustand des Service voraus, weswegen Testdaten und Quelltexte zusammen versioniert werden sollten.
- Produktionsdaten müssen anonymisiert werden, damit sie beim Testen verwendet werden können.

Ein wesentlicher Performance-Faktor automatischer Tests ist die Größe der Testdaten, da diese häufig geladen oder geschrieben werden müssen. Mehr noch als bei anderen Systemen sind beispielsweise Websites oft inhaltslastig und speichern große Mengen an Daten. Eine durchschnittliche Corporate-Website kommt schnell auf Dutzende Gigabyte. Um den Speicherplatz zu minimieren, sollten Testdaten für automatische Tests kanonisch sein, um den Speicherbedarf zu minimieren: statt eintausend hochauflösender Bilder reichen für Funktionstests auch fünf oder von mir aus auch sechs, wenn man gerade noch ein besonders schönes Bild zur Hand hat. Zur Erstellung der Test Fixture können geringe Mengen an Daten nämlich schneller geladen werden.

Werkzeuge für die Verwaltung

Dies stellt uns vor die Frage, wie unser Test Harness (7.5) die Daten verwaltet. Der erste Schritt zur Bestimmung des Vorgehens ist die Analyse, wie eine bestimmte Komponente ihre Daten speichert. Da man die Daten zusammen mit den Quelltexten versionieren möchte, benötigt man Werkzeuge, um die richtigen Daten möglichst schnell lesen und schreiben zu können. Wird eine Standardsoftware wie Drupal oder Neos eingesetzt, so kann man mit vorhandenen Werkzeugen arbeiten, um Daten zu lesen und zu speichern. Andernfalls müssen die Werkzeuge selber angefertigt werden.

Die Testdaten sind der Storage State (17.4) unseres Service. Ist der Service crash-konsistent, dann ist es einfacher, die Testdaten zu verwalten, weil wir bei Testabbrüchen oder Fehlern nicht jedes Mal den gespeicherten Zustand wiederherstellen müssen.

Testdaten und Quelltexte gehören zusammen

Die Testdaten müssen zudem zusammen mit den Quelltexten entwickelt werden. Hierfür ist eine möglichst einfache Pflege derselben im Entwicklungsprozess zu verankern. Eine einfaches Skript zum Upload/Download der Testdaten schafft Ergonomie und Effizienz. Besonderes Augenmerk gilt der Versionierung. Wenn die Daten zusammen mit den Quelltexten entwickelt werden, macht es Sinn, sie auch gemeinsam zu versionieren, weil die Tests immer einen bestimmten Zustand des Service voraussetzen.

Ein Download der Testdaten aus dem laufenden System per Skript ist bei Geschäftssystemen oft praktisch, weil dann eine existierende Redaktionsoberfläche für die Testdatenpflege verwendet werden kann. Schließlich sollten die Testdaten leicht austauschbar sein, damit man auch die Möglichkeit hat, Last- oder Stresstests zu fahren. Hat man bereits Skripte für Up- und Download parat, ist dies einfach zu erreichen.

Monolithen und Microservices

Bei einer monolithischen Architektur gibt es Probleme, wenn das Team groß ist und die Daten in einem einzigen SQL Dump verwaltet werden. Es kann dann jeweils nur eine Person gleichzeitig an den Testdaten arbeiten. Kommunikationsregeln im Team können Abhilfe schaffen. Besser ist es aber, wenn Testdaten mergeable sind, d.h. mehr oder weniger atomar bearbeitet werden können.

In einer Microservice-Architektur sind die Zustände der Services voneinander getrennt, sodass sie jeweils individuell bearbeitet werden können. Dies macht Abstimmungen zwischen Teams oder Personen dann obsolet, sodass die Pflege effizienter ist.

Produktionsdaten anonymisieren

Ein immer wiederkehrendes Thema ist die Kopie von Produktivdaten zum Testen. Es heißt oft, damit sei einfacher zu arbeiten, weil man die Daten nicht mehr erstellen müsse und man jeden auftretenden Fehler gut reproduzieren könne. Ich teile diese Meinung nicht, und zwar aus folgenden Gründen:

- Zum einen müssen Daten von Produktion aus Datenschutzgründen anonymisiert werden, wenn man verhindern möchte, dass sensible Daten in die falschen Hände geraten. Oft werden Drittanbieter für die Durchführung der Tests engagiert, die ihrerseits dann in Länder outsourcen, in denen die Datenschutzgesetzgebung nicht den europäischen Standards entspricht. Die Anonymisierung der Daten kann aufwendig und kostspielig sein.

- Zum anderen finden sich die Fehler nicht im Content, sondern im Quelltext oder der Konfiguration eines Service. Hat man außerdem eine gute Analysierbarkeit hergestellt, so kann der Fehler auch auf Produktion identifiziert und dann mit ein paar Handgriffen lokal nachgestellt werden.

- Produktionsdaten sind sehr groß, und der Datentransfer dauert lange. Wenn der Entwickler diese dann noch lokal nachstellen muss, verbringt er viel Zeit mit dem Warten auf den richtigen Zustand.

Fazit

Die Verwaltung der Testdaten ist ein wichtiger Teil des Testkonzepts (7.3), das der Architekt mit den Teams für Entwicklung und Testing im Detail und möglichst früh im Projekt besprechen sollte.

■ 7.8 Browsertests durchführen

 TL;DR

- Mit der steigenden Diversität im Endgerätemarkt hat es das Frontend schwer, für alle Geräte in hoher Qualität zu produzieren, weil es sehr viele Kombinationen von Browsern und Endgeräten gibt.

- Weil es so viele verschiedene Geräte gibt, sprengt der Besitz und die Pflege der physischen Exemplare das Budget von Entwicklungsprojekten.

- Deswegen wird die Fähigkeit zum Browsertest als SaaS-Dienst bezogen, und hierfür gibt es verschiedene Anbieter.

- Performance-Tests sind bei den SaaS-Diensten nicht möglich.

Geschäftssysteme müssen eine breite Anzahl von Geräten und Browsern unterstützen. Die Hersteller müssen die drei Dimensionen CSS, HTML und JavaScript implementieren, und obwohl diese gut spezifiziert sind, gibt es doch Interpretationsspielraum und Fehler in den Implementierungen. Hinzu kommt, dass im Frontend auch Geräte unterstützt werden müssen, die nicht mehr am Markt erhältlich sind, aber noch genutzt werden. Insbesondere in ärmeren Ländern sind alte Smartphones und Tablets sehr verbreitet.

Die Bereitstellung eines Geräteparks für *Browsertests* ist also ein aufwendiges und kostspieliges Unterfangen, das sich kaum ein Entwicklungsprojekt leisten kann. Deswegen wird diese Fähigkeit als SaaS-Dienst bei einem externen Anbieter bezogen, beispielsweise BrowserStack [broc] oder Browsershots [broa]. Die Auswahl der Dienste sollte zu Beginn des Projekts im Rahmen des Qualitätssicherungsplans (7.3) geschehen. Häufig reicht ein Service nicht aus, und die Tester benötigen mehrere Werkzeuge, um zum Ziel zu kommen. Auch sollte man die Tester selber entscheiden lassen, weil viele bereits Erfahrungen mit dem einen oder anderen Werkzeug gesammelt haben und damit dann schneller zum Ziel kommen.

Die Services bieten auch Schnittstellen für die Automatisierung von Tests an. In der Regel ist es Selenium [sel], das als Technologie zum Einsatz kommt. Allerdings ist dies mit Vorsicht zu genießen, denn die Schnittstellen sind proprietär und verhindern den Wechsel zu einem anderen Anbieter, wenn die Tests mal implementiert sind. Es bietet sich also an, nur kritische Funktionen zu testen, um den Aufwand in Grenzen zu halten. Eine Alternative zu Selenium stellt der Einsatz des Headless Chrome Browsers [chrb] dar.

Performance-Tests können mit diesen Diensten übrigens nicht durchgeführt werden. Wer die Performance auf verschiedenen Geräten testen möchte, ist besser beraten, RUM-Tests (12.2) zu nutzen, also auf den tatsächlich in Produktion verwendeten Endgeräten zu testen, um entsprechende Metriken zu generieren.

8 Analysierbarkeit

■ 8.1 Einführung in die Analysierbarkeit

 TL;DR

- Die *Analysierbarkeit* bestimmt, wie gut sich Änderungen am System vorhersagen lassen.
- Ein Microservice ist leichter zu analysieren als ein Monolith.
- Die Analysierbarkeit ist eine White-Box-Eigenschaft im Gegensatz zur Prüfbarkeit (18).
- Sowohl für Analysierbarkeit als auch Prüfbarkeit (18) sind Metriken (12.2) eine wichtige Grundlage.

Was ist Analysierbarkeit?

Aufgrund der Tragweite und de facto Irreversibilität von Entscheidungen in der Architektur bedarf es möglichst umfangreicher und genauer Informationen als *Entscheidungsgrundlage*. Das Qualitätsmerkmal der *Analysierbarkeit* spielt dabei eine wichtige Rolle, denn es bestimmt, wie gut sich Auswirkungen einer Änderung an einem System vorhersagen lassen. Wenn sich ein System schwer analysieren lässt, sind Prognosen über zu erwartende Kosten oder Durchlaufzeit riskant. Unter Umständen entsteht Volatilität in der Planung, die sich negativ auf das Team und die Kundenbeziehung auswirken kann.

Eine gute Analysierbarkeit ist wichtig, wenn Personen ein System nicht kennen, aber Entscheidungen über das System treffen müssen, beispielsweise beim Umsetzen einer Änderung durch einen neuen Entwickler. Die Analysierbarkeit ist also für die Einarbeitung, im Projektmanagement oder auch im Service Desk von tragender Bedeutung.

Bild 8.1 zeigt die verschiedenen Prozesse der Analysierbarkeit, die eine *White-Box*-Analyse des Systems zur Entwicklungszeit darstellen. Es geht also um das Innenleben des Systems, und hierzu gehören die Code-Qualität, automatische Tests und die Systemdokumentation.

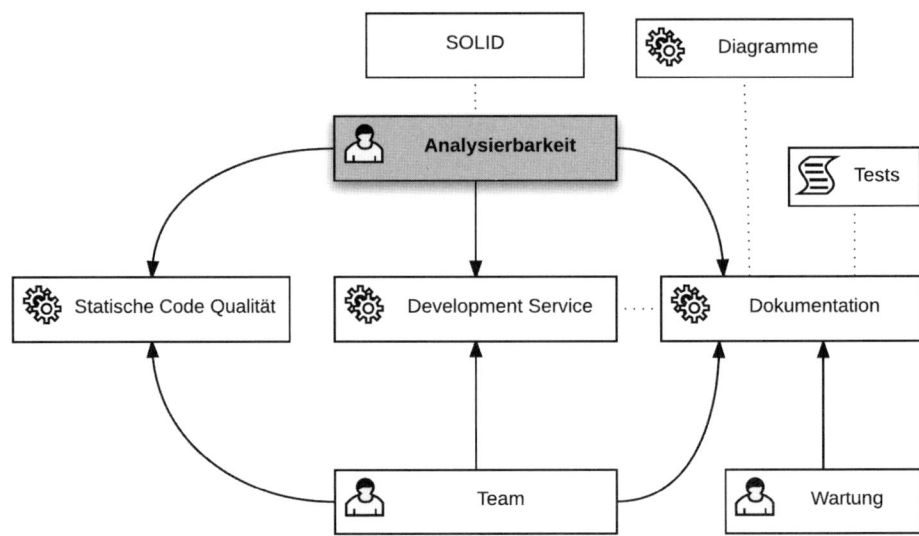

Bild 8.1 Prozesse der Analysierbarkeit

Change-Impact-Analyse

Zur Entwicklungszeit ist die Analysierbarkeit für die Behebung von Fehlern und die *Change-Impact-Analyse* bedeutsam. Dauert es unverhältnismäßig lange, einen Fehler zu beheben, so kann dies ein Indikator für eine verbesserungswürdige Analysierbarkeit sein. Alle Services, aus denen ein System besteht, sollten vom Team gut verstanden sein, damit die Wartung möglichst effizient gestaltet wird. Ein Team sollte die Maßnahmen rund um die Analysierbarkeit regelmäßig besprechen und gemeinsam umsetzen. Eine mögliche Maßnahme ist es, das Vorgehen als Teil der *Definition of Done* aufzunehmen, um Analysierbarkeit langfristig sicherzustellen.

Analysierbarkeit von Microservices

Ein Microservice ist ein isolierter Dienst von optimaler Komplexität und in der Allgemeinsprache (5.3) beschrieben. Diese Modellierung erzeugt eine hohe konzeptionelle Integrität, und dadurch lässt sich ein Microservice besser analysieren, und Änderungen lassen sich sicherer vorhersagen. Es ist vor allem diese Risikominderung, die ins Feld geführt werden sollte, um Maßnahmen zur besseren Analysierbarkeit einzufordern, allen voran die Dokumentation (8.3).

Es ist übrigens theoretisch auch möglich, in einer monolithischen Architektur eine gute Analysierbarkeit herzustellen, wenn der Monolith sauber in Module zerlegt ist. Ein solcher Monolith heißt *Microlith*. Allerdings ist hier die Wahrscheinlichkeit hoch, dass im Laufe der Zeit durch mangelnde Disziplin Modulgrenzen erodieren, und zwar aus folgenden Gründen:

- Der Entwickler kennt die Modulgrenzen nicht, weil hierfür keine Dokumentation neben den Quelltexten existiert. Er verwischt die Modulgrenzen also unbewusst.

- Entwickler haben Vorgaben bezüglich der Durchlaufzeit von Änderungen, und je schneller ein Change umgesetzt wird, desto besser. Die saubere Modularisierung benötigt aber mehr Zeit.

- Nach wie vor ist die fehlende Disziplin eines der größten Hindernisse der Analysierbarkeit und damit auch der Wartbarkeit im Allgemeinen. Disziplinlosigkeit in der Softwareentwicklung ist ein reales Problem [JA10].

Ein Beispiel für eine Technologie, die Modularisierung im Monolithen unterstützt, ist OSGI [osg]. Aufgrund der technischen Limitationen der JVM birgt OSGI zahlreiche Fallstricke und verursacht insbesondere dann Probleme, wenn verschiedene Teams Pakete für eine JVM liefern. Seit Jahren ist eine tiefe Integration eines Modularisierungskonzepts der Java-Plattform versprochen. Die Auslieferung des Projekts Jigsaw [jig] wird aber immer wieder verschoben.

SOLIDe arbeiten

SOLID ist eine Eselsbrücke, die uns daran erinnern soll, dass solides objektorientiertes Design Vorteile hat. Die fünf Prinzipien, für die das Akronym SOLID steht, wurden von Robert Martin im Jahre 2002 das erste Mal dokumentiert [Mar02]. Bei den fünf Prinzipien handelt es sich um die folgenden:

1. *Single Responsibility Principle:* Das Prinzip besagt, dass jede Klasse nur eine einzige Aufgabe haben sollte und sich auch nur aus diesem Grund verändern darf. Diese Aufgabe soll die Klasse kapseln und damit gleichzeitig eine hohe Kohäsion aufweisen.

2. *Open-Closed Principle:* Klassen sollten sich erweitern lassen, ohne dass sie modifiziert werden müssen. In der objektorientierten Entwicklung arbeitet man deswegen häufig mit abstrakten Basisklassen, die über Vererbung erweitert werden.

3. *Liskov Substitution Principle:* Dieses Prinzip besagt, dass ein Subtyp S von T in einem Programm für jedes Vorkommen von T ersetzt werden kann, ohne dass sich das Laufzeitverhalten verändert.

4. *Interface Segregation Principle:* Große und lange Schnittstellen sind schwierig zu verstehen und fördern eine höhere Kopplung. Dieses Prinzip besagt, dass Schnittstellen so reduziert werden sollten, dass ein Konsument nur die Methoden nutzen kann, die für ihn auch von Interesse sind. Liest beispielsweise ein Konsument nur Daten, schreibt aber nicht, so sollte seine Schnittstelle auch nur Methoden zum Lesen anbieten. Das Interface Aggregation Principle führt in einer CQRS-Architektur (14.4) zu sehr schlanken Schnittstellen.

5. *Dependency Inversion Principle:* Dieses Prinzip hilft, Module voneinander zu entkoppeln, indem Klassen sich nicht von konkreten Details, sondern von Abstraktionen abhängig machen. Dadurch umgeht man bei Änderungen Risiken, denn es muss weniger Code geändert werden, wenn sich ein konkretes Detail ändert. Üblicherweise wird die Abstraktion durch die Definition von Schnittstellen erreicht, welche wesentlich stabiler sind als ihre konkreten Implementierungen.

Die SOLID-Prinzipien helfen, Module zu entkoppeln, und erhöhen die Kohäsion. Dadurch machen sie unsere Software besser analysierbar und senken somit das Risiko von Änderungen an derselben.

Fazit

Für die Analysierbarkeit ist eine Microservice-Architektur mit domänengetriebenem Entwurf positiv, da die Komplexität optimiert werden kann und eine hohe Konzeptionelle Integrität gegeben ist. Um sein System auch zur Laufzeit analysieren zu können sowie Hinweise auf die weitere Evolution zu geben, sind Metriken (12.2) als Entscheidungshilfe notwendig.

■ 8.2   Qualitätsszenarien

Die Analysierbarkeit gehört nach ISO/IEC 25010 [Int11] zur Wartbarkeit und ist ein allgemeiner Merker (3.2), der regelmäßig Arbeitspakete auslöst. Die Qualitätsszenarien dienen dazu, den Stakeholdern die Bedeutung der Analysierbarkeit näherzubringen und verständlich zu machen. Gleichzeitig bilden sie die Verhandlungsgrundlage für Aufwände in der Dokumentation sowie die Richtlinie für die Erstellung derselben.

AN01) Stößt ein neuer Entwickler zum Team, so kann er sich anhand der Dokumentation innerhalb eines Tages einen umfassenden Überblick über das System und die Services verschaffen sowie selbstständig erste Änderungen vornehmen.

AN02) Die im Rahmen der Dokumentation erstellten Diagramme genügen dem UML- oder BPMN-Standard, und alle Teammitglieder können mit der Software zur Erstellung der Diagramme arbeiten.

AN03) Ein Entwickler kann während der Entwicklung bei der Änderung einer Anforderung alle Stellen im Code finden, die bisher mit dieser Anforderung zu tun hatten.

Die Analysierbarkeit eines Systems zu messen, ist schwierig. Wenn wir annehmen, dass das Qualitätsmerkmal Aufwandsschätzungen beeinflusst, so können wir mittels Indikatoren zur Messung der Genauigkeit von Aufwandsschätzungen die Güte der Analysierbarkeit bewerten.

AN04) Änderungen werden nach ihrer Durchführung gegen die initiale Aufwandsschätzung im Team bewertet, um bei Differenzen gemeinsam Maßnahmen zur Erhöhung der Genauigkeit zu finden.

In einer Microservice-Architektur können wir zudem über einige wenige Qualitätsszenarien die Erstellung wichtiger Dokumentationsartefakte sicherstellen:

AN05) Die Stakeholder können zu jedem Service eine Kontextkarte finden, die die Beziehungen zu anderen Services visualisiert.

AN06) Die vom Team in der Dokumentation verwendeten Begriffe sind in der Allgemein-sprache geschrieben.

AN07) Das Team referenziert im Rahmen der Servicedokumentation die Anwendungsfälle, zu denen der Service gehört.

■ 8.3 Dokumentation erstellen

 Zusammenfassend sind es die folgenden Konzepte, die rund um die Dokumentation von Interesse sind:

- Gute Dokumentation dokumentiert Entscheidungen und beschreibt ein System gerade gut genug.
- Für jeden Microservice gibt es ein Domänenmodell (1.5) und eine Kontextkarte (1.5).
- *Workflow und Development Services* schaffen Effizienz, Planbarkeit und Kommunikation für die Wartung eines Systems. Bei ihrem Einsatz entsteht Dokumentation teilweise automatisch.
- Um die Erfüllung eines Vertrags über eine Software dokumentieren zu können, ist die Dokumentation der Prozesse der Zusammenarbeit notwendig.

Wofür Dokumentation benötigt wird

Die Dokumentation ist ein Kommunikationsmittel für Wissen um ein Geschäftssystem. Damit die Dokumentation wertvoll sein kann, muss sie eine gewisse Qualität haben, damit das enthaltene Wissen vermittelbar ist. Sie zu erstellen, ist anstrengend, langwierig, benötigt Disziplin, und der nachhaltige Nutzen ist nicht in jedem Moment erkennbar. Deswegen sollte Dokumentation gerade gut genug sein, damit ihre Erstellung den Autor nicht überstrapaziert, aber dennoch einen geschäftlichen Wert hat. Die Frage lautet nun: Welche Dokumentation ist das?

Entscheidungen dokumentieren

Oft gibt es viele verschiedene Lösungen für ein Problem. Hinweise darauf, warum das System so ist, wie es ist, sind sehr hilfreich, um ein System besser verstehen zu können. Eine Lösung kann als suboptimal wahrgenommen werden, obwohl es eine triftige Rahmenbedingung gab. Um später feststellen zu können, warum gerade diese, auf den ersten Blick eventuell nicht optimale Lösung gewählt wurde, hat der Architekt wahrscheinlich einen guten Grund gehabt. Ist dieser dokumentiert, dann ist er einfach nachvollziehbar. Falls nicht, werden unter Umständen kostspielige Analysen oder sogar Änderungen durchgeführt, die später wieder zurückgerollt werden müssen. Die gute Dokumentation des Systems gemeinsam mit den Entscheidungen, die zu der Architektur geführt haben, ist also notwendig, um auch in Zukunft gute Entscheidungen treffen zu können.

Zur Dokumentation von Entscheidungen wird ein *Governance Log* eingesetzt, das die an der Entscheidung beteiligten Personen, den Ort sowie den Kontext dokumentiert. Der Begriff stammt aus der Unternehmensarchitektur, bei der Compliance-Regulierungen eine formale Dokumentation verbindlich vorsehen. Aber nicht nur im Servicemanagement ist das Governance Log einsetzbar. Auch bei der System- und Serviceentwicklung kann man es nutzen. Für ein Entwicklungsprojekt können die Entscheidungen beispielsweise als Besprechungsnotizen in einem Wiki gespeichert werden.

Systemdokumentation

In einem Geschäftssystem unterscheiden wir zwischen Systemen, Diensten und dem Servicemanagement und erstellen für diese jeweils verschiedene Dokumentationen. Ein System als planvolle Komposition von Services sollte eben diese Komposition dokumentieren. Da die Schnittstellen bereits als Teil der Services dokumentiert sind, entfällt dies auf Ebene System, sodass sich die Dokumentation auf das Nötigste beschränken kann. Zur Dokumentation des Systems gehören:

- Die vereinbarten Systemziele (5.6).
- Eine Beschreibung der Anforderungen (5.7).
- Eine Dokumentation der Umgebungen (7.4).
- Eine Skizze oder Liste der Organisation (1.6).
- Informationen rund um den Service Desk (18.4) für das System.
- Risiken (1.2)
- Rahmenbedingungen (1.2)
- Sichten auf bestimmte, für das System relevante Qualitäten, beispielsweise die Sicherheit.
- Referenzen auf die Services im Servicekatalog (2.2), die vom System verwendet werden.
- Eine Bausteinsicht, die die statische Struktur eines Systems darstellt. Sie zeigt seine Servicekomposition (Bausteine) und deren Beziehungen untereinander in grafischer Form [Zör12].
- Sitzungsprotokolle und ein Governance Log (2.1) zur Dokumentation von Entscheidungen.

Servicedokumentation

Für jeden verwendeten Service sollte es eine Dokumentation geben. Ist es ein Microservice, so sollten zumindest die Geschäftsaufgaben u.a. als Domänenmodell (1.5) sowie eine Kontextkarte (1.5) und die angebotene API dokumentiert sein. Dieses einfache Verfahren kann auch für andere Services angewendet werden, scheitert jedoch bei Monolithen, da diese zu viele Funktionen in sich vereinen. Die folgende Dokumentation gilt für einen Service:

- Ein Fehlerkatalog (15.2) des Dienstes
- Eine Kontextkarte (1.5)
- API-Dokumentation (2.3)
- Sitzungsprotokolle und ein Governance Log (2.1) zur Dokumentation von Entscheidungen

Portfoliodokumentation

Im Servicemanagement ist die Dokumentation von Entscheidungen wichtig, aber auch die Kommunikation der verfügbaren Dienste sowie ein Bericht über die eingesetzten Storage-Systeme. Zur Dokumentation des Portfolios gehören:

- Ein Servicekatalog (2.2)
- Ein Dateninventar (13.3)
- Sitzungsprotokolle und ein Governance Log (2.1) zur Dokumentation von Entscheidungen

Werkzeuge und Lizenzkosten

Nicht beschrieben ist hingegen, wo und mit welchen Werkzeugen die Dokumentation erstellt wird. Wenn Sie Diagramme zeichnen möchten, benötigen Sie dafür eine Software. Außerdem brauchen Sie Software für die Organisation, Verteilung und Lieferung der Dokumentation. Viele Teams setzen hierfür auf ein Wiki, denn ein wichtiges Entscheidungskriterium ist die Bedienbarkeit der Werkzeuge, da erfahrungsgemäß mehr Dokumentation erstellt wird, wenn das Tool gut ist. Ist das Tool nicht gut bedienbar oder muss sogar lokal installiert werden, dann ist der Untergang der Dokumentation beschlossene Sache.

Bei der Bestimmung der Techniken und Dienste gilt zu beachten, dass die Dokumentation mindestens so lange verfügbar sein muss wie das System selber. Dadurch entstehen wiederum Kosten, welche geplant werden wollen. Vor diesem Hintergrund fordern viele Auftraggeber die Lieferung der Dokumentation als Word-Dokument. Es kann sich lohnen, hier eine Diskussion über Lebendigkeit und Wichtigkeit von Dokumentation in Bezug auf die Analysierbarkeit zu führen, um Nachteile bei einem solchen Vorgehen aufzuzeigen.

Die Konsistenz (6) in der Dokumentation ist ebenfalls wichtig, denn sie erhöht die Zugänglichkeit der Texte und Diagramme. Ist ein Teil der Architektur in einem Wiki abgebildet, ein Teil in einem Microsoft-Word-Dokument und der letzte in einer Markdown-Datei in einem Git Repository, wird sich ein Entwickler nicht die Mühe machen nachzuschauen, ob es zu einem gewissen Thema bereits Vorgaben oder Erkenntnisse gibt, denn die Barriere ist ihm zu hoch. Besser ist es also, wenn es einen leichten Zugang zur Dokumentation gibt, der allen im Team bekannt ist. Je niedriger die Hürde zum Zugang, desto nützlicher die Dokumentation.

Ein Kriterium der Entscheidung für ein Dokumentationswerkzeug ist die Kontrollierbarkeit der erzeugten Artefakte. Wählt man als Werkzeug einen SaaS-Dienst, so muss man diesen mieten oder betreiben, solange der Service lebt. Verwendet man hingegen eine Technologie wie Latex [lat], so kann die Dokumentation zusammen mit den Quelltexten versioniert werden. Auch dieses Buch wurde in Latex geschrieben, und ich bin ein großer Fan. Tausend Dank an Donald Knuth für diese wunderbare Erfindung.

Vorlagen machen das Leben leichter

Die Dokumentation kann durch den Einsatz von Vorlagen vereinfacht werden. Solche Templates können sehr spezifisch für ein bestimmtes Projekt erstellt werden. Eine andere Möglichkeit ist auch, Standards für die Dokumentation einzusetzen. Hier kann der Architekt aus einem reichen Arsenal an Möglichkeiten schöpfen. Beispiele sind das 4MAT-System [Vig07], arc42 [arc] oder IEEE 830 [IEE09]. Ein wichtiges Standardwerk zur Dokumentation ist *Documenting Software Architectures* von Paul Clements [CBB+10] oder das deutschsprachige Buch zum Thema von Stefan Zörner [Zör12]. Ebenfalls empfehlenswert ist *Software Architecture for Developers* von Simon Brown [brob].

Workflow- und Development-Services

Workflow- und Development-Services wie JIRA, FogBugz, Slack oder Zeplin möchten für Effizienz, Planbarkeit und Kommunikation in den Arbeitsalltag integriert werden. Für jedes Workflow-Tool sollte es eine Einsatzbeschreibung geben, die erklärt, wie das Tool im konkreten Projekt eingesetzt wird. Es ist nicht notwendig, jeden einzelnen Schritt im Arbeitsablauf zu dokumentieren, zumal sich diese Schritte häufig ändern; sie sollten jedoch im Team besprochen werden können. Bild 8.2 zeigt, an welchen Stellen im Softwareproduktionsprozess Dokumentation entstehen kann:

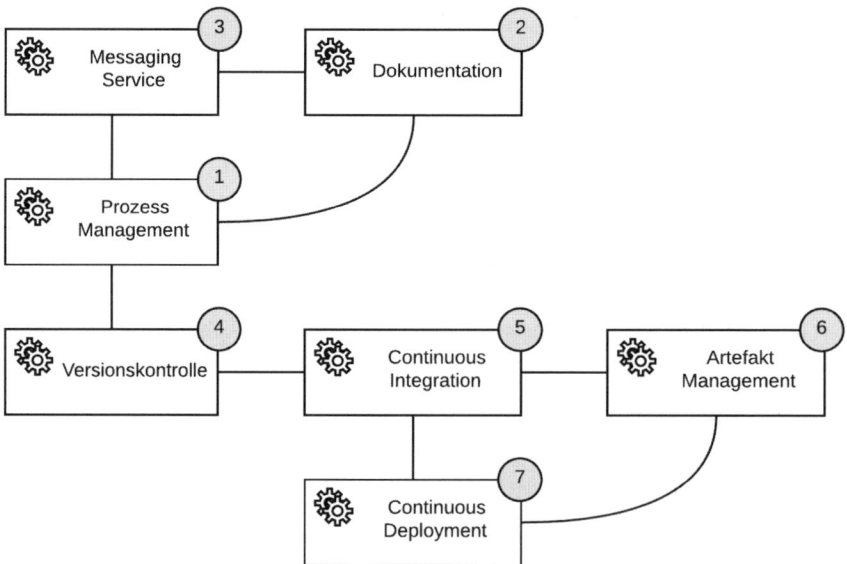

Bild 8.2 Beispiel für Dokumentation, die beim Einsatz von Workflow-Services entsteht

1. Ein Service für Arbeitsprozesse dokumentiert die Vorgänge. In diesem Fall nehmen wir an, dass ein Entwickler die Umsetzung einer Anforderung im Prozessmanagementservice annimmt.

2. Bei der Umsetzung trifft der Entwickler eine wichtige Entscheidung im Servicedesign und schreibt hierzu kurz einen Satz in die Dokumentation.

3. Damit das Team informiert ist, kommuniziert der Entwickler seine Entscheidung inklusive Referenz auf das Ticket und die Dokumentation in den eingesetzten Messaging-Service.

4. Die Änderungen werden inklusive Kommentar in die Versionskontrolle geschrieben. Für den Kommentar gibt es eine Policy, die sich das Team selber angelegt hat.

5. Der CI-Service entdeckt die Änderung und beginnt einen neuen Build, welcher erfolgreich endet. Dabei werden auch die neu entwickelten Tests erfolgreich ausgeführt. Es gibt nun eine Dokumentation, dass die fehlerfreie Umsetzung erfolgt ist.

6. Der CI-Service schreibt das fertig gebaute Softwarepaket in den Artefakt-Management-Service, der dieses revisionssicher aufbewahrt.

7. Schließlich wird das Paket auf Produktion ausgespielt. Der Continuous-Deployment-Service erzeugt dabei eine Dokumentation, zu welchem Zeitpunkt und von welchem Akteur dies geschehen ist.

Neugier und Offenheit in der Einführung und Verwendung von Werkzeugen sind Tugenden, denn pfiffige Features können Ihnen das Leben leichter machen. Wer seine Dokumentation im Griff hat, der kann im Einsatz von Werkzeugen flexibler sein, da er leichter neue Services einführen kann.

Vertragserfüllung nachweisen

Einige Prozesse in der Entwicklung haben rechtliche Relevanz, beispielsweise in Festpreisprojekten, bei denen Abläufe im Anforderungs- und Fehlermanagement zur Klärung von Meinungsverschiedenheiten relevant sein können. In einem solchen Fall sollten Prozesse schriftlich dokumentiert werden, damit ihn alle nachweislich einhalten können.

■ 8.4   Diagramme zeichnen

 TL;DR

- Ein Bild sagt mehr als tausend Worte.

Warum Diagramme zeichnen?

Texte können sehr gut für die nuancierte und exakte Beschreibung komplexer Zusammenhänge eingesetzt werden, setzen aber voraus, dass sich der Leser ausreichend Zeit zum Lesen reservieren kann. Deswegen habe ich in diesem Buch für die eiligen Leser jedes Kapitel zu Beginn zusammengefasst. In vielen Situationen möchte man in kurzer Zeit komplexe Zusammenhänge verdeutlichen. Anstatt hierfür zur Vorbereitung lange Texte zu schreiben, reicht in den meisten Fällen ein schlüssiges Diagramm, dass dann im Diskurs des Pudels Kern zutage fördert. In diesem Kapitel geht es um einige grundlegende Überlegungen zur Erstellung von Diagrammen als Kommunikationsmittel.

Wie Diagramme zeichnen?

Eine Systemdokumentation kann umfangreich werden, sodass eine einheitliche Darstellung es dem Leser erleichtert, größere Mengen an Informationen aufzunehmen. Wenn man für jedes Diagramm eine neue Notation lernen muss und die Diagramme zudem in uneinheitlichen Farben und Stilen vorliegen, so ist das Lesen schwieriger, als wenn alle Diagramme dieselbe Notation verwenden. Zudem möchte man beim Schreiben der Dokumentation auch nicht für jedes Diagramm eine eigene Notation erfinden. Aus diesen Gründen ist die Verwendung einer standardisierten Notation bei der Erstellung von Diagrammen ein Erfolgsfaktor der Analysierbarkeit. Es gibt heute zwei wesentliche Standards, die für Dokumentationen eine tragende Rolle spielen, und die jeder Architekt beherrschen sollte: die Unified Modeling Language (UML) sowie die Business Process Modelling Notation (BPMN).

Die Unified Modeling Language (UML) ist eine generische Notation zur Dokumentation von Architektur und Design in der Softwareentwicklung [BRJ05]. Eine Einführung in die UML bietet Chris Rupp [RQZ07]. Bild 8.3 zeigt die wesentlichen Elemente der UML, aus denen sich die meisten *Bausteinsichten* von Systemen zeichnen lassen. Neben den oben

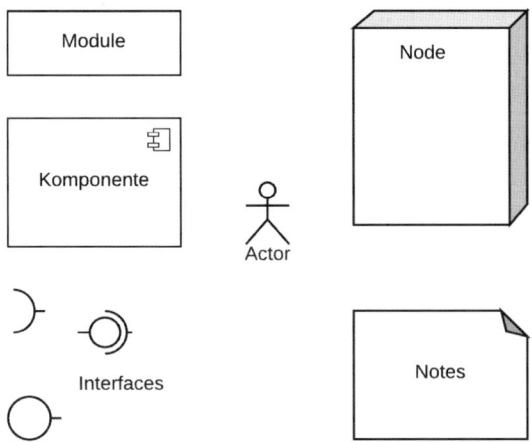

Bild 8.3 Einige Elemente der UML

erwähnten Vorteilen ist die UML zudem erweiterbar und lässt sich auf einen bestimmten Kontext bzw. Domäne zuschneiden. Bei großen Systemen mit vielen Diagrammen in der Dokumentation kann sich eine Investition in kontextspezifische Erweiterungen lohnen, um dieselbe einfacher gestalten zu können.

Ein weiterer Notationsstandard ist die BPMN [Obj11]. Die Object Management Group (OMG) hat diesen Standard vor einigen Jahren mit dem Ziel ins Leben gerufen, eine einfache und verständliche Notation von Geschäftsprozessen zu erreichen. BPMN-Diagramme sollen auch von fachlichen Benutzern und im Management gut verstanden werden können. Zugleich ist die Notation aber hinreichend genau, um Prozesse so zu modellieren, dass sie als Grundlage für die Entwicklung dienen können.

Der BPMN-Standard ist ein Amalgam aus Jahrzehnten von Best Practices der Prozessmodellierung und kommt damit aus der Praxis. Mit BPMN lassen sich Diagramme von Kollaborationen, Prozessen und Choreografien erstellen. Im Rahmen der Dokumentation von Geschäftssystemen sind für den Architekten hauptsächlich private, sowohl ausführbare als auch nicht-ausführbare Prozessdiagramme von Interesse. Solche Prozesse werden als Sequenz von Aktivitäten modelliert. Wie immer spielt auch hier der Kontext und die Perspektive bei der Dokumentation eine große Rolle. Ich verwende in diesem Buch immer wieder Elemente von BPMN-Diagrammen, um Zusammenhänge deutlich zu machen.

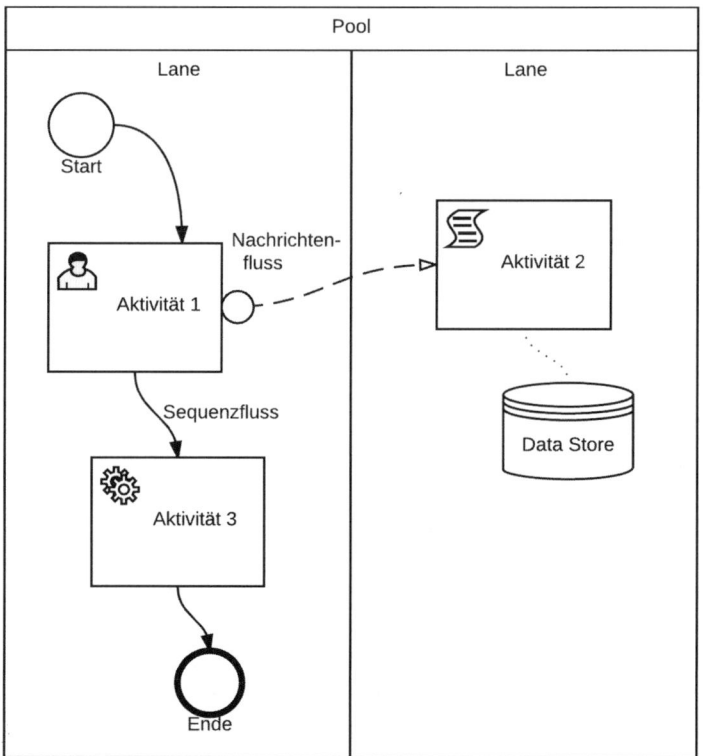

Bild 8.4 Einfaches Beispiel für ein BPMN-Prozessdiagramm

Abschließend sei erwähnt, dass es eine breite Palette von Werkzeugen für die Erstellung von Diagrammen gibt. Früher war dies mal die Domäne von mehr oder weniger schwergewichtigen Modellierungswerkzeugen wie Rational Rose oder Enterprise Architect. Da sich im Bereich der schnellen Webentwicklung die modellgetriebene Arbeitsweise nie durchsetzen konnte, ist der Einsatz solcher Werkzeuge bei Geschäftssystemen in vielen Fällen nicht nötig.

Es scheint heute geeigneter, auf SaaS-Dienste oder Wiki-Plug-ins zur Erstellung der Diagramme zu setzen. Die Erlernbarkeit des Werkzeugs ist wichtig, da der Nutzer neben der Notation auch das Werkzeug bedienen können muss. Wählt man ein Werkzeug mit guter Erlernbarkeit, so fällt eine weitere Hürde bei der Erstellung der Dokumentation, falls das Werkzeug im Team Akzeptanz findet.

Fazit

Wie bei den anderen Werkzeugen der Dokumentation ist auch bei der Software für Diagramme das benötigte Budget einzuplanen und der Dienst dem Team verfügbar zu machen. Notfalls reicht aber auch ein Foto der Scribbles vom letzten Workshop.

■ 8.5   Statische Analyse

TL;DR

- Die *statische Quelltextanalyse* kann wertvolle Hinweise auf die Qualität einer Software liefern.
- *Linting* ist ein Synonym für die statische Analyse von Quelltexten.
- Die Ästhetik der Quelltexte ist nicht unwichtig.
- Mithilfe der statischen Analyse können die Hotspots der Komplexität erkannt werden.

Was ist die statische Analyse?

Die statische Analyse der Quelltexte dient der Erkennung von Komplexität, der Einhaltung der Richtlinien für die Programmierung und lässt in begrenztem Maße Rückschlüsse über die Qualität eines laufenden Service zu. SonarQube [son] ist ein Standard in Bereich Quelltextanalyse, da dieses Werkzeug auch als Open-Source-Version verfügbar ist und heute für unterschiedlichste Programmiersprachen Analyzer liefert. Es verfügt über eine gute Usability und ist robust in der Analyse. Laufzeitprobleme konnte ich noch nie feststellen.

Die Regeln sind das Problem

Soll auch die statische Code-Qualität in die Bewertung Ihrer Software einließen, so gibt es eigentlich nur ein wesentliches Problem: die Erstellung der Regeln zur Analyse. Diese sind nicht standardisiert, und Sie müssen sie selber erarbeiten. Es gibt hier zwar vorgegebene Regelwerke, zum Beispiel für Java, aber die Chancen stehen gut, dass diese nicht gut zu Ihrem Projekt passen, vielleicht weil Sie einen Code-Generator einsetzen oder das verwendete Framework Sie zu Regelverstößen zwingt. Sie werden die Regeln also zumindest anpassen müssen, und das ist eine schwierige Aufgabe. Zum einen müssen Sie an sehr viel denken, und dabei wird zu Beginn manches übersehen. Merkt man dies später und passt die Regeln an, entdeckt man dann, dass bereits an vielen Stellen gegen die neuen Regeln verstoßen wird. Diese Stellen im Code müssen dann bereinigt werden.

SonarQube bietet eine Implementierung der SQALE-Methode [sqa], bei der Qualitätsmerkmale mit dem Source in Beziehung gesetzt werden (siehe Bild 8.5). Die Ergebnisse sind allerdings mit Vorsicht zu genießen, da die SQALE-Methode Regeln pro konkretem System vorsieht. Die Bestimmung, welches syntaktische Konstrukt in Ihrem Kontext welches Qualitätsmerkmal beeinflusst, ist eine schwierig zu lösende Aufgabe. Die Finanzierung hierfür könnte sich erst bei der Herstellung einer Produktlinie lohnen, bei der die syntaktischen Strukturen über viele Systeme hinweg gleichartig sind.

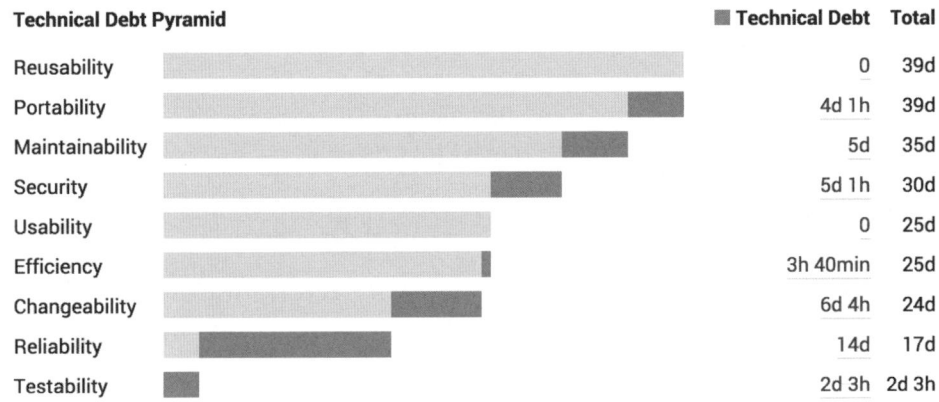

Technical Debt Pyramid		■ Technical Debt	Total
Reusability		0	39d
Portability		4d 1h	39d
Maintainability		5d	35d
Security		5d 1h	30d
Usability		0	25d
Efficiency		3h 40min	25d
Changeability		6d 4h	24d
Reliability		14d	17d
Testability		2d 3h	2d 3h

Bild 8.5 Technische Schulden nach SQALE

Quelltextästhetik

Hinzu kommt, dass die Regeln rund um die Syntax nicht in jedem Fall etwas mit Qualität zu tun haben, sondern mit den persönlichen Vorlieben des Produzenten. Ironischerweise helfen die Regeln aber insbesondere hier weiter, weil es klar geregelt ist, wie die Syntax aussehen soll. So kann dies nicht zu einem Politikum heranwachsen und für Streit sorgen. Hat man zu Beginn verbindliche Coding-Guidelines festgehalten, so sind die Quellen alle identisch formatiert, und es gibt keine visuellen Brüche, die den Flow stören, wenn man sich eingearbeitet hat.

Die statische Code-Analyse hilft, im Projekt die Konventionen einzuhalten, und sorgt für klare syntaktische Verhältnisse. Sie finden damit aber auch potenzielle Fehler, etwa mit FindBugs [fin], oder können beispielsweise mit PMD [pmd] schlechte Praktiken identifizieren. Ein statisch analysiertes System gibt seine Fehler leichter preis, nützt also der Testbarkeit.

Die Allgemeinsprache nutzen

Die Struktur der Quelltexte, also das Softwaredesign, ist für die Analyse bedeutsam. Generischer Code ist gut und hilft bei der Erweiterbarkeit, behindert aber die Analysierbarkeit, da kein Bezug zum konkreten Problem, also einer Anforderung, hergestellt werden kann. Hierzu sollte die Allgemeinsprache rigoros eingesetzt werden, damit dieser Bezug hergestellt werden kann. Klassennamen sollten sich beispielsweise als Nomen der Allgemeinsprache wiederfinden lassen.

Komplexität aufspüren

Wird der Code statisch analysiert, so ist die zyklomatische Komplexität bedeutsam. Je komplexer der Code ist, desto schwieriger ist es, ihn zu verstehen. Die zyklomatische Komplexität ist ein wichtiger Indikator und sollte beschränkt werden, um die Modularität einer Software zu bewahren.

Bild 8.6 zeigt die Grundarchitektur zur Einbettung in den Entwicklungsprozess. Grundsätzlich sind die Berichte zur Analyse eines Systems sehr wertvoll.

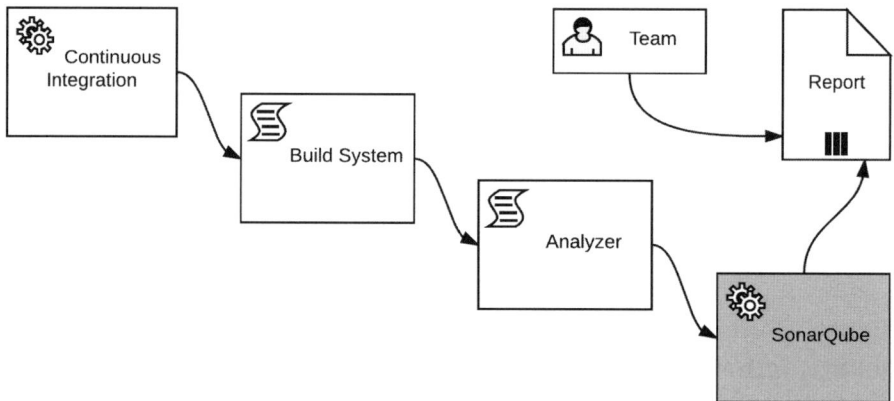

Bild 8.6 Statische Analyse mit SonarQube

Fazit

Die Einführung von SonarQube in die Entwicklung benötigt Aufwand, wenn die Ergebnisse nützlich sein sollen, aber es ist schwierig, den Nutzen in Zahlen zu fassen. Bestenfalls haben Sie mit den Daten aus SonarQube einen Indikator an der Hand, wie es um die Code-Qualität bestellt ist. Wenn das zu fertigende System lange leben soll, dann ist die Einführung gut für den Investitionsschutz. Insbesondere ist die Systemqualität und ihre historische Entwicklung ad hoc verfügbar. Auch können Qualitätsdefizite durch die von SonarQube unterstützte Berechnung technischer Schulden sinnvoll in Investitionsmaßnahmen überführt werden.

Dies ist insbesondere bei Monolithen der Fall. In einer Microservice-Architektur sind die Quelltexte eines Service in der Regel von überschaubarer Größe. Wenn Governance-Regeln es also nicht zwingend vorsehen, kann in diesem Fall auf aufwendige Analysen verzichtet werden. Hier reicht meiner Erfahrung nach häufig eine simple syntaktische Prüfung zur Einhaltung der Coding Guidelines.

9 Änderbarkeit

9.1 Einführung in die Änderbarkeit

It's really a lot of fun. - Eric Ries

 TL;DR

- Die *Änderbarkeit* bestimmt, wie leicht sich eine Modifikation von der Konzeption bis zum Rollout vollziehen lässt.

- Die Änderbarkeit ist abhängig von der Testbarkeit (7), Herstellbarkeit (17) und Prüfbarkeit (18) eines Systems oder Service.

- Die Änderbarkeit muss aktiv herbei geführt werden, beispielsweise durch Refactorings.

- Da die Herstellung der Änderbarkeit durch Continuous Deployment (9.4) aufwendig sein kann, muss sie verhandelt werden.

- Die Verhandlung der Änderbarkeit benötigt Führung in der Architektur und im Engineering-Management.

- *Engineering-Management* ist die systematische, disziplinierte und quantifizierte Entwicklung von Software durch die Führung und Messung von Entwicklungsprozessen.

- Als Beispiel für die Messung von Entwicklungsprozessen wird die Funktionspunktanalyse (9.3) als Beispiel für Schätzung von Aufwänden in der Microservice-Entwicklung angeführt.

- Für die Führung der Entwicklungsprozesse werden Geschäftsregeln für die Verwendung der Versionskontrolle, des Build- und Release-Managements sowie des Lizenzmanagements beschrieben.

Geschäftssysteme haben eine hohe Änderungsrate, da sie sich ständig anpassen müssen. Die Wartbarkeit ist deswegen möglichst effizient zu gestalten, damit mehr Geld in Funktionen und Qualität investiert werden kann und weniger Mittel für Deployments und Tests aufgewendet werden müssen. Die Methoden, die hierbei zum Einsatz kommen, sind Gegenstand dieses Kapitels über die Änderbarkeit. Die Änderbarkeit eines Geschäftssystems bestimmt, wie leicht sich eine Änderung von der Konzeption bis zum Rollout vollziehen lässt. Je schneller und effizienter Änderungen geschehen können, desto besser. Dies bedeutet vor allem eine durchgängige Automatisierung von Prozessen im Release- und Deployment-Management, welche eine enge Zusammenarbeit von Entwicklern und Administratoren voraussetzt. Dieses Miteinander heißt DevOps, und das übergeordnete Ziel dieser Bewegung ist tatsächlich das möglichst schnelle und qualitativ hochwertige Ausspielen von Änderungen an einem System [Bas15].

Einflussfaktoren der Änderbarkeit

Verschiedene andere Qualitätsmerkmale haben einen Einfluss auf die Änderbarkeit. Bild 9.1 zeigt diese Einflüsse auf und illustriert gleichzeitig die Beziehung zu den Prozessen zur Erreichung derselben:

- *Prüfbarkeit*: Je besser die Prüfbarkeit, desto leichter ist es, Daten über ein System zu sammeln und auszuwerten. Diese Daten bilden die Grundlage für Entscheidungen rund um das System und lassen beispielsweise die Erkennung von Fehlerbildern zu. Erst wenn man erkennen kann, ob ein Service funktioniert, kann man verlässliche Entscheidungen beim Rollout treffen. Wie wir später sehen werden, ist die Prüfbarkeit eng mit dem Monitoring eines Systems verknüpft.

- *Testbarkeit*: Je leichter ein System seine (funktionalen) Fehler preisgibt, desto leichter lassen sich Tests entwickeln. Je leichter sich Tests entwickeln lassen, desto mehr Tests werden geschrieben und desto höher ist die Wahrscheinlichkeit, dass ein Build fehlerfrei ist. Dies ist wiederum notwendige Voraussetzung für die Automatisierung. Ohne hohe Testabdeckung kann Continuous Deployment nicht funktionieren.

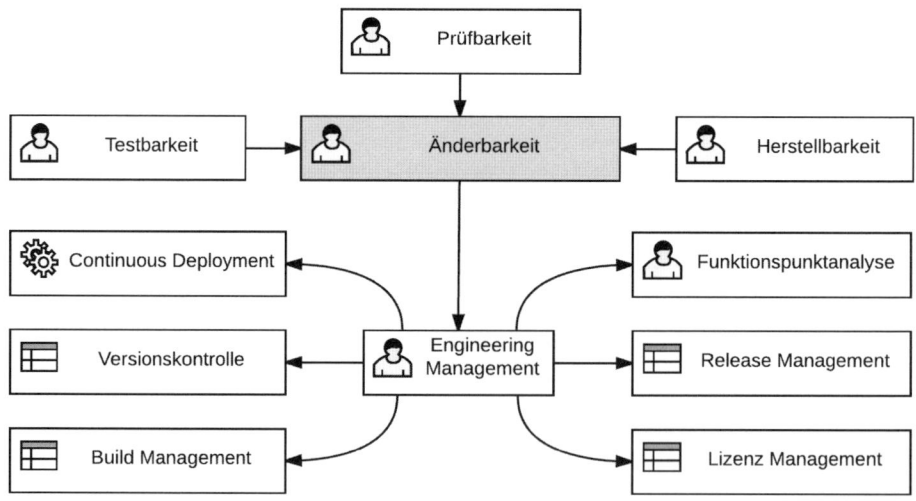

Bild 9.1 Prozesse und Einflussfaktoren der Änderbarkeit

▪ *Herstellbarkeit*: Je leichter sich physische Instanzen eines Service herstellen lassen, desto einfacher ist es, die Automatisierung seiner Konstruktion zu realisieren. Ohne eine gute Herstellbarkeit werden Prozesse im Continuous Deployment langsam und kostspielig.

Über Änderbarkeit muss nur gesprochen werden, wenn auch der Wunsch nach der Langlebigkeit eines Systems besteht. Sie müssen den Auftraggeber nicht mit einer Investitionsrechnung konfrontieren, wenn von vorne herein klar ist, dass das System nur wenige Wochen laufen soll, wie zum Beispiel das Special zur Fußball-EM. In den meisten Fällen ist der Wunsch nach Langlebigkeit aber durchaus gegeben, man hat sich darüber aber nicht in jedem Fall Gedanken gemacht. Die Frage nach der geplanten Lebensdauer des Systems sorgt dann für Überraschungen auf der Gegenseite. Viele Entscheider haben sich mittlerweile daran gewöhnt, dass Systeme schon nach drei Jahren ausgewechselt werden müssen … weil sie sich nicht mehr ändern lassen.

Wer es besser machen möchte, der stimmt den Investitionsfahrplan ab. Besteht Einigkeit, dass es besser wäre, die Investitionen auf fünf oder zehn Jahre zu verteilen, dann lassen sich die Maßnahmen zur Erhaltung der Wartbarkeit gut begründen, da Nachhaltigkeit gefragt ist.

Aktive Führung der Architektur

Um eine gute Änderbarkeit zu erreichen, benötigt es Führung. Sie wurden engagiert, um ein neues System zu bauen, weil Ihr Auftraggeber diese Kompetenz selber nicht hat. Sie sind also der Experte und tragen dann auch die Verantwortung für die fachliche Führung.

Ich lebe in den Berner Alpen und gehe sehr gerne klettern. Über die Jahre habe ich dabei einige Bergführer kennengelernt, und einer hat mir mal beim Zustieg auf den Piz Badile die drei Grundregeln erklärt, nach denen er beim Führen sein Handeln ausrichtet. Obwohl nicht direkt übertragbar, gibt es doch sinngemäß einige Parallelen zur Entwicklung eines Systems:

1. Der Kunde versucht, sich selber zu töten.

2. Der Kunde versucht, die anderen Kunden zu töten.

3. Der Kunde versucht, mich zu töten.

Gehen Sie also am besten davon aus, dass der Kunde Führung benötigt, damit es nicht zu Unfällen kommt. Nehmen Sie sich Zeit, die Sachverhalte zu erklären, und arbeiten Sie so transparent wie möglich. Die Entwicklung von Software ist unsichtbar, gleichzeitig aber kostenintensiv, weswegen sich Unbedarfte übervorteilt vorkommen können. Das erzeugt dann eine Blockade wichtiger Maßnahmen. Die ständige Präsentation und Diskussion von Arbeitsergebnissen ist ein wichtiger Erfolgsfaktor.

Um führen zu können, benötigen Sie Vertrauen. Ein Weg, dieses Vertrauen von Anfang an aufzubauen, ist es, Ihre ethischen Grundwerte zu kommunizieren. Die Ethikrichtlinien der Schweizer Informatik Gesellschaft [sig] helfen mir persönlich in schwierigen Verhandlungen, auch mal Nein sagen zu dürfen. Die Ethikrichtlinien enthalten zum Beispiel einen Passus zur Vermeidung unnötiger Komplexität. Dieser hat mir in mancher Diskussion schon sehr gut geholfen zu vermitteln, warum eine bestimmte Funktion zwar viel Aufwand, aber wenig Nutzen verursachen würde.

Software-Engineering-Management

Engineering Management ist ein Wissensgebiet des Software Engineering Body of Knowledge der IEEE Computer Society [swe04]. Ziel des Engineering-Managements ist die systematische, disziplinierte und quantifizierte Entwicklung von Software durch die Führung und Messung von Entwicklungsprozessen. Dies ist eine schwierige Aufgabe, da Softwareentwicklung sowohl Kreativität als auch Disziplin benötigt und es die richtige Balance zu finden gilt. Insbesondere die Disziplin ist in der Softwareentwicklung meiner Erfahrung nach ein großes Problem, unter dem viele Teams und Organisationen leiden. Das Engineering-Management ist ein Mittel, die Disziplin in der Entwicklung hoch zu halten.

Außerdem ist das Engineering-Management wichtig, um den andauernden Wandel in der Technologieentwicklung zu begleiten. Jede Ebene der Entwicklung (Infrastruktur, Frameworks, Methoden etc.) ist stetig im Wandel und erschwert so nachhaltiges Management. Sind die Entwicklungsprozesse jedoch strukturiert und transparent, so lässt sich dieser Wandel quantifizieren und ordentlich begleiten. Hierzu sollten die Prozesse der Entwicklung, aber auch die Anforderungen und Qualitätsstrategie dokumentiert werden.

In den vergangenen Jahren haben sich vermehrt agile Praktiken etabliert, die diesen Wandel pragmatisch ermöglichen. Aus der Führungsperspektive ist heute das Enablement von agilen Projektteams wichtiger als einschränkende Prozessvorgaben, um Qualität effizient liefern zu können. Wichtigster Faktor dieses Enablements ist die Bereitstellung von Werkzeugen für die Entwicklung wie der Versionskontrolle oder einem Continuous-Integration-Service.

Ein wesentlicher Aspekt des Engineering-Managements ist die Definition und Messung von Metriken (12.2), aber nicht zur Beobachtung des Systems im Betrieb, sondern zur Messung des Entwicklungsfortschritts. Dabei werden Fragen beantwortet, wie viele Tests es gibt, wie hoch die Testabdeckung ist, wie viele Tests fehlschlagen und ob es sich um schwere Fehler handelt oder nicht. Den Projektleiter treibt die Frage um, wie viel Prozent der Arbeiten bereits erledigt sind, damit er dies mit seiner Kalkulation abgleichen kann. Für all diese Fragen werden Daten benötigt, die regelmäßig in Berichten zusammengefasst und in der Projektsteuerung auf der Agenda stehen sollten. Das Engineering-Management sorgt dafür, dass die Messpunkte auf den eingesetzten Werkzeugen definiert und später gemessen werden.

Fazit

Strukturierte und effiziente Entwicklung gibt es nicht gratis, sondern sie muss im Team erarbeitet werden. Hierzu werden Continuous Deployment Pipelines aufgebaut und Regeln über Versionskontrolle, Build-, Release- und Lizenzmanagement vereinbart. Von großer Wichtigkeit für die Änderbarkeit sind kontinuierliche Refactorings. In den folgenden Kapiteln liefere ich hierfür Beispiele aus der Praxis.

■ 9.2 Qualitätsszenarien

Die Qualitätsszenarien der Änderbarkeit erlauben die Verhandlung einer Vielzahl von Maßnahmen, die für ein erfolgreiches Projekt wesentlich, aber vielen Projektbeteiligten unbekannt sind. Wie bei vielen anderen Qualitätsmerkmalen auch, geht es hierbei nicht um Funktionalität, die später im Browser beobachtet werden kann. Stattdessen geht es um langfristige Maßnahmen mit indirekten Auswirkungen auf das Softwareprodukt.

Die sorgfältige und gewissenhafte Diskussion und Planung der Maßnahmen sollte also genauso wichtig sein wie, sagen wir, die Aufnahme der Anforderungen. Wer bei langlebigen Projekten die richtigen Maßnahmen einleitet, dem winkt ein erfolgreiches System, das sich über den gesamten Lebenszyklus hinweg gut anpassen lässt.

Die Änderbarkeit gehört nach ISO/IEC 25010 [Int11] zur Wartbarkeit und ist ein allgemeiner Merker (3.2), der regelmäßig Arbeitspakete auslöst. Um diese Arbeitspakete zu Beginn einzugrenzen, können Sie mit den folgenden Beispielen die Diskussion eröffnen.

CH01) Während der Systemevolution kann eine neue Funktion mit demselben Aufwand umgesetzt werden, als wäre sie zu Beginn der Entwicklung eingegeben worden.

Es ist leicht für den Auftraggeber, diesem Szenario zuzustimmen, denn selbstverständlich soll sich die Software immer gleich gut ändern lassen. Es liegt dann an Ihnen sicherzustellen, dass dieses auch transparent nachweisbar ist. Die Funktionspunktanalyse (9.3) kann eine Methode sein, um dies sicherzustellen. Das Szenario beinhaltet aber implizit noch ganz andere Themen. Zu Beginn der Entwicklung gibt es nämlich noch kein Produktionssystem, sodass Rollout-Kosten hier kein Thema sind. Eine Diskussion um automatisches Deployment kann sich also nahtlos anschließen, beispielsweise über folgendes Szenario:

CH02) Ein Testmanager kann zu jeder Zeit einen der letzten zehn Builds, einen Build von vor einer Woche und von vor einem Monat sowie den aktuell auf Produktion installierten Build auf der Staging- und UAT-Umgebung selbstständig ausspielen und benötigt hierfür nicht länger als 15 Minuten.

Um dieses Szenario verwirklichen zu können, benötigen Sie ein Continuous-Deployment-System und eine vollständige Automatisierung Ihrer Pipeline, sonst ist der Rollout nicht in 15 Minuten zu schaffen. Die Erwähnung der Testmanagerrolle zieht dann ein Rechtekonzept nach sich, das regelt, wer auf welcher Umgebung Änderungen vornehmen darf.

Die folgenden zwei Szenarien beschäftigen sich mit Traceability und der Notwendigkeit, die Tools zur Source-Code-Verwaltung, dem Defect-Management und Requirements Engineering miteinander zu verbinden:

CH03) Ein Entwickler kann für umgesetzte Anforderungen genau nachvollziehen, welche Stellen im Source hierfür geändert worden sind.

CH04) Für jeden qualifizierten Fehler dokumentiert der Entwickler bei der Behebung die Stellen im Source, die für die Behebung geändert worden sind, und es entsteht ihm dadurch geringer Mehraufwand.

Das Beispiel CH04 hat zwei Aspekte. Ganz offensichtlich können die Änderungen im Versionskontrollsystem nachvollzogen werden. Um sie aber einem Fehler zuzuordnen, wird auch eine Verbindung zum Bugtracker benötigt. Üblicherweise notiert der Entwickler dann also die ID des Fehlers in seiner Commit Message.

CH05) *Das Fach kann eine qualifizierte Änderung am System für das Team nachvollziehbar eingeben, und die Änderung kann innerhalb von drei Wochen produktiv geschaltet werden.*

■ 9.3 Funktionspunkte analysieren

 TL;DR

- Die *Funktionspunktanalyse* (FPA) ist ein quantitatives Verfahren für die Bestimmung zu erwartenden Aufwände in der Softwareentwicklung.

- Die FPA ist ein abstraktes, technologisch und methodisch agnostisches Verfahren, bei dem Funktionen der Software gezählt werden.

- Das Verfahren lässt sich an die Prognose von Aufwänden für die Entwicklung von Microservices anpassen.

- Microservice-Architekturen lassen sich besser schätzen, da die Unsicherheit in Bezug auf den zu erwartenden Funktionsumfang kongruent zur Kenntnis der Domäne sinkt.

- Die ermittelten Funktionspunkte dienen nicht nur der Schätzung von Aufwänden in der Entwicklung, sondern lassen sich auch auf zu erwartende Wartungskosten extrapolieren.

Maßnahmen zur Erhaltung und Verbesserung der Wartbarkeit wie beispielsweise Refactorings, Stabilisierungssprints, Dokumentation oder die Optimierung der statischen Code-Qualität kosten viel Zeit und damit Geld. Ein immer wiederkehrendes Thema ist deswegen die Finanzierung derselben. Schön wäre es, wenn man nachweisen könnte, dass die Maßnahmen wirklich wirksam sind, d.h. dass sich das System tatsächlich stets gleich gut verändern lässt. Eine Option ist die kontinuierliche Messung der Aufwände, die bei Änderungen entstehen. Bleibt dieser Aufwand konstant, ist eine mögliche Schlussfolgerung, dass die Änderbarkeit in Ordnung ist. Es kann aber auch sein, dass weniger Änderungen vorgenommen wurden und deswegen weniger Aufwand zu Buche schlug. Es wäre doch fantastisch, wenn es ein Verfahren gäbe, das uns genau messen ließe, wie gut die Änderbarkeit unseres Systems tatsächlich ist.

Die klassische Funktionspunktanalyse

Eine Methode zur Messung von Aufwänden für geplante Änderungen an Software ist die Funktionspunktanalyse, eine Methode aus den späten 70er-Jahren [Alb79]. Bei dieser Methode bestimmt sich der Aufwand (A) durch das Produkt aus der Komplexität (K) einer Aufgabe, der verwendeten Technologie (T) sowie der Summe der zu entwickelnden Funktionspunkte (FP):

$$A = K \cdot T \cdot \sum FP \tag{9.1}$$

Bei diesem Verfahren zählt man die *universellen Funktionen* einer Software. Jeweils ein Punkt wird für jeden dieser fünf verschiedenen Funktionen gezählt:

1. Logical Files

    (a) Internal Logical File (ILF): Lesen oder Schreiben eines Datums

    (b) External Interface File (EIF): Lesen oder Schreiben eines Datums in einem anderen Service

2. Transaktionen eines Akteurs

    (a) External Input (EI): Eingabe eines Akteurs

    (b) External Output (EO): Ausgabe von Informationen für einen Akteur

    (c) External Inquiry (EQ): Verarbeitung einer Suchanfrage durch einen Akteur

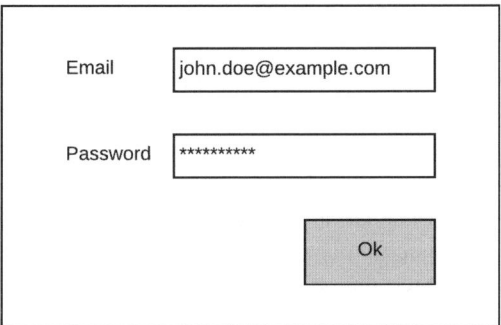

Bild 9.2 Beispiel für die Funktionspunktanalyse

Ein einfaches Beispiel möge dies verdeutlichen: Ein Login-Formular, wie in Bild 9.2 gezeigt, benötigt die folgenden Funktionen unter der Annahme, dass die eigentliche Authentifizierung über einen eigenen Service läuft:

- EI: Eingabe E-Mail: Label und Textbox (2)
- EI: Eingabe Password: Label und Textbox (2)
- EO: Anzeige CAPSLOCK-Hinweis (1)
- EO: Anzeige des Formulars mit OK-Button (2)
- EIF: Verifikation der Credentials durch ein externes System (2)
- EO: Anzeige Fehlermeldung bei falscher Eingabe (1)
- EO: Weiterleitung nach erfolgreicher Eingabe (1)

Macht summa summarum elf Funktionspunkte für die Entwicklung eines Formulars zur Authentifizierung. Wenn wir nun wissen möchten, wie viel Aufwand entstehen wird, wird bei der Funktionspunktanalyse zusätzlich die Komplexität und die verwendete Technologie mit einbezogen.

Komplexität einschätzen

In der Entwicklung hat man viele Anforderungen, aber diese sind nur bei spezieller Software komplex, sodass es sehr schwer fällt, Unterschiede in der Komplexität zwischen zwei Aufgaben in der Entwicklung festzustellen. Nur bei spezieller Software, beispielsweise in der Bilderkennung oder bei der Entwicklung von künstlicher Intelligenz, ist die Komplexität höher. Webentwicklung übersetzt in den allermeisten Fällen einfache Geschäftsprozesse und Benutzerschnittstellen, sodass man von konstant niedriger Komplexität ausgehen kann. Allerdings können die Entwicklungsaufgaben aus der Perspektive verschiedener Personen unterschiedlich komplex sein: Für den Lehrling ist es ungleich schwieriger als für den erfahrenen Experten. Aus diesem Grund sollte die Komplexität durch das Team bestimmt werden, das die Entwicklung leisten wird.

Da es sich um eine Multiplikation handelt, stellt der Wert 1 den Normalfall dar. Für Raketenwissenschaftler senken wir auf 0,5, für blutige Anfänger gilt der Faktor 2.

Einflussfaktor Technologie

Hinzu kommen die Aufwände nach Technologie als weiterer Faktor, da verschiedene Technologien unterschiedlich gut für spezifische Aufgaben geeignet sind. Einflussfaktoren sind an dieser Stelle die verwendete Programmiersprache, die Erfahrungen der Entwickler mit den verwendeten Technologien, die Reife ihrer Werkzeuge zur Produktion, beispielsweise die Continuous Delivery Pipeline usw.

Hierfür sind Erfahrungswerte aus vorangegangenen Projekten notwendig, um sich auf einen Faktor festzulegen. Tatsächlich gibt es keine offizielle Liste von Technologiefaktoren, auf der man den Wert nachschlagen kann. Es werden bei der Entwicklung zudem viele verschiedene Technologien eingesetzt, sodass auch beim Einsatz von Erfahrungswerten Vorsicht geboten ist, wenn beispielsweise ein neues MVC-Framework zum Einsatz kommen soll.

Kritik und Anwendbarkeit für Microservices

Seit das Verfahren entwickelt wurde, ist viel Wasser die Aare heruntergeflossen. Die Art von Software, die in den 70er-Jahren produziert wurde, gibt es heute nur noch selten, und zwar hauptsächlich auf der Ebene Betriebssystem, bei der die einzige Mensch-Maschine-Schnittstelle die Kommandozeile ist. Mein Hauptkritikpunkt der Methode ist, dass die Zählung eine vollständig konzeptionierte Benutzeroberfläche benötigt. Hat man diese jedoch vorliegen, so kann das Verfahren helfen, eine strukturierte Analyse der zu erwartenden Aufwände vorzunehmen.

In einer Microservice-Architektur sind Benutzeroberfläche und Geschäftslogik häufig getrennt: Erstere in der Anwendung (1.4) und Letztere im Microservice (1.4). Abstrahiert und reduziert man das Verfahren auf die Quantifikation von Funktionen, so haben wir in einer Microservice-Architektur, die domänengetrieben entwickelt wird, einen großen Vorteil, weil wir eben diese Funktionen bereits als Aggregate, Services, Entities und Value Objects quantifiziert haben. Die folgenden Punkte vergeben wir:

- Entität: Entities werden persistiert, wir weisen also jeweils einen Punkt für Create, Read, Update und Delete zu. Außerdem zählen wir Methoden unserer Entities mit jeweils einem weiteren Punkt.

- Value Object: Value Objects lassen sich einfach testen und müssen nicht gespeichert werden, weswegen wir nur einen Punkt pro Objekt vergeben. Value Objects haben in der Regel keine oder lediglich triviale Methoden, weswegen ein einziger Punkt ausreicht. Ist das Value Object schwieriger, beispielsweise weil eine komplexe Wertdeduktion nötig ist, so können wir im Einzelfall weitere Punkte zuweisen.

- Aggregat: Aggregate fassen unsere Entitäten und Value Objects zusammen, sodass wir diese durchzählen und zu unserem Ergebnis addieren. Pro Entität und Value Objekt zählen wir 1 plus 1 für das Aggregat selbst.

- Service: Für jeden Service vergeben wir Punkte in Abhängigkeit von seiner Funktionalität, die wir durch Addition ermitteln. Für jeden Parameter, jeden Rückgabewert sowie involvierte Value Objects und Entities zählen wir einen Punkt.

- Factories: Die Aufwände für die Entwicklung von Factories sind bereits in den Entitäten und Value Objects enthalten. Es werden keine Punkte vergeben.

- Repositories: Ähnlich wie bei den Factories vergeben wir keine Punkte für die Persistenz.

Durch dieses einfache Verfahren kommen wir zu einer Punktsumme, die wir dann mit der Komplexität und der eingesetzten Technologie multiplizieren.

Fazit

Die Genauigkeit der Schätzung bestimmt sich über das genaue Auszählen der Punkte, die Kenntnis der Teamkompetenz sowie den richtigen Ansatz des Technologiefaktors. Zu Beginn eines Projekts ist das genaue Auszählen nicht möglich, da die gewünschte Funktionalität noch nicht definiert ist. Die einzige Möglichkeit besteht hier darin, Annahmen zu treffen, wie viele Punkte eine bestimmte Funktion haben wird. Verbindlichkeit kann hier durch die Angabe der Annahmen sowie des Verfahrens geschaffen werden. Erweitert sich die gewünschte Funktionalität später in einem Maße, die die Annahmen übertrifft, so gibt es eine schriftliche Referenz, auf welchen Informationen die Schätzung basierte. Bei einem Angebot für ein Werk gilt nämlich der (schriftliche) Informationsstand zum Zeitpunkt der Erstellung.

Die Funktionspunktanalyse hat ihre Ecken und Kanten, und Sie müssen sie auf Ihren Arbeitsbereich zuschneiden, aber sie bietet ein strukturiertes, nachvollziehbares und einigermaßen objektives Instrument der Kostenkontrolle, das meiner Erfahrung nach überraschend gute Ergebnisse liefert. Zudem haben Sie so ein Messinstrument über implementierte Funktionalität in der Hand, das sie verwenden können, um über die Zeit den Nachweis zu bringen, dass Maßnahmen zur Wartbarkeit wirken. Ein weiterer Vorteil ist, dass durch die Kenntnis des Funktionsumfangs die Wartungskosten besser eingeschätzt werden können. Dies ist für die Investitionsrechnung des Managements ein wichtiges Datum.

Da sich die Umwelt und das Geschäft jedoch laufend ändern und insbesondere bei explorativen Projekten der Funktionsumfang zu Beginn nur ungefähr bestimmt werden kann, ist die FPA genau wie andere Schätzmethoden mit großer Vorsicht zu genießen. Hier bietet eine Microservice-Architektur den Vorteil, dass durch die Etablierung von Kontextgrenzen die Entwicklungsaufgaben eingegrenzt werden können, d.h. dass die Unsicherheit in Bezug auf den zu erwartenden Funktionsumfang kongruent zur Kenntnis der Domäne sinkt.

■ 9.4 Continuous Deployment

 TL;DR

- *Continuous Deployment* meint den Prozess der automatischen Konfigurationsänderung von Services.
- Continuous Deployment erhöht die Effizienz.
- Eine Konfigurationsänderung kann eine Änderung des Service selbst oder seiner Laufzeitumgebung sein.
- Die Schritte, die notwendig sind, um eine funktionierende Software auf einem Service auszurollen, heißt *Continuous Delivery Pipeline*.
- Um Continuous Deployment herstellen zu können, werden ein Continuous-Deployment-Service, ein Versionskontrollsystem sowie ein Continuous-Integration-System benötigt. Bei Programmiersprachen, die compiliert werden müssen, kommt außerdem ein Artefakt-Management-System zum Einsatz. Wir nennen diese Dienste kurz *Development-Services*.
- Development-Services sind Teil des Systems, das sie produzieren, und deswegen sollte das Team Kontrolle über diese Dienste haben, um effizient arbeiten zu können.
- Sofern der Service skalierbar ist, vereinfacht Continuous Deployment die Skalierbarkeit.

Was ist Continuous Deployment?

Möchte man einen Service in einer Umgebung (7.4) verändern, so sind hierfür je nach Technologie und Betriebssystem verschiedenste Schritte notwendig. Continuous Deployment (CD) ist eine Methode zur Automatisierung dieses Prozesses, bei dem Änderungen an der Laufzeitumgebung oder der Softwarekonfiguration eines Service durch Fernsteuerung implementiert werden. Damit dies möglich wird, werden verschiedene Dienste benötigt. Bild 9.3 zeigt das Vorgehen im Überblick: Nach dem Commit durch einen Entwickler wer-

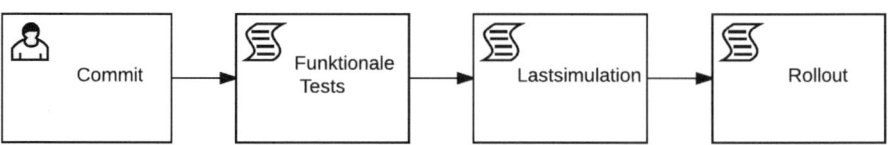

Bild 9.3 Continuous Deployment im Überblick

den erst funktionale und danach nicht-funktionale Tests durchgeführt. Sieht alles gut aus, werden die Änderungen auf Produktion ausgespielt.

Continuous Integration und Continuous Deployment

Die Frage nach dem Unterschied zwischen Continuous Integration und Continuous Deployment wird häufig gestellt und ist leicht zu beantworten: CI baut die Software Pakete und testet diese, der CD-Service ist für den Rollout der fertigen Softwarepakete zuständig. Häufig verwenden jedoch Teams ein- und dasselbe Werkzeug für beide Aufgaben, beispielsweise Jenkins [jen], das hierfür eigens um Build-Pipelines erweitert wurde.

Nur die wenigsten Teams ziehen Änderungen vom Commit bis zum Rollout auf Produktion vollautomatisch durch. In den meisten Fällen gibt es beispielsweise eine manuelle Qualitätssicherung oder es gibt Compliance-Gründe, weswegen die Software nicht vollautomatisch ausgerollt werden darf. Ein CD-Service trägt diesem Umstand damit Rechnung, dass es gewisse Schritte im Deployment nur bestimmten Personen erlaubt. Häufig haben CD-Services also ein Rechte- und Rollenmodell, das auf den Entwicklungsprozess zugeschnitten werden kann. Im Endeffekt bedeutet dies, dass gewisse Schritte der CD-Pipeline nicht automatisch laufen. Für eine nähere Diskussion von Delivery-Pipelines möchte ich auf das Buch von Bass [Bas15] verweisen.

Development-Services

Für die Realisierung der CD-Pipeline sind verschiedene Dienste notwendig, die für die Produktion des Systems unabdingbar sind:

- Ein Versionskontrollsystem wird für die Verwaltung der Quelltexte, Skripte und Konfigurationen unseres System benötigt. Zum Zugriff auf das System durch andere Services werden sogenannte *technische Benutzer* benötigt.
- Ein Continuous-Integration-Service, der unsere Software und Konfiguration baut und testet.
- Ein Artefakt-Repository für die Ablage fertiger Software oder Konfigurationspakete. Auch hier werden technische Benutzer für den Zugriff gebraucht, damit andere Dienste an die Daten kommen. In der Java-Entwicklung ist das ein Maven-Repository, bei PHP eine Composer-Infrastruktur.
- Ein Continuous-Deployment-Service, der die fertigen Softwarepakete ausspielt.

Da ohne diese Systeme keine Software geliefert werden kann, gelten hohe Anforderungen an die Verfügbarkeit und Performance.

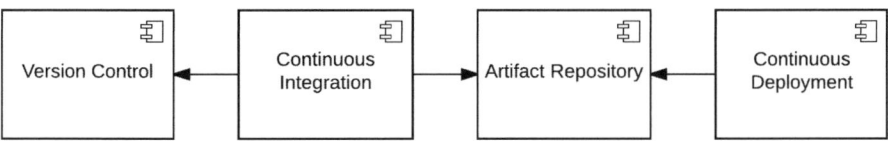

Bild 9.4 Development-Services im Überblick

Kosten von Continuous Deployment

In seiner einfachsten Form bedeutet Continuous Deployment, dass Konfigurationsänderungen an einem Service oder einem System automatisiert sind. Der größte Nutzen besteht also darin, dass die automatisierte Tätigkeit nicht mehr manuell ausgeführt werden muss und somit die Personalkosten gespart werden können und keine Fehler entstehen. Nach wie vor benötigen in vielen Teams schon einfache E-Commerce-Systeme mehrere Tage für ein einziges Deployment. Tatsächlich sind die anfallenden Kosten der Grund dafür, dass das System nicht sehr häufig geändert wird. Ist der Prozess aber automatisiert, fallen keine Kosten außer der Automatisierung mehr an. Diese Rechnung ist wirklich sehr einfach.

Ein Beispiel für Continuous Delivery

Es ist fahrlässig, den Einsatz und Betrieb der für die Arbeit kritischen Dienste nicht sorgfältig zu planen. Bild 9.5 zeigt eine solche Werkzeugkette am Beispiel. Die Anzahl der dabei verwendeten Systeme und ihre Integration ist nicht trivial, d.h. es entstehen signifikante Kosten im Betrieb und der Wartung dieser Systeme, vor allem, wenn man sie selber betreibt, was in vielen Fällen aufgrund von Business-Continuity-Anforderungen nötig ist.

1. Der CI-Service testet und paketiert die Software und speichert anschließend das fertige Softwarepaket in einem Artefakt-Repository.

2. Ein CI-Service testet Konfigurationsänderung an der Laufzeitumgebung in Kombination mit den neuen Softwarepaketen. Beispielsweise kann hier ein Image mit Packer [pac] erzeugt werden.

3. Aus Compliance-Gründen wird das Deployment nun manuell angestoßen.

4. Die erste Skriptwelle sorgt dafür, dass die Zielinfrastruktur an den getesteten Zustand angepasst wird. Dies können beispielsweise Anpassungen ans Betriebssystem der Zielmaschinen sein. Technologien wie Chef oder Puppet können dafür eingesetzt werden.

5. Nun werden die ersten Maschinen aus der Lastverteilung genommen. Mehr Details zu diesen Prozessen gibt es im Abschnitt über die Herstellbarkeit (17). Die verbleibenden Maschinen müssen den anfallenden Traffic alleine bewältigen.

6. Neue Instanzen unseres Services werden erzeugt und vermessen. Techniken wie das Culling (12.3) entfernen nach einem Testlauf Maschinen, die nicht den Performance-Anforderungen genügen, wieder aus dem Load Balancing. Außerdem kann an dieser Stelle nochmals ein Test durchgeführt werden, ob mit dem Release funktional alles in Ordnung ist.

7. Je nach Deployment-Strategie werden die neuen Maschinen nun in die Lastverteilung aufgenommen. Ein Beispiel für eine Deployment-Strategie sind Canary Deployments (19.4).

8. Wird die Last auf dem Service zu hoch, so können mit demselben Mechanismus neue Instanzen zur Laufzeit hinzugefügt werden.

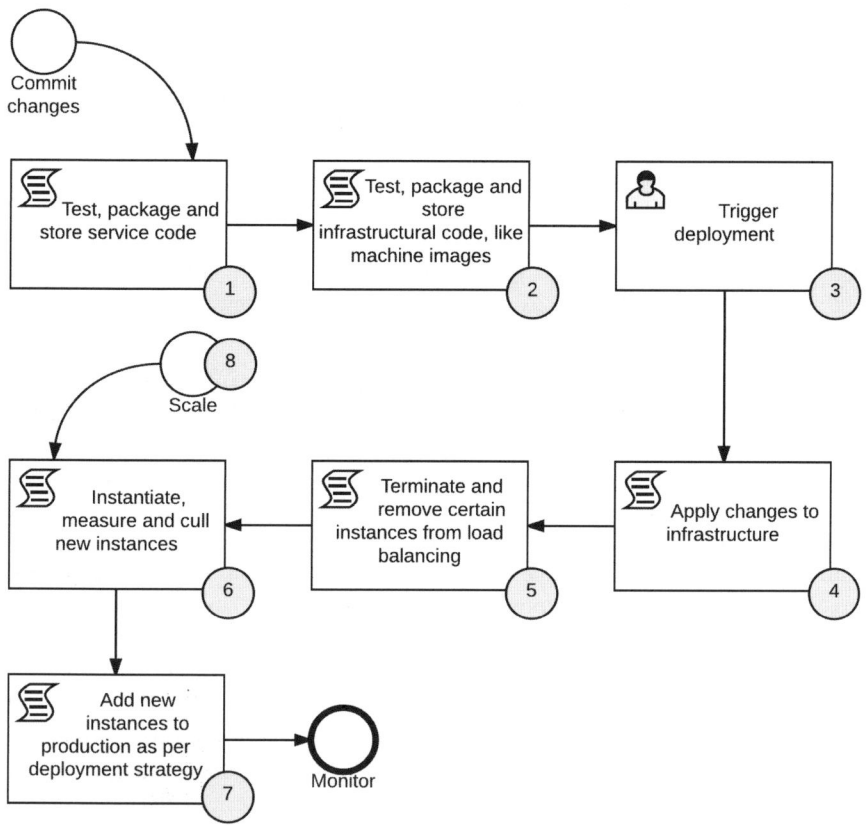

Bild 9.5 Eine Continuous-Deployment-Pipeline

Fazit

Die Produktionskette eines Systems ist untrennbar mit dem System selbst verbunden, weil Änderungen ausgespielt werden müssen. Häufig wird bei Ausschreibungen oder Angeboten die Produktionskette übersehen, sodass hier versteckte Kosten lauern. Die Migration einer Entwicklungsumgebung zwischen zwei Softwareorganisationen kann ein aufwendiges Unterfangen sein. Ist die CD-Umgebung jedoch gut geplant und umgesetzt, so können große Kosten gespart werden, während gleichzeitig die Qualität erhöht wird.

Damit das möglich wird, wird eine hohe automatische Testabdeckung in Kombination mit einem fortgeschrittenen Monitoring benötigt. Das Ergebnis ist eine hohe Kontrolle über die eigenen Services.

■ 9.5   Regeln für die Versionskontrolle

Everyone knows that debugging is twice as hard as writing a program in the first place. So if you're as clever as you can be when you write it, how will you ever debug it? Dennis Ritchie und Brian Kernighan [KP78]

 Im Rahmen des Engineering-Managements kümmert sich das Team um die Einhaltung von Regeln im Umgang mit dem Versionskontrollsystem.
■

Die Versionskontrolle ist ein sehr interessantes Thema. Als grundlegendes Werkzeug der Entwicklung ist Git [gita] heute nicht mehr wegzudenken. Allerdings unterscheidet sich die Arbeitsweise bei einer Microservice-Architektur drastisch von der eines Monolithen. Arbeiten nämlich alle Entwickler mit denselben Quelltexten in einem Repository, so benötigt man Prozesse und Regeln, um sich nicht in die Quere zu kommen. Ich bin sogar der Meinung, dass Branching-Regeln wie Gitflow [gitb] heute nur existieren, weil es Monolithen gibt. In einer Microservice-Architektur ist die Code Base viel kleiner, weil wir pro Microservice ein eigenes Code Repository verwenden können. Und weil die Code Base kleiner ist und weniger Personen weniger Zeit mit ihr verbringen, werden schwergewichtige Branching- und Merging-Prozesse überflüssig. Feature Branches sind auch bei einem Microservice sicher sinnvoll, unter anderem weil dann Pull Requests genutzt werden können.

Die folgenden Geschäftsregeln für den Umgang mit dem Versionskontrollsystem sind über die Jahre im Engineering-Management von verteilten und lokalen sowie großen und kleinen Teams entstanden:

- *Repository*: Sämtliche Quelltexte und Konfigurationen sollen im Versionskontrollsystem gespeichert werden.
- *Repository pro Service*: Pro Service soll ein eigenes Repository bewirtschaftet werden.
- *Repository-Name*: Der Name des Repositories sollte den Namen der Zielorganisation und den Namen des Microservice enthalten.
- *Kontrolle*: Die Administration des Versionskontrollsystems muss sich unter der Kontrolle des Teams befinden, damit beispielsweise neue Benutzer eingerichtet oder Schreibrechte vergeben werden können.
- *Atomic Commits*: In einem Versionskontrollsystem Artefakte ändern, entfernen oder hinzufügen heißt *Commit*. Ein Commit erzeugt eine Änderung des Systems und sollte so granular wie möglich sein.
- *Frequent Updates*: Arbeiten sollten in ebenso kleine Häppchen wie Commits geschnitten werden, sodass möglichst rasch comitted werden kann. Entwickler sollten mindestens täglich committen. Für ein Refactoring sind zwei Commits möglich: einer, in dem die Arbeit erledigt wird, und ein zweiter, der dann das Refactoring enthält.
- *Commit Message*: Jeder Commit muss von einer Commit Message begleitet werden, die den Commit dokumentiert. Die Commit Message besteht aus einer Headline und einem Body.

- *Commit Headline*: Wir schätzen die inhaltliche Qualität der Commit Message mehr als ihre syntaktische Korrektheit. Dennoch sollte jede Commit Message eine Überschrift haben, damit *git shortlog* gut funktioniert. Der erste Buchstabe der Commit Headline sollte ein Großbuchstabe sein. Die Headline sollte nicht mit einem Punkt beendet werden.

- *Commit Description*: Die Commit Message muss den Change präzise beschreiben. Wenn die Headline nicht ausreicht, den Commit zu beschreiben, sollte die Commit Message einen Body haben, der dies tut. Es bietet sich an, bei der Entwicklung getroffene Entscheidungen im Rahmen der Commit Message zu dokumentieren.

- *Context based commits*: Die Commit Message soll per ID mit dem Ticket-Management verbunden werden, um den Kontext einer Änderung zu dokumentieren. Die Referenz auf das Ticket sollte am Anfang der Commit Message stehen, damit sie schneller erkannt werden kann.

- *Branching*: Das Team verwendet das einfachste Branching-Modell, das zu unserer Arbeit passt, und dokumentiert es.

- *Branch TTL*: Feature Branches sollten nicht länger als eine Iteration bestehen, bevor sie gemerged werden müssen.

- *Tags*: Releases werden per Tag markiert.

- *Immutable Tags*: Tags dürfen nicht verändert oder gelöscht werden, es sei denn, es handelt sich um einen Fehler bei der Vergabe eines Tags.

- *Canonicality*: Artefakte, die sich generieren lassen, sollen nicht versioniert werden. Stattdessen soll der Mechanismus versioniert werden, der die Artefakte generiert.

- *Binaries*: Es dürfen keine Binaries versioniert werden. Binaries gehören in das Artefakt-Repository. Ausnahmen sind beispielsweise Bilder, die vom Frontend benötigt werden, oder Testartefakte.

■ 9.6　Regeln für das Build-Management

 Im Rahmen des Engineering-Managements kümmert sich das Team um die Einhaltung dieser Regeln beim Einsatz von Continuous Integration.

Sowohl bei der lokalen Entwicklung, bei Einsatz von Continuous Integration oder dem Testen von Software benötigt man ein Build-System, um das System bauen und testen zu können. Zu Continuous Integration gibt es viel Literatur, hier sei der grundlegende Artikel vom Martin Fowler empfohlen [Fowd]. Bild 9.6 zeigt die Prozesse, die die folgenden Regeln betreffen, die über die Jahre im Engineering-Management von verteilten und lokalen sowie großen und kleinen Teams entstanden sind:

- *Builds*: Das Build-System produziert Builds und versioniert diese entweder in einem Artefakt-Repository (bei Programmiersprachen, die compiliert werden müssen) oder einem Versionskontrollsystem (bei Programmiersprachen, die interpretiert werden können, beispielsweise per Tag).

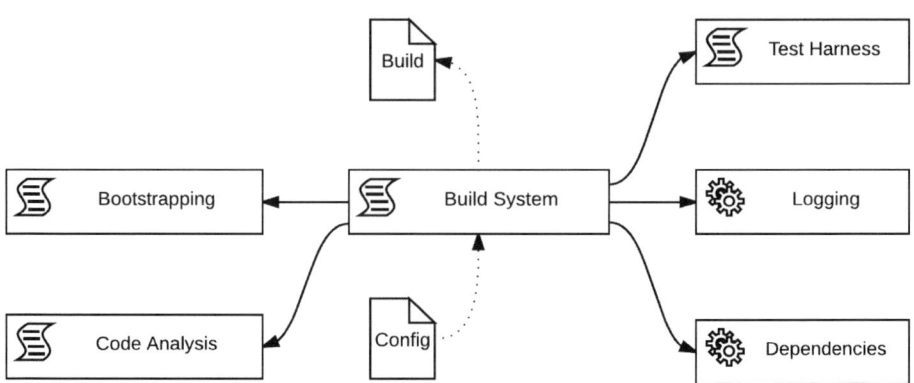

Bild 9.6 Prozesse des Build-Systems

- *Automation*: Das Build-System soll das gesamte System mit nur einem Kommando bauen können.
- *Simplicity*: Die Anzahl von Werkzeugen, die für die Konstruktion benötigt werden, ist zu minimieren, um die Komplexität zu reduzieren.
- *Bootstrapping*: Das Build-System sollte die zur Konstruktion benötigten Werkzeuge nach Möglichkeit selbst installieren.
- *Rapid Response*: Ein Build sollte so schnell wie möglich durchlaufen. Es muss entschieden werden, wie lange ein Build maximal dauern darf.
- *Konsistenz*: Die ausgewählten Werkzeuge zur Konstruktion eines Service sollten dokumentiert und im Team geprüft werden. Ist das Team mit Maven vertraut, so sollten die Services nicht mit Gradle gebaut werden. Pro Programmiersprache wird mindestens ein Werkzeug benötigt.
- *Logging*: Das Build-System soll eine Aufzeichnung der Build-Aktivität speichern. Es muss entschieden werden, wie lange die Aufzeichnungen der Build-Aktivitäten aufbewahrt werden sollen. Die Logs müssen gut zugänglich gespeichert werden, und es ist ein Prozess für den Zugriff abzustimmen. Ich habe schon bei einer Finanzinstitution erlebt, dass das Team keinen Zugriff auf die Build Logs hatte und deswegen Fehler nicht reproduzierbar waren.
- *Versionskontrolle*: Die Quellen des Build-Systems sollen versioniert werden, und zwar in einem eigenen Repository mit einer eigenen Versionierung.
- *Konfiguration*: Die Konfiguration des Build-Systems soll versioniert werden. Sie sollte möglichst einfach und klein ausfallen. Die beste Build-Konfiguration ist die, die keine Konfiguration benötigt. Eine gute Faustregel ist, dass für Änderungen an der Build-Konfiguration nur eine einzige Datei angepasst werden muss.
- *Dependencies*: Das Build-System soll die zur Konstruktion und Laufzeit benötigten Bibliotheken verwalten. Es muss entschieden werden, ob für den Bezug der Bibliotheken, aus Gründen der Performance, der Business Continuity oder dem Schutz vor NPM ein lokaler Mirror eingesetzt wird. Generell sollte vermieden werden, die Dependencies als Teil des System zu speichern, da diese sehr groß sein können. Dies verlängert Synchronisationsprozesse mit dem Versionskontrollsystem, die häufig vorkommen.

- *Immutability*: Ein Build mit denselben Eingaben sollte dasselbe Ergebnis liefern. Enthält ein Build beispielsweise einen Timestamp, dann ist es schwierig, ihn zu reproduzieren. Oft ist ein Build auch auf externe Dienste angewiesen, die verschiedene Ergebnisse liefern können, sodass ein Immutable Build praktisch nicht realisierbar ist.

- *Portierbarkeit*: Das Build-System soll auf den verschiedenen geplanten Umgebungen funktionieren. Diese Umgebungen sollten genau definiert sein. Die Werkzeuge der Entwickler müssen nicht dokumentiert werden, damit die Entwickler ihre bevorzugte IDE nutzen können.

- *Persistenz*: Alle DB-Interaktionen sollen als Skripte versioniert werden. Skripte sollten nach Umgebungen getrennt werden. Lokal sollte das Build-System eine leichtgewichtige Datenbank einsetzen, um den Build zu beschleunigen und die Isolation zu verbessern.

- *Code-Analyse*: Das Build-System sollte eine statische Code-Analyse durchführen. Es muss entschieden werden, ob und wann beim Überschreiten von Schwellwerten die Code-Analyse den Build unterbrechen darf.

■ 9.7   Regeln für das Release-Management

 Im Rahmen des Engineering-Managements kümmert sich das Team um die Einhaltung von Regeln beim Erzeugen von Releases. ■

Es gibt heute zwei verschiedene Wege, um Software zu versionieren. Beide basieren auf der Versionierung der Quelltexte, unterscheiden sich jedoch aufgrund der eingesetzten Programmiersprache. Interpretersprachen müssen nicht compiliert werden, d.h. es muss kein Artefakt separat vom Code erzeugt werden, um den Service instanziieren zu können. Bei diesem Vorgehen wird häufig im Versionskontrollsystem per Tag versioniert.

Bei compilierten Sprachen wird ein Artefakt erzeugt, das für das Deployment des Service nötig ist. Der Compiler übersetzt hier beispielsweise in Byte-Code, der dann auf einer virtuellen Maschine ausgeführt werden kann. Hier muss sich das Team auf Regeln für die Versionsnummer einigen. Insbesondere bei der Publikation öffentlicher APIs ist es wichtig, dass Abwärtskompatibilität gegeben ist, sodass eine Vereinbarung wie Semantic Versioning notwendig wird.

- *Branch Based Release Management*: Websites sind häufig auf Basis von PHP entwickelt. Für Interpretersprachen bietet sich das sogenannte Branch Based Release Management an, bei der im Versionskontrollsystem der Stand der Software entweder als Branch oder Tag gekennzeichnet wird. Dieser Tag wird auf der Zielumgebung synchronisiert. Das ist ein effizientes Vorgehen und darüber hinaus auch sehr genau. Problematisch kann die Connectivity zwischen Versionskontrollsystem und Zielumgebung sein. Ist eine API öffentlich, so kann man Änderungen an der API über die spezifische Inkrementierung der Versionsnummer kommunizieren [sem].

- *Versionsbasiertes Release-Management*: Für Programmiersprachen, bei denen Artefakte für die Installation auf einer Zielumgebung erzeugt werden, bietet sich das versionsbasierte Release-Management an. Dies ist zum Beispiel bei Java-Systemen der Fall. Üblicherweise wird heute per Semantic Versioning nummeriert. Die Versionsnummer zeigt hier die Kompatibilität der API an. Liegt eine Versionsnummer der Form *MAJOR.MINOR.PATCH* (zum Beispiel *3.2.1*) vor, so inkrementieren wir:

1. die MAJOR-Version, wenn inkompatible API-Änderungen vorgenommen werden.

2. die MINOR-Version, wenn Funktionalität hinzukommt, sich aber das Verhalten nicht ändert.

3. die PATCH-Version, wenn abwärts kompatible Bugfixes vorgenommen wurden.

- *Change-Management*: Alle Änderungen, die Teil einer bestimmten Version sind, sollen dokumentiert sein. Der Zugriff auf die Änderungen sollte so leicht wie möglich sein, beispielsweise eine Liste von Links auf Tickets, wie heute oft üblich als Teil der Release Notes.

- *Release Build*: Eine öffentliche Version kann ein Release Build sein. Ein Release Build ist ein freigegebener Build, der veröffentlicht werden kann. Der Release Build sollte wie jeder andere Build auch in einer kontrollierten Umgebung automatisiert sein.

- *Automatisches Deployment*: Das Deployment eines Service soll automatisiert sein, damit keine manuellen Aufwände anfallen und keine Fehler gemacht werden. Dies beschleunigt das Deployment und senkt die Kosten, sodass häufiger ausgespielt werden kann.

- *Rollen- und Rechtekonzept*: Für jede Umgebung wurde im Team definiert, welche Personen ein Deployment vornehmen dürfen.

- *Smoke-Test*: Jedes Deployment soll einen Smoke-Test durchführen, bei dem der Service und seine Konfiguration automatisch auf korrekte Funktionalität geprüft wird. Siehe hierzu auch den Self Test (18.2).

■ 9.8   Regeln für das Lizenzmanagement

 Beim Einsatz quelloffener Software oder der Veröffentlichung von Software als Open Source ist ein gewissenhafter Umgang mit den Lizenzen notwendig. ■

Bei der Konstruktion von Software werden verschiedenste Bibliotheken eingesetzt, die mit den unterschiedlichsten Lizenzen ausgestattet sind. Diese Open-Source-Produkte bieten dem Team große Vorteile, aber im Gegenzug muss darauf geachtet werden, nicht gegen die Lizenzbedingungen zu verstoßen. Manchmal möchte man Teile der eigenen Arbeit auch an die Allgemeinheit zurückgeben. Hier stellt sich dann die Frage, unter welcher Lizenz man dies tun sollte.

Für diese Fälle lohnt es sich also, im Team einige wenige, aber verbindliche Regeln für die Verwendung und Publikation quelloffener Bibliotheken aufzustellen:

- Das Team pflegt eine Aufstellung der für die Entwicklung verwendeter Open-Source-Bibliotheken und Frameworks pro Service. Die meisten Lizenzen der Bibliotheken sehen vor, dass bei der Auslieferung auch eine Kopie der Originallizenz inkludiert wird.

Dies sollte der Build also sicherstellen. Für die Verwaltung von Lizenzinformationen mit Maven gibt es ein spezielles Plug-in, das Maven License Plug-in [lic].

- Bei der Publikation von Open-Source-Software soll stets eine bestimmte Lizenz eingesetzt werden. Je nachdem, um was für eine Organisation oder Service es sich handelt, werden geschäftsfreundliche Lizenzen wie die Apache License oder aber Copyleft-Lizenzen wie die GPL verwendet. Letztere ist eine Lizenz für Free Software.

- In vielen Organisationen ist zudem die Zustimmung der Linie notwendig, bevor geistiges Eigentum öffentlich gemacht werden darf. Dieser Prozess sollte dokumentiert werden, sofern er existiert.

- Die Art und Weise, wie Bibliotheken veröffentlicht werden dürfen, sollte auch beschrieben sein. Viele Organisationen sind heute bereits auf den Plattformen GitHub oder Bitbucket vertreten und offerieren ihre quelloffenen Produkte unter einem gemeinsamen Dach. Der Prozess zum Anlegen neuer Projekte auf diesen Plattformen sollte beschrieben sein.

- Open-Source-Produkte müssen gewartet werden wie andere Softwareprodukte auch. Vor der Veröffentlichung gilt es zu überlegen, ob man die Wartungsaufwände für ein Produkt künftig wird leisten können. Es ist schlecht für das Image einer Firma, wenn ihre Open-Source-Produkte schlecht gewartet daher kommen.

- Eine gute Idee sind auch Regeln für den Umgang mit Forks auf den öffentlichen Plattformen wie Bitbucket oder GitHub. Bei der Anpassung, Verbesserung oder Optimierung von Open-Source-Bibliotheken werden diese geforkt. Dies kann auch rechtliche Probleme mit sich bringen: Wenn ein Kunde die Übertragung aller Immaterialgüterrechte der Arbeitsergebnisse vereinbart hat, dann kann man ihm nicht die Rechte am Fork eines Open-Source-Projekts übertragen. Dies sollte also bei Auftragsarbeiten geregelt sein.

- Früher wurde jede Quelldatei zu Beginn mit einem Hinweis auf das Urheberrecht versehen. In einigen Organisationen sind diese Hinweise so lang, dass man ziemlich weit runterscrollen muss, um an den eigentlichen Quelltext zu gelangen, der dann nur eine oder zwei Zeilen hat. Man geht heute davon aus, dass diese Hinweise in jeder Datei nicht mehr notwendig sind. Stattdessen reicht es, im Root des Git-Repositories eine Lizenzdatei abzulegen, die die Immaterialgüterrechte des Produkts im Ganzen regelt.

TEIL III

Performance

10 Einleitung

■ 10.1 Einführung in die Performance

mit Nicolas Bär und Christian Wittwer

 Die Definitionen rund um die Performance sind den Büchern von Ilya Grigorik [Gri13] und Michael Nygard [Nyg07] angelehnt:

- Die Kommunikation zwischen einem Upstream- und Downstream-Service (2.3) heißt *Transaktion*.
- Die Summe der Transaktionen heißt *Traffic*.
- In einem Geschäftssystem sind Transaktionen Domänenereignisse (5.4).
- Die *Performance* ist die Dauer einer Transaktion, die in einem Geschäftssystem durch die folgenden Faktoren bestimmt wird:
  1. die Service-Performance (12) der an der Transaktion beteiligten Services,
  2. die Latenz (11) der Verbindung zwischen Upstream- und Downstream-Service,
  3. sowie die Kapazität (13) des Downstream-Service. Die Kapazität ist die maximale Bandbreite, die ein System oder ein Service unter Last bei akzeptabler Antwortzeit liefern kann.
- Die Performance ist ein wichtiger Faktor der User Experience.
- Der *Apdex* ist eine Metrik für die subjektive Messung der Performance.

Die Performance ist ein Basismerkmal [KSTT84], das von allen Stakeholdern erwartet wird, denn niemand mag ein langsames System. Lädt eine Seite zu langsam, so sinken die Besucherzahlen und der Page Rank bei Google. Eine gute Performance ist jedoch schwierig, in einigen Fällen sogar unmöglich zu erreichen, sodass eine wiederkehrende Analyse und Diskussionen der Geschwindigkeit unseres Systems nicht fehlen dürfen.

In einem Geschäftssystem spielen viele verschiedene Faktoren eine Rolle, wenn es um die erlebte Geschwindigkeit im Browser geht. Die Performance ist für den Benutzer direkt spürbar, sodass eine Analyse gut an dieser Stelle beginnen kann. Wird eine Seite geladen, so beeinflussen die folgenden Faktoren, die auch in Bild 10.1 dargestellt sind, das Erlebnis:

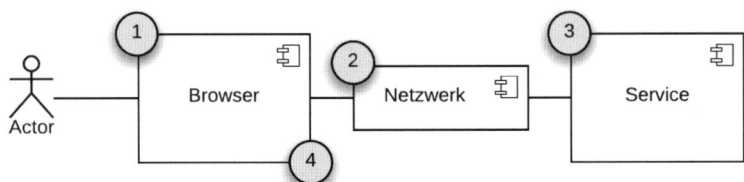

Bild 10.1 Einflussfaktoren der Performance

Schritt 1: Verbindungsaufbau

Der Benutzer wählt eine URL aus, und der Browser beginnt die *Transaktion* zum Laden der Seite. Um Daten vom Server beziehen zu können, erfolgt zunächst der DNS Lookup, der uns verrät, welche Adresse der Server hat. Haben wir die Adresse, erfolgt der initiale Handshake mit dem Server, und zwar üblicherweise die längere, verschlüsselte Variante, da heute mehrheitlich SSL zum Einsatz kommt. Das heißt, die ersten wertvollen Millisekunden werden für den physischen Verbindungsaufbau benötigt.

Schritt 2: Pakete laufen zwischen Browser und Service

Die Laufzeit der Pakete zwischen Browser und Service ist die *Latenz* der Verbindung. Die Latenz wird beeinflusst durch die physische Distanz, die die Signale zurücklegen müssen. Die langen Strecken laufen über Glasfaser, bei der sich Pakete annähernd mit Lichtgeschwindigkeit bewegen können. Man rechnet mit 200.000 km/s. Von der Schweiz bis nach Australien sind es 15.000 km, also läuft ein Signal 75 ms. Zudem müssen unterwegs zahllose Router per *Hop* überwunden werden, die für Verzögerungen sorgen. Kapitel 11 beschreibt alle Einzelheiten der Latenz.

Schritt 3: Der Service muss die Antwort berechnen

Schließlich benötigt unser Service eine gewisse Weile, bis er die Anfrage verarbeitet hat. Gegebenenfalls muss er mit anderen Services sprechen, um eine vollständige Antwort berechnen zu können. Die Antwortzeit des Service ist die Service-Performance, die wir in Kapitel 12 diskutieren. Hat der Service die Antwort berechnet, so schickt er diese über das Netzwerk zurück an den Browser. Die Antwortzeit des Service wird durch die Service-Performance (12) und seine Kapazität bestimmt. Die Kapazität (13) eines Service ist schwierig zu bestimmen, da sie variabel ist. Sie kann sich je nach Lastszenario ändern und zudem durch Skalierung (14) willentlich erweitert oder reduziert werden.

Schritt 4: Der Browser muss die Seite darstellen

Der Browser erhält die Antwort und beginnt mit dem Aufbau der Seite. Die Zeit, die vergeht, bis die ersten Daten eintreffen, heißt *TTFB* (siehe Kasten). Hierfür muss er alle Ressourcen zusätzlich laden, die für den Seitenaufbau benötigt werden. Da ein Browser bei HTTP/1 nur zwischen 4 und 11 Requests parallel verarbeiten kann, lassen sich hier Richtlinien für die maximale Anzahl von Requests pro Page View ableiten, um eine optimale Frontend-Performance zu erreichen bzw. um die Last auf die Backend-Server zu reduzieren. Eine einziger Page View kommt schnell auf über 50 Requests. Bei HTTP/2 (11.3) müssen zwar dieselben Ressourcen geladen werden, aber der Wasserfalleffekt wie bei HTTP/1 ist nicht mehr sichtbar, und es geht bedeutend schneller.

Schließlich benötigt der Browser noch einige Zeit, um das DOM und das CSSOM [css] aufzubauen, das JavaScript zu parsen und dann die Seite darzustellen. Je weniger Knoten das DOM und CSSOM haben und je einfacher und schlanker das JavaScript ist, desto schneller wird die Seite angezeigt. Zu diesem Thema gibt es eine beträchtliche Menge Literatur, beispielsweise [Mei16], weswegen ich an dieser Stelle nicht näher auf die *Render Performance* im Browser eingehen möchte.

 Rund um die Performance im Browser gibt es einige weitere Begriffe, die wir kennen sollten:

- Die *Time-to-first-byte (TTFB)* ist die Dauer zwischen dem Absenden eines Requests bis zum Eintreffen des ersten Bytes der Antwort. In der TTFB enthalten ist die Zeit für den DNS Lookup, das Aufbauen der Verbindung zum Backend und der Verarbeitung des Requests im Backend. Die TTFB enthält nicht die Verarbeitungsgeschwindigkeit im Browser. Nimmt man die Verarbeitungsgeschwindigkeit im Browser mit hinzu, so spricht man von *Performance*.

- Ein *Page View* bezeichnet das Laden einer Seite mit allen benötigten Ressourcen. Ein Request ist der Abruf einer einzigen Ressource. Eine einzelne Page benötigt stets einen Request für das Laden des HTML sowie weitere Requests für alle von der Seite für die Darstellung benötigten Inhalte (CSS-Stylesheets, JavaScript-Dateien und Bilder).

- Eine Verfeinerung des Page View heißt *Above the fold*: Hier geht es darum, nur den Bereich zu messen, den ein Benutzer beim Laden der Seite tatsächlich sehen kann. Der Begriff kommt aus der Zeitungsbranche: *Über dem Falz* ist das, was die Leute morgens am Kiosk schon in der Zeitung sehen können, wenn sie noch im Regal liegt.

Kaum ein anderes Qualitätsmerkmal lässt sich so leicht messen wie die Antwortzeit eines Geschäftssystems. Man kann diese Messungen automatisieren und in Form von Histogrammen grafisch aufbereiten. Eine solche Messung heißt auch Metrik (12.2). Metriken haben Einfluss auf viele verschiedene Qualitätsmerkmale, wie wir später sehen werden. Die gemessenen Zeiten für *Above the fold* oder *TTFB* sind zudem für alle Stakeholder verständlich, denn jeder kann sich unter einer Ladezeit von 2 s etwas vorstellen. Die Einflussfaktoren der Performance fasst Bild 10.2 zusammen.

Performance und User Experience

Die Performance ist also für alle spürbar und am meisten für den Endbenutzer, dessen Eindruck maßgeblich durch dieselbe bestimmt wird. Doch es ist nicht immer einfach, ei-

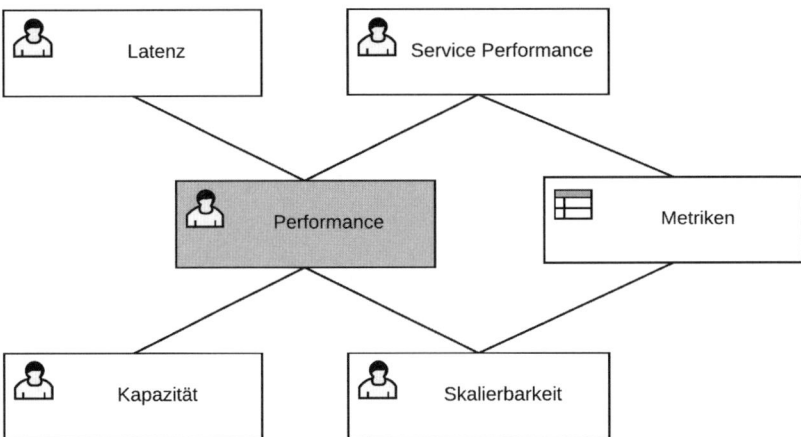

Bild 10.2 Prozesse der Performance

ne gute Performance herzustellen, beispielsweise wenn noch ein langsamer Service im Hintergrund werkelt, den wir nicht selber kontrollieren können. In solchen Fällen ist eine transparente Kommunikation hilfreich, damit die Benutzer verstehen können, warum die Transaktionen so lange laufen. Bei einem intern verwendeten System kann diese Kommunikation eine simple Besprechung im Team sein, sodass alle wissen, warum gewisse Transaktionen lange laufen. Ist man gezwungen, die langsamen Funktionen auch extern anzubieten, also beispielsweise Kunden oder Partnern, so sollte das UX dies berücksichtigen und dem Benutzer Feedback geben, dass es nun eine Weile dauert.

Für die Analyse und Verbesserung der Performance kann man viel Geld investieren. Also sollte man darauf achten, dass die Maßnahmen zur Verbesserung auch den tatsächlichen Anforderungen entsprechen. Arbeitet ein System nur für den deutschen Markt, brauchen wir keine Auslieferung in Asien. Die Anforderungen sind entsprechend genau zu erheben. Die Performance ist außerdem kein Selbstzweck. Power User können auch mit mehreren Sekunden Latenz leben, wenn sie nicht den ganzen Tag mit der fraglichen Funktion arbeiten müssen. Es gibt also Fälle, in denen ein System auch langsam sein darf. Es obliegt dem Architekten, die Bedürfnisse rund um die Performance genau zu erheben, damit er ein optimales System entwerfen kann.

Die Apdex-Metrik

Die systematisch erhobenen Daten von Antwortzeiten zeigen meistens Durchschnittswerte oder Verteilungen von Antwortzeiten an, nicht aber das Gefühl der Anwender bei der Arbeit mit dem System. Bei der Messung des Apdex wird der Benutzer nach seinem Empfinden befragt. Dies kann eine gute Alternative für die Bewertung der Performance eines Systems sein.

Der Apdex ist eine Metrik (12.2) für verschiedenste Subjekte, der auf einer Skala von Gut bis Inakzeptabel leicht interpretiert werden kann [apd]. Er findet nicht nur in der Informatik Anwendung, kommt aber daher und eignet sich für Diskussionen rund um die Performance sehr gut, da er auch vom Fach verstanden wird. Bei dieser Methode können die Antwortzeiten des Systems gemessen und von den Stakeholdern bewertet. Ist der Stakeholder zufrieden, so wird ein „Satisfied" gezählt. Lässt die Antwortzeit zu wünschen übrig, aber es lässt sich noch arbeiten, so wird ein „Tolerable" gutgeschrieben. Wenn die Antwortzeit jedoch nicht mehr zumutbar ist, wird „frustrierend langsam" eingetragen. Aus diesen Daten kann dann der Apdex errechnet werden:

$$Apdex = \frac{SatisfiedCount + \frac{ToleratingCount}{2}}{TotalSamples} \tag{10.1}$$

Der beste Apdex ist 1, aber das ist effektiv nicht erreichbar. Werte über 0,93 sind exzellent und nicht einfach zu erreichen.

◼ 10.2 Qualitätsszenarien

Um mit den Stakeholdern über Performance sprechen zu können und um später Bewertungskriterien für die Tauglichkeit der vorgeschlagenen Maßnahmen und Architektur zu haben, eignen sich einige wenige Qualitätsszenarien. Was ein Qualitätsszenario ist und wie es verwendet werden kann, ist in Abschnitt 3.2 beschrieben. In Bezug auf die Performance können Sie eines der folgenden Szenarien als Einstieg wählen:

PERF01) *Ein Kunde bekommt eine Page View der Startseite des Shops, zu jeder Zeit, in weniger als fünf Sekunden.*

PERF02) *Ein Kunde sieht den Bereich Above-the-fold zu jeder Zeit in weniger als einer Sekunde, und das statistische Mittel der Renderzeit liegt 20 % unter dem von Konkurrent XYZ.*

PERF03) *Ein Kunde erhält zu jeder Zeit nach weniger als drei Sekunden ein Suchergebnis.*

Alle diese Szenarien drehen sich um die Performance im Browser. PERF01 ist hauptsächlich von der Service-Performance des Backends und der Latenz zwischen Benutzer und Backend abhängig. PERF02 stellt einen interessanten Bezug zu einem Konkurrenten her, der die Messlatte für den eigenen Engineering-Effort darstellen kann. PERF03 bezieht sich sehr unmittelbar auf die Performance des Such-Service.

Das Szenario PERF04 behandelt die Kapazität eines Order-Services, der die Bestellungen verarbeitet:

PERF04) *Während der Geschäftszeiten verarbeitet das System bis zu 8000 Bestellungen pro Minute.*

Qualitätsszenarien zur *Skalierbarkeit* beschäftigen sich hauptsächlich mit dem Hinzufügen und Wegnehmen von Ressourcen. Die Messkriterien der Szenarien reflektieren dabei die Änderungen an Last und Verfügbarkeit [BKC13]. Wie bei allen Qualitätsszenarien ist die

Verständlichkeit für alle beteiligten Parteien die Leitidee, damit die schließlich resultierende Architektur fair verhandelt werden kann. In einem ersten Beispiel könnte ein Verhandlungsergebnis sein, dass das System nicht automatisch skalieren kann, weil beispielsweise das erforderliche Budget hierfür nicht ausreicht oder die benötigten Kompetenzen in Entwicklung und Betrieb fehlen. Denn wie wir oben festgestellt haben, braucht es viel, um echte Automation sicherzustellen:

SCALE01) Möchte das Marketing an bestimmten Tagen besondere Promotionen anbieten, so ist dies mindestens einen Monat vorher mit Architektur und Betrieb abzustimmen, damit zum Zeitpunkt der Promotion ausreichend Kapazität verfügbar gemacht werden kann.

Ein weiteres Beispiel beschäftigt sich mit dem (möglicherweise) viralen Effekt von Marketing-Kampagnen. Hier ist vorher nicht absehbar, welche Last das System aushalten muss. Beispielsweise habe ich vor einiger Zeit mal einen ungebetenen Newsletter von Adobe erhalten, offenbar der erste seiner Art von einem neuen System. Bei dem Versuch der Abmeldung war das Zielsystem offenbar vom Ansturm der Unsubscriptions so überwältigt, dass es nichts außer weißen Seiten ausliefern konnte. Solche Vorfälle werfen ein schlechtes Licht auf die verantwortliche Gesamtorganisation. Verhandeln Sie also im Vorfeld beispielsweise folgendes Szenario, wenn alle einverstanden sind, dass der Traffic durch die Decke gehen könnte. Geben Sie jedoch hierfür im Vorfeld auch das zu erwartende Budget für die Lösung an. Seien Sie dabei nicht zu konservativ, denn erfahrungsgemäß benötigt die automatische Skalierung einiges an Arbeit und verursacht entsprechende Mehrkosten:

SCALE02) Steigt die Anzahl der Besucher an, so soll das System die benötigte Kapazität selbstständig regulieren, sodass 90 % der Page Views in weniger als zwei Sekunden ausgeliefert werden können.

Bei diesem Szenario fällt auf, dass es unbegrenzt ist. Je nach Betriebsmodell ist es ratsam, eine Obergrenze festzusetzen, denn sonst kann die Rechnung für die aufgewendete Bandbreite höher als erwartet ausfallen. Insbesondere, wenn das Marketing achtfach emotionale Erlebnisse mit Full-HD-Videos zu 50 MB das Stück bevorzugt, denn wie wir später noch sehen werden, berechnen einige Provider den aufgetretenen Traffic.

11 Latenz

■ 11.1 Einführung in die Latenz

Man muss versuchen, bis zum Äußersten ins Innere zu gehen, denn der Feind des Menschen ist die Oberfläche. - Samuel Beckett

Die Latenz ist ein häufig unterschätzter Faktor der Performance eines Geschäftssystems. Lokal bei der Entwicklung unbemerkt, kumulieren sich die Laufzeiten über die Distanz und die Qualität der Internetverbindung zwischen Client und Server. Die globale Verfügbarkeit eines Systems, das im Browser bedient werden kann, wird oft als Vorteil ins Feld geführt wird. Jedoch können aufgrund der geografischen Verteilung sehr lange Laufzeiten entstehen, die den Benutzern das Arbeiten verleiden. In diesem Kapitel entwickeln wir ein genaues Verständnis davon, was die Latenz ausmacht und wie wir sie verbessern können.

 Im Rahmen der Besprechung der Latenz unterscheiden wir folgende Begriffe:

- Die *Latenz* ist die Laufzeit eines Pakets zwischen Upstream- und Downstream-Service und wird in Millisekunden gemessen [Gri13].
- Die *Bandbreite* bezeichnet den maximalen Durchsatz eines physischen oder logischen Kommunikationswegs [Gri13].
- Die Zeit, die ein Paket für den Hin- und Rückweg benötigt, ist die *Round Trip Time (RTT)*.
- Die Latenz wird durch Verzögerungen in der Übertragung, der Übermittlung, der Verarbeitung und durch die Kapazität der beteiligten Router bestimmt.

In der Einführung in die Performance (10.1) habe ich die verschiedenen Faktoren aufgeführt, die sie beeinflussen. In der dortigen Bild 10.1 ist sichtbar, dass Browser, Server und das Netzwerk in der Mitte Verzögerungen verursachen. In diesem Kapitel bespreche ich die Latenz des Netzwerks zwischen Upstream- und Downstream-Service.

Die Latenz wird in Millisekunden gemessen, und man unterscheidet zwischen *One-Way*- und *Round Trip*-Messungen.

Eine One-Way-Messung misst die Dauer der Latenz vom Upstream- zum Downstream-Service. Diese ist schwieriger durchzuführen, denn man muss beide Messpunkte kontrollieren und zeitlich synchronisieren, um eine Messung durchführen zu können. Die zeitliche Synchronisation von Servern funktioniert über das Network Time Protocol (NTP) [ntp], welches selber Funktionen für die Kompensation der Latenz enthält. Es kommt aber schon mal vor, dass die Uhr auf dem Server falsch geht, und dann ist eine One-Way-Messung nicht möglich.

Also führen wir Round-Trip-Messungen durch, die wir von einem Server aus beobachten können. Hier wird die Laufzeit von Paketen vom Upstream- zum Downstream-Service und zurück gemessen. Der Einfachheit halber teilen wir die Ergebnisse durch zwei, wenn wir One Way messen möchten. Die Tatsache, dass unsere Pakete auf dem Hin- und Rückweg ganz andere Wege nehmen können und deswegen die Latenzen stark unterschiedlich sein können, ignorieren wir großzügig und nehmen an, dass sich dies durch das statistische Mittel über die Zeit ausgleicht.

Verzögerungen

Die Laufzeit der Pakete wird durch das Netzwerk bestimmt. Bild 11.1 zeigt, wie unsere Pakete vom Browser über das WLAN, zahlreiche Router hin zum Service und zurück laufen. Dabei sorgen unterschiedliche Faktoren für Verzögerung [Gri13]:

- *Übertragung:* Die physikalische Geschwindigkeit der Übertragung, die bei Glasfaserkabeln durch den Brechungsindex bestimmt wird. Diese beträgt wie zu Beginn dieses Kapitels erwähnt, circa 200.000 km/s. Je länger die Strecke, desto größer ist also die Verzögerung durch die Übertragung.

- *Übermittlung:* Für die Übertragung müssen die Pakete Bit für Bit ins Netzwerk gestopft werden. Dies verursacht je nach Größe des Pakets und der Bandbreite des Netzwerks eine Verzögerung. Hat unser Netzwerk eine Bandbreite von 10 Mbs, so wird ein 50-Mb-Video innerhalb von 5 s übertragen. Bei einem 100-MB-Uplink braucht die Übermittlung nur eine halbe Sekunde. Die *Bandbreite* des Netzwerks bestimmt also die Latenz mit.

- *Verarbeitung:* Wenn unsere Pakete beim Router ankommen, so muss dieser die Header inspizieren, Übertragungsfehler entdecken und schließlich die Zieldestination ermitteln. Dieser Vorgang geht bei modernen Routern sehr schnell, da die entsprechenden Prozeduren in Hardware gegossen sind. Dennoch entsteht hierbei eine weitere Verzögerung der Laufzeit. Die *Geschwindigkeit* des Routers bestimmt also die Latenz mit.

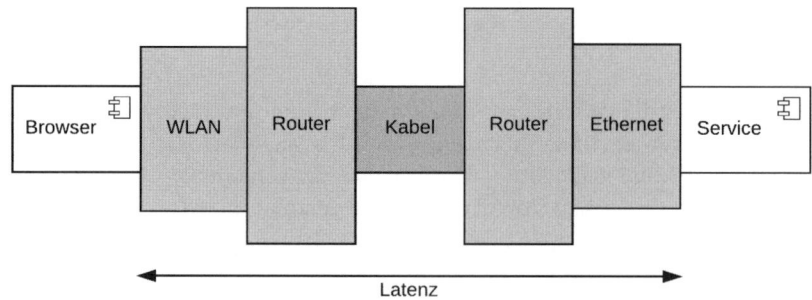

Bild 11.1 Wie Latenz im Netzwerk entsteht

- *Warteschlange:* Hat ein Router seine Kapazitätsgrenze erreicht, so müssen eintreffende Pakete gepuffert werden. Wenn viel Traffic herrscht, kann die Pufferung auch größere Verzögerungen verursachen. In einem TCP/IP-Netzwerk gehören uns die Ressourcen nicht exklusiv, sondern wir teilen sie mit vielen anderen Parteien. Der Traffic auf den Routern ist durch uns nur in ganz seltenen Fällen kontrollierbar, sodass diese Verzögerungen nicht vorhersehbar sind. Die variable *Kapazität* des Routers bestimmt also die Latenz mit. Der aktuelle Traffic auf dem Netzwerk heißt auch *Network Weather*.

Die Verzögerungen addieren sich, und je größer die Distanz, desto länger laufen die Pakete. Aber auch im Rechenzentrum selbst kann es bei Microservice-Architekturen zu höheren Latenzen kommen.

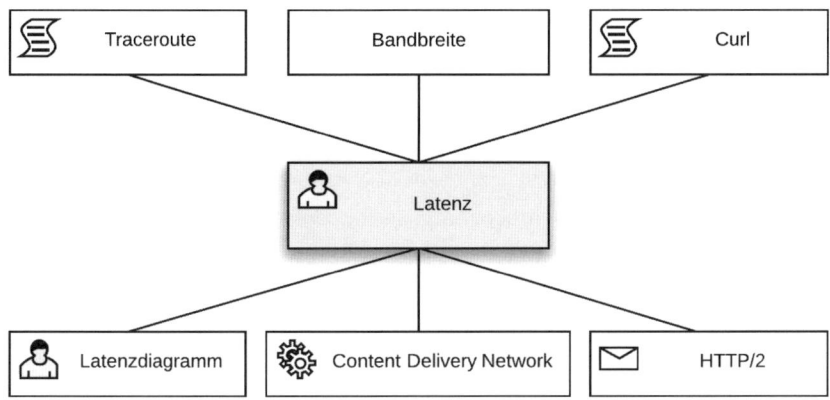

Bild 11.2 Konzepte rund um die Latenz

Longtail-Latenz im Rechenzentrum

Im Rechenzentrum stehen die Server sehr nahe beieinander, und Pakete müssen höchstens einmal hüpfen, sodass sich die Latenzen im Mikrosekundenbereich bewegen. Dennoch kann es hier auch zu Verzögerungen kommen. In diesem Fall treten signifikant höhere Latenzen nur zu 0,01 % oder noch seltener auf. Da in einer Microservice-Architektur viele Upstream-Service-Instanzen an einer einzigen Transaktion beteiligt sind, können sich diese *hohen Perzentile* in der Summe aufaddieren und einen negativen Einfluss auf die User Experience haben.

Möchte man diesen Problemen auf den Grund gehen, so benötigt man eine sehr gute Testumgebung, die der Produktionsumgebung möglichst nahe kommt. Man benötigt außerdem ein gutes Monitoring-System, das im Mikrosekunden genau messen kann [per]. Diese Maßnahmen sind kostenintensiv, insbesondere die Provisionierung der Testumgebung.

Maßnahmen zur Verbesserung

Es gibt nur wenige mögliche Maßnahmen zur Verbesserung der Latenz. Damit wir eine Datengrundlage haben, müssen wir zunächst die Latenz messen (11.2) können. Das Latenzdiagramm (11.5) zeichnet die Wege zwischen den Services unseres Systems auf und hilft bei der strukturierten Analyse.

Die Latenz kann verringert werden, indem man die physische Laufzeit der Signale senkt. Hierfür eignet sich der Einsatz von Proxy-Servern, die Inhalte näher beim Kunden zwischenspeichern können. Ein Spezialfall der Proxy-Architektur ist ein Content Delivery Network (11.4). Und schließlich sollte man das richtige Protokoll für die Verbindung einsetzen, nämlich HTTP/2 (11.3).

■ 11.2 Latenz messen

 TL;DR

- Die Überwindung eines Routers bei einer Netzwerkverbindung heißt *Hop*.
- Die Anzahl der benötigten Hops kann per *Traceroute* ermittelt werden.
- Die Latenz zwischen zwei Services kann mit *Curl* bestimmt werden.
- Im Browser lässt sich die Latenz mit der *Navigation Timing API* messen.

Auf seiner Reise vom Sender zum Empfänger muss ein Request nicht nur an einem Router vorbei. Meistens sind es mehrere Router, und es fallen Verzögerungen für die Übermittlung, die Verarbeitung und die Warteschlange für jedes Gerät an. Das Überwinden eines einzelnen Routers nennt man *Hop*. Wie viele Hops wir machen müssen, um bei unserem Server anzukommen, können wir mittels *Traceroute* [tra] bestimmen. Dies ist ein uraltes Unix-Kommando von 1987. Listing 11.1 zeigt alle Hops von meinem ans Mobile getetherten Notebook auf der Zugreise zwischen Bern und Thun bis nach GitHub an.

Listing 11.1 Traceroute zur Bestimmung der Hops

```
$ traceroute -w 5 -q 1 -m 10 www.github.com

traceroute to github.com (192.30.253.113), 10 hops max, 52 byte packets
 1  172.20.10.1 (172.20.10.1)  4.054 ms
 2  *
 3  1787.eth-trunk20.zhbmb00p-cgn002.bluewin.ch (213.3.229.78)  28.439 ms
 4  1187.bundle-ether20.zhbmbbbp-msn002.bluewin.ch (213.3.229.13)  32.582
      ms
 5  213.3.229.6 (213.3.229.6)  27.844 ms
 6  i79zhh-005-hun9-0-0.bb.ip-plus.net (138.187.129.63)  28.052 ms
 7  i79tix-005-hun1-2-0.bb.ip-plus.net (138.187.129.145)  20.631 ms
 8  ae10.bar1.zurich.level3.net (4.68.71.181)  28.330 ms
 9  *
10  *
```

Latenz mit Curl bestimmen

Ein weiteres Werkzeug zur Ermittlung der Latenz ist *Curl* [ttf]. Curl ist eigentlich für die Datenübertragung in Skripten gedacht, bietet aber auch Optionen, um die Laufzeiten von Paketen zu messen. Um eine Ausgabe zu erzeugen, die wir später gut lesen können, schreiben wir zunächst Listing 11.2 in eine Textdatei namens *curl-format.txt*.

Listing 11.2 Konfiguration der Ausgabe von Curl in curl-format.txt

```
response code:        %{http_code}\n
name resolution:      %{time_namelookup}\n
time to connect:      %{time_connect}\n
tls handshake time:   %{time_appconnect}\n
                      --------\n
time_total:           %{time_total}s\n
```

Danach können wir Curl mit den Parametern aus Listing 11.3 starten.

Listing 11.3 TTFB mit Curl

```
curl --http2 -w "@curl-format.txt" -o /dev/null -s https://www.google.ch
```

Die Ausgabe des Aufrufs steht in Listing 11.4. Die *Name Resolution* gibt die Anzahl der Sekunden für den DNS Lookup an. *Time to Connect* ist die Zeit für den TCP Connect zum Server und *TLS Handshake* die Anzahl Sekunden für denselben. *Time Total* zeigt schließlich die gesamte Zeit an.

Listing 11.4 Curl-Ausgabe

```
response code:        200
name resolution:      0,002
time to connect:      0,010
tls handshake time:   0,041
                      --------
time_total:           0,095s
```

Latenz im Browser messen

Eine weitere Möglichkeit, an exakte Latenzmessungen zu gelangen, ist die Verwendung der *Navigation Timing API* im Browser [nav]. Hier bekommen wir genaue Angaben zu Latenzen beim DNS Lookup, Verbindungszeit, TLS Handshake, ja sogar die Dauer der Konstruktion des DOM-Baums kann gemessen werden. Bild 11.3 zeigt, wie die erhobenen Metriken (12.2) von einem Monitoring Service (18.3) für die Analyse gespeichert werden können.

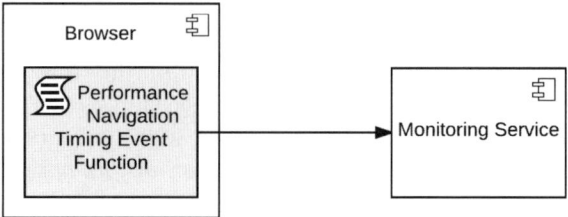

Bild 11.3 Latenz auf dem Browser messen und zentral sammeln

■ 11.3 Für HTTP/2 planen

 TL;DR

- HTTP/2 ist schneller als HTTP/1.
- HTTP/2 macht das Netzwerk effizienter und senkt die Kosten.
- HTTP/2 eignet sich gut für Microservices, da diese von permanenten TCP Connections in Kombination mit Multiplexing profitieren.

Die größte technische Neuerung in diesem Jahrzehnt ist für den Architekten die Erfindung von HTTP/2, denn das neue Protokoll löst viele Probleme in Bezug auf Latenz und Durchsatz von Verbindungen im World Wide Web. Tim Berners-Lee hatte 1991 HTTP 0.9 als möglichst einfaches Protokoll für die Übertragung von Hypertext-Markup-Language-Dokumenten zwischen Browser und Server entworfen. In den folgenden fünf Jahren folgte eine Sturm-und-Drang-Phase, bei der sich das Protokoll parallel zur Entwicklung der ersten Browser und Webserver experimentell veränderte. 1996 wurde HTTP/1.0 dann als RFC 1945 vom W3C vorgeschlagen [rfca]. Der RFC erweiterte die Version 0.9 um die Möglichkeit von Metadaten, und man konnte nun auch Bilder und andere Inhalte und nicht nur HTML-Dokumente übertragen. Der erste formale Standard erschien erst 1999 mit HTTP/1.1 als RFC 2616 [rfcj], der HTTP 1.0 punktuell verbesserte.

Um herauszufinden, welche Version von HTTP im Einsatz ist, kann man zum Beispiel Curl verwenden, wie Listing 11.5 zeigt. Auf einigen Plattformen benötigt Curl einen bestimmten Parameter, um HTTP/2 erkennen zu können. Wird der Parameter nicht übergeben, erkennt Curl stets HTTP/1.

Listing 11.5 HTTP/2-Version mit Curl bestimmen

```
$ curl --http2 --head https://google.com

HTTP/2 302
cache-control: private
content-type: text/html; charset=UTF-8
location: https://www.google.ch/?gfe_rd=cr&ei=vVFVWK3LBeKX8Qf_8IWgAg
content-length: 259
date: Sat, 17 Dec 2016 14:54:53 GMT
```

Seit 1996 ist das Internet massiv gewachsen, und was damals mit wenig Traffic gut funktionierte, sorgte über die Jahre immer mehr für Probleme. HTTP/2 wurde spezifiziert, um den Latenz- und Performance-Problemen der gesamten Internetinfrastruktur zu begegnen. Die meisten Verbesserungen stammen aus den Erfahrungen mit dem SPDY-Protokoll, das im Rahmen des Chromium-Projekts entworfen wurde [chra]. HTTP/2 wurde im Mai 2015 freigegeben [rfcf] und trat an, die Latenz in Web durch die folgenden Eigenschaften zu verbessern:

- Reduktion von TCP Connections durch Multiplexing
- Minimierung von Protokoll-Overhead
- Priorisierbarkeit von Requests
- Möglichkeit von Server Push

In diesem Abschnitt fasse ich diese Neuerungen und ihre Auswirkungen auf Geschäftssysteme zusammen. Eine ausführlichere, umfangreichere und wesentlich detailliertere Abhandlung über HTTP/2 hat Ilya Grigorik geschrieben, die eine Lektüre wert ist, wenn man alles ganz genau im Detail wissen möchte [Gri13]. Für den Architekten ist es wichtig zu wissen, dass das Protokoll für die eigene Anwendung transparent ist. D.h. am Tooling und den benötigten Frameworks für die Entwicklung ändert sich nichts. Die einzige notwendige Änderung ist in vielen Fällen eine Rekonfiguration des HTTP Daemons.

Vorerst reicht es also, wenn wir künftig dafür Sorge tragen müssen, dass unser Webserver HTTP/2 unterstützt. Browser und Clients, die HTTP/2 unterstützen, werden automatisch auf das neue Protokoll wechseln, doch alle bestehenden alten Clients kommunizieren weiterhin mit HTTP/1. Da die Semantik des Protokolls gleich geblieben ist, benötigt ein Rollout von HTTP/2 keine Anpassungen an der Webapplikation. Wenn noch keine Erfahrungen mit HTTP/2-Webservern im Betrieb vorliegen und per Domain Sharding statische Assets ausgeliefert werden, so setzt man am besten bei diesem Teil der Architektur an und beginnt, die statischen Elemente per HTTP/2 auszuliefern.

Multiplexing

Um eine Seite darzustellen, muss der Browser zunächst das HTML laden, das wiederum Referenzen auf die benötigten Ressourcen wie Bilder, JavaScript- oder CSS-Dateien enthält. Im HTTP/1.0-Protokoll wird hierfür eine TCP Connection eröffnet, das HTML geladen und danach wieder geschlossen. Seit 1.1 müssen Verbindungen nicht mehr geschlossen werden, sondern können per *keep-alive* offen gehalten werden.

Für jede weitere benötigte Ressource wird nun eine neue TCP Connection geöffnet. Bild 11.4 zeigt eine Liste der Transaktionen zur Darstellung einer Seite. Der Screenshot ist Firefox entnommen. Damit die Ressourcen nicht sequenziell geladen werden müssen, sind die Browser in der Lage, mehrere TCP Connections gleichzeitig zu öffnen mit dem Ziel, die Ladegeschwindigkeit durch Parallelisierung zu erhöhen. Tabelle 11.1 zeigt eine Übersicht, wie viele TCP Connections die verschiedenen Browser gleichzeitig öffnen. Die Angaben beziehen sich jeweils auf eine Domäne, beispielsweise `www.example.org`. Eine heute beliebte Technik ist das Domain Sharding, bei der die Ressourcen auf Subdomänen verteilt werden, damit der Browser mehr nebenläufige Connections pro Seite öffnet. Domain Sharding ist weiter unten im Detail beschrieben.

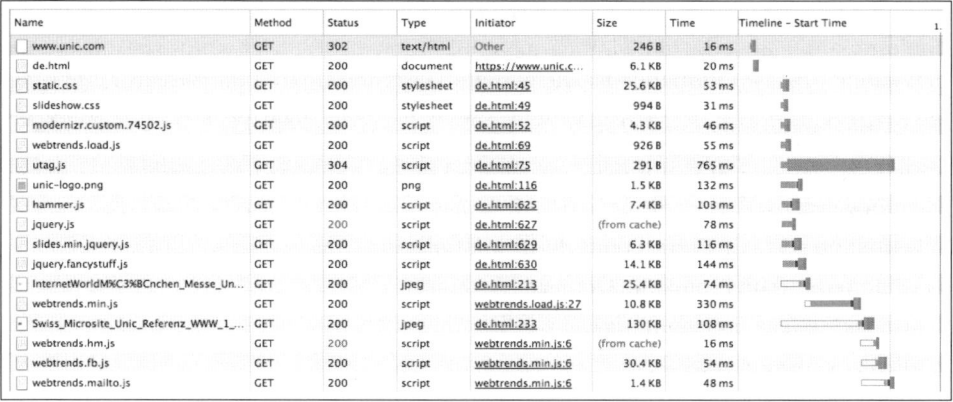

Bild 11.4 Wasserfalldiagramm der Latenzen

Tabelle 11.1 Anzahl der TCP Connections nach [Smi12]

Browser	TCP Connections
Firefox 46	6
Opera 12	6
Chrome 23	6
Safari 4	4
IE 11	8

Bei einer TCP-Verbindung gehen unterwegs Pakete verloren, und wir bekommen davon auf der Anwendungsebene nichts mit. Geht jedoch ein Paket verloren, so muss die Verarbeitung des Datenstroms bei TCP darauf warten, dass das verlorene Päckchen wieder auftaucht bzw. neu versendet wird, und dies kann eine Weile dauern. Diesen Effekt nennt man *Head-of-Line Blocking (HOL)*, und er führt zu unterschiedlichen Latenzen pro Paket. Die Varianz in der Latenz eintreffender Pakete heißt *Jitter*.

HTTP/2 optimiert durch *Multiplexing* die Anzahl der Verbindungen auf eine einzige TCP-Verbindung pro Host. Das Protokoll erlaubt es, dass mehrere Nachrichten miteinander vermischt versendet werden können. Hierfür werden die HTPP-Transaktionen vor dem Versand in den neuen *Binary Framing Layer* eingepasst: eine Abstraktionsschicht, die unsere Requests in kleinere *Frames* zerlegt, die für den Versand per TCP optimiert sind. Durch diese Zerlegung können nun verschiedene Nachrichten gleichzeitig über dieselbe TCP Connection verschickt werden. Ein Hilfsmittel dabei sind die verschiedenen *Streams*, die pro Connection eröffnet werden können. Eine Nachricht wird einem Stream zugeordnet und in Frames zerlegt, die dann über den Stream laufen.

HTTP/2 erlaubt die Priorisierung und Definition von Abhängigkeiten zwischen Streams, um beispielsweise dringender benötigte Ressourcen schneller laden zu können. Durch Abhängigkeiten und Priorisierung kann der Browser einen *Priorisierungsbaum* erstellen, der dem Server sagt, wie die Ressourcen geliefert werden sollen. Zum Beispiel ist es sinnvoll, dass zuerst CSS-Dateien geladen werden, damit der Browser bereits mit dem Rendering starten kann, bevor die Bilder einer Seite heruntergeladen werden.

Domain Sharding

Es ist nicht ungewöhnlich, dass für das Rendering im Browser bis zu 100 Transaktionen durchgeführt werden müssen, weil die Seite aus zahllosen Bildern, JSON Calls und JavaScript-Fragmenten besteht. Lädt ein Browser über vier Connections gleichzeitig, so muss er 24-mal darauf warten, dass die vorhergehende Transaktion abgeschlossen ist, bevor alle Ressourcen angekommen sind. Um dies zu beschleunigen, verteilen Architekten bei HTTP/1 die Requests auf Subdomains, da der Browser TCP-Verbindungen pro Subdomain öffnet. Laden wir eine Seite von `www.example.org` und die Bilder, die wir für die Anzeige benötigen, von `images.example.org`, so können wir die Anzahl der TCP Connections, die der Browser öffnet, verdoppeln. Statt vier können nun also acht Verbindungen geöffnet werden, was die Geschwindigkeit im Idealfall verdoppelt. Dieses Pattern heißt *Domain Sharding* und ist bei der Nutzung von HTTP/2 ein Anti-Pattern, denn durch das Multiplexing beträgt die optimale Anzahl offener TCP Connections hier genau eins.

Spriting

Beim *Spriting* werden mehrere, zumeist kleinere Bilder wie Icons in einer einzigen Bilddatei zusammengefasst und an den Browser geliefert. Für die Anzeige kann der Bildausschnitt per CSS gesteuert werden. Dies spart bei HTTP/1 viele Transaktionen, da die Bilder nicht einzeln geladen werden müssen, und lädt so die Seite schneller. Aus diesem Grund ist das Spriting und das aus demselben Grund durchgeführte *Concatenation*, bei der JavaScript- und CSS-Fragmente zusammengezogen werden, heute eine weit verbreitete Technik der Performance-Optimierung.

Die Technik hat aber auch Nachteile. Ändert sich beispielsweise ein Bild, so muss die gesamte Bilddatei neu berechnet und ausgeliefert werden. Man hat dadurch keine feingranulare Kontrolle über den HTTP-Cache mehr. Es kann auch vorkommen, dass für das Rendering nur ein Sprite benötigt wird, aber trotzdem die gesamte Bilddatei geladen werden muss. Und nicht zuletzt erhöht die Zusammenfassung von Artefakten die Komplexität im Build-Prozess des Systems.

Bei HTTP/2 können alle Transaktionen über eine einzige Verbindung laufen, sodass problemlos auch große Mengen an Ressourcen übermittelt werden können. Es empfiehlt sich also, die HTTP/2-Anti-Pattern Spriting und Concatenation langsam, aber sicher aus dem Entwicklungsprozess zu entfernen, wenn der Server und die Mehrheit der Clients das neue Protokoll unterstützt.

Handshaking

Die Nutzung einer einzigen TCP Connection hat den großen Vorteil, dass der initiale Handshake zwischen Browser und Webserver nur einmal erfolgen muss. Bei einer Seite mit 100 abhängigen Ressourcen spart man so immerhin 100 Handshakes. Bei verschlüsselten Verbindungen über HTTPS potenziert sich der Vorteil, da für die Etablierung einer sicheren Kommunikation ein zusätzlicher Handshake nötig ist.

Eine einzelne TCP-Verbindung reduziert aber nicht nur die Anzahl der Handshakes, sondern bringt einen weiteren wichtigen Vorteil: Eine TCP-Verbindung ermittelt über den sogenannten *Slow Start* [APB09] eigenständig die Übertragungsrate. Beim Slow Start beginnt die Übertragungsrate auf einem niedrigen Niveau und wird fortlaufend erhöht. Mit Multiplexing muss dieser Slow Start nur noch einmal ausgeführt werden und kann dann für die gesamte Kommunikation genutzt werden. HTTP/2 arbeitet also mit einer optimalen Ausnutzung der verfügbaren Bandbreite.

Server Push

HTTP/2 unterstützt außerdem *Server Push*, bei dem der Server dem Browser im vorauseilenden Gehorsam die benötigten Ressourcen zuschicken kann. Benötigt der Browser diese dann beim Rendern, so findet er sie bereits in seinem Cache vor und muss keine Anfrage mehr stellen. Da der Server häufig weiß, welche Ressourcen benötigt werden, handelt es sich um eine valide Technik der Beschleunigung. Da die TCP Connection bei HTTP/2 persistent ist, kann Server Push auch für andere Anwendungsfälle wie beispielsweise einen Börsenticker benutzt werden. Allerdings ist der richtige Einsatz von Server Push heute erst im Experimentierstadium.

Header Compression

Bei jeder Transaktion werden beim HTTP-Protokoll Header in beide Richtungen verschickt, die verschiedene Metainformationen über den Request bzw. den Response enthalten. Im Request steht beispielsweise der Browser als User-Agent und im Response der Content-Type. Auch Cookies gehören zu diesen Metainformationen. HTTP/1 verschickt die Header als Klartext. Sind die Informationen länger, beispielsweise bei Einsatz von Cookies, so kommen schnell einige Kilobyte an zusätzlicher Payload zusammen, die übertragen werden müssen. HTTP/2 komprimiert diese Informationen und sorgt so für eine schnellere Übertragung.

Man beachte, dass große Header durch Cookies ein Anti-Pattern sind. Wenn auf dem Browser Daten gespeichert werden sollen, so ist dafür sein Local Storage zu verwenden.

TLS

Im HTTP/2-Standard war ursprünglich die Verwendung von *Transport Layer Security (TLS)* zwingend vorgesehen, um die Kommunikation zwischen Sender und Empfänger zu verschlüsseln. Der Zwang wurde jedoch gestrichen, sodass der Standard den Einsatz von TLS nur empfiehlt. Die meisten Browserhersteller haben aber die Implementierung von HTTP/2 ausschließlich per TLS in ihre Produkte eingebaut. Damit wird der Einsatz von TLS im Betrieb zwingend und muss entsprechend bei der Auslegung der Infrastruktur berücksichtigt werden. TLS-Terminierung benötigt zusätzliche Rechenkapazität. Da zumeist auf dem Load Balancer terminiert werden soll, muss dieser auch entsprechend ausgestattet sein. Der Vorteil dieses Vorgehens liegt darin, dass der Service selbst über HTTP angesprochen werden kann und keine Kapazität für die Entschlüsselung aufwenden muss.

Anders als bei HTTP/1 muss dieser zusätzliche Handshake nur einmal gemacht werden, da bei HTTP/2 nur eine persistente TCP Connection zum Einsatz kommt. Für den Benutzer ist die zusätzliche initiale Latenz für diesen ersten TLS Handshake kaum spürbar. Dafür erhöht sich die Sicherheit der Verbindung.

Bild 11.5 zeigt die TLS-Terminierung auf dem Load Balancer am Beispiel. Die Übertragung vom Browser zum Load Balancer ist dank HTTPS sicher, hinter dem Load Balancer zum Service dann aber nicht mehr. Diese Architektur entbindet zwar den Service von der Entschlüsselung und erhöht so seine Kapazität, verstößt aber gegen das Prinzip der *Defense in Depth*, weil die Kommunikation zwischen Load Balancer und Service nun sehr einfach angegriffen werden kann.

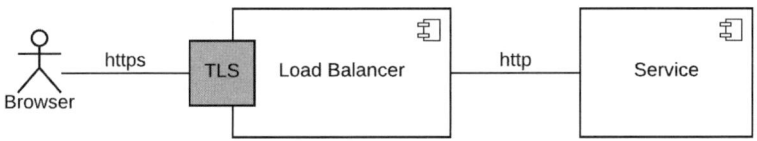

Bild 11.5 TLS-Terminierung auf dem Load Balancer

HTTP/2 macht eine Microservice-Architektur schneller

Die Performance-Verbesserungen durch die Verwendung von HTTP/2 sind signifikant. Dabei profitiert nicht nur das eigene System von den Verbesserungen, sondern das Protokoll entlastet die gesamte Infrastruktur des Internets. Hierdurch wird die verfügbare Kapazität erhöht, und damit werden die Kosten der Bereitstellung durch die Service-Provider effektiv gesenkt.

Was für uns aber am wichtigsten ist: HTTP/2 unterstützt eine Microservice (1.4)-Architektur, bei der viele verschiedene Services (2.3) miteinander kommunizieren müssen, besonders gut. Microservices arbeiten im Verbund, und es gibt viele, immer wiederkehrende Verbindungen zwischen unseren Services. Im Betrieb kann bei HTTP/2 zwischen diesen Services eine einzige persistente TCP Connection aufgebaut werden, über die Transaktionen upstream und downstream mit geringer Latenz laufen: Das steigert die Performance des Systems.

■ 11.4 Content-Delivery-Netzwerke

 TL;DR

- Ein *Content Delivery Network (CDN)* ist ein geografisch verteiltes Netzwerk von Proxy-Servern zur Auslieferung von Inhalten.
- Ein CDN bringt die Inhalte näher zu den Benutzern und verringert dadurch die Latenz von Verbindungen.
- Ein CDN erhöht die Kapazität, Verfügbarkeit und Sicherheit eines Geschäftssystems.

Was ist ein CDN?

Die geografische Nähe zum Benutzer ist ein wesentlicher Faktor für die Geschwindigkeit eines Systems, denn durch die physische Distanz und zunehmende Anzahl von Hops nimmt die Verzögerung der Netzwerkverbindung zu. Um diesem Problem zu begegnen, kann man die Inhalte näher zum Benutzer bringen, frei nach dem Motto: Wenn der Berg nicht zum Propheten kommt, dann kommt der Prophet eben zum Berg.

Ein erster Schritt zum Ziel kann ein Reverse Proxy in Asien sein, der Inhalte zwischenspeichert. Ein virtueller Server lässt sich heute in vielen Regionen der Welt dank Cloud Computing einfach und schnell mieten. Bei steigendem Traffic oder der Expansion in andere Länder muss die immer komplexer werdende Infrastruktur aber kontinuierlich angepasst werden, was in den meisten Fällen weder aus wirtschaftlicher noch betrieblicher Sicht Sinn ergibt.

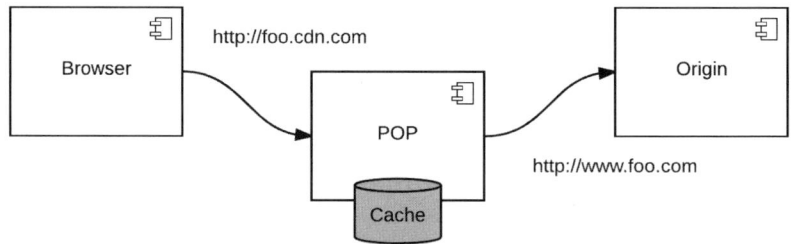

Bild 11.6 Funktionsweise eines CDN

Ein Content Delivery Network (CDN), wie in Bild 11.6 dargestellt, ist im Prinzip ein weltweit verteilter Verbund aus Reverse-Proxy-Servern. Diese Reverse-Proxy-Server werden im Kontext eines CDN als *Points of Presence (POP)* bezeichnet; unsere Anwendung ist dabei der sogenannte *Origin*. Akamai, einer der ältesten CDN-Anbieter, nennt die POPs auch *Edge Server*. Es gibt heute eine Vielzahl von verschiedenen Providern, unter anderem Akamai, Cloudflare oder Fastly, die sich durch die Anzahl ihrer POPs, die Sicherheit sowie die mögliche Kontrolle über den Cache unterscheiden.

Der POP prüft, ob die angeforderte Ressource im Cache vorhanden ist, lädt diese bei Bedarf vom Origin und liefert sie schlussendlich aus. Der Origin kann das Verhalten des CDN über die Verwendung der passenden HTTP Header für das Caching steuern. Das ist handelsübliche Technik, jedoch muss jede Antwort mit dem korrekten Cache Header (11.6) ausgestattet werden. Die regelmäßige Prüfung der Cache Header ist ein wichtiger Teil der Qualitätssicherung eines Service.

Damit die Ressourcen über das CDN ausgeliefert werden, müssen diese auch richtig verlinkt werden. Im unserem Beispiel ist unser Origin unter der Adresse `www.foo.com` erreichbar. Der CDN-Provider stellt uns eine spezielle URL `foo.cdn.com` zur Verfügung, welche auf das CDN zeigt. Die Webapplikation wird anschließend entsprechend konfiguriert, sodass alle statischen Assets über diese URL verlinkt werden. Diese Requests landen damit automatisch auf dem CDN und werden dort zwischengespeichert. Einige CDN-Anbieter bieten auch automatische Rewrites der URLs an. Hier wird dann die Response des eigenen Service umgeschrieben, damit die URLs passen.

Auswirkungen auf die Kapazität

Die Auslieferung von statischen Assets via CDN ist der klassische Anwendungsfall. Der initiale Request wird vom Origin beantwortet, die restlichen Requests für JavaScript, Bilder und CSS kommen vom CDN. Mit diesem Verfahren lässt sich eine Webapplikation global in vielen Fällen mit einer angemessenen Geschwindigkeit ausliefern. Zudem lassen sich große Datenmengen (Downloads, Videos, Bilder etc.) effizient verteilen, da ein CDN durch das Caching den Origin effektiv entlastet. Das CDN erhöht also die Kapazität unseres Systems.

Ich habe es schon häufig erlebt, dass durch die Reduktion der Last auf dem Origin alle Anfragen schneller beantwortet werden konnten. Verlinkt allerdings jemand aus dem Marketing das Supersonderangebot im Newsletter direkt auf den Origin-Server, so ist die Kapazität schnell am Ende. Ein solcher Angriff auf das eigene System heißt *Attack of Self-Denial*.

Alles über das CDN

Der initiale Request auf `www.foo.com` wird durch das CDN nicht beschleunigt, die Latenz für den ersten Request bleibt hoch. Bei Anwendungen mit wenig dynamischen Inhalten kann eine mögliche Lösung sein, dass der ganze Traffic durch das CDN geleitet wird. Dabei wird `www.foo.com` im DNS als CNAME Record auf foo.cdn.com eingetragen. Dadurch landen alle Requests auf dem CDN, und es können neben den statischen Assets auch ganze HTML-Seiten zwischengespeichert werden. In diesen Setups sollten sich Inhalte auf dem CDN gezielt invalidieren lassen,wenn sie veraltet sind, beispielsweise wenn die Redaktion eine neue Seite publiziert.

Die Anbieter halten für diesen Zweck eine API vor, die aus der Webapplikation angesprochen werden kann. Ein solches Invalidierungssystem ist häufig komplex und entsprechend aufwendig in der Entwicklung und im Betrieb. Deswegen sollte man sich den Einsatz gut überlegen, zumal es in der Regel einfachere Lösungen gibt, beispielsweise per max-age. Dabei sollte man nicht vergessen, dass der Proxy Cache mithilfe der public-Direktive im CDN für alle Benutzer zwischenspeichert und nicht pro Benutzer.

Evaluation eines Anbieters

Wenn man sich für den Einsatz eines CDN entschieden hat, muss ein Anbieter evaluiert werden. Dabei gibt es verschiedene Kriterien, welche je nach Einsatzzweck unterschiedlich gewichtet werden sollten. Grundlegend ist sicherlich, dass der Anbieter eine gute geografische Abdeckung im Gebiet hat, wo der Großteil der Benutzer zu finden ist. Ist das nicht der Fall, kann das CDN seinen eigentlichen Nutzen nicht erfüllen. Ein neuralgischer Punkt ist China, da durch die *Große Firewall* Paketverlust und lange Latenzen an der Tagesordnung sind. Sind chinesische Benutzer wichtig, so sollte der CDN-Anbieter hier eine gute Präsenz haben, die er sich mit den Offiziellen in der Volksrepublik mühsam erarbeitet hat.

Ein weiterer Punkt bei der Evaluation ist die Funktionalität des CDN: Wie genau kann das Caching gesteuert werden? Wie können Inhalte invalidiert werden? Und nicht zuletzt: Gibt es Möglichkeiten für Berichte und Auswertungen? Wie hebt sich der Anbieter von der Konkurrenz ab? Einige Anbieter bieten eine feingranulare Cache-Kontrolle beispielsweise mit Varnish-Konfiguration. Andere sortieren die eingehenden URLs kanonisch, um den Cache bestmöglich zu nutzen. Genaues Hinschauen lohnt sich.

Zu guter Letzt muss eine Kosten-Nutzen-Rechnung gemacht werden. Viele CDN-Anbieter rechnen die Kosten nach Traffic-Volumen ab. Das bedeutet nichts anderes, als dass die Kosten für ein CDN linear mit der Nutzung steigen, und dies kann zu Überraschungen führen.

Fazit

Wer ein öffentliches Geschäftssystem heute ohne CDN betreibt, darf zu Recht als risikoaffin bezeichnet werden. Der Schutz vor Lastspitzen und die Erhöhung der Kapazität sind bereits Grund genug, ein solches einzusetzen. Hinzu kommt die erhöhte Sicherheit durch den Schutz vor Denial-of-Service-Angriffen, die in Abschnitt 19.3 detaillierter beschrieben werden.

■ 11.5   Latenzdiagramme zeichnen

TL;DR

- Das *Latenzdiagramm* ist eine einfache Technik zur Analyse der Latenzen im System.

Die geografische Verteilung hat den größten Einfluss auf die Latenz. Aber auch im eigenen Rechenzentrum können Services eine „lange Leitung" haben und nur sehr zögerlich auf Anfragen reagieren. Um diese Probleme früh zu erkennen, lohnt sich ein Latenzdiagramm. Bild 11.7 zeigt ein solches Diagramm, in dem die beteiligten Bausteine, Protokolle und deren Latenzen abgebildet sind. Daraus lässt sich sehr einfach die gesamte Latenz eines Zugriffs mittels Addition ableiten. Im Diagramm ist jeweils das Protokoll und die Latenz in Millisekunden angegeben.

Das Latenzdiagramm kann aus der Bausteinsicht unseres Systems erstellt werden. Im Beispiel sind ein ESB (Enterprise Service Bus) und ein PIM (Product Information Management) eingezeichnet, die auf einer E-Commerce-Website ihre Dienste tun. Die Latenzen zum Zugriff wurden per Curl gemessen, die Verbindung zur MongoDB per Socket durch etwas handgestrickten PHP-Code im Akeneo. Bei der Messung per Curl wird ein statisches Asset abgerufen, damit die Geschwindigkeit der Webanwendung nicht das Ergebnis beeinflusst.

Nehmen wir an, wir hätten bei der Latenz zur MongoDB eine erstaunlich große Latenz von 180 ms gemessen. Mittels Traceroute identifizieren wir einen berüchtigten Router mit geringer Kapazität, der uns hier ein Bein stellt. Wir bestechen den Sysop mit einer guten Flasche Wein und kabeln den MongoDB Server in ein anderes Rack, dichter an das PIM und weg vom langsamen Router. Als wir die Latenz erneut messen, stellen wir befriedigt

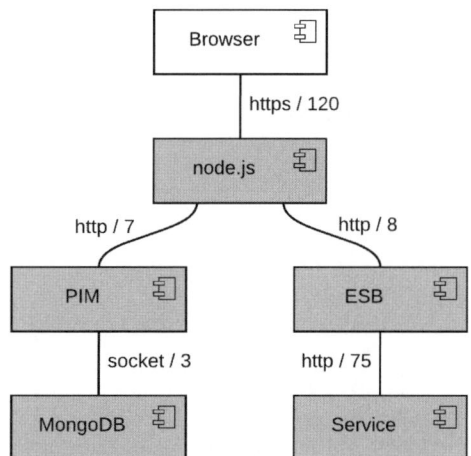

Bild 11.7 Latenzdiagramm eines E-Commerce-Systems

fest, dass sich die Investition in den Wein gelohnt hat: Die Latenz beträgt nur noch 3 ms. Eine Stunde später ruft die Redaktion an und fragt, warum das System plötzlich so schnell geworden ist?

Zugegebenermaßen ist es heute selten, dass im Serverraum umgekabelt wird, um einen alten Router zu umgehen, aber dennoch kann die Messung und Analyse der Laufzeiten zwischen unseren Services wertvoll sein.

Physische Optimierung

Manchmal ist die physische Optimierung des Netzwerks die einzige Option, beispielsweise wenn keine Änderungen an der Anwendung vorgenommen werden können. Ich habe schon mal eine E-Commerce-Anwendung gesehen, die bei jedem Page View 1500 DB-Abfragen generierte. Die Anwendung, ein bekannter E-Commerce-Monolith, war ziemlich langsam, konnte aber nicht optimiert werden, da für Entwicklung kein Geld da war. Also untersuchte man die Latenz und fand heraus, dass es 15 ms pro Abfrage brauchte. Als man den DB-Server direkt neben den Anwendungsserver stellte, verringerte sich diese auf 4 ms. Die Seite war immer noch nicht schnell, aber fast viermal schneller als vorher. Prompt stieg der Umsatz...

Bei der Kommunikation mit Datenbanken kann man eine Menge optimieren und sollte hierfür einen Spezialisten bemühen. Die MySQL-DB erlaubt beispielsweise eine Komprimierung, die unsere Payload auf Kosten der CPU-Auslastung verkleinert [mys]. Diese Option ist nützlich, wenn sehr große Result-Sets von MySQL ausgeliefert werden, benötigt aber eine detaillierte Analyse der jeweiligen Anwendung.

Ein solches Diagramm wie in Bild 11.7 zeigt eine stark vereinfachte, da statische Sicht der Dinge. Im Produktivbetrieb können externe Dienste, aber auch die eigene Infrastruktur, ihr Verhalten ändern (Network Weather). Dennoch erhöhen regelmäßige und wiederkehrende Messungen die Zuverlässigkeit unserer Prognosen. Wenn ein externer Dienst bis zu einer Minute benötigt, um eine Anfrage zu bearbeiten, dann ist man als Architekt hilflos und muss einen Workaround finden. Beispielsweise kann auf eine asynchrone Kommunikation umgestellt werden, bei der der langsame Service dann kein Bottleneck mehr darstellt. Dies macht den langsamen Service nicht schneller, aber wenigstens kann unsere Anwendung während der Wartezeit etwas anderes tun.

■ 11.6   HTTP-Cache einsetzen

 TL;DR

- Die mögliche Kontrolle über den Cache des Browsers und Reverse-Proxies ist seit HTTP/1.1 fest verankert und ein mächtiges Werkzeug zur Optimierung der Performance, das obendrein perfekt zum REST-Paradigma passt.

Für eine Anwendung ist jede Transaktion über das Netzwerk langsam, und es gibt nur eine schnelle Transaktion: die Transaktion, die nicht stattfindet. Hierfür gibt es in jedem Browser einen Cache, in dem wir unsere Ressourcen zwischenspeichern können, um uns den Round Trip zu sparen. In diesem Kapitel geht es um die Steuerung dieses Caches durch das System. Den hierfür vorgesehenen *Cache-Control* Header gibt seit HTTP 1.1. Die alte HTTP-1.0-Lösung via *Pragma* wurde in 1.1 deprecated und muss von HTTP/2-Systemen nicht mehr beachtet werden.

Im HTTP-Protokoll dürfen sowohl Client als auch Server Angaben zum Cache-Verhalten über Request und Response übermitteln. Die Spezifikation gibt eine strenge Semantik für den Umgang mit Cache-Direktiven vor, sodass wir uns darauf verlassen können, dass sich sowohl Browser als auch die Reverse-Proxies an unsere Vorgaben zur Kontrolle des Cache halten [rfce]. Da HTTP ein zustandsloses Protokoll ist, ist insbesondere die mögliche Kontrolle durch den Client ein wichtiger Baustein, da der Server nie wissen kann, in welchem Zustand sich der Browser gerade befindet.

Sowohl Service als auch Client dürfen Werte zur Steuerung setzen. Zu beachten gilt, dass es sich nicht nur um Anweisungen zwischen Browser und Origin handelt, sondern auch intermediäre Reverse-Proxies gesteuert werden können. Bild 11.8 verdeutlicht die Zusammenhänge. Nach Spezifikation darf ein Proxy eine Cache-Direktive nicht verändern oder entfernen, aber er darf weitere hinzufügen. So führt die Angabe von „no-cache" beispielsweise dazu, dass der Cache auf dem Reverse-Proxy immer umgangen wird.

Listing 11.6 Beispiele für Cache-Direktiven

```
Cache-Control: max-age=2592000
Cache-Control: max-age=2592000, private
Cache-Control: no-cache
Cache-Control: no-store
```

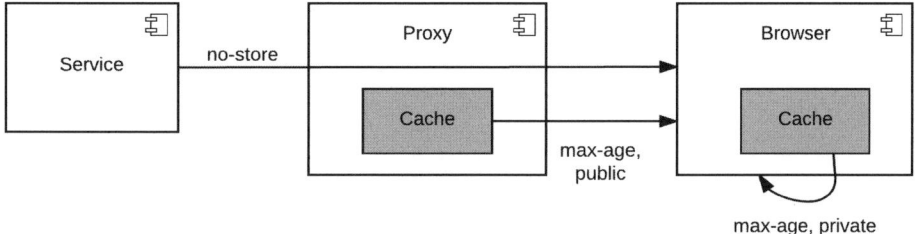

Bild 11.8 Cache-Kontrolle für Proxies und Browser

Die wichtigsten Cache Control Header sind:

- `no-cache` zeigt an, dass die geladene Ressource nur wiederverwendet werden darf, wenn der Service auf Nachfrage angibt, dass sie sich tatsächlich nicht geändert hat. Dies funktioniert nur, wenn der Server einen *ETag* für die Ressource angegeben hat, anhand dessen er später die Validität der Version im Browser-Cache prüfen kann. De facto kann die Berechnung korrekter ETags jedoch teuer werden und der Round Trip zum Server auch. Deswegen kommt `no-cache` nur selten zum Einsatz.

- `no-store` ist einfacher und für sensitive Daten in jedem Fall vorzuziehen. Hier lädt der Browser bei jeder Verwendung die Ressource erneut vom Service. Diese Einstellung sollte immer dann verwendet werden, wenn personenbezogene oder heikle Daten ausgeliefert werden.

- `max-age` gibt die Anzahl Sekunden an, die die Ressource im Cache gehalten werden darf. Betreibt man eine Seite mit Nachrichten, die einmal pro Stunde aktualisiert wird, so kann man diesen Wert auf 3600 setzen, um die Last auf dem Origin zu optimieren und gleichzeitig die Benutzer mit aktuellen Nachrichten zu versorgen.

- `public` zeigt allen Caches auf der Reise an, dass die Ressource zwischengespeichert werden darf. Die Angabe ist nicht nötig, wenn bereits max-age gesetzt wurde, da dann klar ist, dass zwischengespeichert werden darf.

- `private` gibt zu verstehen, dass die Ressource nur vom Browser, nicht aber von Proxies unterwegs zwischengespeichert werden darf. Man verwendet diese Direktive, um personalisierte Ressourcen an den Benutzer zu übermitteln.

Fazit

Der zielgerichtete und reflektierte Einsatz der HTTP-Cache-Mechanismen ist ein wichtiges Werkzeug, um eine gute Performance zu erreichen. Für die Qualitätskontrolle bieten sich automatische Tests an, die die HTTP Header unseres Service auf korrekte Einstellungen hin überprüfen.

12 Service-Performance

■ 12.1 Einführung in die Service-Performance

Für die Diskussion der Service-Performance sind einige wenige, aber wichtige Begriffe von Bedeutung:

- Die *Service-Performance* ist die Antwortzeit eines Service (2.3) als Reaktion auf ein Domänenereignis (5.4) im Rahmen einer Transaktion (10.1).

- Die *Service-Performance* wird mittels Metriken (12.2) erfasst, die nicht nur für die Performance-Analyse relevant sind.

Die Service-Performance ist die Antwortzeit eines Service als Reaktion auf ein Domänenereignis und einer der Faktoren, die das Erlebnis des Benutzers im Browser bestimmen. Alle Faktoren des Verhaltens sind in Bild 10.1 dargestellt und beschrieben. Die Antwortzeit eines Service kann sich je nach *Lastszenario* ändern, beispielsweise wenn die Suchfunktionen mehr genutzt werden, anstelle der üblichen Katalogaufrufe, die aus dem Cache geliefert werden können. Dieser interessante Aspekt der variablen Performance diskutiere ich näher im folgenden Kapitel über die Kapazität (13). Die für die Service-Performance spezifischen Konzepte und Methoden sind zur Übersicht in Bild 12.1 visualisiert.

Programmierung

Die Programmierung hat *keinen* erheblichen Anteil an den Qualitäten eines Systems [KKB+98], beeinflusst aber die Qualität eines einzelnen Service. Die Wahl der eingesetzten Technologie beeinflusst die Performance, aber auch die Geschwindigkeit der Entwicklung und die Kosten im Betrieb. Für den *Serviceentwurf* ist der Entwickler zuständig: Er wählt die Frameworks aus und programmiert den Service. Aber welche Technologien sind besonders gut für die Entwicklung eines Microservices geeignet?

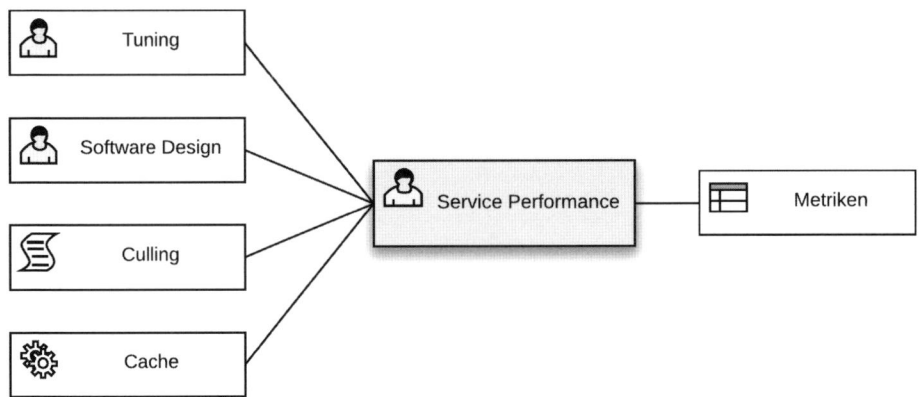

Bild 12.1 Konzepte rund um die Service-Performance

Das ist eine sehr schwierige Frage, und es gibt überraschend wenig Forschung zu diesem Thema. Zudem ist es emotional aufgeladen, denn kein Entwickler hört gerne, dass seine Programmiersprache langsamer oder schwieriger wartbar ist als eine andere.

Meiner Meinung nach sind es vor allem die funktionalen Sprachen, die eine REST-basierte Architektur am besten unterstützen, und zwar aus zwei Gründen:

- Funktionale Sprachen sind konziser als prozedurale oder objektorientierte Sprachen [NF15]. Das bedeutet, dass weniger Zeilen Code programmiert werden, und dadurch sinkt die Anzahl von Fehlern.

- In der funktionalen Programmierung sollen Funktionen keine Seiteneffekte auslösen. Damit sind Funktionen besser komponierbar, um neues Verhalten zu erzeugen. Gleichzeitig kann das Verhalten besser verstanden werden, sodass es einfacher ist, Fehler zu finden.

Die fehlenden Seiteneffekte passen gut zum REST-Paradigma, da dieses zum Beispiel auf der Idempotenz von HTTP basiert. Nicht zuletzt bieten große Cloud-Provider heute im Zuge der aufkommenden Serverless-Architekturen Erweiterungen auf Basis funktionaler Programmierung wie etwa Amazon Lambda [lam].

Wenn Sie also ein Clojure- oder Elixir-Team am Start haben: umso besser. Die meisten Teams haben jedoch Erfahrung in den klassischen Sprachen wie Java oder PHP. In diesem Fall gilt es, auf die bewährten Mittel zu setzen und eben jene Sprachen einzusetzen, die gut verstanden sind und bei denen Routine herrscht.

Ein interessanter Aspekt bei der Auswahl der Programmiersprache sind bei Microservices die Betriebskosten. Alles, was auf der JVM aufsetzt, bedeutet Overhead im Ressourcenbedarf, sodass die eingesetzten virtuellen Maschinen großzügiger dimensioniert werden müssen. Anders verhält es sich bei moderneren Sprachen wie beispielsweise Go, deren Runtime mit 2 MB ein echtes Leichtgewicht ist. Hier kann also eine sehr kleine VM zum Einsatz kommen.

Möchte ich ein skalierbares Geschäftsmodell implementieren, so können über die Auswahl der Programmiersprache die Kosten im Betrieb beeinflusst werden.

Servicedesign, Tuning und Culling

Die Effizienz, mit der ein Service seine Aufgaben erledigt, liegt zum größten Teil in den Händen des Entwicklers, denn hier kommt die Qualität der Programmierung zum Tragen. Auch das System Engineering trägt sein Scherflein bei: Mithilfe von Tuning (12.4) kann die Service-Performance optimiert werden. Zudem spielt die physische Laufzeitumgebung eine Rolle. Mithilfe von Culling (12.3) kann in Cloud-Umgebungen dem Noisy-Neighbor-Problem begegnet werden.

Service-Cache oder Cache-Service?

Ist ein Service von langsamen Downstream-Services abhängig oder muss komplexe und damit langwierige Berechnungen ausführen, so kann der Einsatz eines Cache (11.6) Sinn machen. Der Cache speichert die langsamen Antworten zwischen und kann so die Service-Performance zu Lasten der Komplexität verbessern.

Performance messen

Die Service-Performance trägt in erheblichem Maße zur Gesamt-Performance eines Systems bei und sollte deswegen kontinuierlich durch Messung, Analyse und Bericht thematisiert werden. Durch die erhobenen Metriken (12.2) lassen sich Erfolg und Misserfolg von Systemen und Services beurteilen. Sie helfen damit bei der Entscheidungsfindung und sind deswegen besonders wichtig. Grundsätzlich ist die *Beobachtung* der Services über Metriken die Voraussetzung dafür, dass wir sie verbessern können, denn ohne Metriken kann ein Service nicht objektiv beurteilt werden.

■ 12.2 Metriken definieren

Imagine designing a car without any of the dials or indicators in front of the driver. Now paint the windshield black. That's what it's like to run a web operation without metrics. - John Allspaw

 TL;DR

- Eine *Messung* erzeugt ein numerisches Datum mit einem Zeitstempel. Versieht man eine Messung mit einer Messgröße, so entsteht eine *Metrik*. Verbreitet ist auch die Bezeichnung *Daten* als Synonym für Metriken.

- Die *Metriken* sind ein wichtiger Baustein der Analysierbarkeit (8) und stellen die Bewertbarkeit eines Service sicher.

- Ein Beispiel für die Bewertung eines Service ist die Messung der Service-Performance (12)

- Die Aufzeichnung, Verarbeitung und Speicherung von Metriken heißt auch *Data Engineering*. Die Interpretation der Daten heißt *Data Science* [PF13].

- Kombinationen von Metriken bilden einen *Indikator*, auch *Kennzahl* genannt.

- Die *Monitoring-Domäne* eines Geschäftssystems beschreibt die Metriken und Indikatoren, die zur Beobachtung des Systems gewählt wurden.

- Metriken sind numerisch und haben einen Zeitstempel. Deswegen kann man sie als *Histogramm* visualisieren.

- Die *Perspektive* einer Metrik gibt an, von woher die Metrik aus erhoben wurde. Viele Metriken sind ohne Kenntnis der Perspektive nicht aussagekräftig.

- Der Einsatz von Metriken für (automatische) Entscheidungen heißt auch *Data-Driven Decision Making* [PF13].

Was sind Metriken?

Es gibt eine technische und eine geschäftliche Ebene der Performance. Auf der technischen Ebene möchte man den Service möglichst gut unter Last halten und dynamisch vertikal skalieren sowie Ausfälle oder Fehlerzustände zuverlässig erkennen. Auf der geschäftlichen Ebene möchte man beobachten können, wie sich das System in der Domäne verhält oder neudeutsch: wie es *performed*. Für beides benötigt man Metriken.

In diesem Kapitel beschreibe ich die Eigenschaften von Metriken, nenne Beispiele für Metriken und spreche über den Mechanismus, um Metriken speichern zu können. Für den Architekten sind Metriken besonders wichtig, denn sie erlauben ihm, das System zur Laufzeit beobachten zu können, und er kann mithilfe von Kennzahlen den Erfolg nachweisen. Bild 12.2 zeigt das Metamodell der Metriken:

- Die *Domänenereignisse* wie die Anzahl der Neuregistrierungen pro Stunde.

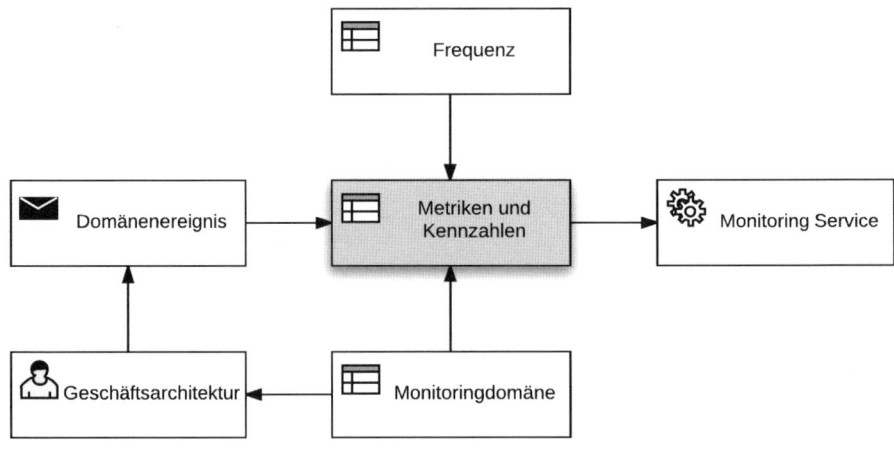

Bild 12.2 Modell der Metriken

- Die *Frequenz*, mit der eine Metrik gemessen wird, ist von Bedeutung für die Granularität späterer Analysen, aber auch für den benötigten Speicherplatz.
- Die *Monitoring-Domäne*, die pro System definiert wird.
- Der Monitoring-Service (18.3), der für die Speicherung von Metriken verantwortlich ist.

Die Monitoring-Domäne erschließen

Domänenereignisse können in einer Domäne alles Mögliche repräsentieren. Ein wichtiger Teil der Architekturarbeit ist, die Domänen und die Ereignisse zu bestimmen, die in der Domäne wirken. Eine Herangehensweise dabei ist es zu hinterfragen, welche Ereignisse für die Beobachtung einer konkreten Domäne wichtig wären, um diese dann in einer eigenen *Monitoring-Domäne* zusammen zu fassen. Wenn man ein Domänenereignis mit einem Zeitstempel versieht, erhält man eine *Metrik*. Die Monitoring-Domäne fasst die Metriken unseres Systems zusammen. Die innerhalb der Domäne gefundenen Konzepte sollten Teil der Allgemeinsprache (5.3) sein. Umgekehrt kann man überprüfen, welche Konzepte der Allgemeinsprache im Monitoring beobachtet werden sollen. Außerdem sollten die Nachrichten, die als Metriken erfasst werden, in der Allgemeinsprache verfasst sein.

Domänenereignisse für das Monitoring aufspüren

Um die Monitoring-Domäne zu erschließen, eignet es sich, die Anforderungen (5.7) an das System zu durchleuchten. Eine weitere Eingabe für die Analyse sind die verwendeten Domänenmodelle der Services, die beobachtet werden sollen. Aber auch die nicht-funktionalen Anforderungen oder Qualitätsmerkmale können gemessen werden. Dabei stellt man oft fest, dass hier die Anforderungen an die Beobachtung sehr verschieden sind:

- Grundsätzlich sind alle gesammelten Daten der Analysierbarkeit (8) zuträglich und ermöglichen die Bewertbarkeit eines Systems oder Service.
- Das *Alerting* benötigt eine Nachricht, wenn etwas schiefgegangen ist oder schiefgehen wird. In Abschnitt 18.4 gehe ich näher auf das Thema Alarme und Eskalation ein.
- Die *Skalierung* benötigt eine Nachricht, wenn die Kapazität zu klein oder zu groß wird. Es kann schwierig sein, sich bei der automatischen Skalierung nur auf Metriken zu verlassen, um das organische Wachstum einer Social-Media-Anwendung zu begleiten, wenn die Besucherzahlen auch durch nicht-organische Treppenfunktionen aufgrund neuer Features oder durch den Slashdot-Effekt getrieben werden können [JA10].
- Die *Geschäftsanalyse* benötigt eine Nachricht, wenn ein Domänenereignis erfolgt ist, zum Beispiel eine Neuregistrierung. Welche Daten in welcher Form erhoben werden, beschreibt die Monitoring-Domäne. Die Geschäftsanalyse ist die Aufgabe des *Data Scientists* [PF13].

Weitere Aspekte

Weitere Aspekte im Zusammenhang mit der Sammlung von Metriken sind die folgenden:

- Für die Interpretation der Metriken benötigt es eine Visualisierung, und die Metriken sollten zugänglich sein. Der Architekt muss also auch die Visualisierung entsprechend planen und ermöglichen.

- Eine Vergleichbarkeit von Metriken benötigt eine vergleichbare Auflösung der Daten, damit sie korreliert werden können.

- Die Aufzeichnung aller eingehenden Domänenereignisse ist ein guter Audit Trail.

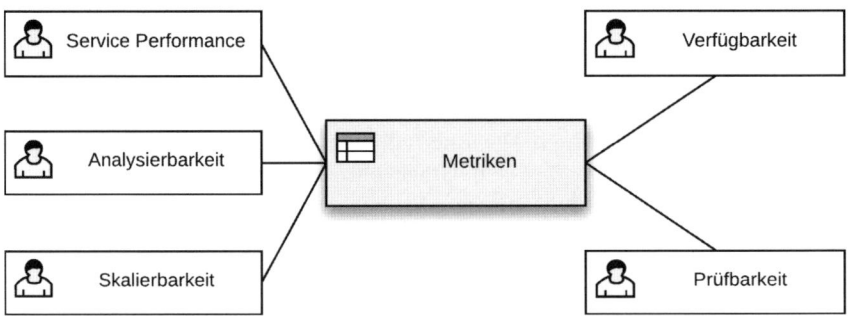

Bild 12.3 Viele Qualitätsmerkmale sind von Metriken abhängig.

Schichtenmodell der Metriken

Möchte man die Metriken auswählen, die beobachtet werden sollen, so kann man dies systematisch tun, wenn man weiß, welche Typen von Metriken erhoben werden können. Es gibt drei unterschiedliche Arten von Metriken, und wir können diese in einem Schichtenmodell darstellen:

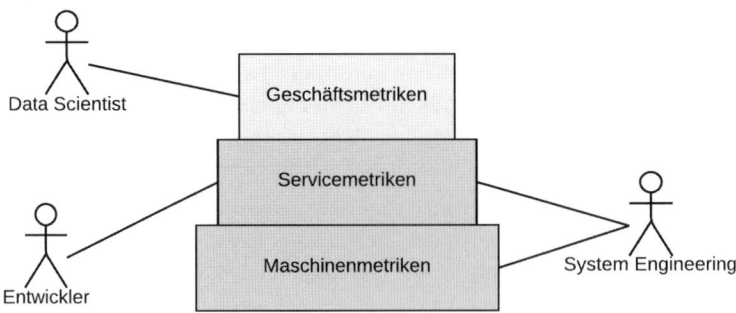

Bild 12.4 Schichtenmodell der Metriken

Maschinenmetriken

Metriken, die durch die physische Umwelt ihrer Laufzeitumgebung bedingt sind, heißen *Maschinenereignisse* und werden von den am Markt verbreiteten *Monitoring-Lösungen* per Default gesammelt und ausgewertet. Traditionell liefern diese Lösungen die Parameter einer Von-Neumann-Architektur: Speicherwerk, Rechenwerk, Eingabe und Ausgabe plus die Netzwerklast:

- CPU: Rechenlast
- Memory: Speicherauslastung
- Network: Netzwerklast
- IOPS: Datenträgerlast
- Anzahl Prozesse

Servicemetriken

Die zweite Art von Ereignis ist das *Serviceereignis*, das der Beobachtung der Funktion eines Service dient und damit besonders für die Entwickler interessant ist. Cache Hit Ratios, verwendete Queues oder statische Analysen der Quelltexte können im Team ausgewertet werden. Bei Geschäftssystemen ist für die Messung von Serviceereignissen die Perspektive besonders wichtig, denn das sogenannte *Frontend* wird auf dem Endgerät des Benutzers ausgeführt. Ein Teil der Anwendung läuft also auf dem Backend, ein anderer Teil auf dem Frontend. Somit muss entschieden werden, an welcher Stelle man messen möchte, also die *Perspektive* bestimmen.

Die heute am Markt verbreiteten Analytics-Lösungen sammeln die Metriken auf dem Browser. Bei der Interaktion mit der Seite löst der Benutzer einen Eventstrom aus, der von den Lösungen verarbeitet und visualisiert werden kann. Vorteil und Problem gleichermaßen ist dabei, dass *nur* die Daten auf dem Browser gesammelt werden. Dies ist von Vorteil, weil Reverse Proxies und andere Caches unterwegs nicht beachtet werden müssen. Sind die HTTP Cache Header richtig eingestellt, so landet nur ein Bruchteil der Anfragen auf dem Origin und kann dementsprechend hier auch nicht gemessen werden.

Der Nachteil ist hingegen, dass wesentliche Interaktionen, die nur auf dem Service, aber nicht auf dem Browser stattfinden, nicht wahrgenommen werden können. Ich hatte unlängst einen Kunden, der über Performance-Probleme klagte, aber nur wenige Besucher hatte. Am Ende stellte sich heraus, dass es eine interne Suchmaschine war, die den Traffic verursachte. So etwas bekommen Sie nicht mit, wenn Sie nur auf dem Browser messen. Im besten Fall misst man also aus beiden Perspektiven und führt die Ergebnisse später zusammen. Die spätere Aggregation von Daten, die aus verschiedenen Perspektiven aufgezeichnet wurden, ist die Aufgabe des *Data Engineering*.

Die folgenden Metriken sind Beispiele für die entfernte Perspektive auf dem Browser:

- *Start rendering:* Wie lange dauert es, bis der Browser anfängt zu rendern? Dies wird beispielsweise durch das Laden von JavaScript beeinflusst.
- *Document complete:* Wie lange dauert es, bis das Dokument vollständig angezeigt wird?
- *Above the fold:* Wie lange dauert es, bis der für den Benutzer sichtbare Bereich fertig gerendert ist, also der Bereich über dem Falz sichtbar ist?

- *Synthetic monitoring:* Aus entfernter Perspektive wird Benutzerverhalten simuliert und die Antwortzeiten gemessen. Oft werden hier ganze Anwendungsfälle durchgespielt, um gleichzeitig eine Funktionsprüfung durchzuführen.

- *Real User Monitoring (RUM):* Hier wird auf dem Browser des Benutzers selbst gemessen, und die Ergebnisse werden zurückgespielt. Dies verschlechtert die Performance auf dem Client, aber nicht unbedingt in einem Bereich, der bemerkbar wäre. Die ermittelten Daten können sehr wertvoll sein, da präzise und genau gemessen werden kann. Im Browser eignet sich die Navigation Timing API (11.2) für die Messung dieser Daten.

Kapazitätsmetriken

Zu den Servicemetriken gehören für mich auch Metriken zur Messung der Kapazität eines Service. Die wesentlichen Metriken hierfür sind die Folgenden:

- *Query Latenz* in Millisekunden gemessen
- *Query Throughput* in Anfragen pro Sekunde gemessen
- *Success Rate:* Die Rate erfolgreich beantworteter Anfragen in Prozent.

Geschäftsereignisse

Die letzte Klasse von Ereignissen bilden die Geschäftsereignisse, die die Metriken zur Analyse und Bewertung des Geschäfts bilden. Mit diesen lassen sich für Anwendungsfälle und Features konkrete Nutzungszahlen generieren. Da die Ereignisse in der Allgemeinsprache (5.3) definiert sind, können sie vom Team gut verstanden werden. Durch die überlegte Modellierung sind die erhobenen Daten besonders für *Data Scientists* informativ und haben eine geringe Ungewissheit [PF13].

Das Modell der Geschäftsereignisse wird heute im Bereich der Webanalyse durch den sogenannten *Data Layer* umgesetzt. Hierbei handelt es sich um ein JavaScript Array, das bei den Callbacks auf das Analytics-System mitgegeben wird. Im Analytics-System können diese Daten dann genutzt werden. Häufig findet man heute hier sehr technische Modellierungen vor. So werden Werte wie Page Type oder Template-Instanz übergeben. Die Brücke zu den eigentlich wesentlichen Konzepten der Domäne, die per se nichts mit der konkreten Implementierung, wohl aber mit dem Geschäftsnutzen zu tun haben, wird nicht immer geschlagen. Dies ist aber sinnvoll, denn dadurch erhöht sich der Informationsgehalt unser Metriken.

Die erhobenen Geschäftsmetriken können unterschiedlich komplex sein. Limoncelli spricht sich für möglichst einfache Metriken aus und schlägt vor, für E-Commerce-Systeme lediglich den *Umsatz pro Instanz* zu messen [LCH14]. Das kann in einigen Fällen sogar sinnvoll sein. Wenn das Geschäftsmodell genügend stabil ist, beispielsweise bei Amazon, dann machen auch solche Metriken Sinn. Die folgenden Metriken können als Anregung bei der Definition dienen:

- Die Anzahl der Checkouts pro Stunde
- Die Anzahl der Neuregistrierungen pro Tag
- Die Anzahl der Kommentare pro Tag

- Die Anzahl der Likes pro Stunde
- Die Anzahl der verwendeten virtuellen Maschinen pro Stunde
- Die Performance eines Domänenereignisses in ms
- Anzahl der Domänenereignisse pro Stunde
- Das langsamste Domänenereignis pro Stunde
- Das schnellste Domänenereignis pro Stunde

Application Performance Monitoring (APM)

Im Rahmen der Performance-Analyse gibt es heute verschiedenste Lösungen am Markt, die das Bedürfnis nach Daten und deren Visualisierung befriedigen. Ein bekannter Anbieter ist New Relic [new], dessen Lösung sich nicht mit den klassischen Maschinenparametern zufriedengibt, sondern eine Instrumentierung der Services vorsieht. Dadurch lassen sich nicht nur die Bottlenecks in der Architektur aufdecken, sondern es gelingt auch, qualifizierte Aussagen über den Grund der schlechten Performance zu machen, da man durch die *Introspektion* in den Service hineinschauen kann.

Über das Java Agent Interface [ins] kann sich eine APM-Lösung in die JVM einklinken und verschiedenste Informationen herausholen. Dieser Blick in die JVM ermöglicht eine tiefergehende Analyse. Es können langsame Stellen im Code identifiziert, die durchschnittliche Antwortzeit von Transaktionen überwacht oder die Requests auf Umsysteme wie Datenbanken oder Webservices aufgezeichnet werden.

New Relic verwendet zur Instrumentierung das ASM-Framework [asm] und lässt sich auch in bestehende Systeme relativ einfach integrieren, allerdings zum Preis einer Performance-Einbuße sowie monatlich wiederkehrende Kosten für die Lizenzierung. Eine weitere Option für den Export von Metriken aus der JVM ist Servo von Netlix [sera]. Mittels einfacher Annotation lassen sich hiermit per JMX Daten exportieren und dann in anderen Tools weiterverarbeiten.

Weitere Werkzeuge in diesem Bereich sind Ganglia [gan], Cacti [cac], Hyperic HQ [hyp], Zenoss [zen], Zabbix [zab], Collectd [col], Graphite [grab] oder Munin [mun].

Übertragungsprotokoll wählen

Zur Übertragung von Metriken muss ein Nachrichtenformat und ein Protokoll ausgewählt werden. Während das Nachrichtenformat unkritisch ist, gibt es bei der Wahl des Übertragungsprotokolls zwei wesentliche Qualitäten der Beurteilung: Zuverlässigkeit und Geschwindigkeit. Transaktionen zwischen Services werden per Log-Eintrag gemessen [Bas15].

Generiert ein Service viele Metriken und gibt es obendrein viele Services, die Metriken generieren, so ist ein Protokoll zu wählen, das mit einer solch großen Menge umgehen kann. Grundsätzlich sind die Protokolle entweder TCP- oder UDP-basiert. Im Falle von vielen Nachrichten ist das UDP-Protokoll zu bevorzugen, da hier auch viele Tausend Nachrichten pro Sekunde verschickt und empfangen werden können. Der Nachteil bei UDP ist aber, dass nicht alle Nachrichten ankommen. Beispiele für Metriken, die per UDP verschickt werden können, stammen aus der Industrie. Stellen Sie sich eine Halle voller Maschinen in der Fertigung vor. Jede Maschine erzeugt über ihre Sensoren viele tausend Messungen pro Minute. Aus den erzeugten UDP-Paketen kann ein Steuerungssystem der Fertigung beliefert werden. Wenn mal ein paar Hundert Nachrichten nicht ankommen, ist das in diesem Falle kein Problem. Für IoT-Systeme gibt es noch weitere, eigene Übertragungsprotokolle, auf die ich an dieser Stelle nicht eingehen möchte.

Beobachtet man Domänenereignisse in einem Social-Media-System, so ist jede Nachricht wichtig und sollte nicht verloren gehen, wenn man die Besucher lückenlos beobachten möchte. In diesem Fall ist eine zuverlässige Übertragung per TCP zu bevorzugen.

■ 12.3 Culling

 TL;DR

- Beim *Culling* werden neue virtuelle Maschinen nur zugelassen, wenn sie schnell genug sind.
- Das Culling ist eine Technik für dynamisch skalierbare Services, um dem *Noisy-Neighbor*-Problem zu begegnen.

In virtualisierten Umgebungen kann die Performance einer virtuellen Maschine von anderen virtuellen Maschinen beeinflusst werden, die auf derselben physischen Instanz laufen. Dies nennt man das *Noisy-Neighbor-Problem*. Verwendet man einen Cloud-Anbieter, so sind diese anderen Maschinen für uns nicht transparent. Eine Technik, um herauszufinden, ob eine Serviceinstanz vom Noisy-Neighbor-Problem betroffen ist, ist das *Culling*. Der Begriff stammt aus der Tierzucht, bei der man nur diejenigen Exemplare kreuzt, deren Eigenschaften man verstärken (oder erhalten) möchte. Im Deutschen nennt man diese Auslese übrigens *Körung*.

Beim Culling versuchen wir, durch Messungen herauszufinden, ob unsere Instanz negativ beeinflusst wird. Zeigt eine solche Messung einen deutlichen Abfall, so werfen wir die Maschine weg und starten eine neue in der Hoffnung, dass diese dann beim Provider in einer günstigeren Umgebung laufen wird. Verfolgt man sie konsequent, so startet man mehrere Dutzend Maschinen gleichzeitig, misst sie durch und behält nur die schnellste.

Das Culling hat einige Nachteile. So verändert sich die Last der darunter liegenden physischen Maschine ständig, d.h. eine Performance-Messung kann schon kurze Zeit später nicht mehr dem tatsächlichen Zustand entsprechen. Um dem zu begegnen, sollte die Performance des Service regelmäßig gemessen werden, um ihn gegebenenfalls auszutauschen.

Culling erhöht die Komplexität

Ein weiterer Nachteil ist die zusätzliche Komplexität in der Architektur. Der Service zum Starten, Messen und Auswechseln von Services inklusive Integration mit dem Load Balancer und dem Monitoring muss entwickelt, betrieben und gewartet werden. Bild 12.5 zeigt exemplarisch ein solches System. Wenn man aber bereits dynamisch skalieren kann, seine Metriken im Griff hat und der Betrieb automatisiert ist, so kann das Culling eine wertvolle Technik sein. Schließlich entstehen Kosten nach der Betriebsdauer eines Service, und je schneller ein Service ist, desto weniger Geld kostet der Betrieb.

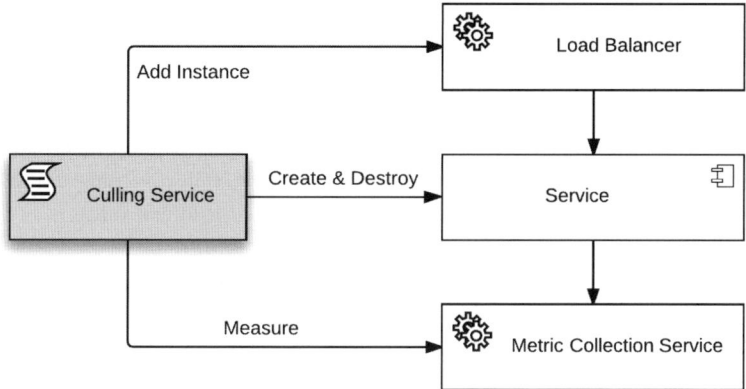

Bild 12.5 Zusammenhang zwischen Culling, Metriken und Load Balancing

■ 12.4 Tuning

 TL;DR

- Die Anzahl gleichzeitiger Transaktionen eines Service (2.3) ist maßgeblich für seine Performance.
- Die Anzahl gleichzeitiger Transaktionen kann durch *Tuning* erhöht werden.

Die Anzahl möglicher gleichzeitiger Transaktionen (10.1), die ein Service verarbeiten kann, ist ein Baustein der Gesamt-Performance und eine wichtige Eingabe für die Kapazitätsplanung (13) unseres Systems. Verschiedene Einflussfaktoren bestimmen diese Zahl:

- Die Konfiguration des HTTP Daemons, der für die Auslieferung verantwortlich ist, ist die erste Anlaufstelle. Hier bestimmen wir, wie viele Prozesse für die Bearbeitung eingehender Requests verfügbar gemacht werden.
- Die Effizienz und Programmierung des Service selbst beeinflusst die Kapazität.

- Die Kapazität der Downstream-Services, von denen unsere Anwendung abhängt, spielt eine Rolle. Ein Service kann nicht mehr Anfragen beantworten, als seine Downstream-Services leisten können. Hierzu gehört insbesondere der Storage Layer (13.3).

HTTPD-Daemon-Konfiguration

Ein synchroner Service kann jeweils nur eine Anfrage gleichzeitig verarbeiten. Jede weitere Anfrage wird erst bearbeitet, wenn die vorherige abgeschlossen ist. Synchrone Services werden nur innerhalb von Entwicklungsumgebungen eingesetzt, denn produktive Systeme müssen eine Vielzahl an gleichzeitigen Anfragen beantworten können. Hier bestimmt dann die Anzahl möglicher Prozesse die Anzahl gleichzeitig bearbeitbarer Anfragen.

Die Anzahl möglicher Prozesse wiederum wird durch die verfügbaren Systemressourcen bestimmt, also den vorhandenen Speicher und die CPU. Keinesfalls sollte ein Service swappen, da dies die Zugriffszeiten zu sehr verlangsamen würde. Es gilt also herauszufinden, wie viele Prozesse ein Service verträgt, und hierfür eignet sich die Lastsimulation (13.2): Der Service wird bis an seine *Kapazitätsgrenze* belastet, und diese sollte in etwa mit der Konfiguration der verfügbaren Systemressourcen übereinstimmen.

In vielen Fällen wird diese Konfiguration direkt auf dem Webserver vorgenommen. Bild 12.6, Bild 12.7 und Bild 12.8 zeigen verschiedene Technologie-Stacks im Einsatz. Anfang 2016 wurden die Hälfte der Websites weltweit mit dem Apache HTTP Server [httc] als Teil

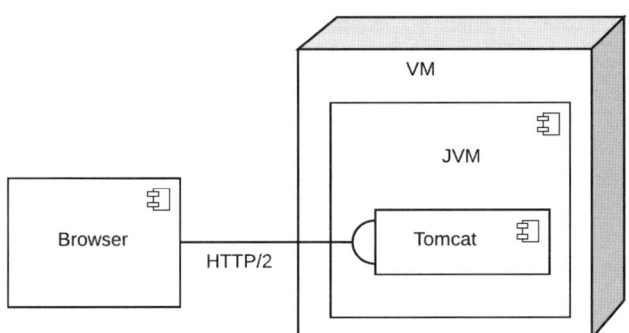

Bild 12.6 Tomcat in der JVM in der VM

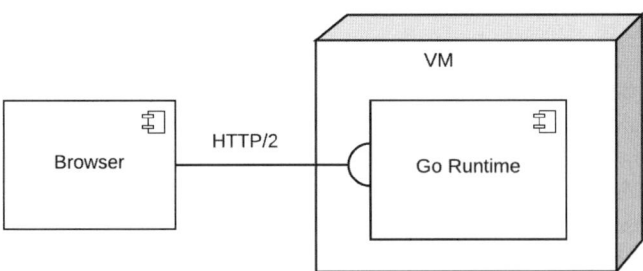

Bild 12.7 Go Runtime in der VM

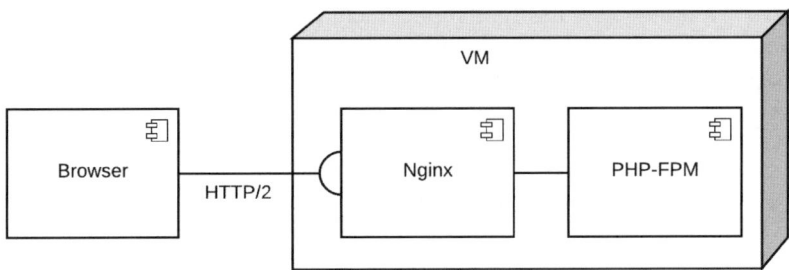

Bild 12.8 Nginx HTTPD mit PHP-FPM in der VM

des LAMP Stacks betrieben, der als Open-Source-Projekt der Apache Software Foundation schon seit Jahren eine Vormachtstellung am Markt hat. In Bild 12.8 ist jedoch der Webserver Nginx [ngi] dargestellt, der aufgrund verschiedener nicht-funktionaler und funktioneller Eigenschaften dem altgedienten Apache Server langsam, aber sicher den Rang abläuft.

Thread Pool konfigurieren

Ein Applikationsserver wie der in Bild 12.6 gezeigte Apache Tomcat hat eine Default-Konfiguration von maximal 200 Threads und eine Queue von 100. Diese Einstellungen dienen als guter Start für weitere Optimierungen.

Die konfigurierten Threads werden in einem Thread Pool zusammengefasst, der zunächst Anfragen in eine Queue ablegt. Die Anfragen werden nach ihrer Ankunftszeit an den Thread Pool befördert. Der Thread Pool definiert in diesem Modell die Nebenläufigkeit des Services. Wenn z.B. 200 Threads zur Verfügung stehen, können 200 Anfragen gleichzeitig verarbeitet werden. Weitere Anfragen würden in der Queue verweilen und allenfalls nicht innerhalb des gewollten Timeouts beantwortet.

Ein Thread Pool kann nicht beliebig groß ein, sondern wird maßgeblich von den Systemressourcen (CPU, I/O) und der Komplexität der Applikation beeinflusst. Eine CPU-intensive Applikation sollte auf die entsprechenden Cores des Systems abgestimmt sein [Gre14]. Ein sehr hoher I/O-Bedarf kann nicht mit einem beliebig großen Pool gelöst werden, da sonst der Kontextwechsel zwischen den Threads die Performance verschlechtert.

JVM Tuning

Die Java Virtual Machine kann mittels Optionen auf den Anwendungsfall abgestimmt werden. Die Garbage Collection (GC) zeigt sich vor allem bei lange laufenden Anwendungen und Services als typisches Problemfeld. Diese räumt kontinuierlich den Speicherverbrauch der JVM auf. Dazu sind verschiedene Algorithmen und entsprechende Optionen vorhanden, welche auf die Applikation abgestimmt werden sollten. Im schlimmsten Fall können *Stop-the-world*-Pausen auftreten, welche die Applikation über potenziell mehrere Minuten pausieren. Aktuelle GC-Verfahren wie etwa Concurrent Mark Sweep oder G1 versuchen, solche Pausen zu umgehen und automatisch optimale *Garbage-Zyklen* für die Applikation zu ermitteln [Oak14]. Um die Optionen manuell zu optimieren, sollten Benchmarks und Tests durchgeführt werden, idealerweise in Kombination mit der Lastsimulation (13.2).

Es bleibt zu erwähnen, dass das JVM Tuning nicht trivial ist und das Risiko einer Performance-Verschlechterung birgt. Man sollte damit erst beginnen, wenn der Service an seine Kapazitätsgrenze kommt und Optimierungen auch tatsächlich Abhilfe schaffen können.

12.5   Service-Cache abwägen

There are only two hard things in computer science: cache invalidation and naming things. – Phil Karlton

> **TL;DR**
>
> - Ein *Cache* fügt einem System Komplexität hinzu, ist aber manchmal unvermeidbar.
> - Der Cache sollte lieber zu häufig als zu selten invalidiert werden.

Die Zwischenspeicherung von Inhalten ist seit jeher eine Maßnahme zur Verbesserung der Performance. Allerdings sollte man sich vor Augen halten, dass Caching nie eine Anforderung, sondern immer ein Workaround ist: In einer perfekten Welt wäre kein Cache nötig, denn unsere Downstream-Services wären schnell genug. Das wäre eine tolle Sache, aber IRL haben wir mit Latenzen und sehr langsamen, alten Services zu kämpfen, die wir integrieren müssen, und kommen um einen Cache oft nicht herum.

Das ist für den Architekten eine tragische Angelegenheit, denn ein Cache vergrößert die Komplexität eines Systems. Je nachdem, wie viele Datenquellen zwischengespeichert werden müssen und wie ausgeklügelt die Invalidierung funktionieren soll, kann die zusätzliche Komplexität beträchtlich sein. Da zusätzliche Komplexität auch zusätzliche Kosten bedeutet, sollte jede Zwischenspeicherung gut überlegt sein. Eine flache Liste, die aus einer Datei gelesen wird und die sich nur selten ändert, kann man guten Gewissens in den Speicher laden und dann einfach nie mehr invalidieren, denn der Service stirbt sowieso irgendwann. Hat man es jedoch mit komplexen Geschäftsobjekten zu tun, die aus verschiedenen Services stammen, so kann der Cache schnell zu einer komplizierten Sache werden.

Alle Anwendungen haben einen Cache

Alle Anwendungen verfügen automatisch über einen Cache-Mechanismus in Form des HTTP Cache (11.6). Es gibt eine Vielzahl von Softwarelösungen, die einen HTTP Cache implementieren. Diese Reverse-Proxies können Sie problemlos in Ihre Architektur einbetten, da Sie sich darauf verlassen können, dass der Service die Cache Header seiner Antworten richtig setzen wird. Tatsächlich kann man das benötigte und gewünschte Cache-Verhalten beobachten und damit den konkreten Technologieentscheid für einen bestimmten Reverse-Proxy hinauszögern. Der Cache kann zu jederzeit im Laufe der Entwicklung hinzugefügt werden, und wenn die Caching-Strategie funktioniert, dann verändert er nicht das Anwendungsverhalten. Den Freunden des Prinzips des Last Responsible Moment (LRM) [Pop03] kommt das zupass.

Man kann also eine handelsübliche Lösung wie den Varnish Reverse Proxy selber installieren, ein Content Delivery Network einsetzen oder einfach auf den Browser-Cache setzen. Da die HTTP Cache Header standardisiert sind, gibt es eine Vielzahl von Möglichkeiten in Bezug auf die Architektur. Der HTTP Cache (11.6) ist mehrstufig und austauschbar.

Setzt man den HTTP Cache richtig ein, so schlägt man vier Fliegen mit einer Klappe: Die Komplexität wird geringer, die Testbarkeit und Änderbarkeit erhöht sich, und gleichzeitig steigt die Performance. Konkret habe ich bei global verteilten Websites gute Erfahrungen mit dem Caching aller Inhalte (außer den personalisierten) für jeweils 15 Minuten gemacht.

Ein Cache kann auch Abhilfe bei Upstream Services schaffen, die über ein Rate Limiting verfügen, also in einem Zeitraum nur eine bestimmte Anzahl Transaktionen zulassen. Wird der Cache davor geschaltet, so kann die vereinbarte Quote dank Zwischenspeicherung überschritten werden.

Bevor ein Cache funktionieren kann, muss er mit Daten bevölkert werden. Dieser Vorgang heißt *Warm-Up*. Um die Cache Misses zu optimieren, kann ein *Polling Cache* eingesetzt werden, der regelmäßig bestimmte Daten vom Upstream Service lädt, um diese konstant vorhalten zu können. Ein Cache, der noch keine Daten gespeichert hat, heißt auch *Cold Cache*.

In-Memory Caching

Wir können auch einen Cache einsetzen, den ein Service (2.3) für die Zwischenspeicherung von Daten nutzen kann. Ein beliebter, weil flexibler und schneller Cache ist der *In-Memory Cache*, der die benötigten Daten nicht-relational speichert. In-Memory Caches sind eher Storage als Service: Man kann nicht direkt aus dem Browser auf sie zugreifen, sondern muss noch einen Service davorschalten, der auf das HTTP-Protokoll übersetzt und zudem Sicherheit gewährleistet.

Üblicherweise lassen sich In-Memory Caches nicht so leicht testen wie eine Beobachtung der HTTP Header, wenn man den HTTP Cache nutzt. Außer in den trivialsten Caching-Fällen wird die Komplexität der Anwendung steigen. In den letzten Jahren hat sich die In-Memory-Technologie jedoch stark verbessert, sodass Sie heute mit Produkten wie Hazelcast [haz] oder Apache Ignite [ign] verteilte persistente Caches mit transaktionaler Invalidierung einsetzen können, wenn Sie die Mittel haben. Dabei gilt zu beachten, dass der Einsatz von Persistenz im Cache die Startzeit negativ beeinflusst, da die Daten in den Hauptspeicher geladen werden müssen.

Beispiel für In-Memory Caching

Bild 12.9 zeigt ein Beispiel für den Einsatz einer Kombination von In-Memory Cache und CDN für die Präsentation eines Produktkatalogs als Single Page Application (SPA). Die folgenden Schritte werden durchlaufen:

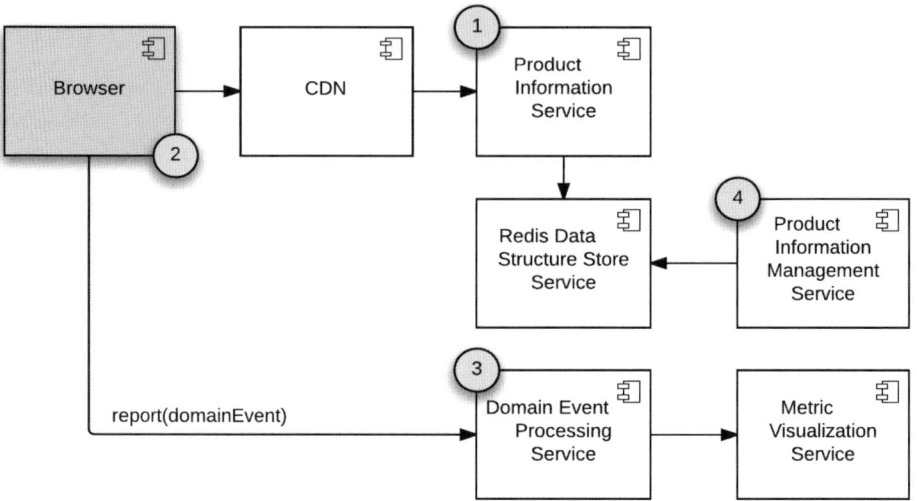

Bild 12.9 Beispiel für In-Memory und CDN Caching

1. Der Benutzer surft im Produktkatalog, den der Browse bereits als SPA geladen hat. Nun ruft der Katalog weitere Produktinformationen vom Product Information Service als JSON ab. Die Response der JSON-Daten hat *max-age* auf 15 Minuten und zudem *public* gesetzt, damit sowohl Browser als auch intermediäre Reverse-Proxies die Daten zwischenspeichern können.

2. Der Anwender interagiert mit den Produktdaten, drückt beispielsweise auf Like oder fügt das Produkt dem Warenkorb hinzu.

3. Unsere SPA generiert dadurch einige Domänenereignisse (Like, Warenkorb, Ladezeit) und sendet diese in Kombination mit der User ID an den Domain Event Processing Service. Dieser Service versorgt wiederum eine Visualisierung mit Daten.

4. Ein Content Manager ändert etwas an den Produktdaten, und der Product Information Management Service aktualisiert daraufhin auch die Daten im Cache. Weder der Browser des Benutzers noch ein Reverse-Proxy (CDN) unterwegs erhalten eine Nachricht zur Invalidierung. Sie müssen 15 Minuten warten, bis Sie eine aktuelle Version aus dem Cache beziehen können.

13 Kapazität

■ 13.1 Einführung in die Kapazität

Capacity is fundamentally a measure of how much revenue the system can generate. -
Michael Nygard

 Spricht man über die Kapazität eines Systems, so sind die folgenden Begriffe und Konzepte von Interesse:

- Die *Kapazität* oder *Kapazitätsgrenze* bestimmt die maximale Anzahl von Transaktionen (10.1), die ein Service (2.3) bei akzeptabler Antwortzeit liefern kann.
- Die *Kapazitätsgrenze* kann durch die Entwicklung von *Lastszenarien* im Rahmen einer Lastsimulation (13.2) ermittelt werden.
- Die Kapazität ist variabel und ändert sich pro Service je nach Lastszenario.

Die Kapazität ist ein interessantes und schwieriges Qualitätsmerkmal, denn sie verändert sich unter Last. Kaum ist man der Meinung, nun laufe das System endlich stabil, taucht schon ein neues Szenario auf, das wieder eine Outage verursacht. Stellen Sie sich vor, das Marketing verschickt einen Newsletter mit einem Link auf eine Seite, die eine teure Datenbankabfrage enthält. Eine Viertelstunde nach dem Versand brechen sämtliche Dämme. Und dann war da auch noch dieser furchtbare *Black Friday...*

Die Diskussion um die Kapazität ist zentral, denn Überkapazitäten im Betrieb kosten bares Geld, wohingegen Unterkapazität zu schwindenden Besucherzahlen führt. Die Kapazität bezeichnet die Anzahl der Transaktionen, die ein System bei akzeptabler Performance leisten kann. Um sie zu ermitteln, entwirft man Lastszenarien und misst dann die Antwortzeit für 50, 100 oder 1000 Benutzer. Der Punkt, an dem die Performance schließlich einbricht, bestimmt die *Kapazitätsgrenze*. Eigentlich ganz einfach, aber leider gibt es eine sehr große Anzahl von möglichen Lastszenarien, und das Verhalten der Anwendung kann je nach Szenario stark variieren. Man ist also gut beraten, sich auf die wahrscheinlichsten Szenarien zu konzentrieren. Aber welche sind das und welche Einflussfaktoren spielen die größte Rolle? Um diese bestimmen zu können, sind im Wesentlichen die folgenden Schritte notwendig:

- Zuerst werden die Anforderungen an die Kapazität und Performance ermittelt: Welche Antwortzeiten sind für das System akzeptabel? Wie viele Besucher soll das System bedienen können, und wie viele von ihnen kommen gleichzeitig? Die Qualitätsszenarien sollten sich auf konkrete Domänenereignisse (5.4) des Systems beziehen, auch um den Stakeholdern einen besseren Zugang zu gewähren. Bei den Qualitätsszenarien zur Performance finden Sie ein paar Beispiele hierzu. Die Kapazitätsanalyse kann im Rahmen der Qualitätsstrategie (7) geplant werden.

- In einem nächsten Schritt werden die gewünschten Anforderungen mit der Bausteinsicht (1.2) des Systems verglichen. Ein Sanity Check ist besonders dann wichtig, wenn Teile des Systems nicht unter der eigenen Kontrolle stehen. Existiert beispielsweise ein externer Dienst, der für die Preisberechnung zuständig ist, so sollte man sich zunächst Gewissheit über dessen Kapazität verschaffen, bevor man weitere Tests plant. Im Bereich der Infrastruktur lohnt es sich außerdem, Netzwerk- und Speicherkapazität (13.3) zu analysieren, um schon im Vorfeld die Weichen richtig stellen zu können. Diese Erkenntnisse können dann in das Testdesign einfließen, um neuralgische Punkte analysieren zu können. Siehe hierzu auch den Abschnitt über das Aufspüren von Bottlenecks (13.4).

- Die Ergebnisse sollten gemeinsam mit den Stakeholdern abgeglichen werden. Es sollte Einigkeit bestehen, dass die mit dem vorgesehenen Budget realisierbare Performance im Einklang mit den Geschäftszielen steht. Dabei machen wir uns auch Gedanken über die Zukunft: Reicht die verfügbare Kapazität auch in Zukunft, oder ist ein Wachstum geplant?

Die Kenntnis um die eigene Kapazität ist zentral für geschäftskritische Systeme. Sie muss analysiert und gemessen werden, um Sicherheit im Service-Level erlangen zu können. Insbesondere die Messung im laufenden Betrieb ist wichtig, denn schon eine geringe Veränderung der Lastszenarien kann unsere Kapazität entscheidend verändern. Auf der anderen Seite geschehen in der chaotischen Welt, in der wir leben, erstaunlich wenig Fehler! Dennoch sollte ein geschäftsrelevantes System möglichst genau vermessen werden, denn Outages senken das Vertrauen der Benutzer und führen zu Kundenverlust. Bild 13.1 fasst die Konzepte rund um das Thema zusammen.

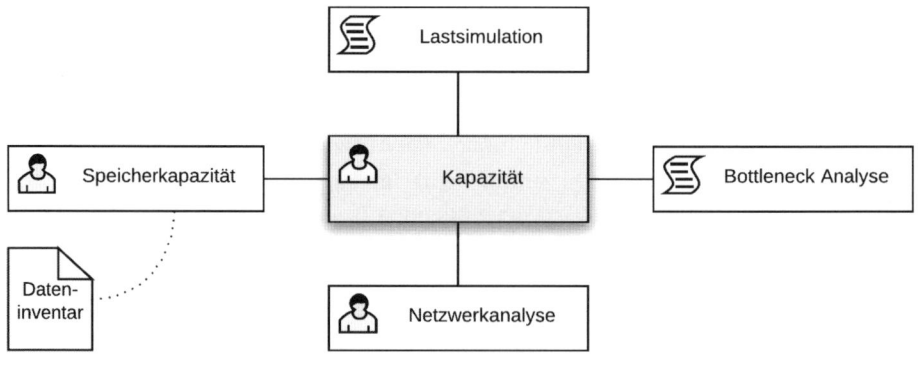

Bild 13.1 Konzepte der Kapazität

■ 13.2 Lastsimulation

 Die *Lastsimulation*, auch Performance-Test genannt, dient mehreren Zielen:

- Die Anwender sollen mit der Geschwindigkeit des Systems zufrieden sein.
- Die Lastsimulation dient der Bestimmung der *Kapazitätsgrenze* eines Service. Die Kapazitätsgrenze ist die maximale Last, die ein Service bei akzeptabler Antwortzeit liefern kann.
- Bei der Lastsimulation kann das Serviceverhalten bei *Überlast* beobachtet werden. Diese Daten können im Monitoring eingesetzt werden, um Überlast erkennen zu können.
- Es kann überprüft werden, ob ein Service oder System skaliert. Siehe hierzu auch das Kapitel über die Skalierbarkeit (14).
- Die Lastsimulation gibt einen Hinweis auf die Produktionstauglichkeit eines Systems oder Service.
- Die Erreichung der gesteckten Performance-Ziele kann bewiesen werden.
- Sie hilft beim *Tuning* eines Service zur Erreichung optimaler Performance.
- Die Performance-Tests erlauben einen Vergleich von Serviceverhalten in verschiedenen Umgebungen.

Es passiert immer wieder: Die neue E-Commerce-Lösung wurde in der Nacht ausgerollt und der Newsletter mit dem Superangebot versendet, aber kaum sind die Kunden aufgewacht und versuchen einzukaufen, brechen die Systeme unter dem Ansturm zusammen. Damit wir das Risiko eines solchen Debakels minimieren können, führen wir Kapazitätsmessungen durch. Diese Messungen müssen auf unsere Lösung abgestimmt werden. In diesem Kapitel zeigen wir die Methoden und das Vorgehen für Kapazitätsmessungen auf und veranschaulichen sie am Beispiel eines Lasttests einer E-Commerce-Lösung.

Performance-Ziele

Die Tests werden auf den Performance-Zielen der Applikation aufgebaut, die den Test Engineer beim weiteren Entwurf anleiten. Die erste Eingabe sind hierbei die Qualitätsszenarien (3.2), die gemeinsam mit dem Fach festgelegt wurden. Diese enthalten konkrete Zahlen bezüglich der zu erwartenden Anzahl von Benutzern oder Transaktionen sowie Angaben zu den Apdex (10.1)-Schwellwerten der Latenz. Wir möchten beispielsweise, dass 200 Benutzer gleichzeitig einkaufen können und der Apdex grün ist. Dabei darf unsere geplante Uptime 99.97 % nicht unterschreiten. Wichtig bei der Definition der Ziele ist, dass wir deren Prüfbarkeit garantieren und in Form von Berichten ausweisen können.

Darüber hinaus sollten Ziele für die Nutzung von Ressourcen im Rahmen der Architektur festgelegt werden. Beispielsweise könnte es ein Ziel sein, dass eine Maschine ihren Hauptspeicher nur zu 90 % auslastet. Ein interessanter Aspekt bei Anwendungen, die auf den Durchsatz von physischen Kommunikationswegen angewiesen sind, ist die Vergabe eines

Performance Budgets für ausgelieferte Seiten. Liefert ein System Seiten von Deutschland nach China, so könnte man die Seitengröße auf 256 kb begrenzen (CSS, JS und Bilder inklusive), um den Throughput zu optimieren.

Performance-Indikatoren bzw. *Performance-Metriken* für unsere Services müssen also definiert sein. Die Definition der Ziele, die Erstellung der Tests sowie deren Durchführung sollte im Rahmen der Qualitätsstrategie (7) geplant werden.

Testumgebung vorbereiten

Nachdem die Ziele definiert wurden, müssen die Vorbedingungen für den Test erfüllt werden. Diese sind über verschiedene Disziplinen verteilt und erfordern eine gute Kommunikation in der Zielorganisation und im Team. Insbesondere Entwicklung und Betrieb gilt es frühzeitig zu involvieren. Es gibt tatsächlich Vorbehalte gegen die Durchführung der Tests, die aus Ängsten und Unwissen entstehen. Diesen sollte man mit einer guten Abstimmung begegnen. Beispielsweise habe ich es schon erlebt, dass ein Entwickler um seinen Job fürchtete, wenn die Performance-Tests die anvisierten Ziele nicht erreichen sollten.

Die Lastsimulation benötigt ein prüfbares System (dem Produktionssystem möglichst ähnlich) mit einer stabilen und funktional fehlerfreien Softwareversion. Wir müssen dafür sorgen, dass unsere Skripte fehlerfrei durchlaufen können und die Performance-Messungen nicht durch Abbrüche aufgrund von Funktionsfehlern verunreinigt werden.

An dieser Stelle sollte entschieden werden, entweder einen Mock einzusetzen (wenn ein SLA mit dem Anbieter besteht), oder aber einen vorhandenen Testservice einzusetzen. Der Grund ist stets derselbe: Wir möchten unter realistischen Bedingungen testen und können dies nur, wenn unsere Umgebung dieses reflektiert. Es nützt nichts, wenn im Rahmen der Tests der Mock schnell läuft, aber auf Produktion der echte Service bei drei gleichzeitigen Anfragen zusammenbricht.

Ich empfehle oft, an das Testsystem, auch *System under Test (SUT)* genannt, möglichst keine Mocks anzulegen, sondern mit Test Services (7.6) zu arbeiten, wenn diese vorhanden sind. Dies lässt eine bessere Beurteilung des Gesamtsystems zu.

Bild 13.2 zeigt ein E-Commerce-System, das sich aus verschiedenen Microservices zusammensetzt. Nicht alle der Services stehen unter der Kontrolle des Teams. Beispielsweise gehört der *Payment Service* einem externen Anbieter. Bis auf den Payment Service können alle Dienste durch Test Services konfiguriert werden. Beim Payment Service setzen wir auf einen Mock, damit wir keine Abhängigkeit beim Testing auf den externen Dienst haben. Außerdem sichert uns der Anbieter im Rahmen eines SLA eine Kapazität vertraglich zu, sodass wir auf der sicheren Seite sind.

Abhängig von den gewählten Zielen ist dafür Sorge zu tragen, dass die nötige Last erzeugt werden kann, d.h. dass ausreichend Kapazität hierfür vorhanden ist. Hierbei entstehen auch Kosten, die im Vorfeld zu kalkulieren sind. Wenn Sie eine vollständig virtualisierte Produktionsumgebung bei einem Cloud-Provider haben, so können Sie diese für die Tests kopieren. Dies ist ein weiteres Argument für die Provisionierung der Systeme in der Cloud.

Ebenfalls muss sichergestellt werden, dass das Testsystem für die Dauer der Tests nicht von anderen Stakeholdern verwendet wird. Es ist sehr unglücklich, wenn der Projektleiter parallel zum Kapazitätstest zur selben Zeit eine Redaktionsschulung anberaumt hat. Des-

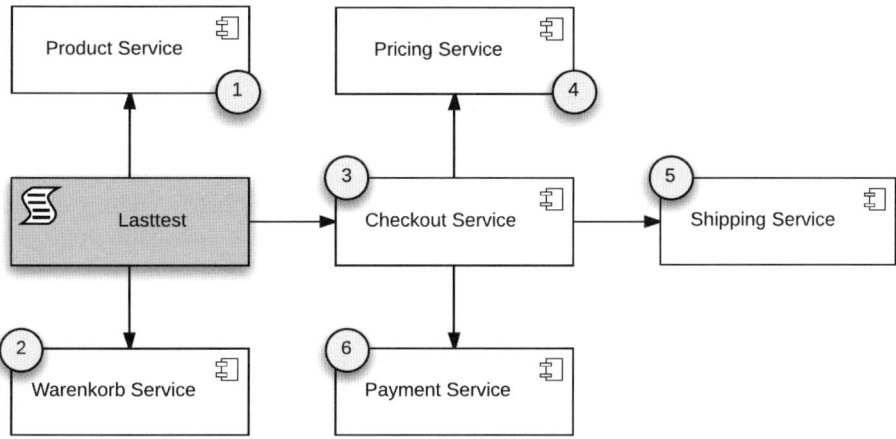

Bild 13.2 Lastsimulation für ein E-Commerce-System

wegen bietet es sich an, die Lasttests in der Nacht durchzuführen, weil dann niemand aus dem Team mit dem System arbeitet.

Testdaten vorbereiten

Wie bei den Funktionstests (7.7) sollten auch die *Testdaten* für die Lastsimulation vorbereitet und verwaltet werden. Anders als bei den Daten für Funktionstests, die in der Größe minimiert werden sollten, damit keine unnötigen Ladezeiten entstehen, ist es bei der Lastsimulation vorteilhaft, wenn mit dem Umfang der Daten der Produktionsumgebung gearbeitet werden kann. Ähnlich hingegen sind die Anforderungen an die automatische Bereitstellung der Testdaten als *Fixture* für die Lasttests. Wenn sich die Testdaten ändern, müssen häufig auch die Tests angepasst werden, sodass wohldefinierte Zustände ökonomisch vorteilhaft sind.

Neben den Daten für die Funktionstests benötigen die Tests auch Eingabedaten wie beispielsweise Suchkriterien, Benutzerdaten mit Credentials, Datensammlungen zum Hochladen usw.

Tests entwickeln

In diesem Beispiel betrachten wir ein Checkout-Szenario, wie in Bild 13.2 dargestellt. Ein solches Szenario heißt auch *Application Usage Model* [MFB+07] [Sti14] und kann aus den Anwendungsfällen (5.8) unseres Systems abgeleitet werden. Das Beispiel geht davon aus, dass der Benutzer bereits eingeloggt ist, und wir modellieren dieses also nicht. Das Szenario setzt sich aus den folgenden Schritten zusammen:

1. Abfrage der Produktdaten beim *Product Service*
2. Hinzufügen des Produkts zum *Warenkorb-Service*
3. Aufruf des *Checkout Service*

4. Der Checkout Service bestimmt den Preis über den Pricing Service

5. Es werden die Lieferkosten durch den *Shipping Service* bestimmt

6. Das Produkt wird mit dem *Payment Service* bezahlt

Häufig haben wir es mit einer größeren Menge von Anwendungsfällen zu tun. Möchte man alle Fälle in Lastszenarien übersetzen, so kann dies die Durchführung und Auswertung der Tests komplex machen. Ich empfehle eine Reduktion der zu testenden Szenarien, um die Interpretation der Ergebnisse zu vereinfachen. Hierfür können die wichtigsten Anwendungsfälle des Systems ausgewählt werden, beispielsweise der Checkout-Prozess, der uns hier als Beispiel dient und bei vielen E-Commerce-Systemen der wichtigste ist. Die Priorität sollte nicht anhand der Komplexität der dahinterstehenden Prozesse und deren Implementierung gewählt werden, sondern muss der tatsächlichen Anwendung entsprechen. Falls bereits ein System im Einsatz ist, können Analytics-Daten eine Entscheidungsgrundlage hierfür liefern.

Der Case Checkout als Beispiel beinhaltet mehrere Schritte, die auf die verschiedenen Services durchschlagen. In der Implementierung eines solchen *Usage Models* müssen wir berücksichtigen, dass ein Benutzer zwischen diesen Schritten Zeit benötigt, um beispielsweise Formulare auszufüllen oder Knöpfe zu drücken. Diese Zeit wird *Think Time* genannt und sollte nicht statisch hinterlegt werden, sondern pro simuliertem Benutzer und Aktion variieren, damit wir eine realistische Verteilung der Anfragen simulieren.

Die Lastszenarien definieren die Anzahl und Frequenz der simulierten Benutzer und welche Aktionen diese ausführen [MFB+07]. In unserem E-Commerce-Beispiel nehmen wir eine Conversion von 10 % an. Dies bedeutet, dass in unserem Test ebenfalls 10 % der simulierten Benutzer den Checkout durchlaufen sollen. Die Anzahl simulierter Benutzer kann sich je nach Lastszenario unterscheiden. Alle unsere Szenarien kommen bei unterschiedlichen Tests zum Einsatz:

- *Pipe-clean-Test*: Der Test dient der Validierung der entwickelten Tests und stellt sicher, dass diese sauber durchlaufen werden können. Hierzu wird jeder Test einzeln und in Isolation auf dem *System under Test* einige Male durchgeführt. Die erhaltenen Performance-Werte sind Indikatoren für das Performance-Verhalten des Systems über die Zeit.

- *Volume-Test*: Bei diesem Test wird das System bis zur anvisierten Anzahl gleichzeitiger Benutzer beladen. Es handelt sich also um die beste Approximation des tatsächlichen Verhaltens der Produktionsumgebung.

- *Endurance-Test*: Ähnlich wie beim Volume-Test wird das System mit der zu erwartenden Last beladen, aber über einen langen Zeitraum. Typischerweise dient der Test dazu, Memory Leaks in Services zu identifizieren. Hierfür muss die Zeitdauer entsprechend ausgelegt sein, beispielsweise vier Stunden.

- *Stresstest*: Ziel der Stresstests ist es, Fehler zu finden, die nur unter extremer Last auftreten. Hierfür wird das System bis weit über die anvisierte Produktionslast beladen, um Nebenläufigkeitsprobleme, Memory Leaks oder andere Probleme zu identifizieren.

- *Spike-Test*: Bei einem Spike-Test wird das System zur anvisierten Lastgrenze über einen längeren Zeitraum beladen, ähnlich wie beim Endurance-Test. Ab und zu wird die Grenze jedoch überschritten, und sogenannte Load Spikes werden ausgelöst. Der Test soll ähnlich wie der Stresstest Fehler in der Anwendung finden, die sonst nicht auftauchen.

- *Capacity-Test*: Der Kapazitätstest ist nützlich herauszufinden, wie viel Last ein System verträgt und trotzdem noch in akzeptabler Zeit antworten kann. Die Daten aus dem Kapazitätstest sind wertvoll zur Validierung der Skalierungsstrategie. Hat ein System zu viel Kapazität, kann es auch zurückgebaut werden.

Bei den verschiedenen Lastszenarien muss auch definiert werden, wie wir Last auf das System einführen. Wir unterscheiden hier zwischen Ramp Up, Big Bang und Delay [Mol14]. Big Bang bedeutet, dass simulierte Benutzer zum gleichen Zeitpunkt starten, aber nicht unbedingt das Gleiche ausführen. Das Ramp-Up-Verfahren ermöglicht es, inkrementell die Last auf das System zu erhöhen, und Delay verzögert die simulierten Benutzer. Die Verfahren lassen sich auch für komplexe Anwendungsfälle kombinieren.

Tests durchführen

Um das definierte Testdesign des E-Commerce-Lasttests umzusetzen, können sowohl kommerzielle wie auch Open-Source-Tools eingesetzt werden. Apache JMeter [jme] und Gatling [gat] sind Beispiele aus dem Open-Source-Bereich. Das folgende Code-Beispiel skizziert einen einfachen Lasttests mit Gatling. Darin ist das Szenario Produktansicht abgebildet, welches zuerst eine Anfrage auf die Kategorie absetzt und nach der Think Time auf die Produktseite navigiert. Gatling-Lasttests werden in Scala geschrieben und halten sich an eine spezifische DSL:

Listing 13.1 Ein Gatling-Lasttest

```
setUp(
    scenario("View_Product")
        .exec(http("Browse_Category").get("/category/random"))
        .pause(thinkTimeMin, thinkTimeMax)
        .exec(http("BrowseProduct")
        .get("/product/books/a-million-random-digits"))
        .inject(rampUsers(100) over (1 minute))
).protocols(http.baseURL("http://127.0.0.1"))
```

Testergebnisse analysieren

Die Interpretation der Messwerte aus unseren Tests ist eine nicht-triviale Aufgabe, die eine fundierte statistische Kompetenz benötigt [MFB+07]. Generell gilt, dass Erkenntnisse und gefundene Fehler aus den Tests möglichst zeitnah mit den entsprechenden Personen im Team besprochen werden. Hierfür sollten die Daten grafisch aufbereitet werden, da viele Personen Bilder besser verstehen als Zahlenkolonnen. Zu den häufig berichteten Metriken und Auswertungen gehören die folgenden:

- Apdex
- System- und Serviceantwortzeiten
- Ressourcenverbrauch (RAM, CPU, IO)

- Kapazität: Bandbreite, Durchsatz, Transaktionen, Anzahl der Benutzer

- Entwicklung der Metriken über mehrere Testzyklen hinweg (Trends)

Die Lastsimulation kann uns detaillierte Aussagen zur Lastverteilung, Antwortzeiten, Verfügbarkeit usw. liefern. Anhand von Monitoring können wir die Auslastung unseres Systems messen. In kombinierten Darstellungen unserer Metriken können wir z.B. die Anzahl an Anfragen pro Sekunde der CPU-Auslastung gegenüberstellen.

Am Ende des Tages sollten die Ergebnisse in die Beurteilung zentraler Entscheidungen in Entwicklung und Architektur einfließen. Nicht zuletzt der Go/No-Go-Entscheid sollte die Ergebnisse der Lasttests berücksichtigen, da Performance ein Basismerkmal ist, das von allen Benutzern erwartet wird. Damit ist die Durchführung von Lasttests automatisch auf dem kritischen Pfad der Entwicklung eines Geschäftssystems.

■ 13.3 Speicherkapazität

 TL;DR

- *Storage* ist der Überbegriff für Services und Systeme (2.3), die Daten physisch und dauerhaft speichern.

- Die *Speicherkapazität* ist die Kapazität (13) des Storage, meint aber häufig auch den verfügbaren Speicherplatz.

- Storage State (17.4) meint die physischen Daten, die zu einem Service oder System gehören.

- Der *Speicherplatz* ist der physisch vorhandene und nutzbare Speicher, der zu einem Teil vom *Storage State* belegt wird.

- Der unbelegte Anteil verfügbaren Speichers heißt *Headroom*.

- *Shared Storage* sind Storage States, die sich verschiedene Serviceinstanzen teilen.

- Die Speicherkapazität kann man mit *Replikation* oder *Sharding* vergrößern.

Daten sind das Lebensblut digitalisierter Organisationen, und damit genießt deren sichere Speicherung höchste Priorität. Seien es Bestellungen, Marketingunterlagen, Benutzermetriken oder Produktinformationen: ohne Daten keine Geschäftssysteme und damit heute in vielen Fällen kein Geschäft. In diesem Kapitel besprechen wir die Grundlagen der Datenspeicherung in Bezug auf die Kapazität eines Systems. *Storage* ist dabei der Überbegriff für einen Service, der Daten physisch speichert. *Storage State* sind die physischen Daten eines Systems, die vom Storage gespeichert werden. Headroom heißt der freie Speicher im Storage, so wie in Bild 13.3 dargestellt.

Wenn man über Storage spricht, so kommt man meistens sehr schnell auf das Thema Restore zu sprechen. Der Umgang mit *Storage State* zur Wiederherstellung eines Service oder eines Systems wird erst im Zuge der Diskussion um die Zuverlässigkeit (Teil IV) und Herstellbarkeit (17) vertieft.

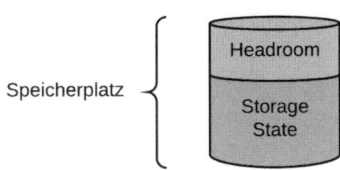

Bild 13.3 Storage für Storage State und Headroom

Unsere Definition der *Speicherkapazität* ist übrigens eine Funktion der Geschwindigkeit, mit der das System Lese- und Schreiboperationen bei akzeptabler Geschwindigkeit leisten kann. Dies ist für Anwendungen wichtig, weil insbesondere die Dauer lesender Zugriffe maßgeblichen Einfluss auf den Apdex (10.1) haben kann. Bespricht man die Kapazität des Storage, dann ist häufig neben der Geschwindigkeit auch der verfügbare *Speicherplatz* gemeint. Man sollte sich immer klar darüber sein, über welchen Aspekt der Kapazität man gerade spricht.

Speicherplatz strategisch planen

Speicherplatz und Speicherkapazität sollten strategisch geplant werden, um Ausfällen vorzubeugen. Wenn man die benötigte Kapazität vorhersagen kann, dann kann man sich darauf einstellen und dafür sorgen, dass sie verfügbar sein wird. Leider kann man dies nicht in jedem Fall, und die größten Probleme entstehen durch unkontrollierbare *Traffic Spikes*. Wenn man den Storage selber betreibt, dann ist dynamische Skalierung schwierig zu erreichen, da viel Expertise im Betrieb solcher Speicherlösungen notwendig ist. Setzt man hierfür ein Storage Area Network ein, so kann dies gar nicht dynamisch skalieren, da für mehr Platz eben auch mehr Platten eingebaut werden müssen. Greift man hingegen auf einen Storage SaaS zurück, so kann man dieses Risiko an den Provider delegieren.

Die Option, bei einem zuverlässigen und global agierenden Provider solch einen sicheren Service preiswert einkaufen zu können, gibt es erst wenige Jahre (ich schreibe dies im November 2016). In Anbetracht der möglichen Kostenersparnisse in Kombination mit der angebotenen Qualität ist eine weltweite Adaption dieses Geschäftsmodells eine zwingende Schlussfolgerung, es sei denn, Sie sind eine Großbank oder internationale Versicherung. Sicherlich werden wir in diesem Markt eine zunehmende Differenzierung vor allem über Qualitätsmerkmale beobachten dürfen. Bei der Kalkulation ist es wichtig, alle Faktoren einzubeziehen, wenn man eine On-Premise-Lösung mit einem Cloud Offering vergleichen möchte. Hierzu gehören die folgenden Punkte:

- Kapitalaufwand für die Hardware
- Wartungsverträge mit dem Hersteller der Hardware
- Kapitalaufwand für Softwarelizenzen
- Wartungsverträge mit dem Softwarehersteller
- Personalkosten für die interne Bewirtschaftung von Software und Hardware
- Opportunity-Kosten für das eingesetzte Personal
- Kosten für Räumlichkeiten
- Kosten für Restore (inklusive technischer Konzeption)

Storage profitiert von den *Economies of Scale*, d.h. ein Cloud-Anbieter hat wesentliche Vorteile bei der Preispolitik. Egal ob man nun aber selber betreibt oder einen Service einkauft, eine verlässliche Planung der Kosten ist notwendig. Es ist eine eiserne Regel, dass Geschäftsdaten nicht verloren gehen dürfen. Das bedeutet, dass der Service professionell betrieben werden muss. Die Kosten für den Betrieb kann man mit einer einfachen Metrik von Euro pro Gigabyte und Monat berechnen. Hat man mit dem Fach die Angaben zum geplanten oder erwarteten Wachstum besprochen, lassen sich hieraus die Kosten berechnen und bestätigen. Werden die Storage-Kosten nicht auf diese Weise geplant, so werden ungeplante Ausgaben anstehen, die niemandem gefallen. Aus diesem Grund ist die ordentliche Planung wichtig.

 Beantworten Sie die folgenden Fragen für Ihr System, um die Diskussion um die Daten zu beginnen [JA10]:

- Um was für ein System handelt es sich?
- An welchem Standort wird das System betrieben?
- Welche Arten von Daten werden gespeichert?
- Benötigt das System Shared Storage?
- Soll ein bestimmtes Protokoll für den Zugriff auf die Daten eingesetzt werden?
- Wie groß sind die Daten?
- Sind die Daten komprimiert?
- Können Sie die Arbeitslast bei der Datenspeicherung beschreiben?
- Besteht die Arbeitslast hauptsächlich aus lesenden oder schreibenden Zugriffen?
- Wie viel Platz benötigen die Daten in 6, 12 und 18 Monaten?
- Wie lauten die Anforderungen an die Verfügbarkeit?

Storage Sizing

Das geplante Wachstum sollte sowohl Storage State als auch Headroom beinhalten. Wenn Sie das geplante Wachstum kennen, so sollten Sie mit der Provisionierung von Speicherkapazität immer ein halbes Jahr im Voraus dabei sein [JA10].

Storage kann sehr teuer werden. Betreibt man die Systeme selber, so machen diese bei vielen Unternehmen einen substantiellen Teil des IT-Budgets aus. Bei der Diskussion der Kapazität sollte man also auch die Retention Policy (17.4) besprechen. Insbesondere bei Metriken lohnt es sich zu hinterfragen, ob die Anzahl der CPU-Zyklen pro Sekunde vom vorletzten Jahr noch relevant sind. Hierbei entstehen nämlich (je nach Anzahl der Instanzen) sehr große Datenmengen, die viel Platz belegen. Besprechen Sie im Team eine optimale Strategie für die Speicherung der Daten. Erläutern Sie dabei die Zusammenhänge, sodass insbesondere alle Entwickler verstehen, wie der Storage funktioniert und wo die Kosten entstehen.

Gemäß dem CAP-Theorem können wir unsere Datenbank nicht beliebig skalieren und gleichzeitig die Konsistenz und Verfügbarkeit der Daten garantieren [GL02] [Bre00]. Eine Datenbank kann auf zwei verschiedene Arten skaliert werden: Replikation oder Sharding.

Replikation

Die *Replikation* ermöglicht, die Daten hochverfügbar auf mehreren Instanzen als Kopie zu halten. Das heißt, wir können eine Datenbank auf drei Systeme replizieren. Wenn wir nun ein Update an unserem Warenkorb vornehmen, muss die Datenbank sicherstellen, dass die Änderungen auf allen drei Systemen erfolgen. Je nach Performance-Ansprüchen kann die Transaktion beendet werden, wenn nur eines der Systeme die Änderung speichert. Man spricht von *eventual consistency*, da alle Anfragen auf die anderen zwei Systeme die Änderungen zu diesem Zeitpunkt noch nicht beinhalten. Wenn wir einem Kunden, nachdem er ein Produkt zum Warenkorb hinzufügt, aber einen leeren Warenkorb anzeigen, weil die Abfragen auf verschiedenen Systemen ausgeführt wurden, wäre das doch tatsächlich sehr verwirrend.

Sharding

Die zweite Möglichkeit, Storage zu skalieren, bietet *Sharding*. Mit Sharding verteilt man anhand einer bestimmten Eigenschaft die Daten auf mehrere Systeme, beispielsweise einem Sharding Key. Sharding ist eine Shared-Nothing-Architektur (14.3) für Datenbanken zur Steigerung der Performance. Wir können unsere Warenkorbtabelle nach Benutzer auf verschiedene Systeme verteilen (Benutzername als Sharding Key) und z.B. unsere Produkte im Shop ebenfalls auf die verschiedenen Systeme verteilen (Artikelnummer als Sharding Key). Wenn wir nun aber zu unserem Warenkorb die Produkte anzeigen möchten, müssen wir die zwei Tabellen joinen. Da wir unsere Daten auf mehrere Systeme verteilen, muss ein solcher Join ebenfalls über die verschiedenen Systeme verteilt werden, und das kostet Performance.

Physische Medien

Betreibt man den Storage selber, werden Daten entweder in ein Dateisystem oder eine Datenbank geschrieben. In größeren Betrieben kommen dabei Storage Area Networks (SAN) zum Einsatz. Diese Systeme bieten hochverfügbaren, schnellen Storage, meistens über ein dediziertes Netzwerk. Dynamisch den Speicherplatz skalieren können diese Lösungen nicht, weswegen der Headroom richtig geplant werden sollte. Kapazität kann über neue Hardware hinzugefügt werden. Bei der Reduktion der Kapazität wird Hardware jedoch selten abgebaut, d.h. es besteht die Gefahr einer Investitionsruine.

Reicht die Geschwindigkeit dieser Systeme nicht mehr aus, müssen größere und schnellere Controller beschafft werden, um dem Ansturm Herr zu werden. Aus dem Blickwinkel der Kapazität ist ein SAN eine gute Sache, da diese Systeme ausreichend schnell dimensioniert werden können. Da hier aber ein eigenes Netzwerk aufgebaut wird, sind die Kosten auch hoch. Als Alternative bietet sich die Verwendung von Commodity Hardware an, also günstige Server mit lokalen Disks. Auf dieser günstigen Hardware können moderne NoSQL-Datenbanken betrieben werden, welche die Redundanz und das Clustering übernehmen. Es ist durchaus möglich, dass diese Consumer-Geräte ausreichend schnell für Ihr System sind.

Bei beiden Modellen muss man die passende Speichertechnologie auswählen. Mit dem Aufkommen von SSDs hat man neben konventionellen Festplatten und in-memory-Speicherung eine dritte Auswahlmöglichkeit. Dabei sind die Anzahl an I/O-Operationen pro Sekunde (IOPS) und die verfügbare Speicherkapazität die beiden wichtigsten Merkmale. Entscheidend ist, dass dann Daten auch je nach Anforderung auf der richtigen Speichertechnologie abgelegt werden. Häufig abgefragte Daten gehören auf eine SSD lokal im Server, damit die Latenz möglichst tief ist. Daten wie ein Logfile, die sich wenig ändern, kann man auf SATA-Festplatten zentral archivieren.

Speicherkapazität testen

Möchte man die Kapazitätsgrenze des Systems testen, stellt sich die Frage, ob man einen isolierten Lasttest (13.2) gegen den Storage fahren sollte. Wenn man den Storage selber betreibt, dann kann das eine gute Idee sein, die Kapazitätsgrenze dieses eigenen Systems zu bestimmen. Setzt man jedoch einen Cloud-Service ein, so ist das bedingt sinnvoll. Besser testen Sie dann den Service, der den Storage verwendet, und tunen dann dessen Storage-Strategie.

■ 13.4   Bottlenecks aufspüren

 TL;DR

- Ein *Bottleneck* ist eine Komponente, die einen Verkehrsstau verursacht.
- Die *Bottleneck-Analyse* verwendet Histogramme über einer Bausteinsicht, um Engpässe der Kapazität zu erkennen.
- Die Bottleneck-Analyse ist für die Bewertung einer Microservice-Architektur (1.4) nützlich.

Ein *Bottleneck* ist eine Komponente unseres Systems, die einen Verkehrsstau verursacht. Die Komponente kann nicht alle eingehenden Anfragen in nützlicher Zeit verarbeiten und blockiert damit den Rest des Systems. Bottlenecks gibt es überall, da kein Service unbegrenzte Kapazität hat. Kennen wir jedoch den Service mit der geringsten Kapazität, so können wir bei Performance-Problemen hier ansetzen. In einem System, das eine schlechte Performance hat, kann die Identifikation und Verbesserung des Bottlenecks helfen, dass das System schneller wird.

Ein Bottleneck kann durch Lastsimulation (13.2) gefunden werden. Generell sollte bei Performance-Problemen zunächst der Bottleneck behoben werden, bevor man an anderen Schrauben dreht [LCH14]. Load-Testing-Applikationen wie z.B. Gatling [gat] oder JMeter [jme] ermöglichen das Nachahmen komplexen Benutzerverhaltens und erlauben eine realistische Simulation mit vielen Benutzern. Somit können Applikationen bereits während der Entwicklungsphase kontinuierlich quantifiziert werden. Dies ermöglicht die frühzeitige Erkennung von Performance-Problemen.

Ein *Profiler* ermöglicht die Messung von Quelltexten auf der lokalen Entwicklungsumgebung. Man unterscheidet dabei zwischen Sampling und Instrumentierung. Letzteres misst einzelne Aufrufe und ermöglicht die Einsicht aller einzelnen Komponenten im Java Stack. Das heißt, man kann feststellen, welche Methode innerhalb des Aufrufs am meisten Zeit konsumiert. Sampling hingegen entnimmt aus mehreren Aufrufen eine statistische Auswertung und zeigt auf, wo Problemfelder versteckt sein könnten. Beide Methoden eignen sich in Kombination, um Analysen durchzuführen.

Das Netzwerk als limitierender Faktor

Die Netzwerkanbindung hat einen starken Einfluss auf die Kapazität einer Webanwendung. Eine optimierte Applikation und viel Rechenkapazität im Datacenter sind nutzlos, wenn zu wenig Bandbreite vorhanden ist, um die Inhalte an die Benutzer auszuliefern. Dabei kann die minimal benötigte Bandbreite einfach ausgerechnet werden: Die durchschnittliche Größe eines Page Views (Cold Cache, also inklusive aller Assets), multipliziert mit der maximal erwarteten Anzahl an Page Views, sollte einen guten Anhaltspunkt für die im Peak benötigte Bandbreite ergeben.

Dabei sollten Downloads und Videos nicht außer Acht gelassen werden. Es kann häufig Sinn machen, diese über ein CDN (11.4) verteilen zu lassen, um die eigene Netzwerkanbindung zu entlasten. Routet man den gesamten Traffic einer Webapplikation durch das CDN, steigt also die Kapazität. Die eigene Netzwerkanbindung muss, wenn überhaupt, nur noch die eigentlichen HTML-Seiten oder AJAX-Requests beantworten. Diese theoretisch „unlimitierte" Kapazität hat natürlich ihren Preis: Einige CDN-Provider verrechnen eine feste Gebühr pro Gigabyte Traffic. Die Webapplikation überlebt dann zwar den höheren Traffic, die Kosten steigen aber linear. Der „Fluch des Erfolgs" kann hier direkt auf das Portemonnaie durchschlagen.

Bevor also ein CDN eingesetzt wird, sollte man den Bandbreitenbedarf optimieren. Der erste Ansatzpunkt ist sicherlich die HTTP Compression. Damit werden alle Inhalte komprimiert, was sehr viel Bandbreite einsparen kann. Die Implementierung ist sehr einfach und wird von jedem gängigen Applikations- und Webserver unterstützt. HTTP/2 (11.3) bietet ebenfalls interessante Funktionalitäten, um das Netzwerk zu entlasten. Header Compression spart Bandbreite, indem wiederkehrende Informationen im HTTP Header nur einmal pro Session übertragen werden. Die Verwendung von Multiplexing über eine einzelne TCP-Verbindung und ein binäres Protokoll erlauben die effizientere Nutzung der Netzwerkressourcen und steigert somit die Kapazität der Webapplikation.

Bilder bleiben der wichtigste Ansatzpunkt für die Optimierung des Bandbreitenbedarfs. Eine anschauliche Quelle für Daten in diesem Bereich ist das HTTP Archive [htta]. Im April 2016, als ich das Archiv prüfte, wurden im Schnitt pro Seite 1,4 MB Bilddaten ausgeliefert. Damit keine Bandbreite verschwendet wird und der Benutzer eine möglichst schnelle Seite hat, müssen Bilder korrekt komprimiert werden. Hierfür kommen für Responsive Websites heute Source-Sets zum Einsatz, die je nach Endgerät eine passende Bildgröße beinhalten. Dieser Umstand ist bereits in der Entwicklung des Frontends zu berücksichtigen. Natürlich lassen sich Bilder auch später durch Optimierungssoftware (beispielsweise mod_pagespeed von Google [paga]) verkleinern; im Gegenzug steigert man aber die Komplexität und braucht auch zusätzliche Rechenkapazität.

14 Skalierbarkeit

■ 14.1 Einführung in die Skalierbarkeit

Only three numbers matter: zero, one, and many. - Baron Schwartz

 Spricht man über die Skalierbarkeit eines Systems, so sind die folgenden Begriffe und Konzepte von Bedeutung:

- Die *Skalierbarkeit* beschreibt die Veränderbarkeit der Kapazität eines Service (2.3) über die Zeit.

- Kann die Kapazität zur Laufzeit geändert werden, so ist der Service *dynamisch skalierbar*.

- Kann die Kapazität nicht zur Laufzeit geändert werden, so ist ein Service lediglich *statisch skalierbar*.

- Die Bereitstellung weiterer Instanzen eines Service zur Erhöhung der Kapazität heißt *horizontale Skalierung* oder *Scaling out*.

- Die Erhöhung der Kapazität einer einzelnen Instanz, beispielsweise durch das Hinzufügen von Arbeitsspeicher, heißt *vertikale Skalierung* oder *Scaling up*. Vertikale Skalierung ist statisch, da eine Laufzeiteinheit hierfür angehalten werden muss.

- In der Cloud ist horizontale Skalierbarkeit ein Synonym für *Elastizität* [BKC13].

- Ein zustandsloser Service ist linear skalierbar.

- Ein plötzlicher Anstieg der Last heißt *Traffic Spike* oder *Lastspitze*. Die zur Beantwortung einer solchen Lastspitze notwendige Leistung nennt man *Burst-Kapazität*.

Erfolg kann ein zweischneidiges Schwert sein: Gehen die Besucherzahlen durch die Decke, sinkt die Performance in den Keller, weil unser System dem mit Ansturm nicht gewachsen ist. Leider lässt sich ein System aber nicht einfach skalieren, besonders dann, wenn die Besucherzahlen sehr groß werden. Systeme, die nur mit kleineren und in Zukunft nicht wachsenden Besucherzahlen zu tun haben, müssen nicht skalierbar sein.

Es gibt viele Gründe für die plötzliche Popularität einer Website. Der bekannteste ist wohl der sogenannte Slashdot-Effekt. Slashdot war mal ein sehr beliebter News-Service mit hohen Besucherzahlen, der heute aber an Bedeutung verloren hat. Erschien damals ein Artikel mit einem Link auf eine weniger bekannte Website, so verspürte diese einen rasanten Anstieg im Traffic. Sie wurde „geslashdottet", und oft endete dies mit dem totalen technischen Versagen, weil die Kapazität nicht ausreichte. Ein solcher plötzlicher Anstieg heißt *Traffic Spike* oder *Lastspitze*. Die zur Beantwortung einer solchen Lastspitze notwendige Leistung nennt man *Burst-Kapazität*.

Sobald ein Service skaliert werden muss, werden auch Mechanismen zur Lastverteilung (16.5) notwendig, da Anfragen von Anwendungen auf mehrere Instanzen eines Service verteilt werden müssen. Die Komplexität der Architektur und die Kosten in Entwicklung und Betrieb steigen, weil eine zusätzliche Schicht bewirtschaftet wird.

Wenn ein Service nicht skalierbar sein muss, dann ist das im Betrieb ein Kostenvorteil. Das bedeutet aber nicht, dass der Service nicht skalierbar ausgelegt sein darf. Vielleicht ändern sich die Anforderungen später noch oder wir haben schon so viel Erfahrung mit skalierbaren Diensten, dass es uns einfach leicht fällt, einen zu bauen. Der Einsatz eines eigenen, maßgeschneiderten Entwurfsstandards für Services (2.3) ist bei der Entwicklung homogener Architekturen ein Vorteil.

Die Elastizität ist zusammen mit der Zuverlässigkeit eine der beiden Qualitätsmerkmale eines Cloud-Native Service (3). Damit eine Anwendung von den dynamischen Eigenschaften einer Cloud-Infrastruktur profitieren kann, muss sie horizontal skalierbar sein.

Skalierung, Herstellbarkeit und Monitoring

Man unterscheidet zwischen vertikaler und horizontaler Skalierbarkeit. *Horizontale Skalierbarkeit* bedeutet, dass mehr Instanzen eines Service verfügbar gemacht werden, zum Beispiel durch das Aufschalten neuer Server.

Vertikale Skalierung meint das Hinzufügen von mehr Ressourcen zu einer logischen Einheit, beispielsweise durch die Bereitstellung von zusätzlichem Hauptspeicher oder einer zusätzlichen CPU. Hierfür musste man früher neue Mainboards installieren, heute ist es eine Konfigurationseinstellung im Hypervisor.

Durch horizontale oder vertikale Skalierung verändert sich die Kapazität (13) eines Systems. Um die Kapazität zur Laufzeit anpassen zu können, wird ein Monitoring (18) benötigt, das Über- und Unterkapazität erkennen kann. Außerdem müssen Services automatisch instanziiert und entfernt werden, d.h. ein Service muss leicht herstellbar (17) sein, damit die Skalierung gelingen kann. So benötigt man ein Continuous-Deployment-System ebenso wie eine automatisierte Konfiguration unserer Services. Bild 14.1 zeigt die Beziehung zu anderen Qualitätsmerkmalen.

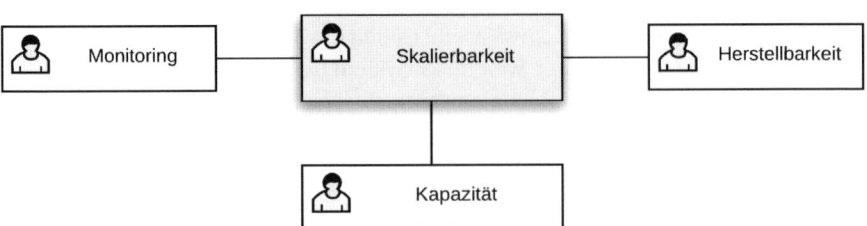

Bild 14.1 Skalierbarkeit und der Einfluss auf andere Qualitätsmerkmale

Wie sich herausstellt, sind es insbesondere die asynchronen Architekturen (14.4), die eine gute Skalierbarkeit ermöglichen.

HTTP Cache

Viele Systeme liefern große Mengen an statischen Inhalten wie HTML-, CSS- und Bilddateien an ihre Anwendungen. Dies alles sind Inhalte, die mit dem eingebauten Cache (11.6) des HTTP-Protokolls und über ein CDN (11.4) in guter Geschwindigkeit ausgeliefert werden können. Setzen wir diese Werkzeuge also ein, haben wir schon einen großen Teil der Anforderungen an die Skalierbarkeit erfüllt. Das Hinzufügen eines CDN ist eine funktionale Skalierung eines Systems (siehe unten).

Aber geschäftliche Transaktionen wie Bestellungen, Kommentare oder Registrierungen machen uns bei der Skalierbarkeit Sorgen, denn die schlagen auf unsere *Origin-Server* durch und setzen diese unter Last. Welche Strategien können wir hierfür einsetzen? Hierfür betrachten wir die Dimensionen der Skalierbarkeit.

Dimensionen der Skalierbarkeit

Die Kapazität eines Systems lässt sich in verschiedenen Dimensionen erhöhen [AF15]. Zum einen können wir Services geografisch (14.2) skalieren, indem wir sie in global verteilten Rechenzentren betreiben.

Es gibt außerdem die Möglichkeit, den Storage (14.3) zu skalieren, damit wir mehr Daten in kürzerer Zeit speichern können.

Die dritte Möglichkeit ist die Skalierung über die Funktion. Hier spielen domänengetriebene Microservice-Architekturen ihre Stärke aus: Wir können unsere Services individuell nach geschäftlicher Nutzung skalieren. Wenn wir dem durch den Microservice repräsentierten Geschäft einen Wert zuordnen, können wir so gleichzeitig den Ertrag messen. Dieses Vorgehen heißt auch *Functional Partitioning* [AF15].

Skalierbare Geschäftsmodelle

Die Aufwände zur Herstellung eines skalierbaren Systems sollten nicht unterschätzt werden. So ist eine wesentliche Entscheidung, ob sich ein System oder ein Service überhaupt skalieren lassen muss. Gerade bei der Produktion von Services, die nur in einem überschaubaren Rahmen eingesetzt werden sollen, ist eine Skalierbarkeit in vielen Fällen unnötig, sodass hier Kosten gespart werden können. Die Entscheidung hängt in erster Linie davon ab, ob das unter dem System liegende *Geschäftsmodell* skalierbar sein soll. Möchten Sie also beispielsweise einen Dienst im Internet anbieten, der möglichst stark wachsen soll, so sollte die Skalierbarkeit als eines der ersten Qualitätsmerkmale besprochen und entworfen werden.

14.2 Geografische Skalierung

> **TL; DR**
> - Die geografische Lastverteilung ist eine Dimension der Skalierbarkeit.
> - Eine Lastverteilung nach Staat oder Kontinent ist möglich, aber nur mit bestimmten Anbietern.

Nachdem wir also für unser System herausgefunden haben, welche Daten wie partitioniert werden sollen, können wir an die geografische Verteilung zur Erhöhung lokaler Kapazität denken: Wenn in einer bestimmten Region mehr Kapazität benötigt wird, so können wir gezielt an dieser Stelle mehr Leistung zur Verfügung stellen. Gleichzeitig verringert ein Deployment dichter am Kunden seine Latenz (11) zu unseren Servern.

Hierfür mieten wir bei einem Provider in der Region weitere Kapazität an und skalieren dadurch horizontal und geografisch. Eine *Region* ist ein physisches Rechenzentrum für den Betrieb unserer Services. Ein *Stack* ist eine Sammlung von Services, die unserer System benötigt. Bild 14.2 zeigt eine Region mit zwei angelegten Stacks. Unser Stack besteht hier aus einem Load Balancer, zwei Services und einer Datenbank. Die Aufgabe des Load Balancers als Lastvermittler zwischen den beiden Services ist offensichtlich. Die Frage ist nun: Auf welchen Stack kommt der Browser, wenn der Benutzer unsere URL eingibt?

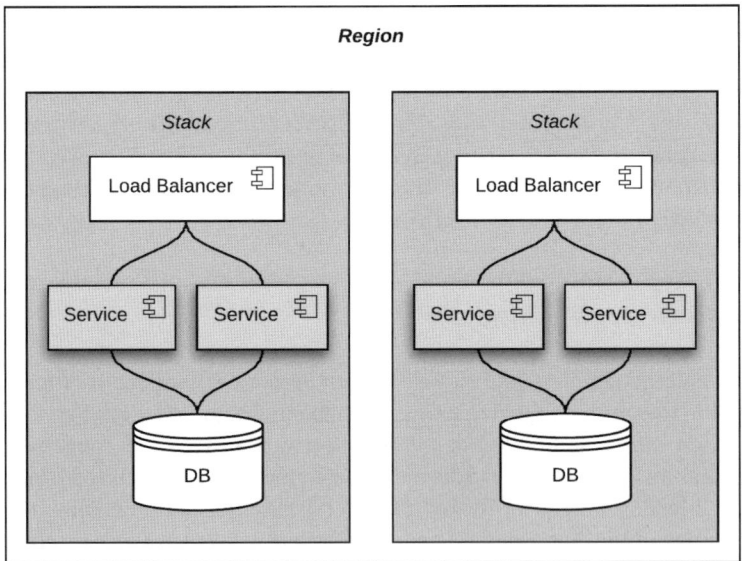

Bild 14.2 Regions, Stacks und Global DNS Load Balancing

Die Lösung hierfür liegt im DNS-Protokoll, denn hier können für jeden Domänennamen mehrere IP-Adressen angegeben werden. Dadurch wird eine krude Lastverteilung möglich, denn der DNS-Server gibt zwar alle IPs an den Browser, aber immer in einer anderen Reihenfolge. Dieses Verfahren heißt *Round Robin DNS* und löst aber nicht unser Problem, dass wir den Browser gerne zur geografisch nächsten Region schicken möchten, denn die eingetragenen Adressen sind weltweit gültig.

Möchte man aber eine geografische Lastverteilung, auch *Global Server Load Balancing (GSLB)* genannt, so muss man hierfür einen Anbieter wählen, der einem die Herausgabe unterschiedlicher IPs für DNS-Einträge je nach Region ermöglicht. Der Anbieter kontrolliert dann die DNS-Server und kann anhand verschiedener Daten den besten Stack für einen Benutzer auswählen. Beispiele für Anbieter aus diesem Bereich sind:

- Amazon Route 53
- Dyn Traffic Director
- Akamai Global Traffic Management

GSLB benötigt proprietäre Technologien und eine weltweite Infrastruktur, sodass eine eigene Implementierung nicht angeraten ist. Es handelt sich um *Heavy Lifting*, das man besser spezialisierten Anbietern überlassen sollte.

■ 14.3 Storage skalieren

mit Daniel Rey

TL;DR

- Die Skalierbarkeit des Storage ist untrennbar mit Überlegungen zur Verfügbarkeit und Konsistenz von Daten verbunden.
- Das CAP-Theorem besagt, dass Storage State zwar konsistent, verfügbar und resistent gegen Unterbrechungen sein sollte (partitionstolerant), aber nie alle drei Kriterien gleichzeitig erfüllen kann.
- Die Partitionierungsstrategie eines Geschäftssystems folgt einem einheitlichen Muster, die in diesem Abschnitt beschrieben ist.
- Eine *Invariante* ist eine Geschäftsregel, die nicht verletzt werden darf. Bei einer relationalen Datenbank ist das beispielsweise eine Fremdschlüsselbeziehung.
- Für einen Microservice (1.4) ist die Partitionierung aufgrund seines isolierten Speichermodells einfacher.

Wenn bei einer Transaktion Daten gespeichert werden müssen, spielt bei den Überlegungen des Architekten auch die Kapazität des Speichers eine Rolle. Da ein Geschäftssystem verteilt ist, muss er sich darüber hinaus Gedanken über die Konsistenz und Verfügbarkeit der Daten machen, um dem Benutzer ein möglichst homogenes Erlebnis zu bescheren. Beispielsweise sind Benutzer verwirrt, wenn sie ihr Profil aktualisieren, danach aber noch die alten Werte angezeigt bekommen. Die Skalierbarkeit ist immer dann relevant, wenn einer der folgenden Punkte gegeben ist:

- Der Storage kann nicht mehr mit der Last umgehen, d.h. die Speicherkapazität wird zu klein.

- Der Storage ist aufgrund geografischer Umstände nicht mehr schnell genug, weil die Latenz zu groß wird.

- Es bestehen Anforderungen an die *Offline-Fähigkeit* eines Service, die eine Lösung erzwingen, bei der verteilter Storage State später zusammen geführt werden muss, beispielsweise der Local Storage im Browser.

In diesen Fällen muss man sich Gedanken um die Skalierbarkeit des Storage machen. Bei den ersten beiden Fällen geschieht diese Skalierung in den allermeisten Fällen statisch, d.h. die Erweiterung der Speicherkapazität wird von langer Hand geplant und dann im Rahmen eines Wartungsfensters erhöht, bei dem neue, physische Einheiten hinzugefügt werden. Am Ende dieses Abschnitts habe ich die Speicherstrategie von Facebook beschrieben, als der Storage 2008 statisch erweitert wurde.

Eine dynamische Skalierbarkeit des Speichers ist denjenigen Systemen vorbehalten, die einen externen Service nutzen, bei dem das per API Call möglich ist, beispielsweise Google Spanner [spa] oder MongoDB Atlas [mon]. Die Technik der Partitionierung und Verteilung von Daten heißt *Sharding*, und diese ist zusammen mit der *Replikation* im Abschnitt über die Speicherkapazität (13.3) beschrieben. Sharding ist die horizontale Skalierung unseres Systems, bei der die Daten nach unserer Anwendung *partitioniert* werden, beispielsweise nach Anfangsbuchstaben oder SKU-Nummern. Eine Architektur, die Repartitionierung unterstützt, ist skalierbarer als eine, die das nicht tut. Warum die Partitionierung von Daten in Kombination mit den Anforderungen an Datenkonsistenz und Verfügbarkeit ein schwieriges Problem ist, erklärt das CAP-Theorem.

Das CAP-Theorem

1998 stellte Eric Brewer das sogenannte CAP-Theorem auf, das besagt, dass ein verteiltes System nur zwei der folgenden drei Qualitäten haben kann:

- *(C)onsistency:* Die Konsistenz meint, dass alle Akteure denselben Storage State sehen, unabhängig von ihrer Perspektive. Das heißt, alle Knoten haben denselben Zustand.

- *(A)vailability:* Die Verfügbarkeit des Storage State für lesende und schreibende Operationen wird durch das A wie Availability im CAP-Theorem repräsentiert.

- *Network (P)artition Tolerance:* Wie gut der Storage mit Unterbrechungen und Fehlern im Netzwerk umgehen kann, wird durch die Partitionstoleranz beschrieben.

Stellen Sie sich zwei Knoten vor, die in unterschiedlichen Rechenzentren betrieben werden. Wenn wir nur einem Knoten eine Zustandsaktualisierung erlauben, wird unser System inkonsistent (C). Wenn wir aber Konsistenz möchten, dann muss einer unserer beiden Knoten unerreichbar sein, und somit sinkt unsere Verfügbarkeit (A). Und nur wenn unsere Knoten miteinander kommunizieren, d.h. Nachrichten über Zustandsänderungen austauschen, können wir Konsistenz und Verfügbarkeit erhöhen, aber dies senkt die Partitionstoleranz (P).

Für einen konkreten Service gilt es nun, die beste Lösung in Bezug auf CAP zu finden. Da in einem verteilten System keine absolute Resistenz gegen Partitionierung möglich ist, muss man entscheiden, ob Verfügbarkeit oder Konsistenz für den Endbenutzer wichtiger ist. Bei den meisten mir bekannten Systemen ist die absolute Konsistenz keine Anforderung, die einer genauen Analyse widerstehen kann, sodass deren Aufgabe bei Geschäftssystemen eine gute Wahl sein kann.

Tatsächlich stehen dem Architekten viele Möglichkeiten offen, unter Berücksichtigung des CAP-Theorems eine Lösung zu finden, die zu den Geschäftsanforderungen des Storage passt. Eric Brewer selbst hat hierüber zwölf Jahre nach der Veröffentlichung einen guten Artikel publiziert [Bre00]. Darin beschreibt er unter anderem, dass die Partitionierung etwas ist, das sehr selten passiert, und deswegen keinesfalls Konsistenz oder Verfügbarkeit für immer aufgegeben werden müssen.

ACID und BASE

Die Eigenschaften von Datenbanktransaktionen lassen sich in zwei verschiedene Entwurfsphilosophien teilen: ACID und BASE (siehe Kasten). Damit die richtige Entwurfsentscheidung gefällt werden kann, sollte sich der Architekt über das vorliegende Problem im Klaren sein, und nicht über den Technologietrend entscheiden. Dabei steht die Diskussion der Partionierbarkeit im Vordergrund.

ACID

Das Akronym ACID steht für die folgenden Eigenschaften einer Datenbanktransaktion [Bre]:

- *(A)tomicity:* Schreiboperationen werden entweder ganz oder gar nicht ausgeführt. Schreibt ein Akteur, so sehen andere Akteure den Zustand entweder vor oder nach der fraglichen Operation, aber nie einen Zustand dazwischen.

- *(C)onsistency:* Nach einer Transaktion sind die Daten konsistent, d.h. keine Integritätsregeln werden verletzt. Bei SQL-Datenbanken sind dies beispielsweise stimmige Fremdschlüssel. Für ein Geschäftssystem heißen diese Konsistenzregeln auch Invarianten, die nicht verletzt werden dürfen.

- *(I)solation:* Nebenläufige Operationen beeinflussen sich nicht. Schreiben also zwei Akteure gleichzeitig, so sorgt die Datenbank dafür, dass die anderen Regeln nicht verletzt werden, also beispielsweise Konsistenz erhalten bleibt.

- *(D)urability:* Die Daten werden garantiert und dauerhaft gespeichert.

ACID ist immer dann eine tolle Sache, wenn es einfach bleiben darf, beispielsweise keine Offline-Anforderungen gelten und die Zugriffszahlen niedrig sind, d.h. keine Partitionierungen zu erwarten sind. Bei ACID ist die Datenkonsistenz nun mal gegeben, und der Entwickler muss sich keine Sorgen machen.

BASE

Das Akronym BASE steht für die folgenden Eigenschaften einer Datenbanktransaktion, wurde auch von Eric Brewer definiert und gibt die Konsistenz auf:

- *(B)asically (A)vailable:* Der Storage ist meistens verfügbar, garantiert aber keine Verfügbarkeit.

> - *(S)oft State:* Der Storage State kann sich auch ohne externen Einfluss verändern, beispielsweise durch eine Replikation.
>
> - *(E)ventual Consistency:* Irgendwann erreicht das System einen konsistenten Zustand, es sei denn, es gibt Eingaben von außen.

Beim Einsatz von BASE, das den Realitäten eines stark verteilten Systems, wie es Geschäftssysteme im Browser oder per App nun mal sind, am nächsten kommt, zwingt den Architekten dazu, exakte Entscheidungen über den Umgang mit Partitionen zu treffen.

Partitions-Management

Möchte man seinen Storage für einen Service verteilen, so macht man sich Gedanken darüber, ob während einer Partitionierung die Invarianten weiterhin gelten oder verletzt werden dürfen mit dem Ziel, dass nach der Zusammenführung der Daten die Invarianten wieder hergestellt werden können. Denken Sie an ein Bankkonto, das nicht überzogen werden darf. Wenn nun die Netzwerkverbindung vom Geldautomaten zum Kontoservice unterbrochen ist, darf die Invariante der Nichtüberziehung verletzt werden, oder nicht?

Generell gilt, dass bei einer Partitionierung nicht festgestellt werden kann, ob eine Invariante durch eine bestimmte Operation verletzt wird oder nicht, weil der Zustand auf der anderen Seite eben nicht bekannt ist. Deswegen muss der Architekt für jede mögliche Operation bestimmen, ob eine Invariante verletzt werden *könnte*. Wenn dem so ist, muss er bestimmen, welche Regel greifen soll:

1. Prohibit: Die Operation darf nicht ausgeführt werden.

2. Delay: Die Operation wird in eine Queue geschrieben und erst ausgeführt, wenn der Storage wieder verfügbar ist.

3. Modify: Die Operation wird so verändert, dass sie die Invariante nicht verletzen kann.

Dieses Vorgehen ist insbesondere für Geschäftssysteme zentral, die über das Internet funktionieren und häufig im Browser laufen, denn hier kann es immer wieder Unterbrechungen geben. Diese Anforderung wird auch *Offline*-Betrieb genannt. Hier werden die Daten im Local Storage des Browsers gespeichert und bei Verfügbarkeit des zentralen Storage abgeglichen. Wie oben beschrieben, erstellt der Architekt eine Tabelle der Invarianten, die verletzt werden könnten, und legt dann fest, was mit diesen geschehen soll. In einer Microservice-Architektur sind die Invarianten einer Geschäftsfunktion überschaubar, sodass dieses Vorgehen in nützlicher Frist und mit vernünftigem Aufwand lösbar ist.

Um auf das Beispiel mit dem Geldautomaten zurückzukommen: Anstatt dem Kunden den Zugriff auf sein Geld zu verweigern, wird dieses Problem durch die Limitierung der Summe, die an einem Tag von einem Automaten abgehoben werden kann, begrenzt. Das heißt, die Transaktion wird lokal gespeichert und *delayed* ausgeführt. Die verletzte Invariante wird dem Kunden durch eine Gebühr in Rechnung gestellt.

Facebook 2008

Bis 2007 betrieb Facebook nur ein einziges Rechenzentrum in Kalifornien. Aufgrund von Latenzproblemen entschloss sich der Konzern dann, den Storage zu skalieren und ein weiteres Rechenzentrum in Virginia zu bauen. Dies sollte den Europäern und Nutzern an der Ostküste der USA ein besseres Nutzererlebnis bescheren [fac].

Um dies zu ermöglichen, wurden alle Seiten danach getrennt, ob sie lesend oder schreibend mit den Daten des Dienstes umgehen. Lesende Seiten werden aus einem Memcache geliefert. Die wenigen schreibenden Seiten nutzen jeweils direkt die Datenbank. Bild 14.3 zeigt die Architektur nach der Erweiterung nach Virginia. Nehmen wir das Beispiel, dass Jason seinen Status ändern möchte:

1. Jason ändert seinen Status. Die Operation wird direkt auf der DB in Kalifornien ausgeführt, die gleichzeitig den Memcache invalidiert. Lädt Jason die Seite neu, so weiß der Load Balancer anhand eines Cookies, dass Jason in den letzten 20 Minuten geschrieben hat, und schickt ihn auf den Master Memcache in Kalifornien. Er sieht seine neue Statusmeldung.

2. Jack schaut sich das Profil von Jason an und liest seinen alten Status. Der neue Status ist noch nicht repliziert.

3. Die Replikation transferiert Jasons Status in die DB nach Virginia und löscht gleichzeitig den Eintrag im Memcache.

4. Jill schaut sich das Profil von Jason an. Der Load Balancer schickt sie nach Virginia, und hier wird der Eintrag nicht im Memcache gefunden und deswegen aus der DB nachgeladen. Jill sieht den aktuellen Status.

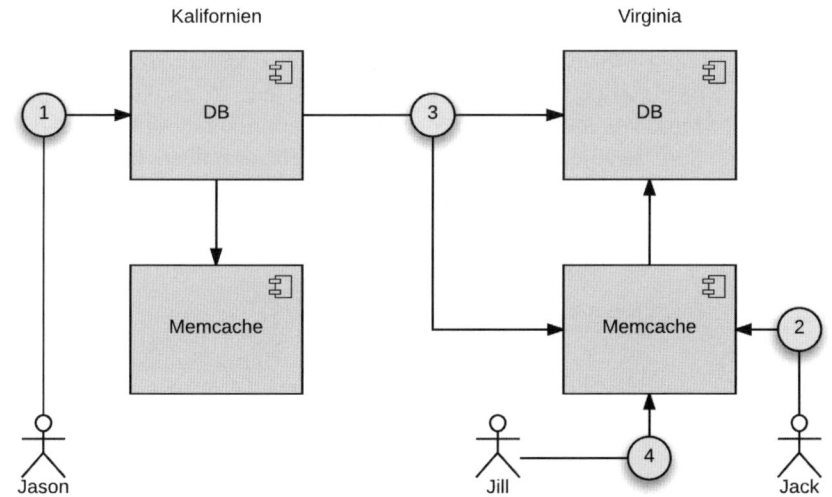

Bild 14.3 Die Facebook-Rechenzentrumserweiterung von Kalifornien nach Virginia 2008

Shared-Nothing-Architektur

Am besten ist es für den Architekten, wenn keine Daten zwischen unseren Knoten geteilt werden müssen, denn dann müssen wir diese nicht miteinander abgleichen. Ein System, das keinen Zustand teilen muss, ist linear skalierbar.

Betrachten wir nun als Beispiel einen einfachen Shop. Das HTTPS-Protokoll, auf dem wir unser Backend erreichen können, ist zustandslos. Um die Kunden zu identifizieren, verwenden wir ein Cookie. Das Cookie beinhaltet eine Identifikationsnummer, welche uns ermöglicht, Aktionen des Kunden festzuhalten und personalisierte Informationen darzustellen. Unser Backend muss den Warenkorb des Kunden speichern. Wo wir diesen Warenkorb abspeichern, wird die Skalierbarkeit unseres Backends beeinflussen.

Die beste Performance erreicht das Backend, wenn der Warenkorb direkt im Arbeitsspeicher unseres Service abgelegt wird. Wenn wir aber horizontal skalieren möchten, dann sprechen wir mit potenziell Dutzenden Systemen und müssen den Warenkorb einer bestimmten Person ausfindig machen können. Man spricht in diesem Fall von *Sticky sessions*: Anfragen von einer Session müssen immer auf das gleiche System geleitet werden. Mit einem Load Balancer kann man dieses Routing sicherstellen, aber man verliert die Möglichkeit, die Systeme beliebig zu skalieren, da ein Benutzer immer mit dem gleichen System kommunizieren muss. Wenn wir also horizontal skalieren und neue Systeme zu unserem Backend hinzufügen, können wir den bestehenden Traffic nicht einfach neu verteilen, sondern nur neue Sessions verteilen. Wenn wir ein System wieder entfernen, müssen wir erst die Sessions auslaufen lassen, damit der Kunde nicht während des Einkaufs plötzlich einen leeren Warenkorb hat. Siehe hierzu auch den Abschnitt über Load-Balancing-Strategien (16.5).

E-Commerce-Systeme bieten normalerweise die Möglichkeit, eine Session extern zu speichern und somit den Zustand auszulagern und damit effektiv zustandslos zu werden. Je nach Anspruch an die Performance kann die Session in eine Datenbank, ein Dateisystem oder einen Cache geschrieben werden. Da die Session bei jeder Transaktion des Benutzers abgefragt werden muss, eignet sich eine In-Memory-Lösung, da diese besonders schnell ist. Wenn wir nun den Zustand aus unserem Backend verlagert haben, kann dieses besser skaliert werden – mit dem Zustand haben wir potenziell aber auch das Bottleneck verlagert.

■ 14.4 Asynchroner Entwurf

mit Daniel Rey

TL;DR

- Eine *Nachricht* (engl. *message*) ist ein Datum, das an einen bestimmten Adressaten verschickt wird. Ein *Ereignis* (engl. *event*) ist ein Signal, das von einem Service ausgelöst wird, wenn er einen bestimmten Zustand erreicht [rea].
- Der *asynchrone Entwurf* verwendet Nachrichten und/oder Ereignisse zur Kommunikation zwischen Services, und verbessert durch Entkopplung die horizontale Skalierbarkeit eines Service (2.3).

> - Wenn in einem asynchronen System Services über Nachrichten kommunizieren, dann spricht von einer *nachrichtengesteuerten Architektur* oder einem reaktiven System (3) (engl. *reactive system*).
> - Bei der reaktiven Programmierung kommunizieren Akteure durch Ereignisse, und man spricht vom *ereignisgesteuerten Entwurf* (engl. *reactive programming*).
> - Die Steuerung eines Service über Nachrichten ist eine Eigenschaft *reaktiver Systeme*, die Steuerung über Ereignisse hingegen eine Eigenschaft der *reaktiven Programmierung*.
> - Eine Variante der ereignisgesteuerten Architektur ist die *Command Query Responsibility Segregation (CQRS)*, bei der eine API den Zustand entweder schreibt oder ausliest, aber nicht beides. ∎

Je enger Services aneinander gekoppelt sind, desto mehr müssen sie gemeinsam skaliert werden und desto komplexer wird unsere Skalierungsstrategie. Stellen Sie sich zwei Services vor: Der Downstream-Service beantwortet Browser-Anfragen und kann Hunderte pro Sekunde ausliefern, ist dabei aber auf Daten aus dem Upstream-Service angewiesen. Wenn der Upstream-Service synchron gekoppelt ist, so bestimmt die Kapazität des Upstream-Service die Kapazität des Downstream-Service ... und anders herum. Die Flexibilität unabhängiger Skalierung unserer Services ist verloren gegangen.

Die gängige Technik zur Vermeidung der Kopplung ist der Einsatz asynchroner Kommunikation zwischen den Diensten. Hierbei wird keine Anfrage blockiert (engl. *non-blocking*). Dies erlaubt es dem aufrufenden Service in der Zeit, die für die Verarbeitung des Aufrufs benötigt wird, etwas anderes, sinnvolles zu tun: Die beiden Services sind voneinander entkoppelt, und das System als Ganzes kann hierdurch an Skalierbarkeit gewinnen, je nachdem wie lange die Antwort auf sich warten lassen darf.

Zum anderen kann, wenn die Verbindung asynchron ist, ein Service Aufgaben auch mit einer längeren Verzögerung ausführen. Dies dämpft Lastspitzen ab und sorgt für eine gleichmäßigere Auslastung vorhandener Ressourcen. Man kann also die Systemkapazität auf den Durchschnitt auslegen und muss nicht auf Lastspitzen durch Überkapazität vorbereitet sein. Dies spart im Betrieb Geld und schont Ressourcen. Je variabler die Last auf einem System, desto größer der Vorteil.

Nachrichten und Ereignisse

Man unterscheidet zwischen Nachrichten und Ereignissen. Eine *Nachricht* ist ein Datum, das an einem bestimmten Adressaten verschickt wird. Ein *Ereignis* hingegen ist ein Signal, das von einem Service ausgelöst wird, wenn er einen bestimmten Zustand erreicht hat. Ein Ereignis hat also keinen expliziten Adressaten und bildet auch die Grundlage für die sogenannte *Publish-Subscribe-Architektur*, bei der Ereignisse an Konsumenten weitergeleitet werden, die sich für einen bestimmten Typ von Signal registriert haben.

Ereignisse werden lokal eingesetzt, beispielsweise im Frontend, um Benutzereingaben zu verarbeiten. Werden Ereignisse auch von entfernten Diensten benötigt wie etwa in der erwähnten Publish-Subscribe-Architektur, so werden sie als Datum in eine Nachricht verpackt. Hohpe und Woolf nennen solch eine verpackte Nachricht eine *Event Message*

[HW03]. Eine Nachricht, die eine Prozedur in einem anderen Service auslöst, heißt bei diesen Autoren *Command Message*.

Die Kommunikation über Ereignisse ist eine Eigenschaft der reaktiven Programmierung, die beispielsweise bei der Entwicklung mit Akka [akk] zum Zuge kommt.

Die nachrichtengesteuerte Architektur

Asynchrone Verbindungen zwischen Services über Nachrichten verwandeln ein System in eine *nachrichtengesteuerte Architektur*. Traditionell erwartet der Absender keine Antwort vom Empfänger: Die Nachricht wird verschickt, und das war's. In einem Geschäftssystem mit UI im Browser ist das aber in den meisten Fällen nicht möglich. Wenn ich meinen Status aktualisiere, möchte ich eine Antwort haben, ob das geklappt hat. Keinesfalls darf mir das UI meinen alten Status anzeigen. In diesem Fall weiß aber der Client um die Änderung des Zustands und kann diesen selber lokal aktualisieren, d.h. die verzögerte Beantwortung wird vom Client kompensiert.

Es gibt heute also zwei verschiedene Entwurfsmuster für die asynchrone Kommunikation von Services, und zwar ARAP und ARAC (2.3), deren feine Unterschiede je nach konkreter Situation vorsichtig evaluiert werden sollten, da sie auf verschiedene Arten und an anderen Stellen Last erzeugen.

Das reaktive Manifest

Ein Service kann reaktiv entwickelt werden, d.h. auf Basis von Ereignissen seine Geschäftsaufgabe wahrnehmen. Man unterscheidet also zwischen der reaktiven Programmierung und dem reaktiven System (3), und beides ist 2013 im Reaktiven Manifest veröffentlicht worden [rea]. Schlüssel zum Erfolg der reaktiven Programmierung ist die Zerlegung von Problemen in mehrere, diskrete Tätigkeiten, die asynchron und nicht-blockierend hintereinander ausgeführt werden können, um so zu Workflows zusammengesetzt zu werden. Ein Beispiel für eine Technologie, die die reaktive Programmierung unterstützt, ist Akka [akk].

Der wesentliche Vorteil der reaktiven Programmierung ist die bessere Nutzung von Mehrkernprozessoren sowie eine erhoffte höhere Performance durch die Reduktion von Serialisierungspunkten nach dem Amdahlschen Gesetz [Amd67]. Hierfür konnten Performance-Benchmarks bisher aber nicht beweisen, dass dieses *Reactor Pattern* zu einer Verbesserung der Geschwindigkeit einer einzelnen Serviceinstanz führt [BCB03]. Klar ist jedoch, dass ein reaktives System ein anderes Denken erfordert als synchrone, blockierende Aufrufe, sei es nun in einer einzelnen Maschine oder über Servicegrenzen hinweg. Die Performance des einzelnen Service spielt häufig auch eine untergeordnete Rolle, denn wenn er skalierbar ist, kann die Kapazität durch die Allokation neuer Instanzen erhöht werden.

Event Sourcing

Wenn eine Architektur aus dem Versand von Ereignissen zwischen Tätigkeiten besteht, so liegt es nahe, dass man den Zustand eines Systems aus der Folge dieser Nachrichten konstruieren kann. Dies ist genau dann möglich, wenn alle Zustandsänderungen als Events vorliegen. Theoretisch muss dann kein Zustand mehr gespeichert werden, weil er sich ja aus den Ereignissen jederzeit berechnen lässt. Martin Fowler hat dieses Muster in seinem Bliki sehr schön beschrieben [eve].

Liegen alle Zustandsänderungen als Ereignisse vor, so ist es also möglich, den Zustand zu einem beliebigen Zeitpunkt in der Vergangenheit durch das Abspielen von Nachrichten herzustellen. Das ist eine mächtige Waffe aus mehreren Gründen.

Angenommen, es gab einen Sneak (15.2), und einige Events sind korrupt oder führten zu einem unerwünschten, weil ungeplanten Zustand Ihres Systems. Die Events können dann nachträglich verändert werden, um den Zustand zu korrigieren.

Ein weiterer Grund ist, dass der Zustand Ihres Systems nicht mehr gespeichert werden muss, sondern in den Events kodiert wird und damit leichter verändert werden kann. Sie können also Ihren Zustandsautomaten nachträglich ändern, indem Sie Nachrichten neuen Typs oder anderen Inhalts verarbeiten. Dies kann flexibler sein als ein Automat, der in ein SQL-Schema gegossen wurde. Tatsächlich können Sie so den Automaten selbst über die Zeit verändern. Außerdem können Sie beliebige Kopien eines Systems anfertigen, wenn Sie den Nachrichtenstrom in verschiedenen Umgebungen abspielen.

Die Berechnung eines bestimmten Zustands kann teuer werden, wenn viele Ereignisse verarbeitet werden. Deswegen arbeitet man mit *Snapshots*, die den Zustand des Systems zu einem bestimmten Zeitpunkt zwischenspeichern. Ein Snapshot kann nebenläufig und jederzeit berechnet werden, ohne dass das System hierfür angehalten werden muss.

Das CoreMedia Content Management System verwendet Event Sourcing, um den Zustand der Inhalte zu jedem beliebigen Zeitpunkt wiederherstellen zu können. Ich habe diesen Mechanismus mal für einen Entwurf beim Auswärtigen Amt eingesetzt, bei dem redaktionelle Änderungen in eine Richtung publiziert werden mussten. Aus Gründen der Sicherheit durfte das Live-System keinen Zugriff auf die internen Systeme haben. Per FTP wurden die serialisierten Events dann von innen nach außen übertragen.

Command Query Responsibility Segregation (CQRS)

Eine Variante der ereignisgesteuerten Architektur ist die *Command Query Responsibility Segregation*, bei der wir unterschiedliche Schnittstellen anbieten: Eine Schnittstelle ist nur für das Lesen von Daten zuständig (Query) und die andere für die Veränderung des Zustands (Command) [cqr].

Diese Teilung macht aus Sicht der Skalierbarkeit Sinn, da bei vielen Architekturen die Anzahl der lesenden Operationen die der schreibenden um ein Vielfaches übersteigt. Setzt man also dieses Muster um, so kann man die Leseoperationen unabhängig von den Schreiboperationen skalieren.

Die Technik ist auch von Vorteil, wenn man für lesende und schreibende Operationen verschiedene Modelle verwenden möchte.

Bild 14.4 zeigt ein Beispiel für eine CQRS-Architektur mit einem Microservice für Schreiboperationen und einem In-Memory Cache für lesende Operationen. Je nachdem, welche Cache-Technologie eingesetzt wird, können Leseoperationen hier gut über die Anzahl der Cache Nodes skaliert werden. Technologien, die dies ermöglichen, sind beispielsweise Ha-

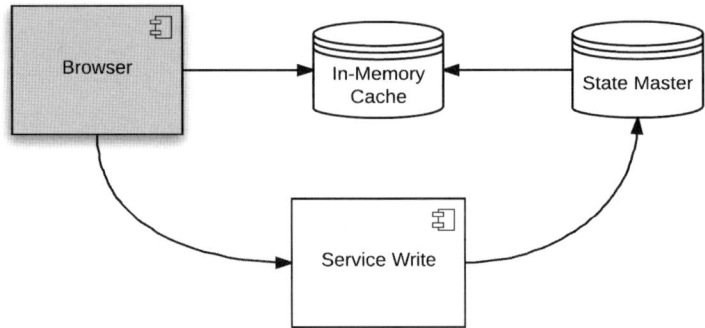

Bild 14.4 CQRS mit In-Memory Cache

zelcast [haz] oder Apache Ignite [ign]. Diese sind auch als *Data Grids* bekannt. Verwendet unser Service ARAP, so würde man in diesem Fall das Polling auf den Cache zeigen lassen.

■ 14.5 Cookie Cutter und Microservices

 In einer *Cookie-Cutter-Architektur* laufen alle Services auf einer einzigen Maschine. ■

Besteht eine Architektur aus verschiedenen Services, so stellt sich die Frage, wie man diese am besten verteilt. Stellt man für jeden Service eine eigene Maschine bereit, so benötigt man hierfür sehr viele, und es kann sein, dass viele von ihnen nur wenig Last erhalten, d.h. die Nutzung der Ressourcen ist nicht effektiv. Ein Architekturmuster zur Vermeidung von Unterlast ist die *Cookie-Cutter-Architektur* [Ham]. Hierbei werden alle Services auf einem einzigen Image provisioniert, welches dann horizontal skaliert werden kann.

So ist es möglich, die Last auf eine optimale Anzahl von Maschinen zu verteilen. Dies ist besonders für die Betriebskosten eine gute Sache, denn der Betrieb einer Microservice-Architektur bei einem Cloud-Provider, bei der jeder Service auf einer eigenen virtuellen Maschine läuft, ist kostenintensiv.

Allerdings hat dieses Muster nicht nur Vorteile, denn die Summe aller verwendeten Technologiestacks muss im gemeinsamen Technologiestack auf jeder Maschine provisioniert werden. Dies erzeugt Abhängigkeiten unter den Services, die wir sonst nicht hätten, weil man zum Beispiel sicherstellen muss, dass eine bestimmte Java-Version zusammen mit einer bestimmten Go-Version funktioniert. Wir verlieren zudem die Fähigkeit, Services unabhängig voneinander deployen zu können, und das ist ein wesentlicher Vorteil einer Microservice-Architektur.

TEIL IV

Zuverlässigkeit

15 Einleitung

■ 15.1 Einführung in die Zuverlässigkeit

mit Nicolas Bär

 TL;DR

- Die Zuverlässigkeit ist die Wahrscheinlichkeit, dass ein Produkt unter bestimmten Bedingungen fehlerfrei über einen gewissen Zeitraum hinweg funktioniert [OK12]

- Je besser ein System oder Service mit Störungen umgehen kann, desto höher ist seine Zuverlässigkeit.

- Die *Zuverlässigkeit* wird durch die Verfügbarkeit (16), Herstellbarkeit (17), Prüfbarkeit (18) und Resilienz (19) der beteiligten Services und ihres Zusammenspiels in einem System bestimmt.

Was ist Zuverlässigkeit?

Bei kritischen oder sensiblen Systemen hört man immer wieder den Satz „Failure is not an option". Das ist sehr richtig, denn tatsächlich ist Versagen tatsächlich keine Option, sondern unvermeidlich, weswegen man gut beraten ist, geeignete Schritte für den Fall der Fälle zu planen. Dabei ist es hilfreich, die Zuverlässigkeit strukturiert über die hier beschriebenen Qualitätsmerkmale zu analysieren. Denn bei einem zuverlässigen System lässt sich die zu erwartende Qualität vorhersagen und optimieren.

Ich habe das Qualitätsmerkmal der Zuverlässigkeit als eines der obersten und damit wichtigsten Merkmale in mein Qualitätsmodell aufgenommen. Andere Autoren ordnen die Zuverlässigkeit anders ein oder benennen sie erst gar nicht und sortieren alles unter Verfügbarkeit [BKC13]. Da ein Qualitätsmodell stets im Kontext gesehen werden sollte, ist meiner Meinung nach weder die eine noch die andere Einordnung falsch. Da Geschäftssysteme jedoch zuverlässig sein sollten, damit mit ihnen immer und überall Umsatz generiert werden kann, habe ich die Zuverlässigkeit in meinem Modell oben positioniert.

Zuverlässigkeit der Microservices

Insbesondere für Microservices ist die Zuverlässigkeit wichtig, da sich unsere Systeme aus verschiedenen Diensten zusammensetzen, die reibungslos zusammenarbeiten müssen. Unter Laborbedingungen, also beispielsweise bei automatischen Tests, haben wir keine Probleme mit Unzuverlässigkeit, da in unserer isolierten Testumgebung unter Laborbedingungen alles problemlos funktioniert.

In der Produktionsumgebung hingegen führen schlechte Leitungen, Abstürze und andere Widrigkeiten zu erschwerten Bedingungen. Oftmals kommt es hier zu Schneeballeffekten, bei denen ein Fehler in einem Service zu einer ganzen Fehlerkette mit fürchterlichen Ausmaßen führt (engl. *cascading failure*). Aus diesem Grund hat beispielsweise Netflix *Hystrix* [hys] entwickelt, das im Abschnitt über die Resilienz (19) zusammen mit anderen Methoden und Techniken zur Verbesserung der Zuverlässigkeit im Detail beschrieben ist. Mit der wachsenden Anzahl von Kunden sowie angebotenen Streaming-Produkten stiegen die Anforderungen an die Qualität des Service, und Netflix hatte ein wirtschaftliches Interesse an der Verbesserung dieser Qualität. Hystrix war und ist eine generische Lösung für die Erhöhung der Fehlertoleranz von verteilten Systemen.

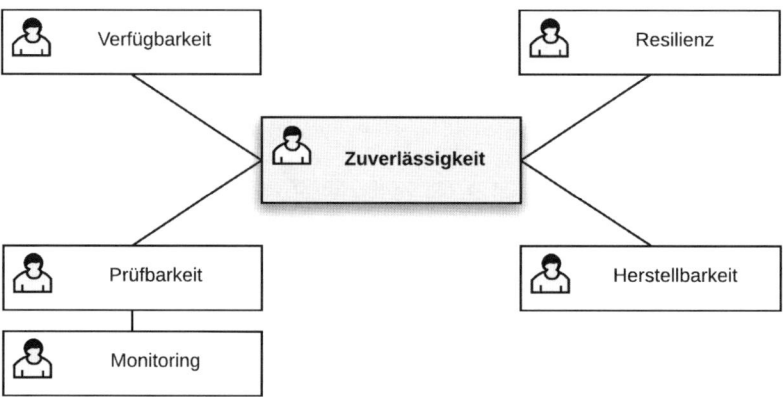

Bild 15.1 Prozesse der Zuverlässigkeit

Geschichte des Resiliency Engineerings

Die Erhöhung der Zuverlässigkeit von Komponenten ist ein Problem, das nicht nur bei Software eine wichtige Rolle spielt. Das sogenannte *Resiliency Engineering* hat seine Wurzeln im *Reliability Engineering*, denn die Zuverlässigkeit bildet die Basis der Widerstandsfähigkeit. Für die Wirtschaft wie den Privatmann sind zuverlässige Produkte wichtig. Niemand möchte ein Produkt kaufen, das schon nach kurzer Zeit seinen Geist aufgibt, und dies spiegelt sich in Gesetzen zur Gewährleistung wider.

Früher wurden Produkte in Bezug auf bestimmte Eigenschaften getestet, die ein Inspekteur anhand einer Checkliste prüfen konnte. Mit der Einführung von Garantien zur Lebenszeit von Produkten kam jedoch die Zeit als Komponente hinzu, und so ist die Zuverlässigkeit heute auch definiert: die Wahrscheinlichkeit, dass ein Produkt unter bestimmten Bedingungen fehlerfrei über einen gewissen Zeitraum hinweg funktioniert [OK12].

Im Falle einer Website ist die Zuverlässigkeit im Falle einer geschäftskritischen Anwendung also wichtig. Zwar kommen in einem Fehlerfall in der Regel keine Menschen zu Schaden, jedoch kann der Ausfall eines Systems große Umsatzeinbußen nach sich ziehen. Im Finanzsektor ist es besonders prekär. Hier kann der Ausfall eines zentralen Systems über einen längeren Zeitraum sogar das Ende eines Finanzinstituts nach sich ziehen.

Reliability Engineering

Das Reliability Engineering hat seine Wurzeln in der militärischen Entwicklung der USA in den 50er-Jahren [OK12]. Damals verwendete man immer mehr elektronische Komponenten, und durch die Komplexität des Zusammenspiels dieser Komponenten in Kombination mit der Miniaturisierung wurde die Fehlerdiagnose und -behebung immer schwieriger. 1952 wurde zwischen Industrie und Regierung die „Advisory Group on Reliability of Electronic Equipment" (AGREE) gegründet, um die hohen Kosten aufgrund des Fehlversagens von Bausteinen in den Griff zu bekommen. Die Gruppe empfahl als Erstes die Einführung von Belastungstests über viele Tausend Stunden sowie die formale Demonstration der statistischen Sicherheit der Zuverlässigkeitsangaben von Herstellern. Der AGREE-Bericht wurde später vom Department of Defense als US Military Standard MIL-STD 781 „Reliability Qualification and Production Approval Tests" verbindlich [Nat86].

Unterdessen erlebte die Elektronik eine Revolution hin zu integrierten Schaltkreisen. Bei der hohen Dichte an Bauelementen auf einer einzigen Platine reichte die bis dahin übliche Sampling-Methode, bei der einzelne Exemplare getestet wurden, nicht mehr aus, und stattdessen musste jedes Erzeugnis einzeln geprüft werden. Dies führte zu viel höheren Qualitätsstandards auch bei Consumer Devices, sodass schließlich das Militär Eigenentwicklungen aufgab und begann, normale, kommerziell erhältliche Komponenten zu verwenden.

Die 60er- und 70er-Jahre

1965 verabschiedete das Department of Defense dann den Standard MIL-STD–785 „Reliability Programs for Systems and Equipment" [Nat65], der künftig vorschrieb, dass Maßnahmen und Tests zur Zuverlässigkeit in den gesamten Produktionszyklus integriert werden *müssen*. Hier wurde auch das erste Mal über das Konzept der sogenannten *Life Cycle Costs* gesprochen, bei dem es auch darum ging, Fehler früh in der Entwicklung von Produkten zu erkennen und ihnen vorzubeugen. Im Laufe der 80er-Jahre wurden noch mehr Standards zur Widerstandsfähigkeit beschlossen, die schließlich in die International Standards Organization (ISO) aufgenommen wurden. Die ISO gibt es bereits seit 1947, aber die echte Internationalisierung von Standards begann erst in den späten 70er-Jahren. Bis heute hat die ISO im Bereich Testing, Zuverlässigkeit und Widerstandsfähigkeit Dutzende Standards veröffentlicht.

Qualitätsrevolution aus Japan

In den 80er-Jahren begannen dann die Japaner, den Weltmarkt mit qualitativ hochwertigen Produkten, insbesondere im Elektronikbereich, zu dominieren. Die Japaner waren die ersten, die die Managementtheorien von Peter F. Drucker sowie die Lehren aus dem Total Quality Management (TQM) von Juran und Deming in der Industrie einsetzten. Insbesondere die Arbeit des japanischen Professors Kaoru Ishikawa hatte hier einen großen Einfluss. Grundsätzlich geht es darum, den Mitarbeitern Ziele und Ideen zu vermitteln, statt Prozeduren und Anleitungen vorzugeben. Ishikawa erfand hierauf den *Qualitätszirkel*, der aus einer Gruppe von Arbeitern besteht, die sich regelmäßig zur Reflektion möglicher Verbesserungen im Produktionsprozess treffen. Die Qualitätszirkel gibt es in japanischen Firmen heute immer noch, und in der Regel wird bei diesen Anlässen auch einiges an Sake konsumiert, um soziale Barrieren bei der Lösungsidentifikation besser überwinden zu können. Meiner Meinung nach eine sehr gute Idee, allerdings würde ich dem Sake ein Bier vorziehen.

Auftritt des Arpanet

1969 wurde das *Arpanet* als Vorläufer des heutigen Internets verwirklicht. Ziel des Forschungsprojekts war es unter anderem, ein widerstandsfähiges System zu schaffen, das auch bei Verlust von Kommunikationsknoten noch eine Verteilung von Paketen ermöglicht. Eine Nachricht wurde dabei in verschiedene Pakete zerlegt, die unabhängig durch das Netz zu ihrem Bestimmungsort wanderten. Dieses Konzept wurde dann von TCP/IP übernommen. 1983 wurden bereits Teile des Arpanets auf TCP/IP umgestellt. Über die folgenden Jahre verlor das Netz dann immer mehr an Bedeutung gegenüber dem Internet, so wie wir es heute kennen. 1990 wurde das Arpanet endgültig stillgelegt.

Das Internet ermöglicht Economies of Scale

Mitte der 90er-Jahre bildet sich Yahoo, und ein paar Jahre später kam Google dazu. Nach und nach bildeten sich weitere, große Unternehmen, die ihr Geschäft ausschließlich im Internet anbieten. 2002 ging Netflix an die Börse, Facebook kam 2004, Twitter 2006 und Uber in 2008. Diese reinen Webfirmen zeichneten sich alle durch explosives Wachstum aus. Um ihren Kunden einen möglichst guten Service anbieten zu können, waren diese stets an Verbesserungen zur Zuverlässigkeit ihrer Produkte interessiert. So sind die Ingenieure dieser Firmen bis heute die Speerspitze im Engineering verteilter Systeme auf der Welt, und ein regelmäßiger Besuch ihrer Engineering Blogs lohnt sich. Tatsächlich ist die Rolle des *Site Reliability Engineers* eine verbreitete Berufsbezeichnung, die bei Google entstand [BJPM16].

15.2 Fehlerquellen

> **TL;DR**
>
> - Teilt man Fehler in Klassen ein, so wird es möglich, Komponenten entkoppelt vom Kontext zu analysieren. Dies senkt die Komplexität der *Resilienzanalyse*.

Potenzielle Fehlersituationen analysieren

Man sollte auf Fehlerquellen vorbereitet sein, aber da es unendlich viele mögliche Fehler gibt, ist es nicht möglich, dies für alle zu tun. Möchte man sich dennoch vorbereiten, ist eine *Resilienzanalyse* der beteiligten Komponenten eine Möglichkeit. Um diese Analyse strukturieren zu können, beschreibe ich verschiedene Klassen von Fehlern. Bild 15.2 zeigt Fehlerquellen und mögliche Antworten auf die Fehler. Die Fehler sind in BPMN als Signale modelliert.

Die verschiedenen Gründe, warum ein Service oder ein System versagen kann, habe ich im Folgenden zusammengetragen.

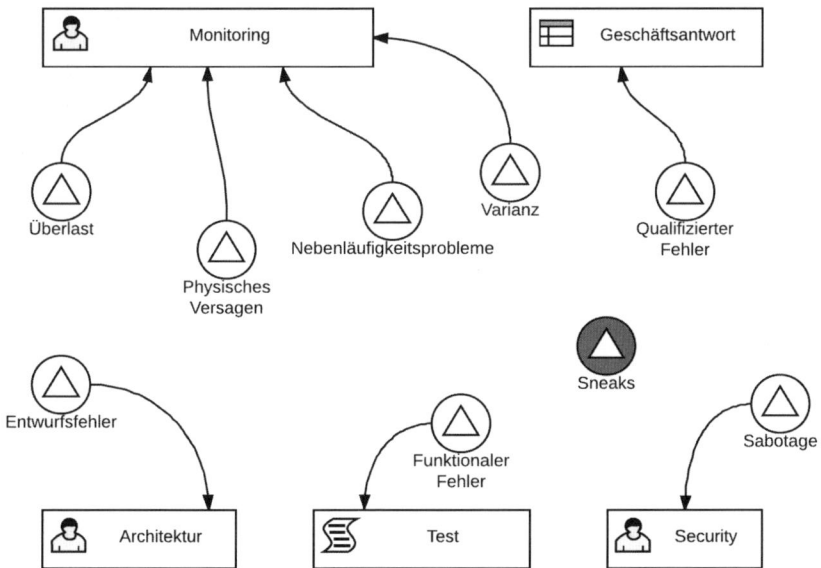

Bild 15.2 Fehlerquellen und Antworten

Nebenläufigkeitsprobleme

Nebenläufigkeitsprobleme kommen häufig vor, denn Deadlocks, Race Conditions, Live-locks und Starvations sind schwierig mit Testfällen nachzustellen. Generell hat das Timing-Verhalten in verteilten Systemen einen Einfluss auf das Verhalten seiner Komponenten. Denken Sie an einen überlasteten Service, der nur wenige KB pro Minute liefert, und extrapolieren Sie dies auf das Verhalten Ihrer Anwendung.

Ein Code Review kann Nebenläufigkeitsprobleme entdecken. Ebenfalls gibt es Techniken wie die Generierung von Tests (beispielsweise Property Based Testing), die sich für das Auffinden solcher Fehler eignen.

Entwurfsfehler

Der falsche Systementwurf kann ein System zum Absturz bringen oder so langsam machen, dass es sich schlicht nicht für die angedachte Aufgabe einsetzen lässt. Designfehler in der Architektur sind manchmal leicht zu finden und manchmal nicht, aber immer schwierig und kostspielig zu beheben, denn die Behebung erfordert ein Redesign des Systems.

Denken Sie an eine Spaghetti-Architektur, bei der in einer Organisation jeder Service irgendwie mit jedem anderen Service integriert ist. Diese Art von Architektur ist nicht beherrschbar und führt zu allen möglichen Problemen wie beispielsweise der engen Kopplung von Diensten. Eine Möglichkeit zur Lösung ist die Einführung einer Middleware, die die Systeme voneinander entkoppelt. Wenn Sie diese nun nachträglich einführen möchten, sind die Kosten viel höher, als wäre die Middleware von Anfang an mit dabei gewesen. Entwurfsfehler entstehen durch Fehler in der Erhebung und Analyse der gewünschten Qualitätsmerkmale und deren Abbildung auf die Architektur eines Systems.

Überlast

Überlast kann ein Softwaresystem zum Absturz bringen. Wenn die benötigte Kapazität (13) die verfügbare Kapazität sprengt, so wird sich das System erratisch verhalten. Langsame Antwortzeiten sind dann nur ein Symptom der Überlast. Eine bekannte Ursache für Überlast sind Denial-of-Service-Angriffe.

Die Überschreitung der Service-Kapazitätsgrenze kann durch Monitoring entdeckt werden.

Sneaks

Sneaks sind Fehler, die in bestimmten Zuständen eines verteilten Systems zu Problemen führen [OK12]. Nicht alle Zustände eines Systems lassen sich aufgrund der großen Anzahl möglicher Kombinationen testen. Zudem bestehen verteilte Systeme aus verschiedenen Komponenten, die aus praktischen Gründen nicht in ihrer Produktivkonfiguration vorab getestet werden können. Eine interessante Frage ist, welche Maßnahmen der Prüfbarkeit bzw. des Monitorings getroffen werden müssen, um Sneaks zur Laufzeit in Ihrem System erkennen zu können.

Varianz der Laufzeitumgebung

Varianz in der Laufzeitumgebung kann ein System kompromittieren. Varianz entsteht beispielsweise durch das Versagen oder den Verschleiß physischer Komponenten unseres Systems. In einer Cloud haben wir keine Kontrolle über die unmittelbare Laufzeitumgebung, und wir leiden am Noisy-Neighbor-Syndrom. Auch können wir nicht verhindern, dass unser Cloud-Provider mehr Kapazität verkauft, als verfügbar ist. Wir müssen damit rechnen, dass unsere Komponenten ihr Antwortverhalten plötzlich ändern.

Eine Änderung am Laufzeitverhalten kann wiederum Nebenläufigkeitsprobleme zutage fördern, die auf der Testumgebung nicht auftreten. Mir ist mal ein Deadlock auf Produktion untergekommen, der nur auftrat, wenn das Logging eingeschaltet war. Die Varianz der Laufzeitumgebung kann durch Monitoring beobachtet werden.

Sabotage

Sabotage ist ein gewollter oder ungewollter Angriff auf unser Geschäftssystem. Sabotage kann beispielsweise ein sehr unzuverlässiger Service sein, der manchmal antwortet, manchmal nicht, und manchmal ganz langsam oder nur ein bisschen. Zur Sabotage zähle ich auch DDoS-Angriffe oder Scraping Attacks. Ich habe auch schon ungewollte Sabotage durch fehlende architektur- und organisationsfachliche Qualifikation im Management feststellen können.

Funktionale Fehler

Funktionale Fehler können ein System kompromittieren. Dabei müssen diese nicht unbedingt von einem Entwickler gemacht worden sein. Es kann auch sein, dass falsche oder widersprüchliche Anforderungen zu solchen Fehlern führen. Bei Geschäftssystemen mit geringen Budgets für die Benutzerschnittstelle kann auch eine Fehlbedienung durch den Benutzer einen Absturz verursachen. Funktionale Fehler sind von allen anderen Fehlertypen verschieden, da wir sie leicht automatisch testen können. Eine verbreitete Methode zur Elimination funktionaler Fehler ist die Möglichkeit des einfachen Feedbacks durch Anwender.

Funktionale Fehler können proaktiv durch automatische Tests entdeckt werden. Allerdings birgt der Nachweis von Fehlern durch Entwickler mit solchen Tests auch Probleme [McC04]. Als zuverlässiger gilt der Nachweis durch die Durchführung von User Acceptance Tests.

Physisches Versagen

In einem verteilten System ist das *physische Versagen* eine relativ häufige Fehlerquelle. Brennt der Server oder beißt eine Maus das Kabel durch, so kommt es zu unvorhersehbaren Störungen. Physisches Versagen kann durch Monitoring entdeckt werden. Ein ESB, wie in Abschnitt 2.5 beschrieben, kann einen Fehler durch physisches Versagen in einen qualifizierten Fehler transformieren.

Qualifizierte Fehler

Qualifizierte Fehler sind vorprogrammierte Antworten des Systems auf Eingaben, bei Geschäftssystemen in der Regel vom Benutzer. So möchte dieser beispielsweise einen Garantiefall eingeben, aber die Seriennummer des Geräts ist nicht korrekt. Bei der Analyse der Anwendungsfälle wie in Abschnitt 5.8 werden die Prozesse dokumentiert. Die dabei erkannten möglichen Fehler sollten in einem Fehlerkatalog festgehalten werden. Dieser Katalog dient den Upstream-Entwicklern als Referenz, damit korrekt reagiert werden kann. Nehmen wir eine Kommunikation per REST mit JSON an, könnte ein System zum Beispiel den Code aus Listing 15.1 zurückgeben.

Die disziplinierte Fehlerbehandlung bedeutet, dass für jede API-Methode eine Dokumentation der möglichen auftretenden Fehler vorliegt. Da Geschäftssysteme nur in den seltensten Fällen heute monolingual sind, werden Fehler nicht als Text, sondern als Code verwaltet. Anhand des Codes kann dann eine Fehlerbeschreibung referenziert und downstream übersetzt werden. Die Trennung des rapportierten Fehlercodes von seiner Dokumentation und Übersetzung folgt dem Paradigma der Trennung von Verantwortlichkeiten und verbessert die Konsistenz. Die für die API dokumentierten Fehler sind die qualifizierten Systemfehler, d.h. diejenigen, die im Rahmen der Analyse identifiziert wurden. Ein Downstream-Service sollte für jeden möglichen qualifizierten Fehler eine vorprogrammierte Antwort haben.

Wie die qualifizierten Fehler dokumentiert werden, ist von Fall zu Fall verschieden. Eine Möglichkeit ist die Dokumentation im Rahmen des Servicekatalogs, siehe Abschnitt 2.2. Unabhängig vom Fehlerkatalog ist die Übersetzung der Codes in benutzerfreundliche Nachrichten. Ein von mir beobachtetes wiederkehrendes Pattern ist, hierfür einen Translation-Service zu etablieren, der beispielsweise durch ein CMS provisioniert werden kann. Je nachdem, wo der Translation-Service läuft, ist es dann auch möglich, dass eine API bereits den Fehlercode in der richtigen Übersetzung liefert. Unbedingt sollte dabei der ursprüngliche Fehlercode mitgeliefert werden, damit im Falle einer nicht allzu gelungenen Übersetzung trotzdem geholfen werden kann.

Listing 15.1 Qualifizierte Fehler

```
{
    "error": {
        "id": "warranty-serial",
        "message": [
            {"en": "Serial_incorrect"},
            {"de": "Seriennummer_falsch"}
        ]
    }
}
```

■ 15.3   Qualitätsszenarien

In diesem Abschnitt sind die Qualitätsszenarien für alle Submerkmale der Zuverlässigkeit aufgeführt.

Verfügbarkeit

Um Maßnahmen zugunsten der Verfügbarkeit kommunizieren zu können, bieten sich folgende Qualitätsszenarien an. Qualitätsszenarien zur Verfügbarkeit drehen sich meistens um die Entdeckung von Störungen sowie gewünschte Ausfallzeiten des Systems. Ein paar Beispiele:

- REL01) Eine Störung in einem Microservice soll zur Laufzeit durch einen Eintrag im Log Management gemeldet werden, damit der Log Monitor diese Störung an den Service-Operator melden kann.
- REL02) Wird auf der Produktionsumgebung die Software aktualisiert, so kann der Service-Operator vorher auf dem Load Balancer manuell eine Wartungsseite schalten, welche den Designvorgaben der Kommunikationsabteilung entspricht.
- REL03) Ausfälle während der normalen Geschäftszeiten zwischen 7 und 20 Uhr von Montags bis Samstags sind unerwünscht, weswegen geplante Ausfälle außerhalb dieser Zeitfenster stattfinden sollten.

Herstellbarkeit

Die folgenden Szenarien können zur Kommunikation im Team eingesetzt werden, um Diskussionen rund die Verbesserung der Wiederherstellbarkeit zu stützen:

- REL04) Im Produktivbetrieb soll sich ein neuer Node.js-Server für das E-Commerce-System bei unserem Cloud-Provider binnen drei Minuten getestet herstellen lassen.
- REL05) Wenn ein DevOps Engineer Änderungen an den Rezepten der Produktionsumgebung vornimmt, so wird diese neue Konfiguration innerhalb von fünf Minuten von ServerSpec automatisch getestet.
- REL06) Kommt es zu einer Korruption oder einem logischen Fehler in der Produktionsumgebung, so kann der Datenstand zum Zeitpunkt jeder beliebigen abgeschlossenen Transaktion der letzten zwei Wochen vollständig innerhalb von 4 Stunden wiederhergestellt werden.

Prüfbarkeit

Die folgenden Qualitätsszenarien eignen sich für die Kommunikation zwischen Betrieb, Architekt und Fach:

- REL07) Zur Laufzeit des Systems werden die einzelnen Schritte der implementierten Anwendungsfälle geloggt und vom Monitoring-System ausgelesen.

- REL08) Während der Laufzeit kann ein Systemingenieur die Messpunkte in der Dokumentation nachvollziehen und findet hier auch Angaben zu deren Konfiguration.

- REL09) Während der Laufzeit kann ein Systemingenieur die kritischen Systemparameter zu I/O, CPU und Plattenplatz der eingesetzten Maschinen beobachten.

- REL10) Zur Laufzeit alarmiert das Monitoring-System den Systemingenieur proaktiv, falls CPU, I/O oder verwendeter Plattenplatz über einen Zeitraum von 5 Minuten über 80 % steigt.

- REL11) Die vom Monitoring-System erzeugten Alarme sind möglichst *actionable*, d.h. ein Systemingenieur kann für jeden Alarm, den das Monitoring-System erzeugt, eine Dokumentation mit Handlungsanweisungen im Wiki finden.

- REL12) Während der Entwicklung des Monitoring-Systems werden minimale und maximale Schwellwerte u.a. für Alarme definiert und dokumentiert.

- REL13) Zur Laufzeit sammelt das Monitoring-System an zentraler Stelle Logs.

- REL14) Zur Laufzeit kann vom gesamten Team ein Health Check Monitor eingesehen werden, der den aktuellen Zustand des Systems transparent darstellt.

- REL15) Während der Entwicklung unterliegen Quelltexte und Konfigurationen für das Monitoring-System derselben Source Control wie die anderen Quellen des Projekts.

- REL16) Während der Entwicklung werden für das Monitoring-System automatische Tests entwickelt.

- REL17) Wenn eine neue Version des Service ausgespielt wird, dürfen die Alarme für diesen Service nicht anschlagen.

Resilienz

Die folgenden Szenarien können als Vorlage für die Diskussion mit dem Team dienen, um herauszufinden, wie widerstandsfähig das System sein soll:

- REL18) Der Ausfall des gesamten Systems über mehrere Tage während der Vorweihnachtszeit, beispielsweise durch einen Denial-of-Service-Angriff, ist kein Problem, da der wesentliche Umsatz über die Filialen läuft.

- REL19) Kauft ein Kunde einen Artikel, von dem nicht bekannt ist, ob er lieferbar ist oder nicht, so soll der Abverkauf trotzdem fortgesetzt werden.

- REL20) Nach einem ungeplanten Ausfall können Betrieb und Entwicklung innerhalb einer Woche ein Post Mortem durchführen, um mögliche Verbesserungen zu identifizieren.

16 Verfügbarkeit

■ 16.1 Einführung in die Verfügbarkeit

 TL;DR

- Ein *Ausfall* bezeichnet das Versagen eines Systems oder Service.

- Ausfälle werden durch *Störungen* verursacht, aber nicht jede Störung verursacht einen Ausfall.

- Die *Verfügbarkeit* ist die Fähigkeit eines Systems, Ausfälle oder Störungen zu verbergen oder zu reparieren, sodass die kumulative Dauer des Ausfalls nicht einen bestimmten Wert in einem Zeitintervall übersteigt [BKC13].

- Ausfälle können künstlich herbei geführt werden, um die Widerstandsfähigkeit von Upstream-Services zu verbessern.

- *Service Level Agreement (SLA):* Ein SLA ist eine Vereinbarung über die termingerechte Erbringung von Leistungen in einer vereinbarten Qualität zu festgelegten Kosten [Tie07].

- *Service Level Indicator (SLI):* Ein SLI ist eine konkrete Metrik (12.2), die beobachtet werden soll. Beispiele für eine solche Metrik sind die Anzahl der Millisekunden pro Anfrage oder die gemessene Verfügbarkeit aus einer bestimmten Perspektive. Die Beschreibungen der Qualitätsmerkmale in diesem Buch können als Indikatoren verwendet werden, um einen Service zu bewerten. Sowohl RTO (17.4) als auch RPO (17.4) sind Beispiele für Service-Level-Indikatoren.

- *Service Level Target (SLT):* Das SLT verbindet den SLI mit dem SLA, indem er einen Schwellwert oder ein Intervall für die gemessene Metrik vorgibt. Mit dem SLT kann beschrieben werden, ob Vertragsstrafen greifen sollen.

- *Maximum Tolerable Downtime (MTD):* Die MTD ist ein SLT, das angibt, wie lange eine Organisation mit dem Versagen eines Service umgehen kann, bevor die Organisation in Gefahr gerät.

Geschäftssysteme sind komplex und anfällig gegen unterschiedlichste Störungen, aber trotzdem ist die *Hochverfügbarkeit* ein häufig gewünschtes Qualitätsmerkmal, insbesondere im E-Commerce. Eine hohe Verfügbarkeit bedeutet jedoch auch höhere Kosten in der Entwicklung, im Betrieb, im Monitoring, bei der Skalierbarkeit und so weiter. In diesem Kapitel beschreibe ich, wie sich die Verfügbarkeit berechnen lässt, und zeige Methoden auf, um sie zu erhöhen. Außerdem betrachten wir den Einfluss auf andere Qualitätsmerkmale.

Unterm Strich geht es also darum, Ausfallzeiten zu minimieren. Der Grund für einen *Ausfall* (Outage) ist eine *Störung* (Fault). Störungen können vermieden, toleriert, behoben oder vorhergesagt werden. Je besser ein System in der Behandlung von Störungen wird, desto widerstandsfähiger wird es. Die Unterscheidung zwischen Ausfall und Störung erlaubt es uns, automatische Reparaturen von Services als sinnvoll ins Feld zu führen. Wenn eine Störung auftritt, wir diese Störung aber erkennen und automatisch reparieren können, dann entsteht kein Ausfall, und die Verfügbarkeit sinkt nicht [BKC13].

Die Verfügbarkeit bestimmt die Zuverlässigkeit eines Systems maßgeblich, und tatsächlich wird sie in vielen Fällen als Synonym betrachtet [MS03]. In Kombination mit der Diskussion um die Prüfbarkeit (18) und Herstellbarkeit ist es dem Architekten möglich, verschiedene Maßnahmen zu definieren, die eine höhere Uptime eines funktionierenden Systems ermöglichen.

Zuverlässigkeit bedeutet auch, dass möglichst viele Störungen eines Systems bekannt sind, behandelt werden können und wir deswegen gewappnet sind. Die Konzepte rund um die Verfügbarkeit zeigt Bild 16.1.

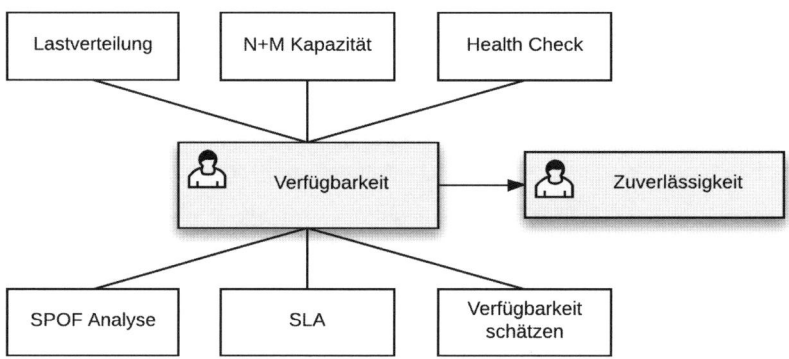

Bild 16.1 Konzepte rund um die Verfügbarkeit

Five Nines Availability

Eine bekannte und vielzitierte Verfügbarkeit ist Five Nines, also 99.999 % Verfügbarkeit. Five Nines Availability erlaubt ungefähr 5 Minuten Ausfallzeit pro Jahr. Das ist ein absoluter Spitzenwert, der in der Praxis nicht erreichbar ist. Google Mail ist mal drei Tage ausgefallen. Das System darf jetzt die nächsten 864 Jahre nicht mehr ausfallen, um Five Nines erreichen zu können.

 Die Legende von den Fünf Neunen

Es war einmal vor langer Zeit im Land der analogen Telefonie, in der das Volk für jede Verbindung eine gute Qualität haben wollte. Weder Sender noch Empfänger sollten jemals durch einen Ausfall des Systems gestört werden, und so legte der König der

Kommunikation per Dekret eine strikt einzuhaltende Ausfallsicherheit von 99.999 % für jede beteiligte Komponente fest, sogar den Telefonhörer. Diese Verfügbarkeit ging ein als die Regel von den Fünf Neunen. Da man sich die Fünf Neunen gut merken konnte, wurde aus der Verfügbarkeit pro Komponente bald die Verfügbarkeit des gesamten Systems, und so galt das Dekret künftig auch für das Zusammenspiel der Komponenten.

Ein großes Murren ging durch das Land, denn die Bauern waren nicht zufrieden. Sie fanden es schon unmöglich, diese hohe Verfügbarkeit zu messen, schließlich musste das messende System eine höhere Verfügbarkeit haben, um messen zu können. So konnte es nur eine Lösung geben: Die Definition der Verfügbarkeit musste so angepasst werden, dass die Messungen stets 99.999 % ergaben, es sei denn, man wollte auf der Geschäftsleitungssitzung hingerichtet werden. Kurzerhand wurden also geplante Wartungsfenster aus den Messdaten entfernt. Ebenfalls unbeliebt waren Störungen, die vom Benutzer nicht bemerkt wurden. Wenn niemand sieht, dass der Baum im Wald umfällt, dann ist er auch nicht umgefallen! Nimmt man dann noch die Unterbrechungen heraus, die gar nicht beobachtet werden können (zum Beispiel der Ausfall des Telefons beim Endbenutzer) und misst fehlende Verfügbarkeit als die Zeit, die vergeht, wenn ein Ticket im Incident Management geöffnet und wieder geschlossen wird, so kann man sich der gewünschten Zahl langsam annähern.

Und die Moral von der Geschicht': Fünf Neunen sind erfüllbar nicht. Jedenfalls nicht, wenn die gesamte Kette der Komponenten betrachtet wird. Für einen einzelnen Service ist solch eine hohe Verfügbarkeit unter Umständen erreichbar. ∎

SPOF

Ähnlich wie ein Bottleneck in der Performance ist ein *Single Point of Failure* (SPOF) eine Komponente unseres Systems, die die Verfügbarkeit beeinträchtigen kann. In unseren Berechnungen zur Verfügbarkeit (16.2) werden wir sehen, dass jede Schicht die Verfügbarkeit unseres Systems senkt. Oft ist es der Load Balancer, der als SPOF ganz vorne die eingehenden Anfragen bearbeitet. Da gute Load Balancer teuer sind, wird hier oft gespart, sodass bei einem Ausfall das ganze System betroffen ist. Der Architekt sollte also das System sorgfältig in Bezug auf einen solchen SPOF prüfen und dann als Risiko ausweisen, da dieser die Verfügbarkeit senken kann.

Planned Outage

Bei Google lief man Gefahr, dass Kernservices zu stabil waren und sich dementsprechend andere Systeme zu sehr auf diese verließen und deswegen bei sporadischen Ausfällen des Kernservice nicht widerstandsfähig genug waren. Da diese Services nur sehr selten ausfielen, plante man also kontrollierte Ausfälle, um das versprochene Service-Level auch erfüllen zu dürfen. Die Ausfallzeiten können für Tests und Verbesserungen der Produktionsumgebung genutzt werden. Damit verhindert man auch, dass ein faktisches SLA plötzlich zu einem vertraglichen SLA wird, nur weil man die Leistung übererfüllt. Zudem zwingt man so die abhängigen Dienste dazu, Ausfälle tatsächlich zu behandeln und mit qualifizierten Fehlern zu reagieren, was der Gesamtqualität des Systems zugutekommt. Ein künstlich herbeigeführter, kontrollierter Ausfall heißt Planned Outage [BJPM16]. So zählt auch ein *Maintenance Window* zu den geplanten Ausfällen.

Verfügbarkeit bestimmen

Die Verfügbarkeit wird häufig als Prozentzahl angegeben, zum Beispiel 99,5 Prozent, welche angibt, wie wahrscheinlich es zu einem gewissen Zeitpunkt ist, dass das System noch funktioniert. Tabelle 16.1 gibt einen Überblick über die verschiedenen Klassen von Verfügbarkeit. Hochverfügbarkeit meint üblicherweise Five Nines, also 99,999 Prozent. Die Verfügbarkeit bestimmt sich aus der folgenden Formel [OK12]:

$$V = \frac{MTBF}{MTBF + MTTR} \tag{16.1}$$

Dabei bezeichnet MTBF die Mean Time Between Failures, und MTTR steht für Mean Time To Repair. Fällt ein System einmal pro Monat aus, und seine Wiederherstellung benötigt vier Stunden, so ergibt sich für die Verfügbarkeit:

$$V = \frac{\frac{8760}{12}}{\frac{8760}{12} + 4} = \frac{730}{734} = 0.995 \tag{16.2}$$

Logischerweise gehen alle Ausfälle eines Systems in die tatsächliche Verfügbarkeit ein, wobei man generell zwischen geplanten und ungeplanten Ausfällen unterscheidet. Da die Stakeholder eines Systems oft eine sehr hohe Verfügbarkeit fordern und diese auch gerne vertraglich festhalten möchten, empfiehlt es sich, genau zu definieren, welche Ausfälle in die Messung der Verfügbarkeit einfließen.

Zentral ist bei dieser Definition die Angabe des Zeitintervalls (wöchentlich, monatlich, jährlich). Nach jedem angegebenen Intervall wird die Verfügbarkeit zurückgesetzt. Das heißt, dass Ausfälle in einem früheren Intervall nicht mehr in die aktuelle Berechnung einfließen dürfen. Ansonsten lassen sich die kumulativen Ausfälle irgendwann nicht mehr erreichen.

Service Level Agreement (SLA)

Hierfür lassen sich *Service-Level-Indikatoren* definieren (SLI) und mit etwas Erfahrung *Service Level Targets* (SLT), also gewünschtes Minimum und Maximum eines SLI. Zu einem

Tabelle 16.1 Verfügbarkeit nach Google [BJPM16]

Verfügbarkeit	Ausfallzeit pro Quartal	Ausfallzeit pro Jahr
99 %	21,6 Stunden	3,65 Tage
99,5 %	10,8 Stunden	1,83 Tage
99,9 %	2,16 Stunden	8,76 Stunden
99,99 %	12,96 Minuten	52,6 Minuten
99,999 %	1,3 Minuten	5,26 Minuten

SLI gehört eine exakte Definition der Metriken, der Messfrequenz sowie der Perspektive, aus der gemessen wird. In einem *Service Level Agreement* (SLA) können SLIs und SLTs vertraglich festgelegt werden. Oft enthält ein SLA auch Strafen, falls die SLTs nicht eingehalten werden, z. B. zehn Prozent Discount bei einer Unterschreitung von fünf bis zehn Prozent. Da während der Entwicklung eines Systems noch keine Daten über den Produktivbetrieb vorliegen, kann die vertragliche Verankerung von vernünftigen SLAs im Vorfeld schwierig sein. Deswegen sollten SLAs, die Strafen enthalten, besser nur auf der Grundlage von handfesten Daten geschlossen werden.

Denken Sie auch daran, dass die Messungen und Zusammenstellung der Indikatoren für den Nachweis der Einhaltung aufwendig sein können. Beispiele für Service-Level-Indikatoren finden Sie im Abschnitt über Metriken (12.2).

Indikatoren messen

Ist eine hohe Verfügbarkeit in Argentinien gefordert, so muss auch ein Indikator in Argentinien gemessen werden, d.h. Sie müssen dort einen Server für die Messung installieren.

Bei einem früheren Arbeitgeber hatten wir hierfür auf allen Kontinenten der Erde einen Server installiert, der jedes von uns betriebene System maß. Dadurch erhielten wir wertvolle Daten über Performance und Verfügbarkeit und konnten bestimmte SLIs preiswert nachweisen. Bei Einsatz eines Content Delivery Networks (11.4) konnte bei Messung von Edge- und Origin-Servern sogar der Nutzen desselben bewiesen werden. Heute gibt es hierfür SaaS-Dienste, die Ihnen den aufwendigen Betrieb über die Kontinente preiswert abnehmen.

Fazit

Achten Sie also darauf, dass die Verfügbarkeit als Ziel vorgegeben wird, aber die Zahl realistisch ist. Nutzen Sie Qualitätsszenarien, um die Zusammenhänge deutlich zu machen. Erklären Sie den Zusammenhang zwischen den Kosten der Skalierung über redundante Rechenzentren in Kombination mit der gewünschten Verfügbarkeit. Definieren Sie zudem genau, was Verfügbarkeit in Ihrem Kontext bedeutet.

■ 16.2   Berechnung der Verfügbarkeit

TL;DR

- Das Versagen eines Service (2.3) kann statistisch ermittelt werden.
- In Cloud-Umgebungen ist die Varianz hoch.
- In einer Schichtenarchitektur senkt jede Schicht die Verfügbarkeit des gesamten Systems.

Um die Verfügbarkeit eines Service quantifizieren zu können, benötigen wir Wahrscheinlichkeitsrechnung und Statistik [OK12]. Wir können nicht wissen, wann ein Service versagt, aber wir können versuchen, die Wahrscheinlichkeit zu bestimmen, wann das passiert. Sammeln wir Daten über tatsächliche Ausfälle, so können wir daraus eine Statistik erstellen, die unsere Annahmen über die Wahrscheinlichkeit stützt. Insbesondere können wir statistische Methoden verwenden, um die Varianz einer Umgebung zu bestimmen. In Cloud-Umgebungen kann die Varianz der Umgebung unserer Maschinen hoch sein (Noisy-Neighbor-Problem). Die Culling-Methode, bei der eine große Anzahl virtueller Maschinen gestartet, gemessen und dann alle bis auf die schnellste Maschine wieder entsorgt werden, ist ein Beispiel für den Einsatz statistischer Methoden zur Verbesserung der Qualität eines Systems.

Die Wahrscheinlichkeit, dass ein Ereignis eintritt, bezeichnen wir mit P(A). Sind zwei Ereignisse unabhängig, so beträgt die Wahrscheinlichkeit, dass beide gleichzeitig eintreten, nach der Produktregel:

$$P(AB) = P(A) \times P(B) \tag{16.3}$$

Angenommen, wir haben eine Schicht mit zwei aktiven Knoten, die Seiten ausliefern: Knoten A und B. Die Verfügbarkeit eines Knotens legen wir für dieses Beispiel arbiträr fest:

$$P(A) = 95\% = 0.95 = P(B) \tag{16.4}$$

Wie groß ist nun die Wahrscheinlichkeit, dass die gesamte Schicht noch am Leben ist? Das Komplement der Wahrscheinlichkeit eines Ereignisses wird folgendermaßen notiert:

$$P(\overline{A}) = 5\% = 0.05 \tag{16.5}$$

Die Wahrscheinlichkeit, dass beide gleichzeitig ausfallen, ist demnach:

$$P(\overline{AB}) = P(\overline{A}) \times P(\overline{B}) = 0.05 \times 0.05 = 0.0025 = 0.25\% \tag{16.6}$$

Wenn wir also zwei Knoten mit 95 Prozent Verfügbarkeit verwenden, steigt die Verfügbarkeit der gesamten Schicht auf 97,5 Prozent. Nicht schlecht!

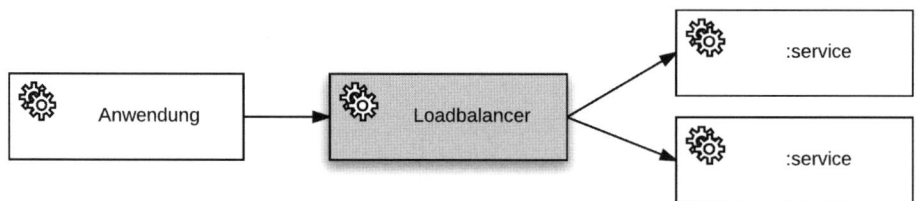

Bild 16.2 Architektur mit zwei Schichten

Wenden wir uns nun Bild 16.2 zu. Hier fügen wir nun einen Load Balancer (L) als weitere Schicht hinzu, der eingehende Anfragen auf beide Knoten verteilt. Unser Load Balancer hat eine Verfügbarkeit von 99 Prozent. Wie hoch ist nun die Gesamtverfügbarkeit? Wir nennen den Verbund von Knoten A und B im Folgenden K. Die Wahrscheinlichkeit, dass nun entweder L oder K ausfallen, berechnet sich so:

$$P(\overline{L} + \overline{K}) = P(\overline{L}) + P(\overline{K}) - P(\overline{LK}) = 0.01 + 0.25 - (0.01 \times 0.25) = 2.575\% \tag{16.7}$$

Die Gesamtverfügbarkeit wäre demnach 97,425 Prozent. Dadurch, dass wir eine weitere Schicht hinzufügen, sinkt also die Verfügbarkeit. In einer Schichtenarchitektur senkt jede Schicht die Verfügbarkeit des gesamten Systems, da keine Schicht eine Verfügbarkeit von 100 Prozent oder mehr haben kann.

■ 16.3 Verfügbarkeit verbessern

 TL;DR

- Funktionale Fehler senken die Verfügbarkeit.

Die Verfügbarkeit einer Komponente bestimmt sich aus der physischen Laufzeitumgebung in Kombination mit der Qualität der Software. Physische Komponenten versagen auf gänzlich andere Weise als Software. Strom kann ausfallen oder der Serverschrank kann umkippen; es gibt Erdbeben und Wasserrohrbrüche. Kurz, die Möglichkeiten sind endlos, aber sicher ist, dass Hardware irgendwann versagt, und ein einzelnes physisches System kann nie eine 100-prozentige Verfügbarkeit haben. Die Verfügbarkeit eines physischen Systems kann durch den Einkauf teurer Hardware erhöht werden, die eine längere und verlässlichere Lebensdauer hat. Allerdings ist der Effekt geringer, als man annehmen möchte, da sich die Unterschiede in der Hardwarequalität im Bereich von Bruchteilen von Prozentpunkten bewegt.

Bezüglich der Software sprechen wir der Einfachheit halber vom gesamten Software-Stack einer Maschine. Wir gehen davon aus, dass dieser Stack in Gänze getestet wurde. Software fällt aus aufgrund von Fehlern in der Entwicklung, und Vorhersagen von Verfügbarkeit basieren auf der Menge von gefundenen Fehlern [OK12]. John Musa hat das Musa-Modell [Mus04] entworfen, bei dem aus den bei einem Testlauf gefundenen Fehlern bis zu einem Testabbruch die notwendige Zeit für weitere Tests zur Erreichung einer bestimmten Verfügbarkeit abgeleitet werden kann. Wir finden das hochinteressant, aber praktisch schwierig umzusetzen, da das Modell von richtigen Eingaben abhängt und einen bestimmten, formalen Prozess im Testing voraussetzt.

Trotzdem gibt uns Musa einen wichtigen Hinweis, nämlich dass die Verfügbarkeit abhängig ist von funktionalen Fehlern im System. Angenommen, wir haben unsere Fehler kategorisiert nach Blocker, Critical, Major und Minor. Ein kritischer Fehler erfordert in unserem System ein neues Release. Für ein neues Release benötigen wir eine Stunde Downtime. Wir finden jede Woche zwei kritische Fehler, also haben wir zwei Stunden Downtime pro Woche. Nun können wir über die Variablen Zeit pro Release und Anzahl kritischer Fehler die Verfügbarkeit steuern. Für zwei Stunden Ausfallzeit ergibt sich eine Verfügbarkeit von 98,81 Prozent für die Software. In Kombination mit der Hardware-Verfügbarkeit von 99,999 Prozent kommen wir dann auf

$$P(\overline{S} + \overline{H}) = P(\overline{S}) + P(\overline{H}) - P(\overline{SH}) = 1.19 + 0.001 - (1.19 \times 0.001) = 98.81\% \qquad (16.8)$$

Offenbar hat die Hardware bei diesem angenommenen Wert also nur einen sehr geringen Einfluss auf die Verfügbarkeit, weswegen wir sie auch ignorieren und uns nur auf die Qualität unserer Software konzentrieren können. Wie wir gesehen haben, können wir nun die Anzahl kritischer Fehler reduzieren und/oder die Deployment-Zeit verkürzen. Um dies zu erreichen, wählen wir einen iterativen Verbesserungsprozess, um schrittweise die Perfektionierung unseres Produkts zu erreichen [KK13]. Dies folgt der Kaizen-Philosophie, die in Japan nach dem Zweiten Weltkrieg eine Qualitätsrevolution begleitete. Wir analysieren also im Team unseren Prozess und die Qualität und kommen so zu stetigen kleinen Verbesserungen, die am Ende zu weniger Fehlern führen.

◼ 16.4 N+M-Kapazität

There is no such thing as standby infrastructure: there is stuff you always use and stuff that won't work when you need it. - Ben Black

TL;DR

- Eine Möglichkeit der Lastverteilung ist die Nutzung von redundanten Einheiten, die erst beim Ausfall eines Service zum Einsatz kommen.
- Man unterscheidet bei diesen Ersatzeinheiten zwischen *Hot Spare*, *Warm Spare* und *Cold Spare*.

Ein übliches Mittel, um ein System wiederherstellen zu können, ist die Schaffung von Redundanzen der beteiligten Komponenten. Anders als bei der Skalierbarkeit, bei der über einen Load Balancer Last auf mehrere identische Komponenten verteilt wird, werden hier sogenannte *Spares* (dt. Ersatzteile) eingesetzt, die dann zum Zuge kommen, wenn eine Komponente ausfällt. Spares kommen immer dann zum Einsatz, wenn sich eine Komponente nicht skalieren lässt, beispielsweise weil *shared nothing* nicht möglich oder die Umgebung nicht virtualisiert ist. Man unterscheidet drei verschiedene Redundanzszenarien:

Hot Spare

Eine aktiv redundante Komponente, welche *Hot Spare* genannt wird, erhält dieselben Eingaben wie die Hauptkomponente, sodass alle Komponenten einen synchronen Zustand haben. Dadurch kann ein Hot Spare bei Ausfall den Betrieb in wenigen Millisekunden übernehmen [BKC13]. Der verbreitetste Anwendungsfall ist ein Server mit einem Backup-Server, welche kurz 1+1-Redundanz genannt wird (one plus one).

Warm Spare

Bei einer passiven redundanten Komponente, welche *Warm Spare* genannt wird, erhält nur die aktive Komponente Eingaben. Des Weiteren versorgt die aktive Komponente die passiven Komponenten mit Zustandsinformationen, in der Regel zu wohldefinierten Zeitpunkten (Checkpoints). Im Gegensatz zu aktiven Komponenten verbrauchen passiv redundante Systeme weniger Strom, da nicht alle Eingaben verarbeitet werden müssen. Allerdings muss sich die Komponente auch um die Zustandssynchronisation kümmern, weswegen die Komplexität der Komponente zunimmt.

Cold Spare

Der dritte und letzte Fall von Redundanz ist der sogenannte *Cold Spare*. Hier wird der Ersatzserver erst bei einem Ausfall gestartet und der Zustand synchronisiert. In einem solchen Fall ist die Recovery-Zeit in der Regel sehr lang. Cold-Spare-Architekturen sind in Ordnung, wenn die Verfügbarkeit nicht so wichtig ist, die Zuverlässigkeit aber schon [BKC13].

Moderne Cloud-basierte Geschäftssystem persistieren ihren Zustand über entsprechende Storage-Dienste (wie beispielsweise einen AWS Mongo DB Cluster oder Amazon Elastic Block Storage), und man spricht nur noch von Redundanz auf dem Storage Layer. Bei den Knoten weiter vorne reden wir dann von Skalierbarkeit.

■ 16.5 Lastverteilung

TL;DR

- Ein *Load Balancer* verwaltet einen *Pool* von *Knoten* (engl. *nodes*), auf die er Netzwerkanfragen verteilt.
- Der Load Balancer muss Knoten aus seinem Pool entfernen, wenn sie nicht mehr funktionieren.
- Es gibt verschiedene Strategien der Lastverteilung.

Load Balancer, auch *Application Delivery Controller* oder *Lastverteiler* genannt, sind essenzielle Komponenten einer hochverfügbaren Umgebung. Sie stellen sicher, dass die Last von eingehenden Anfragen auf verschiedene Knoten verteilt und dass Anfragen nicht an überlastete Nodes weitergeleitet werden. Die Nodes innerhalb eines Load Balancers werden Pool genannt. Für jeden Node im Pool muss stetig geprüft werden, ob die Kapazität noch nicht ausgeschöpft ist. Dazu eignet es sich, einen Health-Check (18.2) in den Service zu integrieren, der einen Systemcheck durchführt. Wenn der Health Check negativ ausfällt, muss der Knoten aus dem Pool entfernt werden.

Strategien der Lastverteilung

Es können verschiedene Strategien angewendet werden, um die Last auf die Nodes im Pool zu verteilen:

- *Round Robin* ist eine verbreitete Methode, welche auch bei DNS eingesetzt wird. Anfragen werden zirkulierend an Nodes im Pool verteilt. Die Kapazität der einzelnen Nodes wird dabei nicht berücksichtigt, und Anfragen können unfair verteilt werden.
- *Weighted Round Robin* adressiert dieses Problem und gibt den Nodes im Pool eine Gewichtung. Nodes mit mehr Kapazität (allenfalls durch bessere Hardware) werden höher gewertet. Die Anfragen werden dann anhand der Gewichtung an die Knoten im Pool verteilt.
- *Least Connections* zählt die offenen Verbindungen zu den Knoten und leitet eingehende Anfragen an den Knoten mit den wenigsten Verbindungen weiter.
- Ähnlich der Round-Robin-Methode kann ein *Weighted Least Connections* die Kapazität einzelner Knoten berücksichtigen.
- *Least Response Time* misst die durchschnittliche Antwortzeit der Nodes im Pool und leitet neue Anfragen an den Node mit der besten Zeit und den wenigsten offenen Verbindungen. Diese Methode berücksichtigt die Latenz zum Zielsystem. Entscheidend für die Wahl der Load-Balancing-Methode sind vor allem zwei Faktoren: die Kapazität der einzelnen Systeme und die Latenz zwischen den Systemen.

Sticky Sessions

Wenn eine Webapplikation Session-relevante Daten im Memory von einem Node speichert, z.B. den Warenkorb eines Benutzers, muss der Load Balancer sicherstellen, dass alle Requests von diesem Benutzer an den gleichen Node weitegeleitet werden. Dies wird *Sticky Sessions* genannt und als Session Cookie implementiert. Sticky Sessions sind mit Nachteilen verbunden. Einerseits kann eine unfaire Lastverteilung entstehen, da die Load-Balancing-Methode für alle Anfragen von einem Benutzer umgangen wird. Andererseits gehen Daten verloren, wenn ein Node aus dem Pool entfernt wird.

Knoten aufnehmen und entfernen

Queue Draining kann verwendet werden, um einen Node langsam aus dem Pool zu entfernen. Es werden keine neuen Sessions mehr auf dem Node erstellt, und die bestehenden Verbindungen laufen langsam aus.

Wenn ein Node aus dem Pool entfernt wurde, um z.B. ein *Canary Deployment* durchzuführen, sollte der Node langsam wieder in den Pool aufgenommen werden. Das heißt, die Last auf dem Node sollte iterativ vergrößert werden (*slow ramp up*), da ein *Big Bang* oft zu Ausfällen führen kann, da beispielsweise ein Cache noch nicht aufgewärmt ist.

17 Herstellbarkeit

■ 17.1 Einführung in die Herstellbarkeit

Enable the reconstruction of the business from nothing but a source code repository, an application data backup, and bare metal resources. - Adam Jacob

 TL;DR

- Die *Herstellbarkeit* eines Service bestimmt, wie leicht sich eine physische Instanz herstellen lässt.
- Die Herstellbarkeit ist eng mit der Änderbarkeit (9) verknüpft.
- Die automatische Herstellbarkeit dient der Qualität und Effizienz eines Service über seinen gesamten Lebenszyklus hinweg.
- *Infrastructure as Code (IaC)* ist die Herstellung eines Systems aus der Versionskontrolle (9.5) und einem Backup (17.4).

Wenn man die Herstellung eines Service automatisiert, gewinnt man an Effizienz und Qualität, da sich der Service dann reproduzierbar und schnell instanziieren lässt. Die Geschwindigkeit der Herstellung bestimmt die Verfügbarkeit mit, da ein Service nun mal nicht verfügbar ist, solange er wieder hergestellt wird. Die Wiederherstellbarkeit ist ein Synonym der Herstellbarkeit. Der einzige Unterschied zwischen den beiden Wörtern ist in diesem Kontext die Anzahl der Buchstaben.

Früher unterschied man noch zwischen Erneuerbarkeit und Wiederherstellbarkeit. Beim physischen Versagen von Komponenten war es wichtig, dass Ersatzteile schnell zur Hand waren. Im eigenen Rechenzentrum waren und sind Maschinen teuer und werden individuell gepflegt, um Investitionen zu schützen. Im Rahmen der Erneuerbarkeit sorgt man sich also vorhandene Ersatzteile.

In der Cloud ist diese Denkweise ein Anachronismus. Hier ist die Wiederherstellbarkeit identisch mit der Erneuerbarkeit eines Systems, da hier jeweils eine gänzlich neue virtuelle Maschine per API bereit gestellt wird; um die Hardware muss man sich nicht mehr kümmern. Die Bereitstellung von frischen, neuen virtuellen Maschinen mit wohldefinierter Konfiguration über solche APIs ist die Basis effizienter Wiederherstellbarkeit und damit das Thema dieses Kapitels.

Abhängigkeiten zu anderen Qualitätsmerkmalen

Bild 17.1 zeigt das Qualitätsmerkmal der Herstellbarkeit im Zusammenspiel mit der Zuverlässigkeit, der Änderbarkeit sowie der Skalierbarkeit. Die Herstellbarkeit ist einer der Bausteine, die die Zuverlässigkeit (IV) möglich macht.

Bild 17.1 Methoden und Einflüsse der Herstellbarkeit

Da die Herstellbarkeit in Cloud-Umgebungen identisch mit der Erneuerbarkeit ist, beeinflusst sie zudem die dynamische Skalierbarkeit (14) eines Systems. In der Cloud können wir genau dann dynamisch skalieren, wenn wir neue virtuelle Maschinen automatisch provisionieren können.

Schließlich beeinflusst die Integrität von Daten nach einer Wiederherstellung auch die Sicherheit (V), weil die Sicherheit in einigen Qualitätsmodellen wie ISO 27001 auch die Verfügbarkeit eines Service und seiner Daten meint.

Betriebsnotwendigkeit der Herstellbarkeit

Einige Autoren wie zum Beispiel Limoncelli [LCH14] nennen die erwähnten Konzepte schlicht *Operational Requirements*, aber nicht im Sinne von Anforderungen, sondern im Sinne von Notwendigkeiten. Tatsächlich ist ohne den konsequenten Einsatz dieser Methoden ein effizienter und qualitativ hochwertiger Betrieb nicht möglich. Bild 17.2 zeigt die Konzepte rund um die Wiederherstellbarkeit, die in diesem Kapitel beschrieben werden.

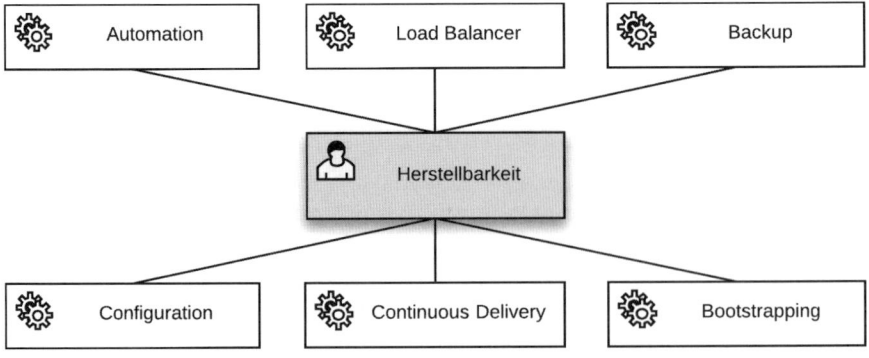

Bild 17.2 Dienste rund um die Herstellbarkeit

Infrastructure as Code

Nun sind wir soweit: Unser CDN ist international verteilt, das Backend ist zustandslos, die Datenbank kann mittels Sharding skaliert werden, und unsere Integrationen sind asynchron: Wir sind bereit für den nächsten Black Friday.

Nicht ganz! Wir müssen noch sicherstellen, dass die entsprechenden Systeme von der Infrastruktur bereitgestellt werden. Für den Black Friday können wir die Systeme eine Woche vorher bestellen und die Zeit für das Setup antizipieren. Beim Slashdotting (14) haben wir diese Chance nicht. Automatische Skalierbarkeit der Infrastruktur ist der nächste Schritt, um selbst bei spontanen Traffic Bursts die Verfügbarkeit der Site zu gewährleisten. Es gibt viele verschiedene Möglichkeiten, automatisch neue Systeme zu provisionieren.

Voraussetzungen

Erst wenn wir einen Service (2.3) so bereitstellen, dass wir ihn jederzeit zerstören und automatisch neu aufbauen können, kann die Infrastruktur unsere Skalierung physisch ermöglichen. Als Grundvoraussetzung definieren wir die folgenden Dienste:

- Ein Bootstrapping-Service (17.3), der es erlaubt, neue Maschinen über eine API herzustellen. Dieser Service heißt auch Virtualisierungsschicht.

- Ein Configuration-Service (17.3), der die vom Bootstrapping-Service provisionierte Maschine nachvollziehbar und wiederholbar in einen Zustand bringt, damit auf ihm Software-Services installiert werden können.

- Ein Continuous-Deployment-Service (9.4) für das automatische Deployment des Service. Der Continuous-Deployment-Service muss über eine API für das Hinzufügen und Löschen von Knoten verfügen, die auch die notwendigen Deployments anstoßen kann.

- Ein Backup-Service (17.4), der es erlaubt, den Storage State eines Service herzustellen. Da Daten umfangreich sein können, ist dies häufig der langsamste Schritt der Provisionierung. Dabei ist die Optimierung der Ladezeit kein triviales Problem und benötigt eine hohe Kompetenz in der Datenbankadministration.

- Ein Service für Load Balancing (16.5), damit wir Knoten dynamisch der Lastverteilung hinzufügen oder aus ihr entfernen können.

- Und schließlich ein Automation-Service (17.2), der es uns erlaubt, die vorigen Punkte zu einem funktionierenden Ganzen zu verbinden.

Fazit

Die Automatisierung der Herstellbarkeit verlangt nach Investitionswillen, iterativer Verbesserung und akkurater Planung. Während unkritische Dienste auch ohne vollautomatisierte Deployment-Ketten auskommen können, sind diese bei größeren Betriebsorganisationen Kern ihrer Konkurrenzfähigkeit, da sonst keine Skalierbarkeit und Verfügbarkeit geleistet werden kann.

■ 17.2 Automation-Service

 TL;DR

- Der *Automation-Service* verbindet die Dienste der Infrastruktur zu einem funktionierenden Ganzen.
- Der Automation-Service eliminiert repetitive und riskante Aufgaben im Betrieb.
- Die Einführung von Prozessautomation im Betrieb ist ein iterativer Prozess.
- Eine automatisierte Prozedur im Betrieb heißt *Runbook* oder *Playbook*.
- Ein Server, der nicht automatisch hergestellt wird, heißt *Snowflake Server*.
- Die Praxis, Prozesse per Chat zu steuern, heißt *ChatOps*.

Effiziente Herstellbarkeit kann durch die Abschaffung von Schufterei (engl. *elimination of toil*) und die Einführung von Service Automation gelingen. Die Durchführung von repetitiven, komplizierten Arbeitsabläufen durch Menschen ist fehleranfällig. Ein Vorteil der Automatisierung ist, dass Prozesse jedes Mal gleich ausgeführt werden und deswegen keine Fehler passieren können. Repetitive, komplizierte Arbeitsabläufe sind außerdem für den Menschen unangenehm, da es ihm bewusst ist, dass er Fehler machen kann. Da im Betrieb die Auswirkungen von Fehlern groß sein können, verursacht dies Stress, und Stress fördert kein angenehmes Arbeitsklima. Im Umkehrschluss bedeutet dies, dass die Abschaffung von Schufterei im *Service Support* und *Service Engineering* [iti11a] sowohl die Qualität erhöht als auch die Arbeit angenehmer macht.

 Ein Server, der manuell gepflegt wird, sammelt über Monate und Jahre sogenannten *Cruft* (dt. Müll) an. Cruft sind spezielle Konfigurationen und Softwarepakete, die im Laufe der Zeit, beispielsweise für Bugfixes oder Patches, individuell eingespielt wurden. Cruft führt zu Mehraufwänden bei der Administration, da ein solches System schwieriger zu konfigurieren ist und mehr Dokumentation benötigt. Ein Server, der nicht automatisch konfiguriert wird, d.h. dessen Konfiguration nicht in einem Configuration Service verwaltet wird, heißt Snowflake Server [Fowb].

Die Einführung einer vollautomatischen Systemkonfiguration ist aufwendig, komplex und riskant und sollte aus diesen Gründen strategisch im Rahmen der Service Strategy [iti11b] geplant werden. Die Prämisse hierfür ist, dass alle durchgeführten Prozesse einen *Value Stream* darstellen [LCH14], dessen Durchlaufzeit die Effizienz, d.h. die Kosten bestimmen. Die Investition in Automatisierung ist deswegen eine Investition in Effizienz und Qualität und steigert den Erfolg einer Organisation. Wie immer bei komplexen Unterfangen bietet sich dabei eine Vorgehensweise in Iterationen an, um das Risiko möglichst gering zu halten.

Iterativer Prozess zur Automatisierung

Die folgenden Schritte können eine Organisation iterativ an das gewünschte Ergebnis heranführen. Ich nenne diesen dreistufigen Prozess ein Wiedemeier-Manöver:

- Zu Beginn sollten alle vom Betrieb durchgeführten Prozesse einheitlich dokumentiert werden. Jede Dokumentation sollte bestimmten Qualitätskriterien genügen, damit sie nützlich sein kann: Sie sollte in logische Schritte zerlegt, nachvollziehbar und wiederholbar sein. Es bietet sich zudem an, für jeden Prozess einen Eigentümer festzulegen, der bei Rückfragen zur Verfügung steht. Bietet die Organisation verschiedene Services an (zum Beispiel ein Versionskontrollsystem), so sind die Prozeduren mit den Services in Beziehung zu setzen (zum Beispiel Update des Versionskontrollsystems). Um dies zu erreichen, benötigt man eine Dokumentationsplattform für die Prozeduren und muss sicherstellen, dass alle Kollegen damit arbeiten. Schlussendlich möchte man beurteilen können, welche Prozeduren am häufigsten ausgeführt werden, d.h. in welchen am meisten Geschäftswert steckt. Dies kann man beispielsweise durch eine Verknüpfung des Ticket-Managements mit der Prozessdokumentation erreichen, bei der man die Anzahl der Tickets auswerten kann.

- Ist die Dokumentation der Arbeitsabläufe auf einem guten Weg, so beginnen wir mit der Erstellung von Skripten zur Automatisierung, zunächst von einzelnen Schritten. Hier sind viele Detailfragen zu klären: Von der Netzwerktopologie über die Versionierung der Skripte bis hin zur Auswahl von Skriptsprachen reicht das Spektrum, damit von jedem Arbeitsplatz aus funktionierende Skripte entwickelt und angestoßen werden können.

- Funktionieren unsere Skripte, so können wir sie zu ganzen Prozeduren zusammenfassen. Eine automatisierte Prozedur heißt auch *Runbook* oder *Playbook*. Hierfür gibt es eigene Softwarelösungen, die sich auf die Ausführung von Runbooks spezialisiert haben, eine eigene API anbieten und diese Aufgaben auch zeitgesteuert ausführen können. Nota bene ist eine solche Software wiederum ein Service, der Kosten und Ressourcen im Betrieb benötigt, dafür aber die erwähnten Qualitäts- und Effizienzgewinne realisieren kann. Eine funktionierende Automationsarchitektur erlaubt uns außerdem die Entwicklung von Skripten für die Wiederherstellung ganzer Services.

Bild 17.3 zeigt die Bausteinsicht einer möglichen Automationsarchitektur, in der exemplarisch Slackstorm [staa] als zentrale Plattform eingesetzt wird. Üblicherweise führt Slackstorm Skripte auf den Services via SSH aus, die Bausteinsicht zeigt aber auch eine mögliche Integration entfernter Services über ServiceMix [smx]. Prozesse werden entweder per Chat von Menschen oder über ServiceMix von anderen Systemen angestoßen. Die Kommunikation im Beispiel geschieht via Slackstorm, einer Erweiterung für den Instant-Messaging-Service Slack [sla]. Die Praxis, Prozesse per Chat zu steuern, heißt *ChatOps*.

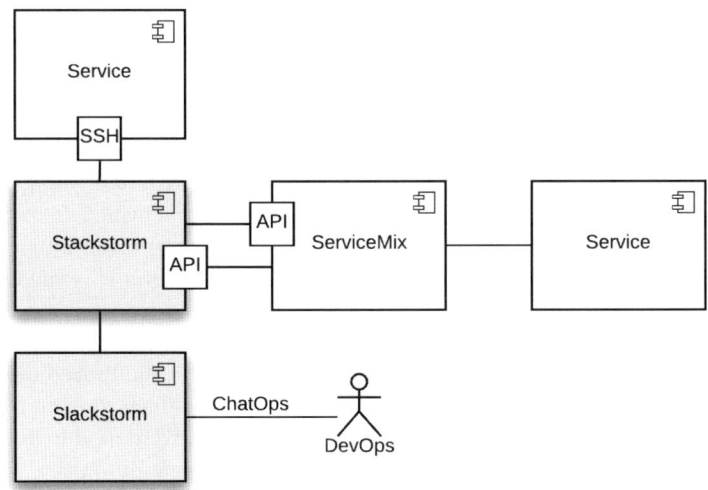

Bild 17.3 Prozessautomation mit ChatOps

■ 17.3 Bootstrapping- und Configuration-Service

 TL;DR

- Ein *Bootstrapping-Service* erlaubt es, neue Maschinen über eine API herzustellen.
- Ein *Configuration-Service* konfiguriert die vom Bootstrapping-Service provisionierte Maschine nachvollziehbar und wiederholbar in einen bestimmten Zustand.
- Ein *Rezept* enthält alles, was zur Konfiguration eines Service notwendig ist.
- Verbietet man die Konfigurationsänderung von Diensten auf dem Server, so spricht man von *Immutable Infrastructure*. Dieses Vorgehen vereinfacht den Rollout neuer Softwareversionen, da keine Rollbacks auf Ebene Service berücksichtigt werden müssen. ■

Nachdem wir nun unterstützende Strategien zur Automation von Services besprochen haben, kommen wir jetzt zu den Services selber, genauer den Maschinen, auf denen unsere Services betrieben werden sollen. Wie bereits in der Einleitung der Herstellbarkeit (17) erwähnt, ist die Fähigkeit zur automatischen Bereitstellung virtueller Maschinen Voraussetzung der effizienten Herstellbarkeit.

Grundstein hierfür ist wiederum ein funktionierendes Configuration-Management-System, beispielsweise Puppet [pup], Ansible [ans], CFEngine [cfe] oder Chef [che]. Indem wir die vollständige Konfiguration eines Service in einem anderen System verwalten, können wir zum einen die Konfiguration unabhängig sichern und haben sie zum anderen auch noch verfügbar, wenn der Service selbst nicht mehr verfügbar ist. Dies ist beispielsweise bei einem Snowflake Server nicht gegeben.

Viele Rezepte ergeben ein Menü

Eine solche Konfiguration heißt von Produkt zu Produkt unterschiedlich. Bei Puppet heißen sie Module, Chef verwaltet Rezepte. Der Begriff *Recipe* (engl. für Rezept) ist als Name für eine Konfiguration heute im Betrieb geläufig. Es erinnert an leckeres Essen, passt aber auch gut zum Konzept, denn ein Rezept besteht aus Zutaten. Die Möglichkeit, verschiedene Zutaten zu einem funktionierenden Ganzen zusammenfügen zu können, beherrschen alle drei genannten Technologien. Rezepte werden wie Quelltexte versioniert.

 Diese Form der automatischen Provisionierung ist so einfach wie das Backen einer Torte. Jede Schicht baut auf der Köstlichkeit der darunter liegenden Schicht auf und perfektioniert das Gebilde immer mehr zu einem verführerischen Ganzen [JA10]. ∎

Abstimmung

Bei der Entwicklung eines Geschäftssystems ist es wichtig, dass die Rezepte zwischen Entwicklung und Betrieb abgestimmt werden, damit bei der lokalen Entwicklung derselbe Software-Stack zum Einsatz kommt wie in der Produktionsumgebung. Bei einigen Technologien wie beispielsweise PHP ist dies schwierig, da ein Entwickler auf verschiedenen Projekten mit unterschiedlichen PHP-Versionen arbeiten muss. Aus diesem Grund ist der Einsatz von Virtualisierung auf dem lokalen Rechner heute üblich. Eine verbreitete Technologie hierfür ist Vagrant [vag].

Da dies jedoch hohe Anforderungen an die Hardware stellt und selbst auf schnellen Maschinen durch den Overhead längere Turnaround-Zeiten in der Entwicklung bedeutet, setzt sich hier die Containerisierung, beispielsweise mit Docker [doc], immer mehr durch. Die Prinzipien des externen Konfigurationsmanagements sind hier jedoch dieselben.

Immutable Infrastructure

Eine Prämisse bei diesem Vorgehen ist das Paradigma, dass die Konfiguration einer Maschine nie modifiziert werden darf. Die Konfiguration kann nur geändert werden, wenn eine neue Maschine provisioniert wird, d.h. im laufenden Betrieb dürfen keine lokalen Konfigurationen gemacht werden. Dies bedingt unter anderem auch, dass der Service selbst seinen Zustand externalisieren muss, damit Neuprovisionierungen gelingen können. Erst wenn man diesen Schritt geschafft hat, lassen sich Services vollständig automatisch wiederherstellen. Dieses Paradigma heißt *Immutable Infrastructure*. Da Konfigurationsänderungen bei Geschäftssystemen häufig vorkommen, werden auch häufig neue Maschinen bereitgestellt und dadurch getestet. Somit erzielt die Methode eine hohe funktionale Qualität der Betriebsabläufe. Sie sorgt zudem für Integrität in der Konfiguration und verhindert die Entstehung von Snowflake Servern.

Beispiel für Vagrant und Packer

Bild 17.4 und Bild 17.5 zeigen den Produktions- und Konsumationsablauf von Vagrant-Boxen für eine Entwicklergemeinde anhand eines UML Kommunikationsdiagramms. Die Abbildung zeigt das Vorgehen in folgender Reihenfolge:

1. Jenkins [jen] findet Änderungen an der Systemkonfiguration im Git
   (a) Jenkins triggert den Buildplan zur Neukonstruktion
   (b) Der Buildplan stößt Packer [pac] an, welches VirtualBox startet
   (c) In der VirtualBox [vir] startet Puppet
   (d) Puppet [pup] telefoniert nach Hause und bittet um die aktuelle Konfiguration
   (e) Puppet lädt die Konfiguration aus Git und konfiguriert die Box
   (f) Packer hält die VirtualBox an
   (g) Die Box wird auf Nexus [nex] mit Version gespeichert
2. Der Entwickler möchte mit der aktuellen Konfiguration arbeiten
   (a) Vagrant lädt die gewünschte Box
   (b) Vagrant startet die Box

Dieses Vorgehen funktioniert sehr gut, benötigt aber erhebliche Ressourcen. Zudem ist es meist nicht praktikabel, lokal mehr als eine Vagrant-Box laufen zu lassen. Ich muss also hier dafür sorgen, dass alle benötigten Softwarepakete der Entwicklung in ein und derselben Box laufen. Docker hat hier große Vorteile, da ich benötigte Pakete lokal flexibel mischen kann.

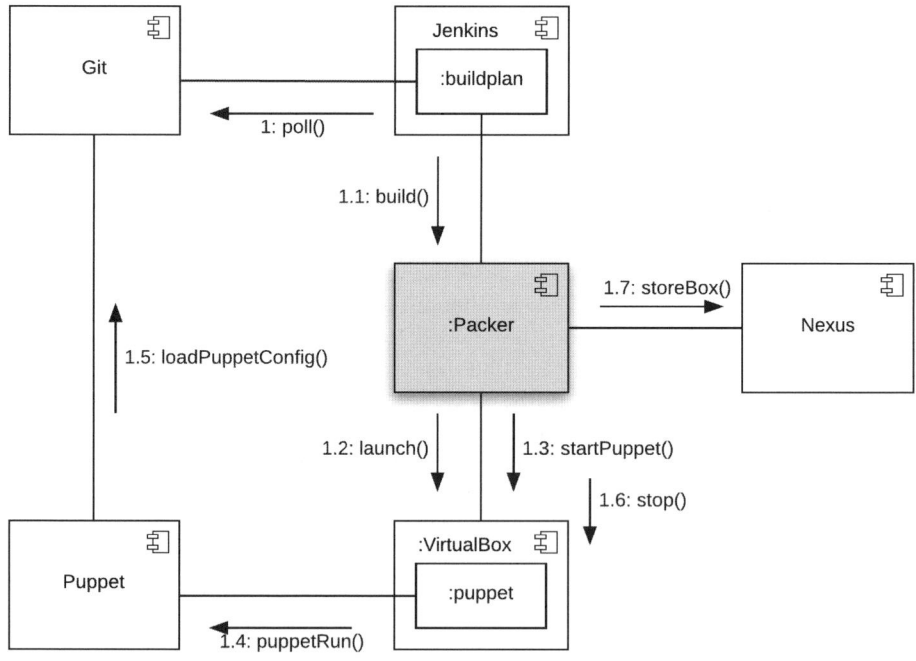

Bild 17.4 Vagrant-Boxen bauen mit Packer 1/2

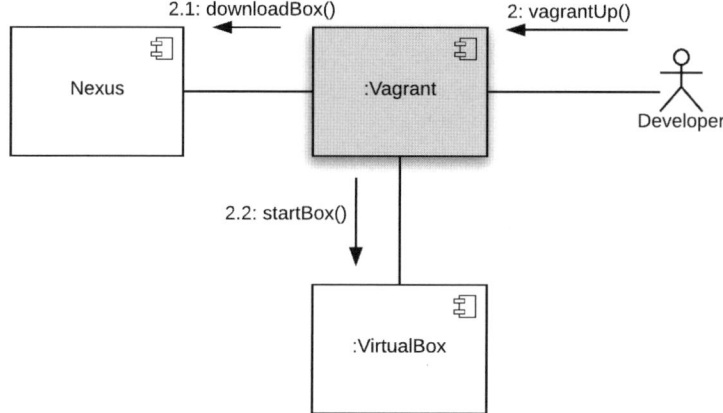

Bild 17.5 Vagrant-Boxen bauen mit Packer 2/2

Die Herstellung von Images nach Rezepten ist ein komplexer Prozess mit vielen Fehlerquellen. Insbesondere die Vermischung verschiedener Zutaten zu einem großen Ganzen kann Probleme bereiten. Puppet erlaubt beispielsweise sogar Vererbungen, ähnlich wie bei der objektorientierten Entwicklung. Leider gibt es hier aber keinen Compiler, der die richtige Konfiguration automatisch prüfen kann. Bei größeren Betriebsorganisationen mit vielen Servern kann die Komplexität der Rezepte deswegen schnell eine Grenze überschreiten, die Menschen noch beherrschen können.

Konfigurationen testen

Kleinste Änderungen an einem Rezept können katastrophale Auswirkungen haben. Um dies zu testen, gibt es Werkzeuge, etwa ServerSpec [serb], die regelmäßig den Konfigurationsstand verteilter Maschinen überprüfen und im Falle einer Fehlkonfiguration Alarm schlagen. ServerSpec ist unabhängig von Puppet, Chef oder sogar Docker und kann alle möglichen Konfigurationen prüfen. Voraussetzung ist hierfür der Mehraufwand, da die Konfigurationen effektiv doppelt gepflegt werden müssen. Der große Vorteil ist jedoch die Widerstandsfähigkeit gegen Fehler beim Refactoring der Rezepte.

■ 17.4 Backup und Restore

 TL;DR

- Ein wesentlicher Aspekt der Herstellbarkeit ist eine funktionierende Datensicherung.
- Im *Dateninventar* sind alle zu speichernden Daten verzeichnet, damit die dazugehörigen Storage-Systeme (13.3) systematisch verbessert werden können. Da Storage kostenintensiv ist, lohnt sich ein gutes Management.

- Das *Recovery Time Objective (RTO)* gibt an, wie lange es maximal dauern darf, bis ein Storage State (13.3) wieder hergestellt ist.

- Das *Recovery Point Objective (RPO)* gibt an, wie alt der wiederhergestellte Storage State (13.3) maximal sein darf.

- Ein *inkonsistentes Backup* enthält Teildaten von nicht abgeschlossenen Transaktionen. Ein Service, der mit inkonsistenten Daten bei der Wiederherstellung umgehen kann, heißt *Crash-konsistent*.

- Ein *konsistentes Backup* enthält keine Teildaten von nicht abgeschlossenen Transaktionen.

Ein wesentlicher Aspekt der Herstellbarkeit ist eine funktionierende Datensicherung. Als Architekt möchte ich dafür Sorge tragen, dass die Daten meiner Services sicher gespeichert werden und sich im Notfall auch wiederherstellen lassen. Nach einer Wiederherstellung sollte zudem Datenintegrität gewährleistet sein, wenn ein Service nicht mit inkonsistenten Daten umgehen kann. Aber bevor wir tiefer in das Thema eintauchen, ein paar praktische Tipps von Baron Schwartz aus [JA10]:

- Bauen Sie nichts Großartiges. Bauen Sie einfach etwas, das man wiederherstellen kann.

- Üben und dokumentieren Sie die Wiederherstellung der Daten.

- Verwenden Sie ein Monitoring-System, um über das Ergebnis eines Backups informiert zu werden (positiv oder negativ).

Aus demselben Buch stammt auch eine Liste von Fragen, die sich dazu eignen, die Diskussion rund um Backup und Restore zu eröffnen:

Die folgenden Fragen können Sie bei der Diskussion von Backup und Restore stellen [JA10]:

- Wann sollten wir Snapshots machen?
- Sind die Backups konsistent oder inkonsistent?
- Ist das System Crash-konsistent?
- Wie sieht die Strategie der Replikation aus?
- Gibt es einen Business Continuity Plan?
- Wie häufig sollen die Daten gesichert werden?
- Wie lange sollen die Backups aufbewahrt werden?
- Gibt es Compliance-Vorgaben für die Aufbewahrung?
- Sollen die Daten verschlüsselt werden?

Ein Dateninventar pflegen

Das Dateninventar ist ein Werkzeug der Service Governance (2.1) und dient der systematischen Pflege und Verwaltung des verwendeten Storage. Es legt außerdem die Grundlage für Diskussionen der Informationssicherheit sowie Kostenkalkulationen. Das Inventar ist eine

Liste aller verwendeten Datenbanken, Laufwerke, Bandsicherungen usw. Kurzum enthält das System alle Informationen darüber, wo und wie Daten abgelegt werden. Die folgenden Angaben gehören dazu:

- *Standort:* Wo werden die Daten physisch gespeichert? Wird der Storage selber betrieben, kann hier auch die genaue Adresse, das Stockwerk oder das Rack eingetragen werden.

- *System:* Angabe des logischen Bezeichners des Systems, beispielsweise eine URL oder URI.

- *Systemtyp:* Um was für eine Art von Storage-System handelt es sich?

- *Datentyp:* Um welche Art von Daten handelt es sich? Eine kurze, geschäftliche Beschreibung zur besseren Beurteilung des Kontexts kann im Betrieb helfen.

- *Personendaten:* Sind in den Daten Personendaten enthalten, d.h. werden systematisch gewöhnliche oder besondere Personendaten gespeichert? Dies führt dann gegebenenfalls zu einem höheren Schutzbedarf.

- *Größe:* Wie groß sind die Daten, die gespeichert werden? Wie viel Headroom (13.3) wird benötigt?

- *Services Dependencies:* Angabe der abhängigen Dienste. Die Angabe hilft bei der Bewertung der Kritikalität der Daten.

- *Geschäftseinfluss bei Nichtverfügbarkeit:* Was passiert, wenn die Daten nicht vorhanden sind? Welchen direkten Einfluss auf das Geschäft wird man spüren?

- *SLA:* Welches Service-Level Agreement ist gewünscht? Genaue Angaben zur Verfügbarkeit sind wichtig für den Betrieb.

- *Recovery Time Objective:* Angabe der maximalen Zeit zur Wiederherstellung der Daten nach einem Ausfall.

- *Recovery Point Objective:* Maximales Alter eines Backups, das verfügbar gemacht werden soll.

Technologie für die Sicherung

Um Backups herstellen zu können, gibt es verschiedene Technologien, die auf verschiedene Art und Weise in einem konkreten Kontext eingesetzt werden können: Snapshots, Replikation und Transaktionslogs.

Grundsätzlich unterscheidet man zwischen einem vollständigen, einem inkrementellen und einem differentiellen Backup. Beim vollständigen Backup werden alle Daten gesichert. Ein inkrementelles Backup sichert nur die Daten, die sich seit dem letzten (vollen oder inkrementellen) Backup geändert haben. Das differentielle Backup sichert immer alle Daten, die sich seit dem letzten vollständigen Backup geändert haben.

Mit etwas Glück funktioniert Ihr System nachrichtenbasiert, und Sie haben auch ein *Transaktionslog.* Dann können Sie aus einem Backup in Kombination mit dem Transaktionslog den Storage State an jeden beliebigen Punkt spielen. Dies ermöglicht die größte Flexibilität bei der Wiederherstellung der Daten, weil Sie jeden beliebigen Zeitpunkt wiederherstellen können. Viele Datenbanken bieten Transaktionslogs als Standard an. Es ist aber auch durchaus möglich, ein eigenes Transaktionslog zu bauen. Weitere Details hierzu finden Sie im Abschnitt über den asynchronen Entwurf (14.4).

Viele Systeme verfügen über die Möglichkeit, einen *Snapshot* zu erstellen, also eine Momentaufnahme des Storage State zu ziehen. Snapshots sind häufig sehr leicht und schnell zu erstellen und lassen sich auch ähnlich leicht und schnell wieder herstellen. Der Einsatz von Snapshots kann also eine sehr gute Lösung sein.

Eine Standardtechnik für Backups ist die *Replikation*. Man verwendet eine Masterdatenbank und repliziert die Daten auf einen Slave. Um ein Backup zu ziehen, fahre ich den Slave herunter und sichere die Daten. So erhalte ich ein konsistentes Backup des Storage State. Die Replikation kann synchron oder asynchron erfolgen. MySQL unterstützt eine asynchrone Replikation, wie in Bild 17.6 dargestellt. Es ist besser, ein binäres Backup aller Dateien anstatt einen Dump der Daten zu ziehen, weil beim binären Backup das Transaktionslog mitgesichert wird. Viele Datenbanken ermöglichen auch ein konsistentes Backup während des Betriebs.

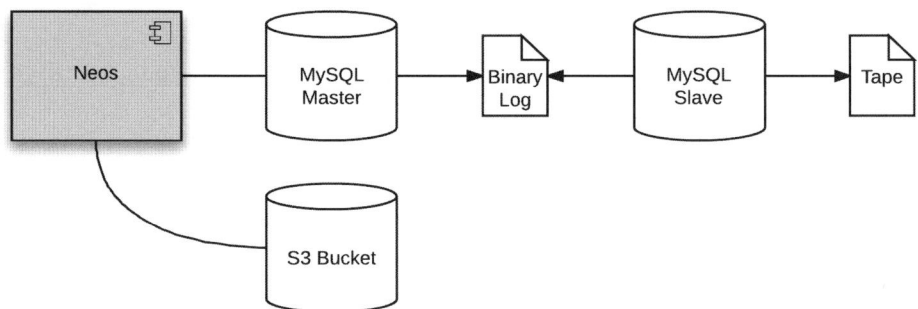

Bild 17.6 Integrität beim Backup sicherstellen

Die *synchrone Replikation* ist auch ein Werkzeug der Skalierbarkeit (14) und kommt bei vielen Systemen quasi als Default zum Einsatz. Hierbei werden Daten bei Änderungen sofort an die anderen Datenbanken weitergegeben. Droppt der Entwickler also aus Versehen die falsche Tabelle, so repliziert die Datenbank diese Änderung sofort auf alle beteiligten Slaves ... und das letzte Backup muss eingespielt werden. Bei der asynchronen Replikation wird nur zu bestimmten Zeiten der Datenbestand abgeglichen. Das kann vor korrupten oder unbrauchbaren Daten schützen, muss es aber nicht.

Crash-Konsistenz

Jeder Service muss es ermöglichen, dass seine Daten im laufenden Betrieb gesichert werden können [LCH14]. Verwendet ein Service jedoch mehrere Storage-Systeme, so wie in Bild 17.6 exemplarisch am Neos-System [neo] gezeigt, so kann kein konsistentes Backup über beide hergestellt werden. Das bedeutet im Umkehrschluss, dass das Neos-System mit einem inkonsistenten Backup umgehen können muss. Man sagt, der Service muss *Crash-konsistent* sein.

In der Regel sind beide Backups in sich konsistent, aber passen nicht zueinander. Es könnte sein, dass der Service während des Hochladens eines Bildes abgestürzt ist. Dann existieren die Metainformationen schon in der Datenbank, aber das Binary war noch nicht im S3 Bucket. Stellt man den Service wieder her, so wird schlicht kein Bild angezeigt, aber Neos lässt sich noch starten.

Retention Policy

Die Daten, die beim Backup anfallen, können sehr groß werden, sodass man sich eine Strategie zur Optimierung des benötigten Platzes machen sollte. Hier gibt es viele Möglichkeiten. Am wenigsten Platz brauchen Daten, die nicht gespeichert werden. Vielleicht sind Teile der Daten temporärer Natur oder sie werden berechnet und lassen sich damit aus anderen Daten herstellen. In diesem Fall müssen sie nicht gesichert werden. Daten, die veraltet sind, können außerdem entfernt werden. Hierfür werden für die Daten im Rahmen einer *Retention Policy* die sogenannten *Recovery Point Objectives* festgelegt. Eine gängige Retention Policy ist die Aufbewahrung der Backups von vor einem, zwei, drei und fünf Werktagen sowie von vor zwei, drei und vier Wochen.

Eine weitere Option ist die *Reduktion* der Auflösung numerischer Daten [PF13]. Wenn Sie große Mengen numerischer Daten, beispielsweise Metriken, sichern, so können diese nach einer gewissen Zeit in der Auflösung reduziert werden. Anstatt die Daten in Minutenintervallen zu speichern, rechnen wir sie auf Stunden, Tage oder Wochen um, je nachdem wie alt die Daten sind.

Ältere Daten können auch auf andere Medien übertragen werden. Um das sogenannte *Working Set*, also die Daten, die tatsächlich in Produktion benötigt werden, zu reduzieren, werden die nicht mehr benötigten Daten auf ein anderes Storage-System mit einer anderen Backup und Retention Policy übertragen. Dies kann sich auf positiv auf die Performance auswirken. Wiederum bietet sich dieses Vorgehen besonders bei Metriken an. Man kann hier beispielsweise die Daten pro Geschäftsjahr auf ein dediziertes System übertragen und dann trotzdem noch Auswertungen fahren.

Hoffnung ist keine Strategie

Ein weiterer Teil der Backup-Strategie sollte die physische Aufbewahrung der Daten umfassen. Keinesfalls sollten die Backup-Daten am selben physischen Ort aufbewahrt werden, da sonst im Falle einer Katastrophe sowohl System als auch Backup verschwinden würden. Die Lagerung an einem anderen Ort nennt man auch *Offsite-Backup*. Google hatte in 2012 einen schweren Fehler in einem Lösch-Daemon seines Musikdienstes, der Hunderttausende Musikdateien der Benutzer löschte [BJPM16]. Die Datensicherung findet bei Google auf Tape statt, und die Bänder werden in einem Warenhaus gelagert, das sich weit weg vom eigentlichen Rechenzentrum befindet. Um die Dateien wiederherzustellen musste eine Software entwickelt werden, um die 5337 Tapes zu identifizieren, die die fehlenden 1,5 Petabyte an Daten enthielten. Diese wurden dann mit mehreren Lastwagen angeliefert und von Hand in die Tape Libraries eingespannt, um die Daten zurückzuspielen. Die gesamte Operation dauerte sieben Tage.

Das Google-Beispiel verdeutlicht die möglichen Probleme der Wiederherstellung. Google gelang die Operation nur deswegen so problemlos, weil sie diesen Eventualfall gut vorbereitet und geübt hatten. Frei nach dem Motto *Hoffnung ist keine Strategie* war jedes Detail im Vorfeld vom Team geplant worden. So wusste das Team beispielsweise, dass die Verwendung der Tape Roboter langsamer war als das manuelle Befüllen der Tape Libraries. Im Ernstfall wurden die Roboter also ausgeschaltet, um schneller wieder an die Daten zu kommen. Bei einem sogenannten *Disaster and Recovery Testing Drill (DiRT Drill)* werden verschiedene Szenarien des Systemversagens vom Team geübt. Ziel der Übung ist es zum einen nachzuweisen, dass sich das System überhaupt wiederherstellen lässt, aber zum anderen auch, etwaige Schwachstellen zu finden, die eine Wiederherstellung erschweren könnten. Durch die gemeinsame Analyse und die Übung erhöht das Team die Zuverlässigkeit des Systems.

18 Prüfbarkeit

■ 18.1 Einführung in Prüfbarkeit und Monitoring

 TL;DR

- Die Prüfbarkeit beschreibt die Immanenz eines Service.
- Je besser die Prüfbarkeit, desto leichter ist es, die Metriken (12.2) eines Service zu sammeln.
- Das *Monitoring* beschäftigt sich mit der Beobachtung von Serviceinstanzen, die *Analyse* mit der Beobachtung von Systemen.
- Monitoring besteht aus der Messung der Zustandsänderungen und Datenflüsse in einem System, die durch Transaktionen ausgelöst werden [Bas15].

Wie spielen Prüfbarkeit und Monitoring zusammen?

Software besteht aus dem reinsten Werkstoff: unseren Gedanken. Das Laufzeitverhalten eines Service ist unsichtbar, und man muss Softwarewerkzeuge einsetzen, um es beobachten zu können. Bild 18.1 zeigt die Beziehung zwischen einem Service und dem Monitoring, die in diesem Kapitel beide beschrieben werden. Ein Monitoring-System weist die gleichen Qualitätsmerkmale auf wie jedes andere System auch. Monitoring-Systeme für Geschäftssysteme sind selber auch Geschäftssysteme.

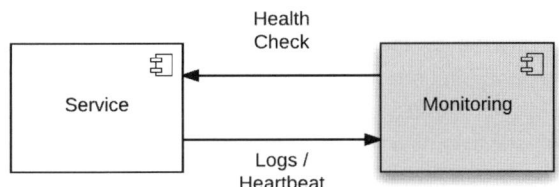

Bild 18.1 Service und Monitoring-System

Eine Anforderung an die Prüfbarkeit ist die Publikation der vereinbarten Service-Level-Indikatoren (16.1), die aus verschiedenen Metriken (12.2) zusammengesetzt werden. Geschäftlich relevant sind bei der Analyse die gemessenen Domänenereignisse (5.4), die für die Bewertung besonders wertvoll sind. Allgemein kann man sagen, dass das Monitoring aus verschiedenen Gründen wichtig ist:

1. Ausfälle eines Systems können im Betrieb frühzeitig, teilweise bereits vor dem Ausfall (proaktiv), erkannt werden

2. Erkenntnisse über das Systemverhalten können gesammelt werden, damit notwendige Änderungen an der Architektur erkannt werden können. Beispielsweise ist es nicht möglich, ohne Monitoring der Kapazität einen Service dynamisch zu skalieren (14).

3. Die Zielerreichung eines Systems kann gemessen werden, beispielsweise um den Nutzen einer Investition nachzuweisen.

4. Die Erfüllung von Service Level Agreements (SLAs) kann bewiesen werden.

5. Ein *Intrusion Detection Service* kann für den Zugriffsschutz eingesetzt werden.

Kosten des Monitorings

Aussagekräftige Berichte und Insights, die helfen, ein Geschäftssystem substanziell zu verbessern, sorgen für Begeisterung. Und wer ein geschäftskritisches System betreibt, der kommt um gutes Monitoring sowieso nicht herum. Über die Jahre ist aus der Beobachtung von Infrastrukturparametern ein komplexes Feedback-Ökosystem zur integrierten Echtzeitoptimierung von Websites geworden. Die Möglichkeiten, die SaaS-Dienste wie New Relic [new] heute bieten, waren vor wenigen Jahren noch Großkonzernen vorbehalten.

Dabei sollten nicht nur die Kosten der Lizenzierung und Integration eines solchen Dienstes in die Kalkulation einbezogen werden. Sinn und Zweck ist die Verbesserung Ihres Systems, sodass Sie bereits nach der ersten Auswertung Änderungen werden umsetzen wollen. Die kontinuierliche Verbesserung kann durch eine gute Wartbarkeit (II) erreicht werden.

Insgesamt ist der Markt für Monitoring- und Analytics-Lösungen stark in Bewegung, und die Zukunft gehört meiner Meinung nach den SaaS-Lösungen. Die heute teilweise noch hohen Preise werden sich in Zukunft durch den Wettbewerb der Anbieter angleichen.

Einordnung im Qualitätsmodell

Nach ISO/IEC 25010 [Int11] ist die Prüfbarkeit (engl. *inspectability*) ein Teil der Analysierbarkeit. Im Standard werden Prüfbarkeit und Analysierbarkeit zusammengefasst. Die in diesem Artikel rund um die Prüfbarkeit diskutierten Konzepte zeigt Bild 18.2. Stefan Toth hat in seinem Buch [Tot13] die Qualitätsszenarien klassifiziert nach Akzeptanzkriterien, Qualitätsgeschichten und allgemeinen Merkern. Die Prüfbarkeit generiert in erster Linie einen allgemeinen Merker, ob Prüfbarkeit hergestellt werden muss oder nicht. Falls dies der Fall ist, erzeugen Diskussionen um Prüfbarkeit im Weiteren dann konkrete Akzeptanzkriterien, und zwar hauptsächlich im Betrieb und im Marketing. Siehe hierzu die Beispiele für Qualitätsszenarien zur Zuverlässigkeit.

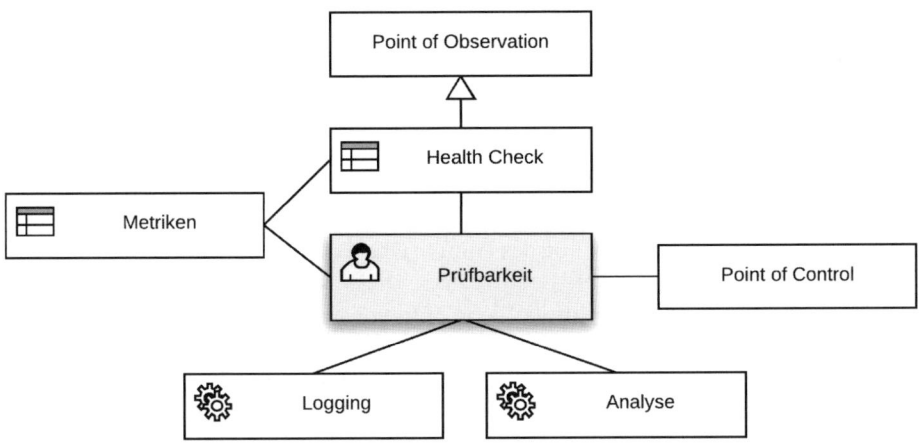

Bild 18.2 Das Qualitätsmerkmal der Prüfbarkeit im Überblick

■ 18.2   Architektur für Prüfbarkeit

 TL;DR

- Im Monitoring gibt es den prüfenden und den geprüften Service.
- Eine Microservice lässt sich leichter prüfen als ein Monolith.
- Der *Health Check* gibt die ordentliche Funktion eines Service als HTTP-Statuscode zurück.
- *Self Test* und *Software Probe* sind Synonyme für die Health-Check-Schnittstelle.
- Der Service entscheidet selber über seine Gesundheit.
- Es gibt viele verschiedene Anwendungsfälle für den Health Check, sodass es sich um eine sinnvolle Investition handelt.

Anforderungen an die Prüfbarkeit

Im Monitoring gibt es den prüfenden und den geprüften Service. Betrachten wir hier das System, das beobachtet wird. Wie kann ein Service seine Prüfbarkeit verbessern bzw. welche Anforderungen an die Prüfbarkeit gelten?

Bei Geschäftssystemen ist die Beobachtung technisch besonders einfach, da diese stets HTTP unterstützen. Der Abruf einer Seite per HTTP lässt bereits rudimentäre Aussagen über das System zu (Antwort hat die richtige Payload, Antwort ist schnell oder langsam). Es kann jedoch keine Aussage darüber gemacht werden, warum beispielsweise die falsche Payload ausgeliefert wird oder warum das System langsam antwortet.

Hierfür muss der Zustand des Systems per Introspektion gemessen und dann nach außen kommuniziert werden. Die Schnittstelle, die dieses leistet nennt, man Health Check (18.2) oder Point of Observation (7.5).

Was ist ein Health Check?

Eine konsequente Weiterentwicklung des Point of Observation (7.5) aus dem vorhergegangenen Abschnitt ist der sogenannte Health Check. Diese Schnittstelle unseres Service zeigt über einen HTTP-Statuscode die ordentliche Funktionsweise an. Die Idee dabei ist, dass die korrekte Funktion über einen einzigen HTTP-Request abgefragt werden kann. Gibt der Service über diese Schnittstelle 200 zurück, so ist alles in Ordnung. Jedes andere Ergebnis bedeutet, dass der Service nicht funktioniert. Üblicherweise ist die Antwort eine HTML-Seite mit detaillierten Statusinformationen zum Service, die die folgenden Anwendungsfälle abdeckt:

- Beim Debugging möchte der Entwickler einen Blick auf den DB Connection Pool werfen.
- Ein Administrator möchte nach einer Aktualisierung die ordnungsgemäße Funktion durch einen *Smoke-Test* sicherstellen.
- Ein Load Balancer möchte im laufenden Betrieb feststellen, ob alles in Ordnung ist und der Service in die Lastverteilung (16.5) aufgenommen werden darf.
- Der Test Harness möchte prüfen, ob bereits alle notwendigen Pakete installiert sind und die Tests beginnen können.
- Die Tester möchten die genaue Version des Service sehen, den sie gerade testen.

Um diesen Anforderungen gerecht zu werden, hat sich die Herstellung einer Health-Check-Seite bewährt, die all diese Informationsbedürfnisse übersichtlich befriedigt. Der Service selbst kann dann über Schwellwerte entscheiden, ab wann er per HTTP-Statuscode einen Alarm auslöst. Im Monitoring-Jargon heißt der Health Check auch *Software Probe*. Vielen Entwicklern ist dieses Pattern als *Self Test* bekannt.

Der Health Check vereinfacht es vielen Personen und Prozessen im Servicemanagement und ist eine gute Investition, die sich rechnet.

Die Anfrage des Monitoring-Systems, ob noch alles in Ordnung ist, heißt *Health Check Query*. Die meisten Anfragen kommen vom Load Balancer, der alle 5 Sekunden eine solche Query absetzt und bei negativem Bescheid den entsprechenden Knoten aus der Lastverteilung (16.5) nimmt.

Somit ist klar, dass solch ein Health Check nicht viele Ressourcen verbrauchen darf, aber gleichzeitig die wichtigen Parameter der Anwendung kommunizieren muss. Für das Design dieser Schnittstelle zugunsten der Prüfbarkeit ist also Zeit zu reservieren, denn es ist nicht einfach für einen Service festzustellen, ob er selbst noch richtig funktioniert.

Sicherheit des Point of Observation

Im Kapitel über Testbarkeit wurde ein eigener Port zur Messung des internen Zustands für den Test Harness besprochen. Dieser lässt sich auch für die Beobachtung zur Laufzeit einsetzen. Es gibt hier aber vor allem Bedenken in Bezug auf die Sicherheit, da dieser Port zumeist generisch ausgelegt ist und den breiten Zugriff auch auf sensible Daten erlaubt. Wenn das System sensible Daten speichert, werden Probleme auftreten, den für das Testing bestimmten Port auch auf Produktion für das Monitoring einzusetzen. Und die Herausgabe von Metriken der Geschäftsereignisse ist meistens sensibel.

Technologien für die Prüfbarkeit

Für die Beobachtung von Zustandsänderungen eignen sich unter anderem die folgenden Technologien:

- Für Anwendungen auf der JVM eignet sich die JMX-Technologie [jmx], die flexibel für die Beobachtung beliebiger Metriken eingesetzt werden kann. Hierfür wird jedoch ein Monitoring-System benötigt, das JMX spricht, z.B. Zabbix [zab], eine quelloffene Monitoring-Lösung mit guter Visualisierung der beobachteten Metriken. Code muss hier für die Erzeugung von Metriken via MBeans geschrieben werden.

- Für alle Anwendungen eignet sich zudem eine REST-Schnittstelle, die die jeweiligen Metriken exportiert. Es kann sich lohnen, hierfür ein eigenes Modul zu entwerfen, das sich harmonisch in die Authentifizierungsinfrastruktur einpasst, wenn viele Komponenten auf demselben Technologie-Stack funktionieren. Für das Monitoring-System ist REST mitunter besser geeignet, da man dann für die Beobachtung flexibler und einfacher eigene Werkzeuge bauen kann, zum Beispiel mit Kibana [kib] oder Grafana [graa].

- Eine weitere Möglichkeit ist das Monitoring der JVM durch Instrumentierung des Java-Codes. Der Java Agent von New Relic [new] verwendet beispielsweise Byte-Code-Instrumentierung auf Basis der ASM-BCI-Frameworks [asm] zur Laufzeit. Der Hersteller spricht von Performance-Einbußen von 5 % beim Einsatz.

- Für die Beobachtung von Datenflüssen werden Logs eingesetzt, d.h. unser System muss diese Logs selber erzeugen und dem Monitoring-System zukommen lassen. Es bietet sich an, dies direkt zu tun. Splunk [spl] bietet beispielsweise für die Java-Entwicklung verschiedene Appender für die Nachrichtenübermittlung. Der Open Source ELK-Stack [ela] ist ein weiteres Beispiel.

Microservice-Monitoring

Damit haben wir die technischen Rahmenbedingungen besprochen, sind aber bei der Architektur unseres Systems noch nicht weiter. Hierfür lassen sich die folgenden Erkenntnisse festhalten:

1. Je kleiner und einfacher der Service, desto besser ist seine Prüfbarkeit, da nur wenige und einfache Metriken exportiert werden müssen.

2. Ein Microservice hat nur eine fachliche Aufgabe, weswegen seine Prüfbarkeit optimiert ist.

3. Ein Monolith vereint viele Aufgaben in sich und ist deswegen auch schwieriger prüfbar.

4. Cloud-Elastizität senkt die Prüfbarkeit, da die dynamische Allokation von Ressourcen auch im Monitoring nachvollzogen werden muss.

5. Continuous Deployment senkt die Prüfbarkeit, da für die Dauer eines Deployments der Datenfluss vom Service versiegt.

Log-Management

Eine Erkenntnis für die Entwicklung ist die Entwicklung von Richtlinien für das Logging. Zum einen sollte das Log-Format über alle Komponenten hinweg möglichst konsistent sein, damit Nachrichten von einem Drittsystem besser verarbeitet werden können. Zum anderen sollten sinnvolle Dinge geloggt werden, und sinnvolle Dinge sind aussagekräftige und korrelierbare Nachrichten. Hierfür ist neben einem Zeitstempel, der Angabe der Dringlichkeit (Severity) sowie einer Correlation ID auch eine aussagekräftige Meldung notwendig.

Eine gute Grundlage für die Typisierung von Log-Nachrichten ist die Verwendung der Domänenmodelle, sofern diese existieren. In den Nachrichten sollte also die Semantik der Konzepte des Systems reflektiert werden. Cockcroft nennt den Einsatz eines Modells förderlich für die Erkennung von Abhängigkeiten [coc].

Es bietet sich also an, die auftretenden Domänenereignisse als aussagekräftige Indikatoren zu nutzen. Limoncelli [LCH14] behauptet (nicht ganz im Ernst), dass es für E-Commerce-Websites nur eine einzige Metrik braucht, nämlich den Umsatz einer Maschine pro Zeiteinheit. Sobald der sinkt, ist etwas nicht in Ordnung, und die Maschine muss entsorgt werden.

Heartbeat

Eine Variante des Schreibens von Logs ist der Versand eines regelmäßigen *Heartbeats* (Herzschlag). Das Monitoring oder ein Circuit Breaker (19.6) können das Signal überwachen und dann beim Ausbleiben den Service als AWOL (Away Without Leave) melden. Die Frequenz des Herzschlags bestimmt dabei die erzeugte Last.

■ 18.3   Architektur für Monitoring

 TL;DR

- Das *Monitoring* sammelt Daten über Services.
- Die Beobachtung der Domänenereignisse (1.5) in der Allgemeinsprache (5.3) ist für *Data Scientists* informativ, weil die erhobenen Daten eine geringe Ungewissheit haben [PF13].

Einführung in das Monitoring

Während der vorhergehende Abschnitt sich mit der Architektur des zu beobachtenden Services beschäftigte, wenden wir uns nun der Architektur der Beobachtung an sich zu. Grundlage ist ähnlich wie beim Log Management die Verwendung eines Domänenmodells. Eine Übersicht der messbaren Daten bildet das Kapitel über die Metriken (12.2). In einer domänengetriebenen Architektur sollte die Beobachtung durch die Monitoring-Domäne beschrieben werden. Durch die überlegte Modellierung sind die erhobenen Daten besonders für *Data Scientists* informativ und haben eine geringe Ungewissheit [PF13].

Tatsächlich können wir einen Service mit einer API in unserer Monitoring-Domäne definieren, den die anderen Services nutzen können. Dieser *Monitoring-Service* kümmert sich also um die Speicherung und Weiterleitung von Events: Technische Events werden an den Alerting- und Scaling-Service weitergeleitet und geschäftliche an den Analyseservice.

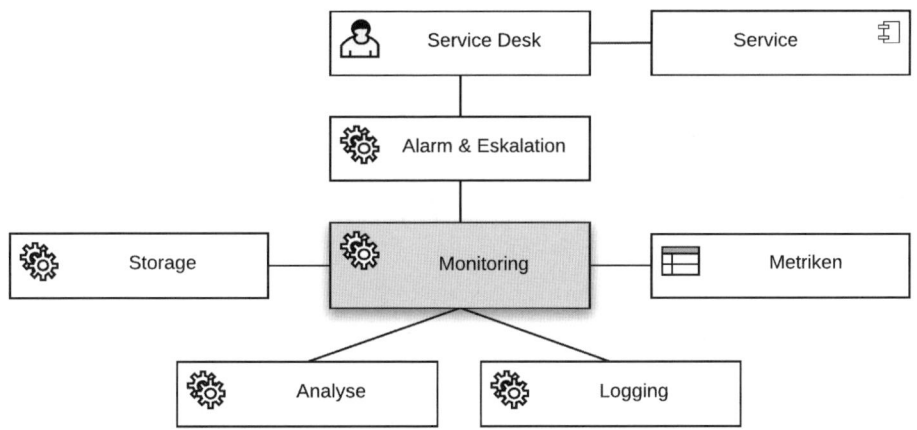

Bild 18.3 Der Monitoring-Service im Überblick

Aspekte der Datenhaltung

Eine der wichtigsten Entscheidung im Monitoring ist die Auflösung der zu speichernden Daten. Die eingehenden Datenströme können sehr groß sein und benötigen Bandbreite und Speicherplatz. Zudem ist es teurer und dauert länger, viele Daten im Rahmen der Analyse zu untersuchen als wenige Daten. Verschiedene Autoren empfehlen eine Auflösung in Tagen.

In einigen Fällen ist die tägliche Auflösung jedoch zu grob, beispielsweise wenn man den Rollout eines neuen Features beobachten möchte. In diesem Fall kann die Auflösung verfeinert werden, so lange der Monitoring-Service ausreichend Bandbreite hat. Häufig werden Daten nach einer bestimmten Zeit aggregiert, sodass man über die letzten Wochen genaue Daten vorliegen hat, aber die Auflösung je länger je gröber wird. In jedem Fall sollten die Laufzeiten der Analyseskripte beobachtet werden, damit sie nicht zu lange laufen.

Werkzeuge wie der Splunk-Service [spl], der auch über gute Visualisierungsmöglichkeiten verfügt, werden beispielsweise nach verarbeiteten Log-Nachrichten lizensiert. Das Log-

Management sollte also wohlüberlegt sein, denn es fallen bisweilen hohe Kosten an. Leicht kommt es zu Konflikten zwischen geforderter Aufbewahrungszeit (Retention) und vorhandenem Speicherplatz. Eine Datenaggregation ist möglich, führt aber zum Verlust der Originaldaten, sodass sich viele Dinge später nicht mehr auswerten lassen. Besser man stellt sich die Frage, ob die Fehlermeldungen aus dem letzten Quartal überhaupt relevant sind.

Hierfür kann es hilfreich sein, sich genau zu überlegen, wofür man die gemessenen Daten einsetzen möchte. Wenn die Interpretation des Geschäfts vor fünf Jahren kein Thema mehr ist, dann muss man diese Daten auch nicht mehr aufbewahren. Notfalls können große Mengen von Altdaten bei preiswerten Langzeitarchiven gespeichert werden.

Für alle diese Punkte gilt, dass eine disziplinierte Kontrolle der gemessenen Daten, der Aggregations- und Analyseskripte sowie der Informationssicherheit notwendig ist.

Regeln nach John Allspaw

John Allspaw charakterisiert gute Monitoring-Services durch folgende Eigenschaften [JA10]:

- Der Service kann Metriken günstig sammeln und speichern.
- Der Service kann Metriken aggregieren und ordnen.
- Die Beobachtung neuer Services kann zur Laufzeit konfiguriert werden und beeinflusst die Sammlung bereits vorhandener Metriken nicht.
- Es können zur Laufzeit neue Metriken hinzugefügt werden.
- Metriken können dem System leicht entnommen werden, um mit Daten in anderen Services verglichen zu werden.
- Metriken können global und an verteilten Standorten erhoben werden, ohne an Integrität zu verlieren.

Regeln nach Adrian Cockcroft

Adrian Cockroft komplementiert diese Liste mit sechs Regeln, die das Monitoring und die Architektur des Monitoring-Systems beeinflussen [coc]:

1. Verbringe mehr Zeit mit dem Schreiben von Code für die Analyse der Bedeutung von Metriken als mit Code, der Metriken sammelt, speichert oder anzeigt.
2. Reduziere die Messfrequenz von Latenzen auf weniger als die menschliche Aufmerksamkeitsspanne von 10 s.
3. Achte darauf, dass dein Messsystem ausreichend akkurat und präzise ist. Sammle Histogramme der Antwortzeiten.
4. Monitoring-Systeme müssen eine höhere Verfügbarkeit und Skalierbarkeit aufweisen als das System, das beobachtet wird.
5. Optimiere für die Beobachtung von verteilten, flüchtigen, Cloud-basierten, containerisierten Microservices.
6. Passe die Metriken in Modelle ein, um Abhängigkeiten zu erkennen.

Der letzte Punkt ist zentral für eine domänengetriebene Microservice-Architektur. Wir können unsere reiche Kenntnis der Geschäftsereignisse dazu nutzen, einen Service und ein System besser zu beobachten.

Architektur des Monitorings

Limoncelli [LCH14] skizziert eine Schichtenarchitektur eines Monitoring-Systems, welche in Bild 18.4 dargestellt ist. Für jede Schicht gibt es heute Open-Source-Bibliotheken, aus denen sich auch selber ein System konstruieren lässt, wenn man über die entsprechenden Mittel verfügt.

Die einzelnen Schichten sind:

1. Sensing & Measurements: Sensoren und Messungen dienen der Aufnahme von Signalen der Services.

2. Collection: Diese Schicht sammelt und aggregiert Daten zur Speicherung.

3. Analysis & Computation: Analyse der Monitoring-Daten zu Indikatoren, die wiederum gespeichert werden.

4. Alerting & Escalation: Alarme und Eskalationen (18.4) werden in einem kommenden Abschnitt beschrieben.

5. Visualization: Diese Schicht visualisiert die Metriken zur Interpretation durch Menschen.

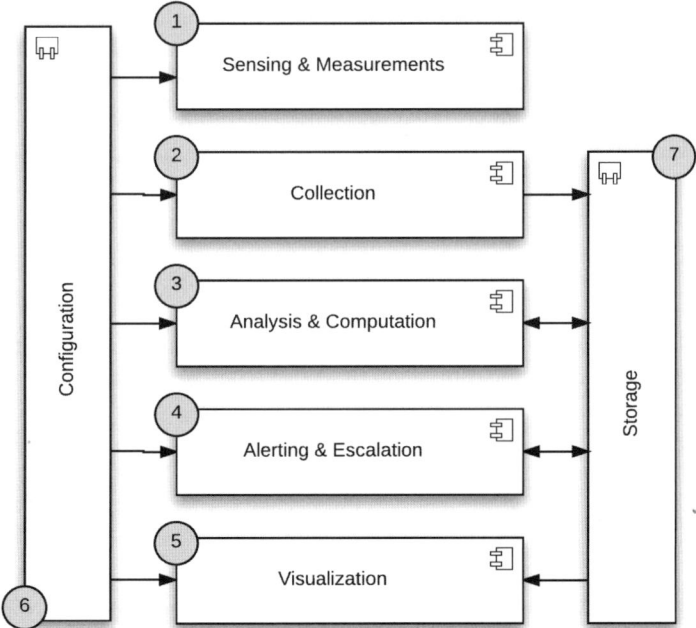

Bild 18.4 Bausteine eines Monitoring-Systems

6. Configuration: Damit alle Schichten reibungslos zusammenspielen, wird ein Configuration-Service (17.3) benötigt.

7. Storage: Die meisten Schichten des Monitorings müssen ihre Daten speichern (13.3.)

■ 18.4   Alarm und Eskalation

 TL;DR

- Einige Metriken lösen *Alarme* (engl. *alert*) aus, die von *Incident-Resolution-Services* bearbeitet werden.
- Ein Alarm muss zuverlässig zugestellt werden, damit eine Reaktion erfolgen kann.
- Kann ein Alarm nicht zugestellt werden, greift eine *Eskalation*.

Alerting-Service

Einige der gemessenen Metriken können Anlass zur Sorge geben, wenn sie ihr Service Level Target verfehlen. Besonders schwere Verletzungen sollen Alarmmeldungen auslösen, die dem Personal oder einem anderen Service zuverlässig bekanntgegeben werden müssen, damit eine Reaktion erfolgen kann. Hierfür sollte das Monitoring möglichst genau und vollständig kommunizieren, warum der Alarm ausgelöst wurde. Das Personal kann dann anhand der Meldung geeignete Maßnahmen ergreifen.

Diese Alarme sind verschieden von den anderen Daten, die das Monitoring erhebt, beispielsweise den Daten rund um die Geschäftsanalyse. Außerdem gibt es Dienste, die auf dieses sogenannte *Incident Resolution* spezialisiert sind.

Störung

Tritt eine Störung ein, so löst das Monitoring-System einen Alarm aus. Ein Alarm wird ausgelöst, wenn entweder eine Metrik oder ein Indikator einen bestimmten Schwellwert über- oder unterschreitet (meistens über einen bestimmten Zeitraum, beispielsweise CPU 5 Minuten lang über 85 %). Ein Alarm muss dann im Monitoring-System manuell abgeschaltet werden. Geschieht dies nicht innerhalb einer bestimmten Zeitspanne, so wird der Alarm eskaliert. Gute Monitoring-Systeme haben ein Escalation Feature, das in einem solchen Fall den Fallback auf den nächsten definierten Mitarbeiter zulässt.

Anstatt Störungen zu entdecken und zu reparieren, können wir Fehler auch proaktiv erkennen und ein Auftreten durch rechtzeitige Prävention verhindern [BKC13]. Ein Mittel zum Zweck ist dabei die *prädiktive Analyse*.

Verjüngung

Ist ein Service in seinem Absturzverhalten nach einem bestimmten Zeitintervall besonders renitent und lässt sich nicht stabilisieren, so kann man ihn regelmäßig neu starten. Fehler durch Fragmentierung oder Speicherlöcher können wir durch die Entfernung, den Neustart und die anschließende erneute Inbetriebnahme einer Software lösen [BKC13]. Diese Methode des Neustarts von Diensten heißt *Verjüngung*.

Beispiel für Monitoring und Analyse

Bild 18.5 zeigt ein Beispiel für ein Monitoring-System, das eine mögliche Servicekomposition zeigt:

1. *Verfügbarkeit:* Ein Service wie Nagios [nag] kann für die Beobachtung und Berichtung der Verfügbarkeit eingesetzt werden.

2. *Performance:* Die Performance eines Systems kann mit einem Dienst wie New Relic [new] gemessen werden.

3. *Alarm und Eskalation:* Alarme können mit einem Incident-Resolution-Service wie PagerDuty [pagb] ausgelöst werden. Im PagerDuty wird ein Pikett-Plan gepflegt, sodass das System weiß, wem es nun eine SMS schicken muss. Leider ist das Handy des Kollegen aus dem Service aber nicht in Betrieb, sodass kein manuelles Acknowledgement innerhalb von 10 Minuten im PagerDuty stattfindet. In diesem Fall greift die konfigurierte Eskalation, und PagerDuty schickt eine SMS an die nächste Person auf der Liste. Diese ist zufällig vor Ort und bearbeitet das Problem zügig.

4. *Logs:* Wir verwenden einen Log-Service wie Papertrail [pap], um große Mengen von Log-Nachrichten des Service zu speichern.

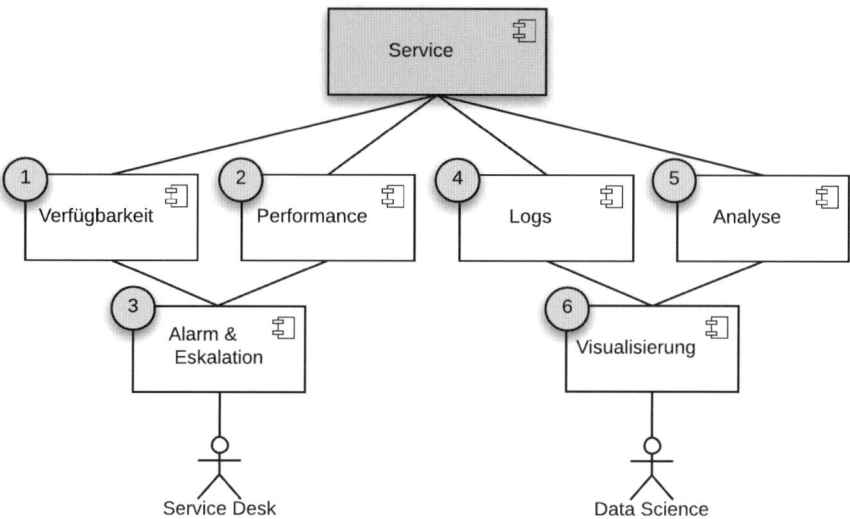

Bild 18.5 Beispiel für ein Monitoring-System

5. *Analyse:* Die Logs verarbeiten wir über Nacht mit den statistischen Instrumenten der Programmiersprache R [r]. Diese Auswertung ist die Aufgabe des Data Scientist. Die Verarbeitung der Logs ist die Aufgabe des Data Engineers.

6. *Visualisierung:* Die mit R erzeugten Diagramme können auf Wunsch im Wiki dargestellt werden.

19 Resilienz

■ 19.1 Einführung in die Resilienz

 TL;DR

- Die *Resilienz* beschreibt, wie gut ein System Ausfälle und Störungen verbergen und reparieren kann. Je mehr Transaktionen ein System unter Störungen erfolgreich verarbeitet, desto höher ist seine Resilienz.

- In einer Microservice-Architektur kann das Versagen eines Service zu einem Schneeballeffekt führen, der für einen Ausfall des gesamten Systems sorgt.

- In einem verteilten System sind Störungen zu erwarten, aber schwierig zu erkennen.

- In einer Microservice-Architektur können Störungen externer Dienste im Anti-Corruption Layer (2.5) erkannt werden.

- Die folgenden Entwurfsmuster und Methoden zur Verbesserung der Resilienz werden in diesem Abschnitt beschrieben:
  1. Das Throttling (19.2) ist eine Technik, die vor der Überschreitung der Kapazitätsgrenze schützt.
  2. Eine häufig auftretende Störung ist der Distributed-Denial-of-Service-Angriff (19.3).
  3. Canary Deployments (19.4) schützen vor Fehlern im Build.
  4. Vor einer *Query of Death* schützt ein Service für Canary Requests (19.5).
  5. Ein verbreiteter Schutz vor unzuverlässigen Services ist der Circuit Breaker (19.6).
  6. Mittels Graceful Degradation (19.7) kann die Servicequalität zugunsten des Kundenerlebnisses variiert werden.

Was bedeutet „resilient"?

Es ist einfacher, mit einem optimalen Systemzustand zu planen, aber da Geschäftssysteme komplex sind und es immer Störungen geben wird, sollte man pessimistisch sein. Nach Murphy's Law wird schief gehen, was schief gehen kann. Die Resilienz beschreibt, wie gut ein System Ausfälle und Störungen verbergen und reparieren kann. Je mehr Transaktionen ein System unter Störungen erfolgreich verarbeitet, desto höher ist seine Resilienz, auch Widerstandsfähigkeit genannt.

Der Architekt hat also eine schwierige Aufgabe. Auf der einen Seite weiß er, dass die Menge möglicher Störungen unendlich groß ist, aber er weiß auch, dass er noch in diesem Jahrhundert liefern muss, d.h. Zeit und finanzielle Mittel zur Umsetzung der Architektur beschränkt sind. Es stellt sich also die Frage, ob man das Vorgehen bei der Fehleranalyse systematisieren kann, um einen bestmöglichen Schutz bei vertretbarem und angemessenem Aufwand sicherzustellen. Die in diesem Artikel vorgestellten Methoden, die unter anderem in Bild 19.1 dargestellt sind, haben die Systematik der Analyse sowie die Verbesserung des Schutzes eines Geschäftssystems zum Ziel.

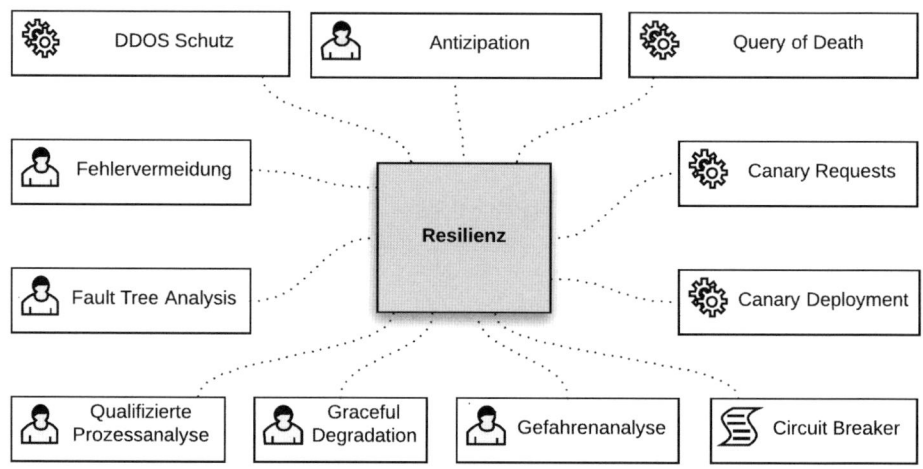

Bild 19.1 Prozesse rund um die Resilienz

Failure is not an option

Bei kritischen oder sensiblen Systemen höre ich manchmal aus dem Management den Satz „Failure is not an option". Dem kann ich dann mit ganzem Herzen zustimmen, denn tatsächlich ist ein Versagen keine Option, sondern unvermeidlich! Deswegen ist man gut beraten, mittels Reflexion und Analyse, aber auch durch Erhebung valider Anforderungen die für ein System richtigen und finanzierbaren Maßnahmen rechtzeitig zu identifizieren. Um eine hohe Widerstandsfähigkeit herstellen zu können, sind nämlich Investitionen nötig. Die Aufgabe des Architekten ist es, die Anforderungen zu hinterfragen und realisierbare Schritte zu verhandeln, die zum einen dem Auftraggeber mehr Sicherheit gewährleisten, zum anderen aber auch bezahlbar und angemessen sind.

Wir befinden uns nach wie vor in einer Pionierzeit, und es ist den Großen der Branche hoch anzurechnen, dass sie ihr Wissen und ihre Erfahrungen im Entwurf und Betrieb global verteilter Systeme mit der Community in Form von Open-Source-Bibliotheken teilen. Klinische Bedingungen wie bei der lokalen Entwicklung finden wir nämlich in der freien Wildbahn nicht vor. Da gerade Microservice-Architekturen aber auf ein funktionierendes Netzwerk angewiesen sind, ist es wichtig, diese physischen Aspekte unseres Entwurfs gut abzusichern. Netflix stimuliert Ausfälle von Serviceinstanzen, um sicherzustellen, dass Downstream-Dienste und Anwendungen souverän mit diesen Ausfällen umgehen können.

Hierfür lässt der *Chaos Monkey* zufällig bestimmte Serviceinstanzen der Laufzeitarchitektur abstürzen [sim]. Upstream-Services müssen mit diesen Ausfällen umgehen können, und so ist das gesamte System gegen Schneeballeffekte gut geschützt.

Feindliche Umgebungen

Die Herstellung einer resilienten Anwendung auf dem Endgerät des Benutzers ist dabei besonders schwierig. Zusätzlich zu den vielen verschiedenen Geräten (eine Anwendung muss auch noch veraltete Versionen von Smartphones unterstützen), deren Betriebssystemen und Browserkonfigurationen kommt hier noch eine Performance-Varianz der Transaktionen über das Netzwerk hinzu. Ein Frontend-Entwickler kann sich nie sicher sein, dass sein Request tatsächlich beantwortet wird. Besonders mobile Netzwerke sind ein steter Quell von Performance-Problemen.

Unterm Strich muss die gesamte Anwendung im Browser auch offline sauber funktionieren, und für jeden involvierten Service sollte vorab ein SLA sowie eine Fehlerbehandlung bei Versagen besprochen werden. Saubere Funktionalität bedeutet nicht notwendigerweise, dass dann alles funktioniert; es kann auch eine Fehlermeldung angegeben oder ein Feature ausgeblendet werden. Wichtig ist, dass Ausfälle als mögliche Zustände in der Anwendung behandelt werden. Mehr zu diesem Thema finden Sie im Abschnitt über Graceful Degradation (19.7).

Die Produktion einer mobilen Website oder einer App ist dementsprechend aufwendig und teuer. Für Firmen, die ihr Geschäft hauptsächlich über das Internet abwickeln, ist dies aber eine Kernkompetenz, sodass das Rennen um die besten Fachkräfte am Markt immer mehr an Fahrt gewinnt. Im Umkehrschluss bedeuten die hohen notwendigen Investitionen für neue Player am Markt eine hohe Investitionshürde und beste Chancen für kleinere Ingenieurfirmen, die sich einen Namen machen möchten. Für den „fast path" kann jeder entwickeln! Zusammenfassend sind es die folgenden Punkte, die berücksichtigt werden müssen:

- Offline ist der Normalzustand. Es kann sein, dass kein einziger Request beantwortet wird.

- Für jeden Request muss ein Fallback definiert werden: Was passiert, wenn es keine Antwort gibt, oder die Antwort zu lange dauert?

- Die korrekte Erkennung der Endgerätekonfiguration ist wichtig, um die Anwendung anpassen zu können.

 Für die systematische Analyse von möglichen Störungen gibt es drei verschiedene Methoden:

1. Bei der *Gefahrenanalyse* werden die möglichen Störungen Top-Down nach der Größe der Gefahr beurteilt, die sie auslösen können.

2. Die *Fault-Tree-Analyse* ist eine Top-Down-Methode, die ausgehend von einem als kritisch eingestuften Systemzustand den Systemkontext und seine Funktionsweise analysiert, um Störungen aufzudecken.

3. Die *qualifizierte Prozessanalyse* analysiert ausgehend von einem Geschäftsvorfall mögliche Störungen der beteiligten Dienste.

Systematische Analyse

Bei kritischen und hochverfügbaren Systemen besteht der Wunsch nach einer sehr geringen Fehlerrate. In der Architektur bedeutet dies, dass jede Komponente, aber auch das Zusammenspiel der Komponenten problemlos funktionieren sollte. Zudem sollte im Falle einer Störung mit derselben möglichst gelassen und souverän verfahren werden. Um das erreichen, müssen Störungen erkannt werden können. Hierfür gibt es drei verschiedene Techniken: *Gefahrenanalyse*, *Fault-Tree-Analyse* und die *qualifizierte Prozessanalyse*.

Gefahrenanalyse

Im Flugzeugbau wird hierfür die Gefahrenanalyse eingesetzt. Dazu probiert man, alle möglichen Gefahren in einem Katalog zusammenzufassen. Bei einer Gefahrenanalyse werden die möglichen Fehler nach der Größe der Gefahr beurteilt, die sie auslösen können [do192]. Beispielsweise stürzt bei einem katastrophalen Fehler das Flugzeug ab. Die Schwere des Fehlers in Kombination mit der Wahrscheinlichkeit seines Auftretens löst Maßnahmen zur Minderung des Risikos aus. Die Gefahrenanalyse funktioniert Top-Down und basiert auf Erfahrung. Gefahrenkataloge können wiederverwendet werden, und somit verbessert sich die Analyse ständig. Allerdings besteht die Gefahr, dass bei Änderungen an der Konstruktion Gefahren übersehen werden.

Fault-Tree-Analyse

Die Fault-Tree-Analyse ist eine weitere analytische Top-Down-Methode, die ausgehend von einem als kritisch eingestuften Systemzustand den Systemkontext und seine Funktionsweise analysiert, um Störungen aufzudecken, die zu einem Ausfall des Systems führen könnten. Störungen können das Versagen eines Service oder der Hardware oder ein menschlicher Fehler sein. Dieses bei der NASA zur Analyse von Komponenten in der Weltraumfahrt eingesetzte Verfahren ist in [BKC13] dokumentiert. Zur Notation werden Elemente der logischen Analyse eingesetzt (and, or oder xor), bei der ein Fault Tree konstruiert wird. Bild 19.2 ist ein Beispiel für eine einfache Fault-Tree-Analyse.

Qualifizierte Prozessanalyse

In der Architektur von Geschäftssystem haben wir vereinfachte Voraussetzungen, die uns bei der Analyse unterstützen können. Bei Geschäftssystemen liegen Geschäftsfälle vor, die

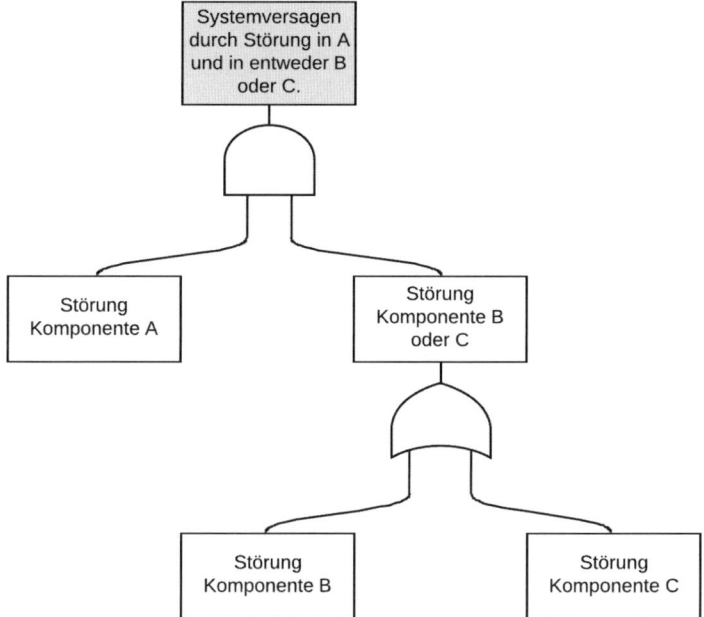

Bild 19.2 Fault-Tree-Analyse der NASA

den Einsatz unseres Systems beschreiben. Geschäftsfälle werden durch Geschäftsfunktionen anhand von Regeln erfüllt. Für jeden Anwendungsfall können wir die beteiligten Komponenten analysieren und im Hinblick auf Störungen untersuchen. Nehmen wir als Beispiel die Geschäftsfunktion Checkout, bei der ein Vertrag mit dem Kunden formuliert werden muss. Bild 19.3 zeigt den Prozess. Bei der QPA wird jeder Schritt des Geschäftsfalls in Hinblick auf seine physischen Abhängigkeiten und dabei mögliche auftretende Fehlerfälle hin untersucht. Ich nenne dieses Vorgehen die *Qualifizierte Prozessanalyse (QPA)*.

Die Idee ist, dass wir nicht ignorieren können, wenn etwas nicht funktioniert, und wir deswegen darauf vorbereitet sein müssen. Deswegen planen wir die Fehlererfassung systematisch ein, um reagieren zu können. Bei einer Architektur, die auf (entfernten) Services beruht, bedeutet dies im Wesentlichen, das Versagen eines Service verlässlich beobachten zu können. Das vorliegende Beispiel führt den Geschäftsvorfall durch:

1. Der Kunde wählt Checkout und wird zum Warenkorb geführt.

2. Der Profile-Service antwortet mit der Liefer- und Rechnungsadresse des Kunden sowie der präferierten Zahlungsart.

3. Der Pricing-Service berechnet die Preise der Artikel im Warenkorb und abhängig von der Lieferadresse auch die anfallenden Steuern. Gegebenenfalls hat der Kunde spezielle Vertragsbedingungen, die auch vom Pricing-Service berücksichtigt werden.

4. Der Shipping-Service berechnet anhand der Lieferadresse die Versandkosten und Lieferdauer.

5. Der Verfügbarkeitsservice gibt an, ab wann die Artikel versendet werden können.

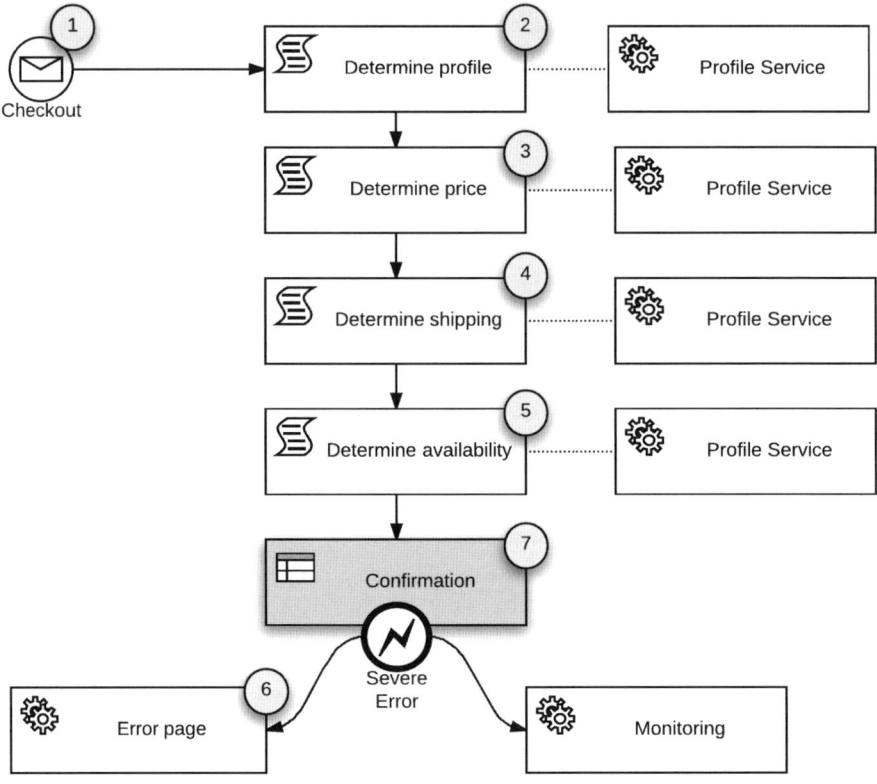

Bild 19.3 Checkout-Prozess

6. Wenn bei den vorangegangenen Schritten ein schwerer Fehler aufgetreten ist, weil beispielsweise der Profile-Service nicht verfügbar war, wird eine Fehlerseite angezeigt, dass der Einkauf nicht möglich ist.

7. Bevor es ans Bezahlen geht, wird die Bestellung mit allen Konditionen sowie Hinweisen bezüglich des Liefertermins angezeigt. Wenn bei den vorangegangenen Schritten ein nicht-schwerer Fehler aufgetreten ist, so wird dieser an dieser Stelle behandelt. Ein Abbruch des Verkaufs ist nicht in jedem Fall zwingend notwendig, es sei denn, der Kunde wünscht dies, beispielsweise weil die Lieferfrist eines Artikels nicht angegeben werden kann, da der Verfügbarkeitsservice nicht erreichbar war.

Serviceversagen qualifizieren

Im oben angegebenen Beispiel werden viele verschiedene Services aufgerufen, um den Geschäftsfall abschließen zu können. In einer Microservice-Architektur werden diese Dienste von verschiedenen Teams gefertigt. Für jeden Service, den wir in diesem Prozess befragen, können wir die folgenden Fragen stellen, die Michael Nygard bereits 2007 in seinem Buch *Release It* gestellt hat [Nyg07]:

1. Was passiert, wenn der Service nicht verfügbar ist?

2. Was passiert, wenn die Verbindung zum Service während einer Transaktion abbricht?

3. Was passiert, wenn der Service zu langsam antwortet?

4. Was passiert, wenn der Service eine falsche Payload liefert?

5. Was passiert, wenn die Kapazitätsgrenze des Service überschritten wird, weil zu viele Anfragen ankommen?

Interessanterweise schrieb Nygard damals: „I'm getting tired already, and that's just the beginning of everything that can go wrong. So, the exhaustive brute-force approach is impractical for anything but life-critical systems or Mars rovers." Dank OpenSource können diese Fälle heute, ein Jahrzehnt später, mit einer einfachen Konfiguration abgefangen werden.

Die Fälle 1 bis 4 stellen einen Ausfall des Service dar. Mit einem Circuit Breaker (19.6) lassen sich zumindest die ersten drei Fälle zuverlässig erkennen und als Fehler registrieren. Fall 4 ist leicht zu erkennen, da wir die Payload nicht parsen können, und somit können wir auch hier einen Fehler melden. Fall 5 können wir schließlich per Throttling ausschalten. In jedem Fall aber müssen wir die Fälle unterscheiden können. Dabei ist es heute möglich, auf Open-Source-Komponenten wie Apache ServiceMix [smx] und Hystrix [hys] zurückzugreifen, die diese Features unterstützen. Bild 19.4 zeigt eine mögliche Architektur auf Basis von Apache ServiceMix.

Bild 19.4 Open-Source-Resilienz mit ServiceMix und Hystrix

In jedem der genannten Fälle können und sollten wir also proaktiv reagieren, um einen Schneeballeffekt zu vermeiden, der bei ungesicherten Architekturen zu einem Versagen des gesamten Systems führen kann.

Resilienter Anti-Corruption Layer

In einer Microservice-Architektur benötigen wir für die Übersetzung fremder Modelle einen Anti-Corruption Layer (2.5). Da diese Übersetzung komplex sein kann, wird dieser Layer in vielen Fällen in einem eigenen Service implementiert, um das *externe Domänenmodell,* zu dem auch das Protokoll der Kommunikation gehört, in das *interne Domänenmodell* zu übersetzen. Es macht Sinn, diese Übersetzung mit Maßnahmen zur Resilienz zu verbinden, wie in Bild 19.4 gezeigt.

19.2 Throttling

> **TL;DR**
>
> - Das *Throttling* ist eine Methode, um die Kapazitätsgrenze eines Service nicht zu überschreiten.
> - Bei öffentlichen Websites kann Throttling durch *Quotas* realisiert werden, sodass ein Client in einer Zeiteinheit nur eine bestimmte Anzahl von Transaktionen durchführen darf.
> - Eine Variante des Throttlings ist das *Load Shedding*, bei dem unwichtige Transaktionen bei Lastspitzen nicht erfüllt werden.

Mit der zunehmenden Popularität von Microservices und einer fortgeschrittenen Integration von externen Diensten entstehen neue Herausforderungen, um die Kapazität unserer Services zu garantieren. Wir betrachten zwei Fragen:

1. Wie kann ich die Kapazität meines Service sicherstellen?
2. Und welche Risiken entstehen durch externe Systeme, die meinen Service nutzen?

Stellen Sie sich vor, ein großer Retailer entdeckt Ihr Angebot und integriert es in seine mobile App, die von Hunderttausenden Kunden genutzt wird. Der CEO wird wahnsinnig vor Freude, weil das System vor Bestellungen überläuft. Einen Tag später baut der Retailer Ihr Angebot wieder aus, weil es zu langsam war.

Kapazität sicherstellen

Angenommen, wir möchten verschiedenen Plattformen für Preisvergleiche den Zugriff auf die Preise unseres E-Commerce-Systems ermöglichen. Dafür entwerfen wir eine REST API und öffnen diese für unsere Partner. Nun gilt es sicherzustellen, dass niemand die Kapazität unseres Service auslasten kann, damit wir Verfügbarkeit garantieren können. Wir haben keine Kontrolle über die Anzahl der Anfragen, die die Partnerfirmen absetzen, und dies führt zu einem Risiko: Throttling kann dieses Risiko abmildern.

Throttling kann in verschiedenen Formen implementiert werden. Beispielsweise können wir ein Maximum von x Anfragen pro Zeitfenster t zulassen. Wenn diese Anzahl überschritten ist, nehmen wir keine Anfragen mehr entgegen bis zum nächsten Zeitfenster. In unserem Beispiel macht es Sinn, einen solchen Mechanismus einzuführen, um sicherzustellen, dass kein Partner unsere Kapazität überschreitet. In anderen Fällen könnte es wertvoll sein, unsere Dienstleistung mit Quota zu verkaufen. Ein Paket würde dann eine gewisse Anzahl von Anfragen pro Monat beinhalten.

Bei den beiden genannten Beispielen ist die korrekte Identifikation von Clients eine Voraussetzung. Unseren Partnern können wir hierfür *Keys* zur Verfügung stellen, um herausfinden zu können, wer uns mit Anfragen überflutet. Siehe hierzu auch den Abschnitt über öffentliche APIs (2.4).

API Gateway to the rescue

Es ist wichtig, dass wir solche Risiken frühzeitig erkennen und bei externen Services vertragliche Maßnahmen verhandeln, die ein SLA garantieren. Als eine potenzielle technische Lösung eignet sich Caching. So könnte z.B. ein API Gateway unsere Kommunikation mit dem externen Dienst koordinieren und für spezifische Anfragen einen Cache aufbauen. API Gateways können die oben beschriebenen Szenarien unterstützen und bieten je nach Technologie noch weitere Funktionalität wie z.B. Authentifizierung, Logging, Monitoring etc. Die folgenden Open-Source-Tools implementieren solche Gateway-Funktionalitäten: Kong [kon], APIMAN [api] und Tyk [tyk].

Load Shedding für Webserver

Eines der großen Probleme bei Websites sind plötzlich auftretende Lastspitzen (14), die unseren Webserver versenken. Eine Variante des Throttlings ist das *Load Shedding*, bei dem eingehende Requests nach Kritikalität eingestuft werden. Requests mit geringer Kritikalität werden dann beim Auftreten einer Lastspitze einfach nicht beantwortet. Die Dekorationsbilder unten im Footer? Weg damit! So kann der Service trotzdem noch eine funktionierende Website ausliefern, auch wenn einige Elemente fehlen.

■ 19.3   Vor DDoS schützen

TL;DR

- Ein DDoS-Angriff *(Distributed Denial of Service)* zerstört ein System durch die Überflutung mit Anfragen und die Sprengung seiner Kapazitätsgrenze.

- DDoS-Angriffe werden von Netzen fremdkontrollierter Rechner durchgeführt, sogenannten *Botnetzen*.

- DDoS-Angriffe sind eine Gefahr für jedes öffentliche System. Organisationen ohne Schutz sind erpressbar.

Ein Faktor zur Erhöhung der Widerstandsfähigkeit eines Geschäftssystems ist der Schutz vor verteilten Denial-of-Service-Angriffen (DDoS). Die Betriebssysteme und sonstige Software, die heute auf Personal Computern läuft, weist eine große Anzahl von Sicherheitslücken auf. Dies machen sich neben Regierungen auch kriminelle Organisationen zunutze, die durch Einbrüche nicht nur an sensible oder persönliche Informationen gelangen, sondern auch an mehr Rechenkapazität und Bandbreite. Ein fremdkontrollierter Rechner heißt Bot (Abkürzung für Robot). Ein Verbund von fremdkontrollierten Rechnern heißt Botnet (Deutsch: Botnetz). Primärer Einsatzzweck von Botnetzen sind verteilte Denial-of-Service-Angriffe (DDoS) sowie der Versand von Spam. DDoS-Angriffe werden häufig mit Lösegeldforderungen verbunden: Entweder du zahlst oder wir machen dein System kaputt. Ein Angriff durch ein Botnetz mit vielen Tausend Knoten kann Millionen an Requests pro Minute auf ein Geschäftssystem auslösen und damit seine Kapazität sprengen.

Geschichte der Botnetze

Botnetze wurden zusammen mit dem Internet Relay Chat (IRC) entwickelt, um die Administration der wachsenden Anzahl von Rechnern zu vereinfachen. Der allererste Bot, der ausschließlich für die Administration von IRC-Servern gedacht war, hieß Eggdrop und wurde 1993 von Jeff Fisher entwickelt [Hys14]. Eggdrop ist heute noch im Einsatz. Ein Administrator kann lokal ein Kommando absetzen, und dieses wird dann auf allen Servern ausgeführt. Schnell erkannten zwielichtige Personen das kriminelle Potenzial und begannen, auf den IRC-Servern eigene Prozesse zu fahren.

Um einen Eindruck von der Gewalt eines solchen Botnetz zu erhalten, lohnt sich ein Blick auf die entdeckten (und gesprengten) Botnetze der Vergangenheit. 2010 wurde das Mariposa-Botnetz mit 12 Millionen kompromittierten Computern entdeckt. Das in 2011 entdeckte Metulji-Botnetz kontrollierte insgesamt 20 Millionen Rechner. Microsoft hob gemeinsam mit dem Financial Services Information Sharing and Analysis Center (FSISAC) in 2010 das Zeus-Botnetz mit 13 Millionen beteiligten Computer aus. Im März 2013 wurde das Spamhaus-Projekt angegriffen. Dabei erreichten die Angreifer mehr als 300 Gigabit/s.

Die Architektur der Botnetze entwickelte sich seit 1993 ständig weiter, um der Entdeckung zu entgehen und selbst widerstandsfähiger zu werden. Zu Beginn war es eine sogenannte Command-and-Control-Architektur, bei der ein einziger Server alle anderen Rechner fernsteuert. Lief die Kommunikation zwischen den Rechnern zu Beginn noch unverschlüsselt und immer über denselben Port, so wurde dies bald durch verschlüsselte Verbindungen über verschiedene Ports umgestellt, um die Entdeckung zu erschweren. Bald wandelte sich die Architektur auch zu einem Peer-to-Peer-Ansatz, sodass es heute keinen Single Point of Failure (SPOF) in den Botnet-Architekturen gibt.

Schutz vor DDoS

Ein Geschäftssystem zu schützen, heißt also, es vor DOS-Angriffen zu verteidigen. Die einzige wirklich effektive Möglichkeit, dies zu tun, ist, mehr Kapazität als der Angreifer zu haben. Dies ist aber nur selten zu finanzieren und zu realisieren. Verschiedene Firmen bieten heute sogenannte *Intrusion Detection Systeme (IDS)* an, die bekannte DDoS-Angriffe erkennen und zuverlässig abwehren können. Diese bieten also einen guten Schutz vor den bereits bekannten Angriffen, jedoch ist man nach wie vor neuen Angriffstypen ausgeliefert. Einige CDN-Anbieter offerieren Zusatzpakete oder haben DDoS-Schutz als festen Bestandteil ihres normalen Offerings im Portfolio. Die Verbindung von CDN- und DDoS-Schutz macht für Geschäftssysteme durchaus Sinn, denn es lassen sich zwei Fliegen mit einer Klappe schlagen: Das System wird geschützt, und Inhalte können weltweit mit niedriger Latenz ausgeliefert werden.

■ 19.4 Canary Deployments

 TL;DR

- Ein *Canary* ist eine Metapher für einen Sensor, der ungünstige Bedingungen für ein Softwaresystem frühzeitig erkennt und kommuniziert.
- *Canary Deployments* testen ein Release auf der Produktionsumgebung und benötigen ein fortgeschrittenes Monitoring.
- Ein Canary Deployment hat eine Inkubationszeit, bevor die neue Softwareversion auf weiteren Servern ausgespielt wird.
- Der Prozess dieses inkrementellen Rollouts heißt *Baking the Build*.

Minenarbeiter haben früher Vögel mit in die Tiefe genommen, um vor giftigen Gasen wie Kohlenmonoxid frühzeitig durch das Ableben des Vogels gewarnt zu werden. Was Tierschützern heute sauer aufstößt, war damals eine Überlebensstrategie. Der englische Begriff *Canary in a coalmine*, oder kurz einfach *Canary*, ist heute eine gebräuchliche Metapher für einen Sensor, der ungünstige Bedingungen für ein Softwaresystem frühzeitig erkennt und kommuniziert.

Baking the Build

Bei einem Canary Deployment werden Änderungen auf Produktion zunächst auf wenigen Servern ausgespielt, die anschließend nur einen bestimmten Teil des Produktions-Traffics erhalten. Während einer Inkubationsperiode werden nun Störungen auf den aktualisierten Servern beobachtet. Steigt die Anzahl der Störungen im Vergleich zu bereits gemessenen Daten, kann man davon ausgehen, dass das Release nicht in Ordnung ist, und so unter Umständen eine Katastrophe verhindern. Dieser Prozess heißt auch *Baking the Build* [BJPM16]. Diese Methode ist eng mit den sogenannten Blue/Green Deployments verwandt, bei denen zwei verschiedene Umgebungen (die blaue und die grüne Umgebung) mit unterschiedlichen Softwareversionen bestückt werden. Produktions-Traffic läuft nur auf die grüne Umgebung. Nach erfolgreicher Installation auf der blauen Umgebung wird durch Konfiguration des Load Balancers auf die grüne Umgebung umgestellt, sodass nun diese produktiv ist [JH10]. Der Unterschied zwischen Blue/Green und Canary Deployments ist, dass bei Canary Deployments Produktions-Traffic auf die Umgebung geleitet wird, wohingegen bei Blue/Green zunächst traditionell getestet wird, d.h. durch ein dediziertes Team oder Skripte.

Voraussetzungen für Canary Deployments

Voraussetzung für Canary Deployments ist neben einer horizontal skalierten Architektur mit vielen Servern auch die Fähigkeit, Fehler entdecken zu können: d.h. ein fortgeschrittenes Monitoring im Einsatz zu haben, um entscheiden zu können, ob ein Release fehlerhaft ist oder nicht. Störungen können und sollten auf dem Server oder dem Browser beobachtet werden. Beispielsweise können auf dem Browser JavaScript-Fehler gefangen werden und auf dem Server Datenbankfehler. Ein Release ist genau dann fehlerhaft, wenn sich eine steigende Anzahl von Störungsmeldungen beobachten lässt. Das Buch von Google über Site Reliability Engineering enthält weitere Informationen sowie eine elaborierte Berechnungsmethode für die Entscheidungsgrundlage [BJPM16].

Vorteile im Engineering Management

Da für funktionierende Canary Deployments viele Voraussetzungen gegeben sein müssen, ist ihre Anwendung heute nur Internetdiensten möglich, die über eine entsprechende Infrastruktur verfügen. Prinzipiell ist der Einsatz sinnvoll, wenn keine Kapazitätsprobleme bestehen und wenigstens zwei Server im Betrieb sind sowie Investitionsbereitschaft vorhanden ist. Die folgenden Vorteile bieten Canary Deployments:

- Canary Deployments bieten einen effektiven Schutz vor Fehlern in der Software und erhöhen so die Widerstandsfähigkeit des Systems.
- Rollbacks auf eine alte Version sind einfach, denn die Benutzer können schnell auf die stabile Version der Anwendung umgeleitet werden. Sobald kein Traffic mehr auf den aktualisierten Servern vorhanden ist, kann man in Ruhe die Logs analysieren.
- Canary Deployments sind konzeptionell eng verwandt mit A/B-Tests und Feature Toggles. Bei einem A/B-Test werden auch bestimmte Benutzergruppen auf eine bestimmte Softwareversion geleitet. Man kann also auch an dieser Stelle zwei Fliegen mit einer Klappe schlagen.

■ 19.5 Canary Requests

 TL;DR

- Ein Service kann durch eine *Query of Death* zum Absturz gebracht werden.
- Eingehende Requests stellen also einen Angriffsvektor dar, und ein Mittel zur Verteidigung ist zu prüfen, ob eine Query bereits als ungefährlich bekannt ist.

Eine weitere Technik, um die Widerstandsfähigkeit eines Systems zu erhöhen, ist die Prüfung von eingehenden Requests zur Verhinderung der sogenannten Query of Death. Eine *Query of Death* ist ein HTTP-Request, der zum Versagen einer Anwendung führt. Beispielsweise ist Stack Overflow abgestürzt, weil ein Benutzer mehr als zwanzigtausend Leerzeichen in einem Code-Beispiel an den Server geschickt hat. Stack Overflow benutzt zur Entfernung von White Spaces eine RegEx Library, die in Kombination mit den Pattern für die Leerzeichenerkennung einen Ausfall durch lange Berechnungszeit verursachte, denn der entsprechende Post auf der Homepage wurde sehr oft aufgerufen [stab]. Eingehende Requests stellen also eine Gefahr oder einen Angriffsvektor dar.

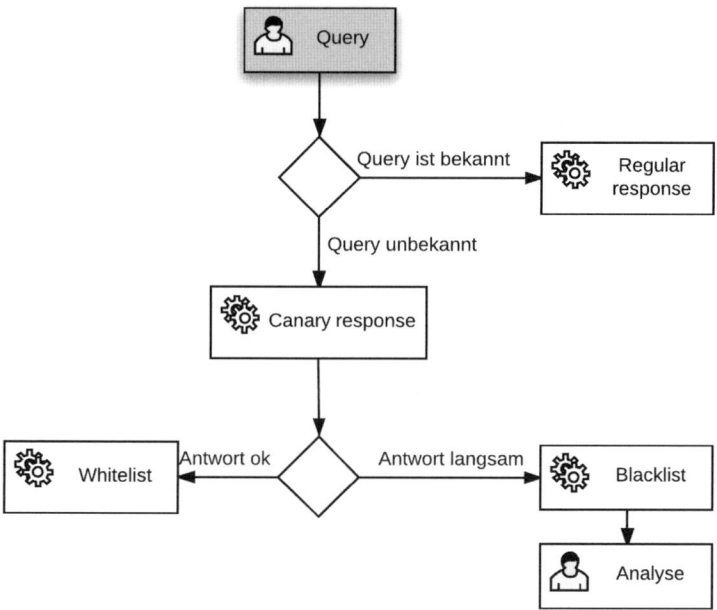

Bild 19.5 Canary Requests

Um die Gefahr zu verringern, setzt Google einen Service ein, der eingehende Requests untersucht [LCH14]. Ist der Request bekannt, d.h. der Service hat diesen Request schon mal gesehen, so wird dieser normal weiter verarbeitet. Ist der Request jedoch unbekannt, so schickt der Service diesen an einen bestimmten Server, um das Antwortverhalten zu prüfen. Dauert die Antwort lange oder verhält sich der Server ungewöhnlich, so landet der Request auf einer *Blacklist*. Gleichzeitig wird ein Ticket ausgelöst, damit ein *Site Reliability Engineer* das Problem untersuchen kann. Ähnlich wie bei den Canary Deployments ist es auch hier notwendig, erkennen zu können, ob sich ein System fehlerhaft verhält oder nicht. Es wird also ein fortgeschrittenes Monitoring benötigt.

Canary Requests sind teuer

Canary Requests sind in mehrfacher Hinsicht eine teure Methode. Zum einen muss jeder eingehende Request untersucht werden. Je nachdem wie umfangreich diese Analyse ausfällt, addiert sich die Latenz zur Latenz der Anwendung, d.h. unser Service wird langsamer. Außerdem muss der Service entwickelt und betrieben werden, was Entwicklungszeit und Laufzeitumgebungen benötigt. Ein weiteres Problem kann der Cache Warmup nach einem Release darstellen. Möglicherweise unterliegt der Service plötzlich Anforderungen an die Stabilität von URLs über Releases hinweg. Für Google ist das sicher kein Problem. Hier kann und wird der Service bei vielen unterschiedlichen Anwendungen wieder verwendet und rechnet sich dann. Es ist schade, dass es hierfür heute kein Open-Source-Projekt gibt, das diese Funktion anbietet.

◼ 19.6   Circuit Breaker

 TL;DR

- Der *Circuit Breaker* lässt Anfragen an einen anderen Service solange durch, wie diese in einer nützlichen Zeit beantwortet werden. Wird diese Zeit überschritten, meldet der Circuit Breaker einen qualifizierten Fehler.

- Von einem Circuit Breaker gemeldete Fehler sollten im Monitoring beobachtet werden.

- Der Einsatz eines Circuit Breakers ist besonders für Microservice-Architekturen von Interesse, weil hier viele verschiedene Dienste über das Netzwerk integriert werden. ◼

Ist ein Service von einem anderen Service abhängig, so wird seine Performance (12) durch diesen Dienst mitbestimmt. Angenommen, die Preisberechnung der Artikel geschieht in Abhängigkeit vom Kunden, seines Kundensegments, des Marktes, von dem er den Preis abruft, sowie seiner Kundennummer (bestimmte Kunden erhalten einen verhandelten Rabatt). Da es sich um eine eigene Domäne handelt, wird dieser Pricing-Service als Microservice neu entwickelt. Bei der Analyse stellt man fest, dass die Vertragsdaten der Kunden im ERP-System, einem *System of Record*, gespeichert sind. Da das ERP-System derzeit nicht an öffentliche Dienste angebunden ist, besteht die berechtigte Sorge, dass der Pricing-Service zu viel Last auf dem System generieren könnte. Die genaue Kapazität kann nicht bestimmt werden, weil es kein Testsystem gibt und eine Lastsimulation auf der Produktionsinstanz außer Frage steht.

Serviceintegration absichern

Die Integration soll also abgesichert werden, um verschiedene Fehlerquellen zu antizipieren, welche die Performance des Pricing-Service und damit das Kundenerlebnis beeinflussen könnten. Aus den gemessenen Antwortzeiten des ERP-Systems wissen wir, dass sich die Antwortzeit verschlechtert, wenn zu viele Anfragen eingehen. Tatsächlich ist das System schon einmal wegen Überlast abgestürzt, und das soll auf jeden Fall verhindert werden.

In diesem Fall ist es angeraten, einen Timeout für das System festzulegen. Wird dieser Wert überschritten, schicken wir keine weiteren Anfragen mehr und warten erstmal ab. Der Timeout legt die maximale Antwortzeit für den externen Dienst fest. Außerdem bestimmen wir, wie lange wir warten wollen, bevor wieder Anfragen an den externen Service geleitet werden. Dieses Entwurfsmuster heißt *Circuit Breaker* [Nyg07].

Überlastungsschutz einbauen

Der Zustandsautomat des Circuit Breaker ist in Bild 19.6 dargestellt. Der Circuit Breaker misst die Antwortzeit der Anfragen, um festzustellen, ob der externe Dienst noch verfügbar ist. Hierfür definiert man kontextspezifische *trip breaker*, die im Fehlerfall die Sicherung auf *open* schalten (nichts geht mehr durch). Nach einer bestimmten Zeit im Status *open* wechselt der Circuit Breaker auf *half-open* und lässt wieder eine Anfrage durch. Wird diese ordnungsgemäß beantwortet, schaltet die Sicherung auf *closed*, also Normalbetrieb; falls nicht, auf *open*.

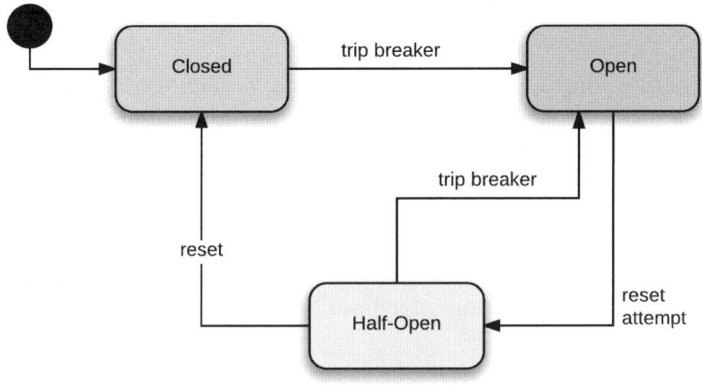

Bild 19.6 Circuit Breaker

Dies entspricht dem Fail-Fast-Prinzip und verhindert, ein bereits bekanntes Timeout mehrmals anzutreffen. Gleichzeitig schützt der Circuit Breaker den externen Dienst, indem er ihn nicht noch zusätzlich unter Last setzt.

Man beachte, dass die Antwortzeit nicht der einzige Trip Breaker sein muss. Neben der Antwortzeit kann zum Beispiel auch die Payload oder die Größe der Payload analysiert werden. Netflix hat hierfür seit 2011 eine Open Source Library entwickelt, die sich in bestehende Services integrieren lässt. Hystrix [hys] ist eine Latenz- und Fehlertoleranzbibliothek für mehr Resilienz in komplexen, verteilten Systemen. Das Team bei Netflix begann, die Bibliothek zu entwickeln, nachdem viele kleine Probleme und Fehler im System zu signifikanten Störungen des Kundenerlebnisses führten.

Störungen melden

Wird eine Verschlechterung der Servicequalität von einem Circuit Breaker beobachtet, so bedeutet dies unter Umständen eine schwere Störung unseres Systems. Ein ausgelöster Trip Breaker sollte also im Monitoring beobachtet werden, um der Ursache der Störung auf den Grund gehen zu können.

■ 19.7 Graceful Degradation

> **TL;DR**
>
> ▪ *Graceful Degradation* heißt, dem Benutzer eine andere Version derselben Funktionalität abhängig vom Endgerät und von seinem Umfeld anzuzeigen, um sicherzustellen, dass die Software bedienbar bleibt.
>
> ▪ Graceful Degradation bezieht sich auf Anwendungen (1.4), lässt sich aber auf eine Microservice-Architektur übertragen.

Graceful Degradation heißt, dem Benutzer abhängig vom Endgerät und von seinem Umfeld eine andere Version derselben Funktionalität anzuzeigen, um sicherzustellen, dass die Software bedienbar bleibt [w3g]. Dieses Entwurfsmuster stammt aus der Frontend-Entwicklung, bei der nicht jeder Browser jede Funktionalität unterstützt. Dieses Prinzip lässt sich auf verschiedene Weise auf eine Microservice-Architektur übertragen: durch die Verschlechterung der Qualität einer Berechnung bei steigender Last, um die Antwortzeit konstant halten zu können. Oder durch die qualifizierte Prozessanalyse, bei der Störungen von Services in die Analyse mit einbezogen werden.

Algorithmische Verschlechterung

Eine andere Anwendung von Graceful Degradation ist, bei steigender Last eingehende Requests schneller zu bearbeiten, um mehr Transaktionen durchführen zu können. Twitter hat hierfür ein ausgeklügeltes System entwickelt [twi]. Eilmeldungen von großem öffentlichem Interesse können bei Twitter plötzlich stark steigenden Traffic verursachen, der nicht vorhersehbar ist. Hierauf reagieren wiederum Werbetreibende, die die Gunst der Stunde nutzen möchten, um dem Publikum passende Werbung zu präsentieren, was zu einem Anstieg des Bedarfs an Werbeplätzen führt. Das Ziel von Twitter ist nun, Queries an das Werbesystem schnell zu beantworten und unter den gegebenen Umständen trotzdem die beste Anzeigenqualität zu gewährleisten. Die beste Anzeigenqualität ist definiert als das höchste Ratio von Benutzerinteraktionen (Clicks) und der gesamten Anzahl gelieferter Anzeigen.

Schlüsselmetrik Qualitätsfaktor

Schlüsselmetrik ist dabei ein Qualitätsfaktor, über den verschiedene Parameter gesteuert werden können wie beispielsweise die Auktionstiefe oder die Engagement Rate (also wie wahrscheinlich es ist, dass ein bestimmter Benutzer mit einer bestimmte Anzeige interagiert). Die Engagement Rate ist eine teure Berechnung, aber je mehr Arbeit pro Query investiert wird, desto mehr Umsatz wird generiert. Twitter kann nun über einen einfachen Parameter die Rechenzeit pro Anfrage variieren. Es gibt also ein Kontrollrad, das bestimmt, wie viele Anfragen ein Knoten in einem bestimmten Zeitraum verarbeiten kann. Je höher der gewünschte Umsatz, desto weniger Anfragen können beantwortet werden. Je mehr Last auf dem System, desto geringer die Qualität der Antwort und desto geringer der Umsatz. Die Einbußen in der Qualität der Antworten können nun in Echtzeit gegen die Kosten der Vergrößerung der Kapazität gerechnet werden.

Qualifizierte Prozessverschlechterung für Microservice-Architekturen

Eine einfachere Möglichkeit zur kontrollierten Verschlechterung der Servicequalität ist die Analyse des Geschäftsprozesses in Bezug auf Ausfälle von Diensten. Beispielsweise muss der Lagerbestand nicht notwendigerweise aktuell sein, damit der Kunde trotzdem bestellen kann. In diesem Fall darf einfach kein Lieferdatum genannt werden. Das Beispiel zu Beginn dieses Kapitels, das durch Bild 19.3 illustriert wird, zeichnet diesen Geschäftsprozess nach.

TEIL V

Informationssicherheit

20 Einleitung

▪ 20.1 Einführung in die Informationssicherheit

mit Gion Manetsch

 TL;DR

- Die *Informationssicherheit* beschreibt die Vertraulichkeit, Verfügbarkeit und Integrität von Informationen in einem Geschäftssystem.
- Die Informationssicherheit dient dem Schutz vor Gefahren und Bedrohungen, der Vermeidung von wirtschaftlichen Schäden sowie der Minimierung von Risiken.
- In diesem Buch werden die Aspekte der Identifizierung und Autorisierung in Geschäftssystemen besprochen.

Die Informationssicherheit ist für Geschäftssysteme von tragender Bedeutung. Mit der wachsenden Bedeutung von Informationssystemen sind immer mehr Organisationen auf Sicherheit angewiesen. Die Systemsicherheit hat drei verschiedene Ebenen, von denen in diesem Buch nur zwei beschrieben werden:

Die *Identifizierung* bildet die Grundlage für Vertrauensbeziehungen. Systeme sind darauf angewiesen, dass sich die Akteure identifizieren können. Die Aspekte der Identifizierung sind in Kapitel 21 beschrieben.

Die *Autorisierung* ist wichtig für die Vergabe von Rechten beim Umgang mit einem System und wird in Kapitel 23 beschrieben.

Nicht eingegangen wird auf das Thema der *physischen Sicherheit* von Softwaresystemen, für die im Rahmen dieses Buches kein Platz mehr war.

21 Identifizierung

■ 21.1 Einführung in die Identifizierung

 TL;DR

- Die *Identifizierung* ist die eindeutige Erkennung einer Person oder eines Objekts.
- Die Identifizierung ist für die Bildung von Vertrauensbeziehungen im E-Commerce unabdingbar.

Was ist die Identifizierung?

Bei der Bildung einer digitalen Vertrauensbeziehung für den E-Commerce, bei sozialen Interaktionen oder bei Vertragsabschlüssen ist die korrekte Identifizierung von Akteuren unabdingbar. Damit ist die Identifizierung essenzieller Bestandteil jeder Strategie zum Schutz von Informationen und Ressourcen vor unbefugtem Zugriff und die Grundlage der Zurechenbarkeit und Nichtabstreitbarkeit.

Die Sicherheit eines Geschäftssystems ist ein *Basismerkmal* [KSTT84]: Sicherheit wird von allen Stakeholdern erwartet, ohne dass sie mit Ihnen darüber sprechen. Im Falle der Speicherung personenbezogener Daten ist die Sicherheit sogar von Rechts wegen vorgeschrieben. Neben Identity Theft, Defacement, Fraud und Scraping gibt es viele verschiedene Gefahren, denen Websites ausgesetzt sind. Das Thema ist also sehr breit, und so gibt es heute aus gutem Grund viele Firmen und Experten, die sich auf die Informationssicherheit spezialisiert haben. In diesem Kapitel konzentrieren wir uns auf die korrekte Identifizierung von Akteuren, damit wir wissen, mit wem wir es zu tun haben. Die Identifizierung ist weder offensichtlich noch trivial zu lösen, und der Architekt muss hier Sorgfalt walten lassen. Grundsätzlich ist die Identifizierung ein orthogonaler Concern unseres Systems.

Allgemeinsprache der Identifizierung

Zunächst müssen wir aber die Terminologie etwas auseinandernehmen, damit die Unterschiede und Zusammenhänge klar werden. Nicht verwechseln sollte man *Authentisierung* und *Authentifizierung*. Die Begriffe klingen sehr ähnlich, aber die Authentisierung ist eine rechtskräftige Bestätigung und meint deswegen etwas völlig anderes. Authentifizierung ist hingegen definiert als die Bestätigung, dass etwas echt ist, also beispielsweise ein Passwort stimmt. Ob ein richtiges Passwort ausreicht, um einen Akteur zu identifizieren oder nicht, hängt davon ab, wie sicher das System sein soll. Der Grad an Sicherheit variiert über die Anzahl von Faktoren wie Passwörter oder mTAN, die im Rahmen der Identifizierung authentifiziert werden.

Identifizierung und *Identifikation* sind einander so ähnlich wie Authentifizierung und Authentisierung. Die Identifikation ist ein Begriff aus der Psychologie, welcher den Vorgang beschreibt, sich in einen anderen Menschen einzufühlen. Identifizieren wird als Vorgang beschrieben, welcher zum eindeutigen Erkennen einer Person oder eines Objekts dient. Der letzte Begriff in diesem babylonischen Reigen ist die *Autorisierung*, also die Berechtigung einer Person nach der Identifizierung, auf die in einem kommenden Kapitel eingegangen wird.

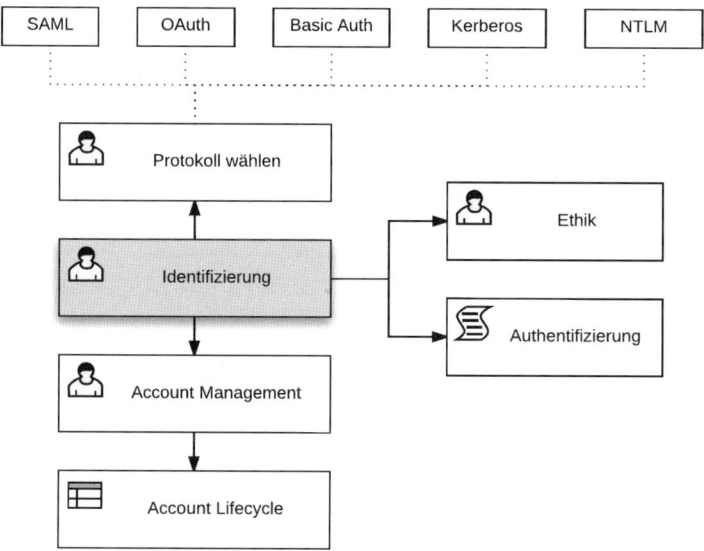

Bild 21.1 Prozesse der Identifizierung

Die Unabdingbarkeit der Identifizierung

Die korrekte Identifizierung ist in den Unternehmen und der Gesellschaft für den digitalen Transformationsprozess unabdingbar. Ohne Identifizierung kein Geschäft, so lautet die einfache Formel, auf die immer mehr Organisationen Rücksicht nehmen müssen. In diesem Artikel haben wir grundsätzliche Prozesse der Identifizierung besprochen und sind tief auf die Auswahlkriterien einer AaaS-Lösung eingegangen. Für die Evaluation eines Systems raten wir, einen Spezialisten zu bemühen. Ist ein Authentifizierungsdienst erst einmal ausgerollt, lässt sich dieser später praktisch nicht mehr ersetzen, da die Kosten hierfür zu hoch wären. Die Entscheidung hat also, wie viele andere Entscheidungen in der Architektur auch, eine große Tragweite und sollte mit Bedacht gefällt werden.

Unternehmen, die es sich leisten können, ihre Authentifizierung mit einem SaaS Provider durchzuführen, sollten ein möglichst einfaches Verfahren wählen, das maximale Sicherheit bietet. OpenID Connect [ope] ist eine Empfehlung, und das trotz der Tatsache, dass es noch nicht viele Identity Provider gibt, die diesen Standard unterstützen. Für alle anderen kommt SAML in Frage, das heute eine weite Verbreitung genießt, aber aufwendiger zu implementieren ist. Grundsätzlich sollten die beschriebenen Protokolle und Verfahren dieses Kapitels dem Architekten bekannt sein, weswegen ich sie aufgeführt habe.

■ 21.2   Cost per Identity

In der Praxis hat man bisher oft in Firmen sehr unterschiedliche Lösungen für die Identifizierung und Authentifizierung verwendet. Die Ursache hierfür sind die Kosten, denn bei vielen Lösungen wird nach Account berechnet. Es ist dann günstiger, das Login in der Anwendung selber zu implementieren. Allerdings kann dies zu Sicherheitsproblemen führen, wenn beispielsweise Anwender für jede Anwendung ein eigenes Passwort verwalten müssen. Für das Kostenverständnis müssen folgende Punkte beachtet werden:

- Werden mehrere unterschiedliche Dienste verwendet, so führt dies dazu, dass der gleiche Benutzer mehrere Accounts und Passwörter haben wird.

- Neben den technischen Systemen müssen auch die unterschiedlichen Accounts gepflegt werden. Hier entstehen Grundkosten, die leider oft nicht eingerechnet werden, sich aber zu beträchtlichen Summen kumulieren. Es gilt abzuwägen, ob ein zentral geführter Account auf Dauer nicht günstiger ist als mehrere Accounts pro Benutzer. Siehe hierzu auch die eingangs erwähnten Prozesse der Identifizierung.

- One-Time-Passwörter oder Token gegenüber klassischen Passwörtern: Vergisst ein Benutzer sein Passwort, so ist ein Rücksetzungsprozess die Folge. Werden hierbei OTP-Verfahren verwendet, entfallen die Rücksetzungsprozesse zu einem großen Teil, da das Passwort entweder dynamisch ist oder in einem Zertifikat abgebildet wird.

Die Firma OneLogin hat auf ihrer Webseite einen interessanten Rechner für die Kalkulation der Kosten eines Authentifizierungsdienstes erstellt [one]. Dieser rechnet folgende Punkte auf:

- Kosteneinsparung pro Benutzer pro Tag durch die Verwendung von SSO
- Kosten für Passwort-Reset mit 25 € pro Reset (mal Anzahl Resets pro Jahr)
- Kosten für die Integration einer neuen Applikation in das bestehende und allenfalls neue System

Grundsätzlich stimmen diese hier aufgeführten Aspekte, aber außer dem letzten Punkt lassen sich so keine Vergleiche zwischen dem Cloud-Service und der On-Premise-Lösung finden, denn die Kosten für das Management mehrerer Accounts pro Benutzer fehlen. Es ist wichtig, die Kosten für den Authentifizierungsdienst dem Geschäftsnutzen gegenüberzustellen.

Hier ist zwingend eine Gesamtsicht anzuwenden, da einzelne Use Cases hier die Kosten nicht decken werden. Für den Vergleich der Kosten bei einem Bezug eines Cloud-Services sollten zwingend 1:1-Vergleiche erstellt werden, um herauszufinden, ob das Kostenmodell des Providers günstiger sein wird als der Eigenbetrieb.

■ 21.3 Faktoren der Sicherheit

 Identifizierung gilt heute als sicher, wenn zwei oder mehr Faktoren involviert sind. ■

Die Techniken zur Authentifizierung werden nach Faktoren kategorisiert. Eine Identifizierung, die mehrere Faktoren benötigt, heißt Mehrfaktorauthentifizierung (MFA). Die folgenden Faktoren gibt es:

1. Etwas, das man weiß (Passwort)
2. Etwas, das man besitzt (Mobiltelefon)
3. Etwas, das man ist (Retina-Scan oder Fingerabdruck)

Eine Identifizierung gilt heute als sicher oder stark authentifiziert, wenn zwei oder mehr Faktoren involviert sind. Der heute verbreitete Marktstandard ist immer noch die Verwendung eines Benutzernamens und eines Passworts, die als schwache Authentifizierung gilt. Immer verbreiteter werden mittlerweile die Zwei-Faktor-Authentifizierungen, kurz 2FA, die deutlich mehr Sicherheit bieten. Die FIDO Allianz hat 2014 einen Standard für eine universelle und lizenzfreie 2FA veröffentlicht [fid]. Der Trend geht aber heute bereits weiter zur Mehrfaktorauthentifizierung, da bereits erfolgreiche Man-in-the-Middle-Angriffe auch gegen 2FA festgestellt werden konnten. Die 2FA ist in unterschiedlichen Ausprägungen möglich, je nach Anwendungsfall.

Mittelbare 2FA

Bei der mittelbaren 2FA wird üblicherweise der Besitz mit einem Hardware-Token, z.B. einer Smartcard oder einem Schlüsselgenerator (analog RSA oder Vasco), definiert. Neben dieser klassischen Variante verbreitete sich in den letzten Jahren die Token-lose Authentifizierung. Bei dieser wird dem Benutzer per SMS, E-Mail oder Apps wie dem Google Authenticator der dynamische Passcode zugestellt. Eine in Europa wenig verbreitete Spezialität ist die Zustellung eines Faktors über ein analoges Telefon (Telefonanruf). Mittelbare 2FA ist im Online-Banking-Bereich oder auch bei Google mittlerweile Standard.

Neben der mittelbaren 2FA sind auch halbautomatische oder vollautomatische Faktoren wie Near Field Communication (NFC) möglich. Bei einem automatischen Faktor ist keine Aktion durch den Benutzer notwendig, es muss also nichts eingegeben werden. Die Authentifizierung erfolgt hier beispielsweise über ein zuvor personalisiertes Mobilgerät.

Der verbreitetste Faktor ist nach wie vor das Passwort, und dementsprechend häufig sind die sogenannten Dictionary Attacks, bei denen einfach alle möglichen Wörter aus einem Wörterbuch probiert werden. Ein Schutzmechanismus hiergegen ist das sogenannte Throttling [nis], bei dem die Anzahl der Versuche pro Akteur und Zeitintervall begrenzt wird. Üblich sind 100 fehlgeschlagene Versuche pro Monat.

Ein weiteres wichtiges Konzept der Identifizierung ist die risikobasierte Authentifizierung. Hierbei wird immer dann, wenn der Benutzer eine besonders heikle oder wichtige Funktion ausführen möchte, ein zusätzlicher Authentifizierungsfaktor bemüht. Üblicherweise muss er hierfür dann erneut sein Passwort angeben.

■ 21.4 Prozesse der Identifizierung

 Die Qualität der Identifizierung wird durch die Prozesse im Account Management bestimmt. ■

Wesentlich für die Qualität der Identifizierung sind die Prozesse, die die Identifizierung möglich machen. Dabei ist der Initialisierungsprozess (Onboarding) wohl der wichtigste. Dieser knüpft das Individuum an ein Credential, respektive einen Account. Für diesen Prozess bestehen je nach Land und Anwendungsfall unterschiedliche rechtliche Anforderungen, die es zu beachten gilt. Die Eröffnung eines Bankkontos hat andere Anforderungen als die Eröffnung eines Accounts in einem Online-Shop, bei der im Minimum die Angabe einer E-Mail-Adresse notwendig ist. Die Prozesse des Account Managements sind in Bild 21.2 dargestellt.

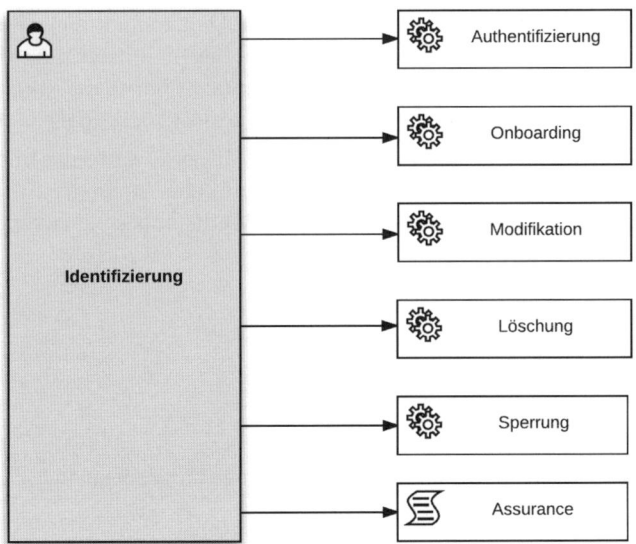

Bild 21.2 Prozesse des Account Managements

Ein Account hat einen Lifecycle von seiner Erzeugung bis hin zur Löschung. Ein Account muss sich anpassen lassen (Modifikation), da sich beispielsweise Name, E-Mail-Adresse oder andere Daten ändern können (Anpassung der Identität). Weitere Prozesse wären die Überprüfung (Account Assurance), die Sperrung oder Suspendierung (inkl. Entsperrung) sowie die Löschung eines Accounts. Kernbestandteil der Prozesse ist die periodische, d.h. die wiederkehrende Prüfung, um die Sicherheit zu erhöhen.

Identity Assurance und Credential Assurance

Im Rahmen der Identifizierung sollte man zwischen der Identity Assurance und der Credential Assurance unterscheiden. Die *Identity Assurance* ist die Gewissheit, ob eine Verbindung zu einem bestimmten Individuum hergestellt wurde. Die *Credential Assurance* ist die Gewissheit, dass aufgrund des Besitzes und der Kenntnis eines nicht kompromittierenden Faktors die Verbindung zu einem Individuum besteht. Im Falle der Identity Assurance müssen neben dem Besitz und der Kenntnis von Credentials auch die behaupteten Attribute des Individuums überprüft werden – je nach regulatorischen Anforderungen auf unterschiedliche Art und Weise. In der Praxis wird meistens nur überprüft, ob Credentials noch aktiv, also benutzt sind. In den wenigsten Fällen wird auch überprüft, ob sie noch zu dem ursprünglich zugeordneten Benutzer gehören. Die folgenden Verfahren haben sich bewährt und sollten nach Möglichkeit berücksichtigt werden:

- Mehrstufige Prozesse, insbesondere bei der Modifikation, dem Entsperren und dem Löschen von Credentials: Bei mehrstufigen Prozessen wird die gewünschte Aktion erst ausgeführt, wenn eine Bestätigung durch den betroffenen Benutzer erfolgt. Dies kann sowohl mit einer 2FA erfolgen – analog einer Transaktionssignatur – wie auch über einfache Bestätigungsprozesse, beispielsweise mittels E-Mail oder Telefonanruf.
- Rückfragen bei Anpassungen: Sollen keine aufwendigen, mehrstufigen Prozesse verwendet werden, so hilft in jedem Fall eine Information des Benutzers, dass an seinen Faktoren Anpassungen vorgenommen wurden. Der Benutzer hat so die Möglichkeit, sich im Falle von Unklarheiten zu melden, um eine Veränderung rückgängig zu machen.

Ein Fallstrick ist hierbei die Anpassung der E-Mail-Adresse, denn die Information muss natürlich auf die alte E-Mail-Adresse des Benutzers erfolgen. Generell gilt, dass im Rahmen der Auditierung von Veränderungen auch die alten Werte eingesehen werden können.

◼ 21.5 Timer

 Bei der Identifizierung spielen verschiedene Timer eine wichtige Rolle.

In der Regel ist eine Authentifizierung auf einer Webanwendung immer zeitlich limitiert. Zeitliche Limits werden aus Gründen der Sicherheit verwendet, um das Übernehmen oder Eindringen in Sessions zu erschweren. War eine Authentifizierung also erfolgreich, so beginnen verschiedene Timer abzulaufen:

Inaktivitäts-Timeout: Erfolgen seitens des Benutzers keine Aktionen mehr (Eingaben, Mausbewegungen), so wird die Session nach Ablauf einer definierten Frist beendet. Die Länge dieses Timers ist bei öffentlichen Webanwendungen meist nur sehr kurz. In der Regel schwankt diese zwischen 5 min (Online-Banking) und 15 min (Webshop). Webseiten, welche längere Zeiten zulassen (z.B. Gmail), nutzen Verfahren, welche eine automatische Reauthentication ermöglichen, und verwenden zusätzliche Sicherheitsmaßnahmen, um die Sicherheit der Sessions zu gewährleisten. Erfolgt kein Logout durch den Benutzer, wird der Inaktivitäts-Timer die Session beenden und den Logout durchführen.

Authentifizierungs-Timeout: Dieser Timer definiert, wie lange eine erfolgte Authentifizierung gültig ist. Diese Zeit ist meist so kurz gewählt, bis eine Session zwischen Benutzer und Webanwendung etabliert werden konnte (im Millisekundenbereich).

Reauthentifizierungs-Timeout: Definiert, nach welcher Zeit eine erneute Authentifizierung erfolgen muss. Die erneute Authentifizierung kann je nach Anwendungszweck vollständig manuell oder automatisch erfolgen.

■ 21.6   Ablauf der Identifizierung

 Der grundlegende Ablauf der Authentifizierung ist einfach.

Da nachfolgend Protokolle und Verfahren für die Authentifizierung erklärt werden, ist es notwendig, den grundlegenden Ablauf einer Identifizierung und die dazu notwendigen Komponenten zu erklären. Wir gehen davon aus, dass sich ein menschlicher Benutzer über einen Browser mit unserer Anwendung verbinden möchte. Der hier beschriebene Ablauf ist sehr rudimentär und soll als Beispiel für die nachfolgend beschriebenen Verfahren und Protokolle dienen. Der Austausch der Informationen zwischen Benutzer und Webanwendung (Credentials oder Session Token) erfolgt jeweils verschlüsselt und ist vor Manipulation geschützt. Jede Webanwendung, welche eine vorherige Authentifizierung verlangt (Login), hat auch ein Logout. Dies wird oft sträflich vernachlässigt. Die Schritte sind im Einzelnen:

1. Der Benutzer möchte sich auf eine geschützte Webseite verbinden.

2. Die Anwendung stellt fest, dass für die geschützte Webseite eine Authentifizierung notwendig ist. Sie sendet dem Benutzer ein Formular zur Eingabe der Credentials.

3. Der Benutzer füllt das Formular aus (bei MFA können dies auch mehrere Formulare sein) und sendet es an die Anwendung.

4. Die Anwendung prüft gegen ein Verzeichnis, ob der Benutzer vorhanden, ob er für die entsprechenden Webseiten berechtigt ist (Autorisierung) und ob seine Credentials stimmen (Authentifizierung).

5. Ist soweit alles in Ordnung, wird dem Benutzer ein Session Token gesendet, welches für die aktuelle Session gültig ist.

6. Mithilfe des Session Token wird die Authentifizierung aufrechterhalten, ohne dass sich der Benutzer für jede Anfrage, welche er zur Webanwendung sendet, wieder authentifizieren muss.

Tatsache ist, dass bezüglich des sicheren Handhabens von Sessions wohl am meisten Fehler gemacht werden und diese Punkte deshalb bei der Erstellung von Geschäftssystemen sehr großer Sorgfältigkeit bedürfen. OWASP [owa] gibt hier sehr gute Richtwerte für die Einhaltung von Sicherheitsanforderungen von Anwendungen im Web.

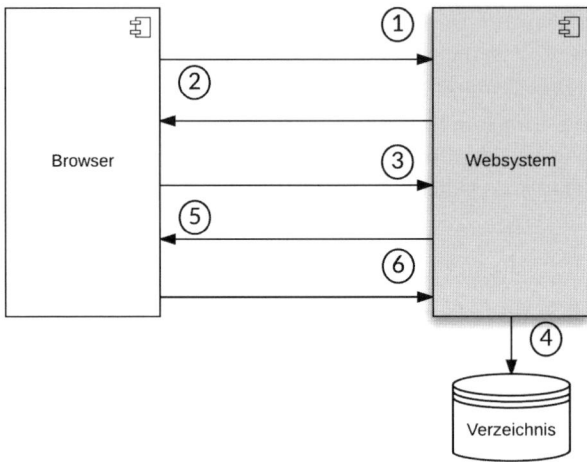

Bild 21.3 Grundlegender Ablauf der Identifizierung

■ 21.7   Protokolle

 Es gibt viele verschiedene Protokolle der Authentifizierung, die der Architekt kennen sollte.

Eines der ältesten Protokolle ist das *Lightweight Directory Protocol (LDAP)* der IETF, das zur Verwaltung von Identitäten in Verzeichnissen verwendet wird. LDAP ist heute eines der einfachsten Verfahren, das für die Identifizierung angeboten wird, und als Minimum bei den meisten XaaS-Providern und Applikationen vorhanden, die ein Identifizieren von Benutzern benötigen. Vorläufer zu LDAP war X.500. 2006 wurde die Version 3 der LDAP-Spezifikation publiziert [rfcb] und ermöglicht über eine API den Zugang zu Web-Apps oder nativen Apps, ohne zwingend die Credentials des Benutzers wie Benutzername oder Passwort offenzulegen. Da heute SSO-Anforderungen bei der Identifizierung im Vordergrund stehen, wird LDAP kaum noch eingesetzt. Trotzdem ist es nach wie vor ein relevantes Protokoll, das häufig zum Einsatz kommt.

X.509

X.509 ist ein weiterer alter Standard, der asymmetrische Schlüssel verwendet und Verfahren zum Verwalten einer Public-Key-Infrastruktur definiert. X.509 wurde 1988 von ITU-T publiziert [x50], die letzte Version stammt von 2008. X.509 wird in diversen Standards zur Identifikation verwendet, hauptsächlich zur Identifikation mittels Zertifikaten. Eine häufige Form ist die Mutual Authentication, bei der sich Client und Server jeweils gegenseitig identifizieren. Eine weitere Form ist die Authentifizierung mittels Zertifikaten auf Smartcards. Zertifikate werden zunehmen auch bei mobilen Apps und im Internet der Dinge zum Identifizieren eingesetzt – und so wird X.509 künftig noch Wachstum erfahren.

SCIM

Das *Simple Cloud Identity Management (SCIM)* ist ein Verfahren für das Cross-Domain-Identitätsmanagement, also dem Austausch von Identitätsinformationen über verschiedene IT-Domänen und -Systeme hinweg. Beispielsweise ist es dafür geeignet, On-Premise-Benutzer in die Cloud zu synchronisieren. SCIM definiert ein RESTful API und Schemata für die Provisionierung und die Synchronisierung von Benutzer-Accounts mit Cloud-Applikationen, ohne die Notwendigkeit, applikationsspezifische Konnektoren zu verwenden. Das Verfahren haben Cloud-Provider und Softwarehersteller entwickelt und über die IETF im September 2015 in der Version 2.0 veröffentlicht als RFC 7642 [rfcg], RFC 7643 [rfch] und RFC 7644 [rfci]. Da es sich um einen sehr jungen Standard handelt, ist das Verfahren noch nicht weit verbreitet.

UMA

Der *User Managed Access (UMA)* folgt dem ursprünglichen Konzept der Liberty Alliance: nämlich, dass ein Benutzer selber steuern kann, wem er welche Identitätsattribute mitteilen möchte. UMA wurde im März 2015 in der Version 1.0 standardisiert [uma] und ist ein OAuth-basiertes Access-Management-Protokoll. Die Entwickler von UMA hatten bei der Entwicklung vor allem die Regelung von Privacy-Aspekten im IoT und bei Wearables im Sinn. Es ist nicht abhängig von OpenID, kann aber optional OAuth-basierte OpenID-Connect-Protokolle abhandeln.

CAS

Ein weiterer häufig bei Webanwendungen eingesetzter Authentifizierungsservice ist der *Central Authentication Service (CAS)*, der als SSO-Lösung funktionieren kann. Wird sehr häufig als Service für Webapplikationen verwendet. CAS wird in der Kombination Reverse Proxy (Apache), CAS und Web-Applikation als SSO-Verfahren für Webapplikationen eingesetzt. CAS unterstützt alle neuen Authentifizierungsverfahren wie SAML 2.0 und OpenID connect. CAS als Open-Source-Projekt hat speziell in der Schweiz diverse Mitbewerber im Markt wie NevisAuth, Airwatch oder USP Secure Entry Server.

Weitere Verfahren

Weitere heute verwendete Verfahren sind:

- PKCE: Proof Key for Code Exchange
- JWT: JSON Web Token. Wird im Umfeld von JSON und Java Script verwendet
- WS-Federation: definiert ein Protokoll für die Federation von Identitäten für SSO für Web- und native Apps. Wird heute hauptsächlich von Microsoft verwendet.
- WS-Security: wird v.a. im Zusammenhang mit Identitäten und Security im Bereich von SOAP-basierten Web Services eingesetzt. WS Security wird sowohl in der Eigenentwicklung von Webservices wie auch in Produkten von Microsoft und IBM (z.B. Data Power) verwendet.
- WS-Trust: definiert, wie Applikationen und Services mit einem STS (Secure Token Service) zusammenarbeiten.
- SPML: (Service Provisioning Markup Language) ist eine Protokollspezifikation zur Provisionierung von Benutzer-, Ressourcen- und Service-Accounts.

■ 21.8   Protokoll: Basic Auth

Http Basic Authentication, auch kurz Basic Auth genannt, ist die einfachste Form der Authentifizierung. In ihrer Grundform benötigt sie weder Cookies noch ein Session Token oder eine Log-in-Seite. Basic Auth verwendet standardisierte Felder im Http Header. Dabei wird das Basic-Auth-Feld bei jedem HTTP-Request mitgegeben. Der Browser muss dabei die Credentials für einen definierten Zeitraum zwischenspeichern. Basic Auth besitzt keine Methode für den Log-out. Es gibt aber Methoden, dies anders zu lösen, beispielsweise ein Redirect auf eine URL der gleichen Domäne, die falsche Credentials enthält, die dann gespeichert werden. Die mitgelieferten Credentials werden nach RFC2045-MIME mit Base64 codiert. Die Base64-Codierung ist keine Verschlüsselung, sondern eine Codierung und damit unsicher. Eine höhere Sicherheit bietet die Verschlüsselung der Kommunikation mittels SSL. Dennoch kann es für einen Angreifer relativ einfach sein, die Base64-codierten Credentials aus dem Browser auszulesen.

Basic Auth in seiner ursprünglichen Form sollte nur in Fällen eingesetzt werden, bei denen eine Identifikation des Benutzers auf einer Webapplikation erreicht werden soll, aber keine Sicherheitsanforderungen vorhanden sind. Da die Credentials nur codiert und nicht verschlüsselt im Browser gespeichert werden, können diese relativ einfach gehackt werden. Da es mit wenig Aufwand deutlich bessere Verfahren gibt, sollte auf die Verwendung von Basic Auth in dieser Form verzichtet werden.

Als Verbesserung zu der Base64-Encoding-Variante von Basic Auth wurde die Digest Authentication entwickelt. Das hierbei verwendete Token wird aus den mit MD5 gehashten Credentials und einem vom Webserver generierten pseudo-zufälligen Wert gebildet, dem sogenannten Nonce. MD5 ist heute als Sicherheitsverfahren nicht mehr zu empfehlen, da es relativ einfach geknackt werden kann, z. B. mit einem Brute Force oder einem Dictionary Attack. Als weitere Verbesserung hat man die HTTP Digest Authentication eingeführt, die einige Verbesserungen zum ursprünglichen Digest-Verfahren aufweist. Hier gibt es einen zusätzlichen Client-Nonce sowie einen erweiterten Server-Nonce mit Timestamp. Aber auch diese Verbesserung gilt als unsicher und sollte vermieden werden.

■ 21.9   Protokoll: Kerberos

Kerberos ist ein Authentifizierungsverfahren für unsichere Netze. Der Name stammt aus der griechischen Mythologie. Der dreiköpfige Höllenhund Kerberos bewacht den Eingang zur Unterwelt: ein furchterregendes Biest! Unklar ist, ob dieser Kampfname damals von der Microsoft-PR-Abteilung freigegeben wurde. Der Vorläufer von Kerberos war das proprietäre NT-LAN-Manager-Verfahren (NTLM) von Microsoft. Es handelt sich dabei um eine Challenge-Response-Authentifizierung. Ziel des Verfahrens war, ein Single Sign-on auf Webservern zu erreichen, damit sich Benutzer nur einmal anmelden müssen. Aufgrund der Sicherheitsprobleme von NTLM Version 1 wurde NTLM Version 2 entwickelt. Diese zweite Version hat man seit dem Jahr 2000 wieder aus Sicherheitsgründen durch das heute verbreitete und bekannte Kerberos ersetzt. NTLM v1 und v2 sollten nicht mehr eingesetzt werden, da sie nicht sicher sind. Kerberos entstand 1978 am Massachusetts Institute of Technology (MIT). Die Industrie nutzt es seit der Version 4, so z.B. Microsoft. Die heute verwendete Version von Microsoft ist Version 5. Bei Kerberos sind vier Parteien involviert:

▪ Der Client, von dem der Zugriff erfolgt

▪ Die Ressource, auf die zugegriffen werden soll, in diesem Fall ein Webserver

▪ Der Kerberos-Server und der

▪ Ticket-Granting-Service

Das Kerberos-Verfahren

Kerberos verwendet zur Authentifizierung ein sogenanntes Ticket. Das Verfahren ist in Bild 21.4 dargestellt. Der Client meldet sich zuerst beim Kerberos Authentication Server an (1), indem er seine Credentials kommuniziert. So erhält man ein Ticket Granting Ticket, kurz TGT. Mit diesem TGT kann der Client weitere Tickets für andere Dienste anfordern

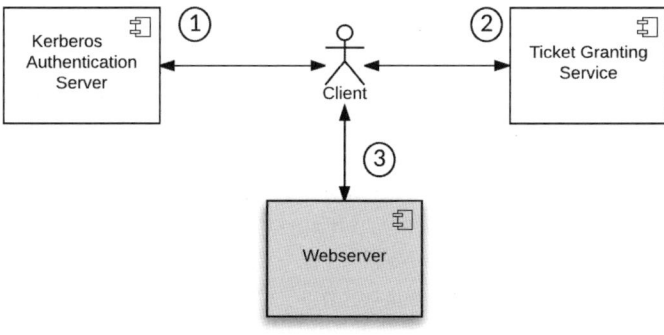

Bild 21.4 Kerberos

(2), ohne nochmals ein Passwort eingeben zu müssen. Das Ticket wird dann an die jeweilige Ressource gesendet, auf die zugegriffen werden soll. Die Ressource kann aufgrund des erhaltenen Tickets überprüfen, ob sie dem Client den Zugriff gestatten soll (3). Zwischen dem Client und dem Kerberos-Server sowie zwischen dem Client und der Ressource werden jeweils eigene Session Keys ausgehandelt. Bei der Verwendung von Kerberos sollte der Zeitunterschied nicht über 5 Minuten betragen. Aus diesem Grund werden die beteiligten Systeme mit einem Zeitdienst (NTP) verbunden, damit die Uhren synchron laufen können. Diese Zeitsynchronisation schafft zusätzliche Sicherheit.

Kerberos lässt sich als Standardprotokoll zur Authentifizierung einsetzen. Das Active Directory speichert die Schlüssel. Es ist möglich, Unix-Systeme mit Kerberos zu authentifizieren, beispielsweise mit Heimdal [hei]. Viele setzen Kerberos meistens nur im Intranet ein, obwohl es von der Grundidee für unsichere Netzwerke entwickelt ist. Da alle beteiligten Systeme in der gleichen Domäne zugeordnet sein müssen, eignet sich dieser Dienst nicht für öffentliche Internetapplikationen.

SPNEGO

Da Kerberos eigentlich für Client-Server-Architekturen gedacht ist, hat man den Simple and Protected GSSAPI Negotiation Mechanism entwickelt, kurz SPNEGO. So können webbasierte Anwendungen leichter per Kerberos authentifiziert werden. Ursprünglich sollte SPNEGO das Authentifizierungsprotokoll zwischen dem Client und dem Server aushandeln. Das ist nötig, wenn sich Client und Server nicht sicher sind, welches Authentifizierungsprotokoll verwendet werden soll. In der Praxis wird SPNEGO meist mit der Microsoft HTTP-Negotiate-Erweiterung verwendet, besser bekannt unter dem Namen Integrated Windows Authentication (IWA). Unterstützt werden dabei sowohl NTLM als auch Kerberos. SPNEGO verwendet die vorhandenen Windows-Benutzerinformationen des Clients, respektive ein Kerberos-Ticket, und ermöglicht so SSO nach erfolgreichem Windows Login. SPNEGO arbeitet mit den meisten modernen Web-Browsern zusammen, aber nicht mit allen Proxy-Servern. SPNEGO wird deshalb nur in Intranets eingesetzt.

■ 21.10 Protokoll: SAML

Der Security Assertion Markup-Language-Standard, kurz SAML, definiert die Verwendung von Identitäts-Token, den SAML Assertions, sowie verschiedene Protokolle zum Austausch dieser Token für die Authentifizierung und die Autorisierung. Ziel ist in den meisten Fällen, ein Web-SSO zu erreichen. Ausgehend von der OASIS-Organisation hat SAML bereits eine längere Entwicklungsgeschichte hinter sich. 2005 wurde die Version 2.0 veröffentlicht [sam], Version 2.1 ist in Arbeit. SAML erfreut sich steigender Beliebtheit, und viele Hersteller bewerben es stark, unter anderem SAP, Microsoft ADFS oder Ping Identity. Das Verfahren ist im Überblick in Bild 21.5 dargestellt.

SAML wird vor allem im Zusammenhang mit Web-Applikationen eingesetzt. Sie ermöglicht sowohl Authentifizierung als auch Autorisierung inklusive SSO. Zusätzlich kann SAML zur Föderation zwischen Security-Domänen eingesetzt werden, den sogenannten Realms. Der

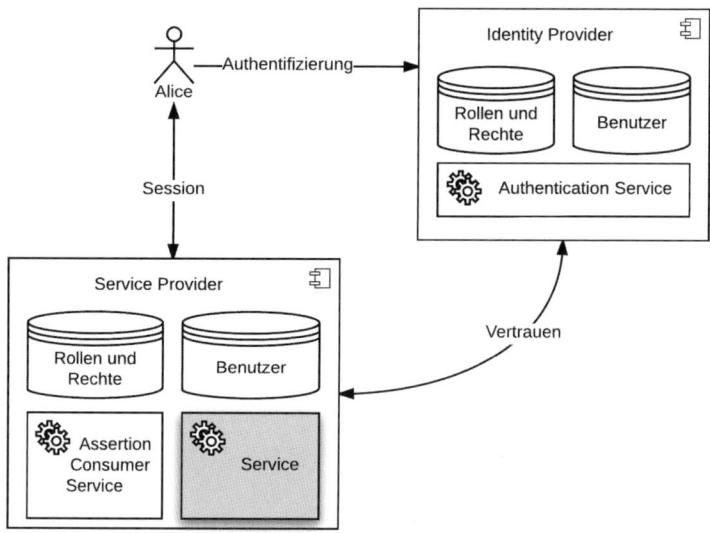

Bild 21.5 Security Assertion Markup Language (SAML)

Vorteil von SAML ist, dass er den Aufwand für die Erbringung von SSO deutlich reduzieren kann. Versteht eine Applikation SAML, so kann sie mehrere Identity Provider akzeptieren. Ein SAML Identity Provider wiederum kann mehrere Applikationen bedienen, der Benutzer muss sich nur einmal authentifizieren. Die SAML Assertion und Artefakte werden zwischen dem Identity Provider (IdP) und dem Service Provider (SP) verwendet, siehe Bild 21.5. Bevor der SP Assertions vom IdP akzeptiert, muss eine vertrauliche Verbindung erstellt werden. Dazu werden oft Zertifikate verwendet.

Das SAML-Protokoll

Das SAML Protokoll definiert den Payload (die Assertion in XML) und den Transport. Die Assertion kann dabei Assertions für die Authentifizierung, die Attribute und die Authentifizierungsentscheidung enthalten. SAML findet immer in einer Dreiecksbeziehung statt.

Bei SAML werden zwei verschiedene Initialisierungen verwendet. Die erste Variante wird beim Zugang zu mehreren Applikationen verwendet und heißt IdP-Initialisierung. Hierbei sendet der IdP eine Liste der registrierten Services mit, für die die Authentifizierung gilt. Die Initialisierung funktioniert nach den folgenden Schritten, wie in Bild 21.6 dargestellt:

1. Alice verlangt Zugang
2. IdP sendet Alice eine Authentifizierungs-Challenge
3. Alice authentifiziert sich
4. Alice erfragt Services
5. Alice erhält eine SAML Assertion
6. Alice sendet Assertion an den Service
7. Der SP erteilt Alice eine Session

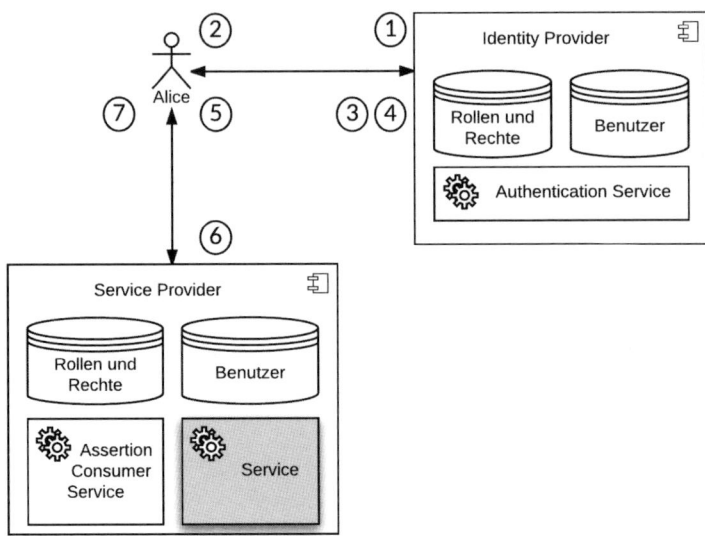

Bild 21.6 SAML-Identity-Provider-Initialisierung

Die zweite Variante wird bei einzelnen und verteilten Applikationen verwendet und funktioniert nach den folgenden Schritten, siehe Bild 21.7:

1. Alice verlangt Zugang beim SP
2. SP schickt Alice die Adresse des IdP
3. Alice verlangt Zugang beim IdP
4. IdP sendet Alice eine Authentifizierungs-Challenge

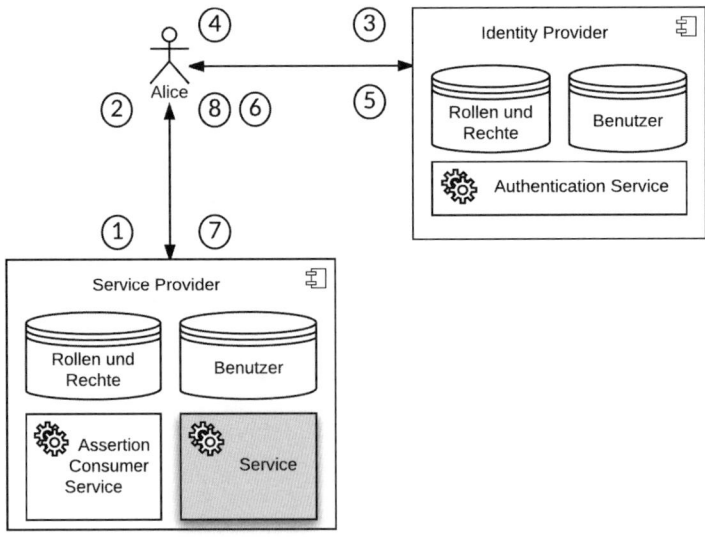

Bild 21.7 SAML-Service-Provider-Initialisierung

5. Alice authentifiziert sich

6. Alice erhält eine SAML Assertion

7. Alice schickt die Assertion an den Service

8. Der SP erteilt Alice eine Session

Beide Varianten sind funktional äquivalent und können austauschbar verwendet werden. Der SP definiert in seiner Assertion, was er vom IdP erwartet (z.B. Benutzername, Authentifizierungsmethode, Time Slot). Der IdP liefert das Zertifikat, mit dem die Assertion geschützt wird, und den URL, über welchen er erreicht wird. Nach Bedarf können weitere Informationen zwischen SP und IdP ausgetauscht werden. Kurze Requests werden dabei mit HTTP GET ausgetauscht, längere müssen wegen der Größenbeschränkung mittels HTTP Post Bindings übertragen werden.

SAML Assertions

Typische Beispiele für SAML Assertions sind:

- enthält eindeutigen Identifier für den IdP
- enthält die digitale Signatur, mit der die Assertion geschützt wird
- enthält den User Principal
- Bedingungen, die erfüllt sein müssen, damit eine Assertion gültig ist.
- Beschreibt den Vorgang der Authentifizierung beim IdP

SAML ist analog zu ADFS eine Claim-basierte Authentifizierung. Der IdP beantwortet die Frage „ist/ist nicht" und der SP die Frage „darf/darf nicht". Eine Alternative zu der klassischen SAML-Integration von Applikationen ist mit der Umsetzung eines

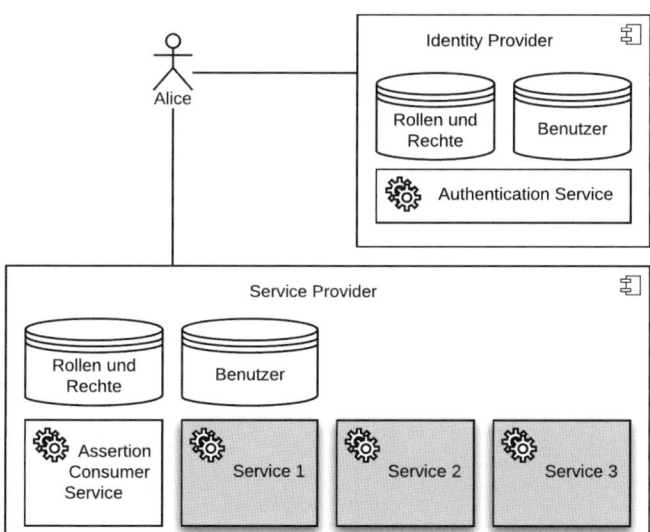

Bild 21.8 SAML-Service-Provider-Proxy-Architektur

Integrations-Proxies möglich. Dabei ist es möglich, nicht SAML-fähige Applikationen über den Integrations-Proxy zu erreichen. Dieser kann z. B. Basic Auth oder Kerberos mit der nachgelagerten Applikation aushandeln. Dieses Verfahren wird angewandt, um Legacy-Applikationen in ein SAML-SSO zu integrieren, siehe Bild 21.8.

■ 21.11   Protokoll: OAuth

OAuth ist ein Protokoll, das es ermöglicht, eine constrained Delegation vorzunehmen, und wird heute in verschiedenen Versionen am Markt verwendet. Twitter setzt beispielsweise Version 1.0 ein. Die Version 2.0 ist für Client-Apps leichtgewichtiger und kommt daher gerne in mobilen Apps zur Anwendung. Sie wurde von der IETF als RFC 6749 [rfcc] und RFC 6750 [rfcd] standardisiert. Die Verbreitung von OAuth wird mit der Verbreitung von mobilen und Web-Apps noch deutlich zunehmen und ist in diesen beiden Bereichen heute fast schon obligatorisch.

Das OAuth-Verfahren

OAuth 2.0 ist als Authentifizierungsverfahren, das per REST integriert werden kann, im Gegensatz zu SAML deutlich leichtgewichtiger. Es bietet analog zu SAML eine delegierte Authentifizierung an, d.h. das Passwort wird dabei nicht exponiert. OAuth arbeitet mit Access-Tokens und funktioniert nach den Schritten aus Bild 21.9:

1. Alice möchte auf eine Ressource zugreifen
2. Der Policy Enforcement Point verweist Alice an den IdP zur Authentifizierung
3. Alice authentifiziert sich beim IdP
4. Der STS erteilt ein Token

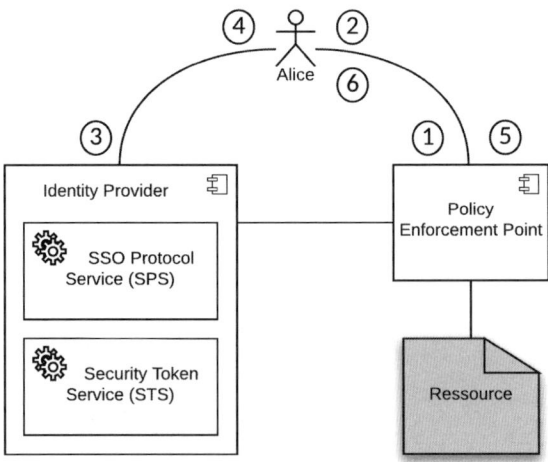

Bild 21.9 Fluss im Oauth-Protokoll

5. Der Policy Enforcement Point akzeptiert das Token

6. Alice kann auf die Ressource zugreifen

Bei OAuth besitzen die Token nur eine beschränkte Lebensdauer, und deswegen erhält Alice auch ein Refresh-Token, mit dem sie die Lebensdauer beim Policy Enforcement Point verlängern kann. Da Authentifizierungsinformationen mit allen Token transportiert werden, müssen die Token geschützt werden. Das ist nicht direkt in der OAuth-Spezifikation enthalten, hierfür wird in der Regel TLS verwendet.

Bei der Auswahl der notwendigen Komponenten muss auf die Kompatibilität der Komponenten geachtet werden, speziell beim Policy Enforcement Point. Es funktionieren leider nicht alle Kombinationen. Firmen wie Google oder Amazon liefern detaillierte Konfigurationsbeispiele für die Implementierung. Viele OAuth-Service-Provider verwenden immer noch die erste OAuth-Version.

■ 21.12   Protokoll: OpenID

Alle genannten Identifizierungsverfahren haben zum Ziel, einen einzigen Account für den Zugang zu einer Vielzahl von Applikationen zu erlangen, also ein Single Sign-on für den Endanwender zu etablieren. In ihren Ausprägungen unterscheiden sich die Ziele der Technologien und Anbieter aber voneinander. Die OpenID ist eine Open-Source-Umsetzung, welche dem Endbenutzer eine Kontrolle über die persönlichen Daten bieten soll, die bei der Authentifizierung verwendet werden. Google, Yahoo, Facebook und weitere Services sind OpenID-Provider. Es kann aber jeder selber zum OpenID-Provider werden oder es kann auch ein Service-Provider wie Janrain verwendet werden, um einen OpenID-Provider zu erstellen.

Die Integration von OpenID- bzw. Facebook- oder Google-Logins beruht dabei auf der OpenID (definierter Identität auf Basis von Attributen) und einem technischen Login-Verfahren. Da es sich bei Facebook/Google-Login um föderierte Logins handelt, werden hier Verfahren wie SAML oder oAuth (OpenID connect) eingesetzt. In der Grundvariante werden diese Identifizierungsservices nur mit Username und Passwort angeboten. Sie lassen aber die Verwendung einer Vielzahl von Token zu.

In der Praxis werden föderierte Social-Login-Verfahren nur im Low-Risk-Bereich verwendet. Social IDs werden als weniger vertrauenswürdig angesehen als z.B. Firmen-Accounts. Vergleicht man die Qualität der Logins von Facebook und Google aber mit vielen klassischen Logins auf Webseiten, die nur auf Name und Passwort beruhen, so stehen die OpenID-basierten Angebote gut da.

OAuthID Connect

OpenID Connect geht aus der OAuth-Version 2.0 und OpenID hervor und lässt sich als SSO-Verfahren für Web- und native Client-basierte Apps verwenden. OpenID Connect wurde von der OpenID Foundation im Februar 2014 standardisiert [ope]. Obschon OpenID im Name steht, sind die Zusammenhänge zwischen OpenID und OpenID Connect technisch

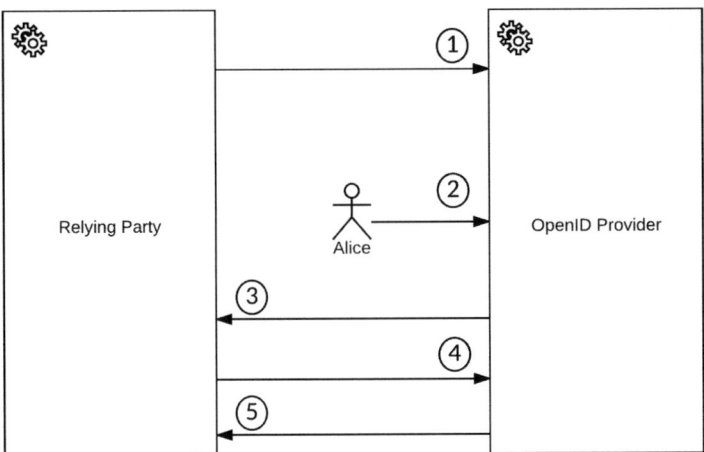

Bild 21.10 OpenID-Connect-Protokoll

nur auf einem kleinen Nenner und sollten nicht verwechselt werden. Es gibt einen Migrationspfad von OpenID zu OpenID Connect. Für neue Implementationen sollte nach Möglichkeit OpenID Connect verwendet werden.

Das Protokoll verwendet JSON-Payloads über REST mit dem Ziel, Identifizierung und Authentifizierung möglichst einfach zu implementieren. OpenID Connect ermöglicht es Entwicklern, ihre Benutzer über Webseiten und Apps zu authentifizieren, ohne dass Passwörter verwendet oder gemanagt werden müssen. Google stellt für Entwickler eine Playground für OpenID Connect und OAuth 2.0 zur Verfügung [oau]. Der Protokollfluss ist in Bild 21.10 visualisiert und besteht aus den folgenden Schritten:

1. Die Relying Party (RP) schickt eine Anfrage an den OpenID-Provider (OP).
2. Der OP authentifiziert Alice und kümmert sich um die Autorisierung
3. Der OP antwortet mit einem ID und einem Access Token
4. Die RP kann sich mit dem Access Token an den UserInfo-Endpoint des OP wenden
5. Der UserInfo-Endpoint gibt Claims über Alice zurück

22 Authentifizierung als Service

■ 22.1 Authentifizierung als Service beziehen

 Authentication as a Service kann aus der Cloud bezogen werden, aber die konkrete Lösung muss gut abgewogen werden.

Der Markt für Authentication as a Service (AaaS) wächst stark, denn es gibt eine klare Abhängigkeit zur zunehmenden Digitalisierung der Gesellschaft und der Unternehmen. Es gibt hier viele verschiedene Produkte wie beispielsweise Azure AD oder SafeNet. An dieser Stelle möchten wir auf die Eigenschaften von SaaS-Angeboten eingehen, die heute am Markt erhältlich sind. Ziel der Diskussion ist es, einen Eindruck von der Sicherheit einer Lösung gewinnen zu können, sowie diejenigen Punkte zu identifizieren, die bei einer Entscheidung aus Sicht der Architektur und des Geschäfts berücksichtigt werden müssen. Es geht also um die reine Authentifizierung als Serviceangebot. Wir grenzen dieses hier genau ab, da es auch komplette IAM-Lösungen (Identity and Access Management) gibt, die neben der Authentifizierung auch den gesamten Account-Lifecycle und die Provisionierung zum Ziel haben.

Zweiklassengesellschaft

Viele Firmen sind heute, was die Identifizierung von Mitarbeitern angeht, eine Zweiklassengesellschaft: Mitarbeiter mit und Mitarbeiter ohne Accounts. Da Prozesse wie etwa Personalprozesse zunehmend digitalisiert werden, steigt hier der Bedarf an digitaler Identifizierung. Vor Anschaffung einer solchen Software oder der Transformation in einen Cloud-Service müssen diverse Überlegungen angestellt werden, um die richtige Lösung für eine Organisation zu finden.

Generell lassen sich von AaaS die gleichen kritischen Anmerkungen wie bei anderen Cloud-Lösungen anbringen. In vielen Fällen kommt bei Firmen heute bereits ein Dienstleister für die Authentifizierung zum Einsatz, beispielsweise wenn SMS-Token verwendet werden, sodass der Einbezug eines Dienstleisters nicht kategorisch ausgeschlossen werden sollte. Denn es ist auch möglich, einen DDoS-Angriff auf einen SMS-Provider vorzunehmen. Wichtig ist, dass man sich bewusst ist, was man dem Service-Provider anvertraut und wie weit dieses dann Risiken für das eigene Geschäft nach sich zieht. Generell können hier die Richtlinien und Checklisten beispielsweise der Cloud Security Alliance für Detailfragen konsultiert werden [clo]. Dabei gibt es hier mehrere Punkte, die besonderer Aufmerksamkeit bedürfen.

Anforderungen an die Verfügbarkeit

Bei der Verwendung von AaaS ist zu beachten, dass der Service mindestens dasselbe Servicelevel erfüllt wie die Services, welche damit bedient werden sollen. Wird der Service über das Internet bezogen, so ist es möglich, dass der Provider des Dienstes einem DDoS-Angriff ausgesetzt wird. Wird die AaaS nur von Webapplikationen verwendet, welche lediglich über das Internet verfügbar sind, sind diese über einen DDoS-Angriff auch angreifbar. Fakt bleibt aber, dass ich beim Einsatz von AaaS nur noch den Authentication-Provider angreifen muss, um alle meine Applikationen lahmzulegen. Es lohnt sich hier, die Maßnahmen des Service-Providers hinsichtlich solcher Szenarien zu prüfen. Wird der Service auch für interne Applikationen eingesetzt, wird dies meist über interne Komponenten (z.B. MFA-Server) abgewickelt. Die Kommunikation zum Service-Provider wird in diesen Fällen meist nicht über das Internet, sondern über eine Mietleitung erfolgen.

Anforderungen an die Performance

Wichtig ist hier, dass die Performance den Anforderungen entspricht und eine maximale Skalierung für die eigenen Bedürfnisse geprüft wird. Das bedeutet, dass der Anbieter ausreichend Kapazität für eine bestimmte Latenz bei einer maximalen Anzahl von Authentifizierungen pro Sekunde sicherstellt. Die Auslieferung von Token über SMS kann je nach Land etwas dauern. Bei eigenen Geschäftssystemen kann man dem Rechnung tragen (Authentication Timeout). Bei eingekauften Services, z.B. VPN Client, oder SaaS-Applikationen muss hier der Anbieter der Software im Zweifelsfall notwendige Anpassungen vornehmen. Diese Punkte sollten vor der Beschaffung eines Authentifizierungsdiensts geprüft und auch getestet werden.

Anforderung an die Vertraulichkeit

Die Anforderungen an die Vertraulichkeit der technischen Lösungen unterscheiden sich nicht, egal ob diese intern bereitgestellt oder als Service bezogen werden. Bei der Bereitstellung von AaaS ist aber zu beachten, wie diese genau erfolgt. Da ein Serviceanbieter viele Kunden hat, ist genau zu beachten, wie die Trennung der Mandanten erfolgt. Erfolgte Zertifizierungen helfen, diese Bewertung vorzunehmen.

Anforderung an die Nachweisbarkeit

Wichtig ist bei einem Bezug eines Services, dass eine lückenlose Nachweisbarkeit (oder Nichtabstreitbarkeit, engl. *non-repudiation*) der Authentifizierungsvorgänge und der Konfigurationen vorliegen.

Vertragliche Aspekte

Setzt man einen Authentication-Provider beispielsweise für die Authentifizierung von Cloud-Applikationen (SaaS) eines weiteren Providers ein, kann eine Dreiecksbeziehung bestehen. Diese muss vertraglich sauber definiert werden, damit im Falle eines Falles beispielsweise geklärt ist, wer auf die Logs zugreifen darf. Es könnte ja sein, dass eingebrochen wird, und dies wird durch den SaaS-Anbieter untersucht. Dann muss er eben auf die Daten des Authentication-Providers zugreifen dürfen.

Datenschutz und rechtliche Aspekte

Generell braucht der Service-Provider minimale Angaben, um eine Authentifizierung durchführen zu können. Im Minimum handelt es sich dabei um eine Verbindung des Geräts (bzw. Telefonnummer oder E-Mail-Adresse), das für die Authentifizierung eingesetzt wird (2FA), und den Benutzer, für den eine Authentifizierung durchgeführt werden soll. Wird der Benutzer für diesen Vorgang anonymisiert, bestehen keine datenschutzrechtlichen Bedenken. Sofern es sich bei der Telefonnummer um eine private Telefonnummer handelt, möchte der Benutzer meistens nicht, dass außer dem Authentifizierungsservice diese Nummer weiter bekannt gemacht wird. Dem ist Rechnung zu tragen, ansonsten kann die Akzeptanz des Services darunter leiden.

DevOps

Die AaaS sollte sich gut in die Systemlandschaft integrieren lassen. Hierfür sind APIs für die Automatisierbarkeit der Identifizierungsprozesse ebenso notwendig wie die Möglichkeit der Einbindung in das eigene Monitoring.

Vertrauen gegen Risiko

Die meisten Benutzer benötigen keinen Zugang zu Daten und Dokumenten mit hoher Vertraulichkeit, andere aber teilweise schon. Da Sicherheit und Bedienbarkeit einander behindern, ist es sinnvoll, nicht bei jeder Gelegenheit dasselbe Zugangsverfahren zu verwenden, sondern abhängig von Sicherheitsklassifikation, Zeit, Lokation, Gerät und Benutzer eine andere Methode einzusetzen. Man nennt das auch Risiko-basierte Authentifizierung oder Kontext-basierte Logins.

Kosten

Für den Vergleich der Kosten bei einem Bezug eines Cloud-Services sollten 1:1-Vergleiche erstellt werden. So lässt sich herausfinden, ob das Kostenmodell des Providers günstiger sein wird als der Eigenbetrieb.

Usability

Eine Bewertung der Usability gegen die Anforderungen der Benutzer sollte durchgeführt werden. Hierbei sollte man auch auf die Usability für den Service Desk achten.

Prozesse

Wie werden die Prozesse der Identifizierung mit der neuen AaaS-Lösung funktionieren? Reicht auch hier die Usability aus?

Architektur

Ist nur On Premise oder nur Off Premise möglich oder gibt es auch eine gemischte Variante?

■ 22.2   Service: Azure Active Directory

 Azure Active Directory ist ein Cloud-Service von Microsoft. ■

Azure Active Directory und Multi-Factor Authentication ist ein Service, den Microsoft im Rahmen seiner Cloud-Angebote entwickelt hat. Dabei kann die Benachrichtigung via Telefonanruf, SMS, über die Azure-Authenticator-App oder über OAUTH-Token von Drittanbietern erfolgen. Bei Azure MFA handelt es sich immer um einen Service. Bei der On-Premise-Variante wird zwar ein MFA-Server *on premise* installiert und ans eigene Verzeichnis (AD/LDAP) gehängt, aber die Authentifizierung erfolgt schlussendlich immer über den MFA-Service in der Azure-Cloud. Werden nur Cloud-Services eingebunden, ist der On-Premise-Server nicht notwendig. Bild 22.1 verdeutlicht die Zusammenhänge bei einer gemischten Verwendung.

Azure AD und andere MS-Services

Als Cloud-Services sind selbstverständlich die meisten Microsoft-Cloud-Applikationen bereits für den Azure-MFA-Dienst vorgesehen. Es existieren aber bereits diverse SaaS-

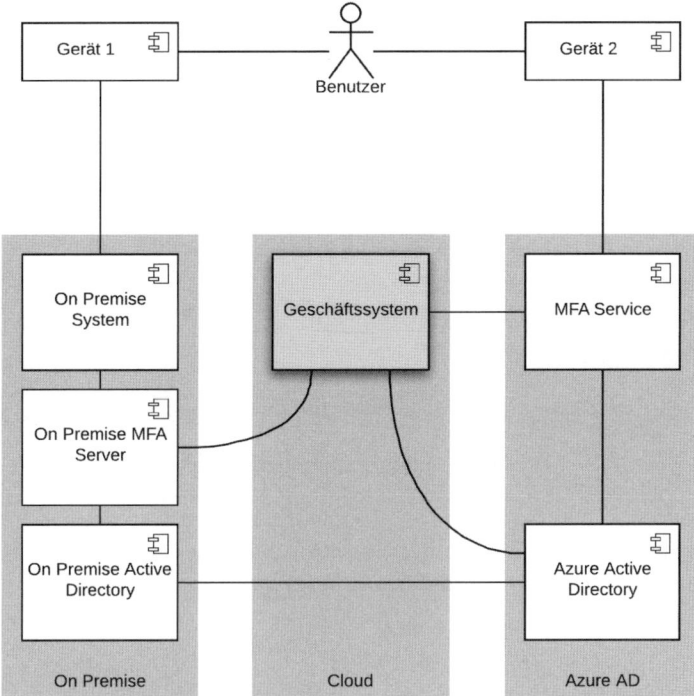

Bild 22.1 Gemischte On Premise und AaaS mit Azure AD

Applikationen, welche den Dienst auch integrieren können. Für die Integration von Applikationen bietet Microsoft zudem einen SDK für diverse Programmiersprachen an (zum Beispiel .Net, Java, PHP). Zudem verfügt Azure AD über APIs, die eine Automatisierung der Prozesse ermöglichen. Verrechnet wird entweder über die Anzahl der Benutzer oder über die Anzahl der durchgeführten Authentifizierungen.

■ 22.3 Service: SafeNet Authentication

Während bei Azure MFA primär die Absicherung der eigenen Applikationen im Vordergrund stand, bietet SafeNet als Sicherheitsfirma Authentifizierungsdienste bereits länger *on premise* an. Das Angebot von SafeNet wurde erweitert und ist nun auch als Cloud-Service verfügbar. Grundsätzlich bestehen hier viele Ähnlichkeiten zu der Azure-Lösung. Als Protokolle für die Integration wird bei der Cloud-Lösung SAML verwendet. Für On-Premise-Lösungen wird darüber hinaus auch Radius und eine Agent-basierte Lösung angeboten. Auch bietet SafeNet ein SDK für die Integration von Applikationen an. Der Service wird entweder aus der Cloud bezogen oder *on premise* installiert. Eine Kombination wie bei Microsoft ist nicht möglich.

Die Stärke von SafeNet liegt in der langjährigen Erfahrung bei der Implementation unterschiedlichster Token und der damit verbundenen Prozesse. Die Firma ist spezialisiert auf

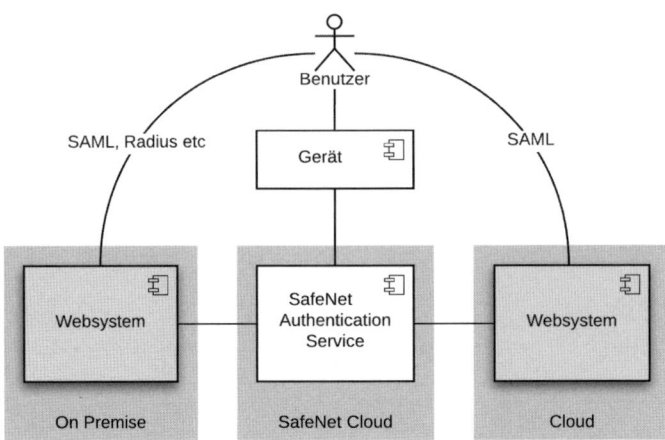

Bild 22.2 Authentifizierung mit SafeNet

Security-as-a-Service-Themen und bietet hier eine ganze Reihe von Dienstleistungen an, die in Kombination mit einem Authentifizierungsdienst Mehrwert schaffen.

22.4 Service: Mobile ID

Die Mobile ID ist ein proprietärer Schweizer Service, der auf dem Mobilnetz der Swisscom basiert, aber auch im anderen Ländern lauffähig ist. Weitere Provider im Ausland könnten in Zukunft dazustoßen. Als Authentifizierungsmittel wird ein Handy mit einer Mobile-ID-fähigen SIM-Karte vorausgesetzt. Auf der SIM-Karte befindet sich eine Smartcard, welche ein Zertifikat enthält. Mit dem Zertifikat erfolgt die Authentifizierung nach der Eingabe einer PIN.

1. Benutzer will auf Applikation zugreifen und gibt seine Credentials ein.

2. Die Applikation sendet eine Authentifizierungsanfrage an den Server des Mobile-Providers weiter.

3. Der Request wird an die Applikation auf der „Smartcard" des Mobiles gesendet.

4. Der Benutzer gibt die für die Smartcard gewählte PIN ein.

5. Der erfolgreiche beantwortete Authentifizierungs-Request wird an die Applikation zurückgesandt. Der Benutzer ist automatisch eingeloggt.

Der Service Mobile ID ist der klassische Ersatz für ein SMS-Token oder ein Token Device. Im Unterschied zu einem klassischen SMS-Verfahren muss hier der Benutzer nicht den ihm zugesandten Code oder einen berechneten Code eingeben.

Grundsätzlich könnte das hier verwendete Verfahren auch mit einer klassischen Mobile-App erfolgen. Das hier verwendete Verfahren läuft auf einer tiefen Ebene des Mobile Devices ab und hat so keine Risiken, durch andere Applikationen oder Webkits abgefangen zu werden. Die starke kryptografische Absicherung des Verfahrens ermöglicht es so, das Login

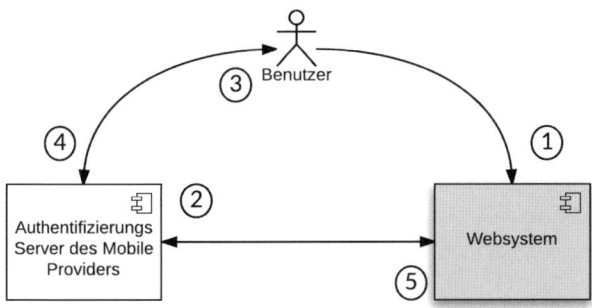

Bild 22.3 Authentifizierung mit Mobile ID

direkt nach erfolgreicher Authentifizierung automatisch zu vollziehen (analog einem klassischen Smartcard-Login). Die Integration erfolgt heute mehrheitlich über Radius, andere Formen sind technisch möglich.

23 Autorisierung

■ 23.1 Einleitung

TL;DR

- Die Autorisierung meint in der Softwarearchitektur die Berechtigung zur Nutzung einer Ressource und ist ein elementarer Bestandteil des Informationsschutzes.
- Die Autorisierung umfasst sowohl die Vergabe von Rechten als auch die Prüfung derselben, also zwei verschiedene Prozesse.

Die Autorisierung ist ein Synonym für die Zugriffskontrolle. Eng mit der Autorisierung verknüpft ist die Auditierbarkeit, mit deren Hilfe die Nutzung einer Ressource im Nachhinein überprüft werden kann. Eine Ressource kann im Kontext der Softwarearchitektur Daten meinen wie beispielsweise ein Dokument. Es kann sich aber auch um eine Geschäftsfunktion handeln, die geschützt werden soll. Es gibt hierfür zwei verschiedene Ansätze: den klassischen rollenbasierten Ansatz sowie die neuere, attributbasierte Autorisierung, deren Vor- und Nachteile wir besprechen werden. Ein gängiges Dokument im Zusammenhang mit der Autorisierung ist das sogenannte Berechtigungskonzept, in dem sowohl die zu schützenden Ressourcen als auch die technische Strategie des Schutzes beschrieben stehen. Das Berechtigungskonzept heißt manchmal auch Rechte-und-Rollen-Konzept oder Access Control Policy. Die verschiedenen Konzepte und Prozesse rund um die Autorisierung sehen Sie in Bild 23.1.

Ein wesentlicher Aspekt der Autorisierung sind die Kosten, die in der Verwaltung der Rechte entstehen. Hierfür gibt es eine einfache Faustregel: Je umfangreicher das Berechtigungskonzept, desto höher ist der Wartungsaufwand und der Betrieb. Dies umfasst die Vergabe, die Veränderung und den Entzug von Rechten. Das Konzept muss die vorgegebenen Sicherheits- oder Compliance-Anforderungen erfüllen. Das heißt, dass diese Compliance-Vorgaben die Kosten der Bewirtschaftung effektiv steuern. Während früher häufig ein striktes Need-to-know-Prinzip gefordert wurde, wird heute sehr hoher Wert auf die Automatisierbarkeit und Wartbarkeit der Rechte gelegt, um die Kosten zu drücken. Das Risiko, dass nun jemand auf mehr Daten und Funktionen Zugriffe hat, als notwendig wäre, kann mit der Auditierbarkeit der Zugriffe kompensiert werden. Nehmen Sie als Beispiel ein Wiki: An-

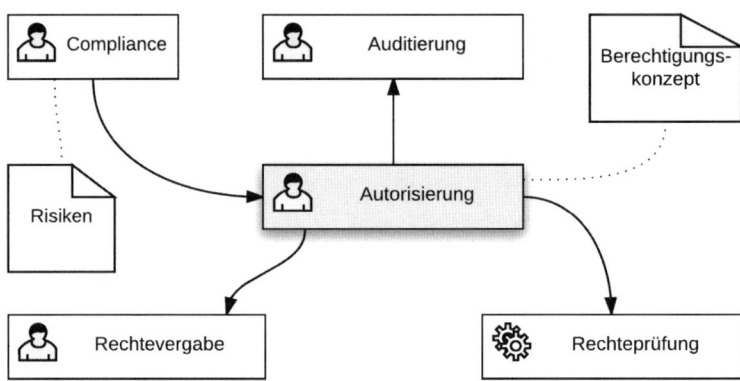

Bild 23.1 Konzepte und Prozesse der Autorisierung

statt Gruppen mit Schreibrechten zu pflegen, kann man auch allen Schreibrechte geben, wenn nachvollziehbar ist, wer eine Änderung vorgenommen hat.

Die Zugriffsbeschränkung auf Ressourcen im Unternehmen ist eine Basisanforderung an die Architektur. Das stellt angesichts der vielen verschiedenen, zu integrierenden Systeme eine große Herausforderung dar. Es ist fahrlässig, kritische Daten nicht zu schützen. Nach der Datenschutzgesetzgebung ist das in Europa auch nicht erlaubt. Architekten und Manager, welche die Informationssicherheit vernachlässigen, machen sich der Verletzung ihrer Aufsichtspflicht schuldig. Dabei generiert die Autorisierung substanzielle Kosten, die im Vorfeld mit eingeplant werden müssen.

Aus Gründen der konzeptionellen Integrität empfehlen wir den Einsatz eines Rollenmodells. Dieses spiegelt die einsetzende Organisation wider und kann deswegen gut verstanden werden. Allerdings sollte das mit attributbasierter Autorisierung kombiniert werden, um komplexere und kontextsensitive Autorisierungen zu ermöglichen und gleichzeitig den Pflegeaufwand niedrig zu halten. In beiden Fällen ist die Komplexität möglichst gering zu halten, um Aufwände und damit Kosten zu minimieren. Dabei kann hilfreich sein, die strenge Zugangskontrolle durch Auditierbarkeit zu kompensieren.

■ 23.2 RBAC

 Rollen sind im Unternehmen relativ stabil. Ein rollenbasiertes Zugriffsmodell ändert sich deswegen nicht häufig und bildet gleichzeitig die Organisation selbst ab. Hierdurch können Unternehmen Geld sparen. ■

Erst seit den 70er-Jahren vergeben Organisationen in Abhängigkeit von der Rolle eines Benutzers Privilegien für den Zugriff auf ein System. Die damals eingesetzten Mechanismen waren jedoch simpel und stets spezifisch für ein bestimmtes System. Allgemeine Zugangskonzepte oder Rollendefinitionen fehlten. Auch gab es damals nur sehr wenig strukturierte

Sicherheitsanalysen, und jeder Hersteller kochte sein eigenes Süppchen: Absprachen oder Standards gab es keine.

Erst 1992 wurde ein allgemeines rollenbasiertes Modell der Zugriffskontrolle vorgeschlagen: Role-based Access Control (RBAC) [FK92]. Hier werden Benutzern Rollen zugewiesen, die den Zugriff auf Ressourcen regeln. Die Rolle ist dabei nur ein semantisches Konstrukt, um das die Zugriffsrechte formuliert werden können. Die grundlegende Idee ist, dass Rollen innerhalb einer Organisation relativ stabil sind, sich aber Benutzer und Berechtigungen schnell ändern. Die Zugangskontrolle über Rollen vereinfacht also die Verwaltung und spart dadurch Geld. Nicht verwechseln sollte man Rollen mit Gruppen. Gruppen sind nur Sammlungen von Benutzern, Rollen hingegen dienen der Vergabe von Rechten.

1996 wurde das RBAC-Modell verbessert [SCFY96], im Jahre 2000 verfeinert [San00] und schließlich in 2004 vom ANSI standardisiert [Hig04]. Im RBAC-Level-1-Modell (Flat RBAC) gibt es vier verschiedene Mengen: Benutzer (User: U), Rollen (Roles: R), Berechtigungen (Permissions: P) und Sessions (S). Benutzer haben eine oder mehrere Rollen (Relation UA: User Assignment), und an den Rollen hängen die Berechtigungen (Relation PA: Permission Assignment). Außerdem kann ein Benutzer eine oder mehrere Sessions haben, die jeweils eine Verknüpfung zwischen ihm und einer Rolle darstellen. Berechtigungen beziehen sich jeweils auf Ressourcen, aber nicht auf die Elemente des RBAC-Modells selbst: Die Modifikation der Mengen U, R und P sowie der Relationen UA und PA sind sogenannte administrative Permissions. Die Mengen und Relationen von RBAC sind in Bild 23.2 dargestellt.

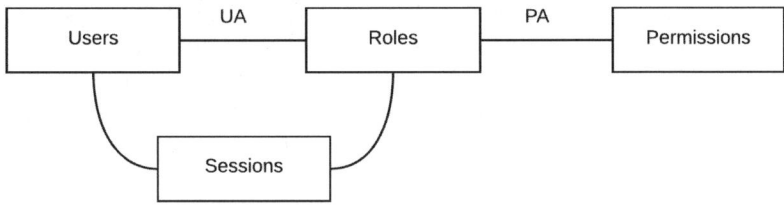

Bild 23.2 Flaches RBAC-Modell

Hierarchisches RBAC

Das flache RBAC-Modell kann um Hierarchien von Rollen erweitert werden und heißt dann hierarchisches RBAC-Modell oder RBAC Level 2. Diese Hierarchien folgen oft den Strukturen einer Linienorganisation, um einem Arzt beispielsweise mehr Rechte in einem System zuweisen zu können als einer Krankenschwester. Zusätzlich zu den Mengen und Relationen des Basismodells enthält das hierarchische RBAC also eine neue Halbordnung RH. Halbordnungen sind reflexiv, transitiv und antisymmetrisch, was in diesem Fall bedeutet, dass Mehrfachvererbung unterstützt werden sollte. De facto bieten die Hersteller aber nur einfache Vererbung an, d.h. die Rollen werden als Baum geführt.

Constrained RBAC

Eine weitere mögliche Erweiterung ist das sogenannte Constrained RBAC. Dieses Modell heißt auch RBAC Level 3. Eine Einschränkung ist ein einfaches Prädikat auf UA und PA, um Kombinationen von Rollen oder Berechtigungen zu untersagen. Beispielsweise sollte der Einkauf nicht gleichzeitig die Rechnungen bezahlen, weil das Betrug ermöglicht. Prädikate auf den Relationen können solche Kombinationen unmöglich machen und sichern so die Organisation ab. Dieses Prinzip heißt im Englischen *Separation of Duties (SOD)*. Ein weiteres, häufig vorkommendes Prädikat ist eine Beschränkung der Anzahl von Benutzern in einer Rolle. So kann es auf einer Station nur einen Chefarzt und seinen Stellvertreter geben.

Symmetrisches RBAC

Der höchste RBAC Level 4 heißt symmetrisches RBAC, bei dem der Administrator das System befragen kann, welche Rechte ein Benutzer auf einem bestimmten System hat. Diese Abfrage stellt die Architekten vor ganz besondere Herausforderungen. Man muss sich nur überlegen, wie verschieden die Berechtigungsmodelle auf den eingesetzten Services eines Unternehmens sind, und kommt dann von alleine darauf, wie komplex die übergeordnete Abfrage der Berechtigungen sein wird. Symmetrisches RBAC ist dann auch nicht Teil des ANSI-Standards geworden.

In der Praxis wird heute meistens ein hierarchisches System von Rollen verwendet (RBAC Level 2). Dies wird in speziellen Fällen um Constraints erweitert, die allerdings herstellerspezifisch sind. Der Dell Identity Manager erlaubt beispielsweise eine Risikokalkulation über einen Risk-Index, der pro Nutzer errechnet wird. Andere Systeme sind komplementär zum bestehenden IDM-System, wie die SAP-Lösung für Governance, Risk und Compliance.

Das Rollenmodell

Bei der Entwicklung des *Rollenmodells* ist es empfehlenswert, nicht zu granular zu beginnen, sondern das Modell so einfach wie möglich zu halten. Eine spätere Erweiterung oder Spezialisierung ist immer möglich, der Weg zurück aber ungemein schwieriger. Hersteller von IDM-Systemen und Directories bieten auch Grundmodelle an, welche für eine Vielzahl von Organisationen und Applikationen passen und die sich auch anpassen lassen.

In der Praxis kann sich eine geschichtete Typisierung von Rollen lohnen, um der Komplexität in einer größeren IT-Landschaft Herr zu werden. Wir empfehlen eine Unterteilung in die folgenden Typen, die in Bild 23.3 dargestellt sind. Die Beziehungen zwischen den Rollen über die Schichten hinweg kann 1:1 oder 1:n sein.

- Die *Geschäftsrolle (GR)* hat verschiedene Ausprägungen, die auch gleichzeitig einer Person zugeordnet werden können. Die naheliegendste ist die Organisationsrolle, die zu Berechtigungen nach Organisationszugehörigkeit verhilft, etwa die Angehörigkeit zur Finanzabteilung. Des Weiteren ist die Funktion der Person im Unternehmen eine Geschäftsrolle, beispielsweise Controller oder Teamleiter. Darüber hinaus gibt es auch tem-

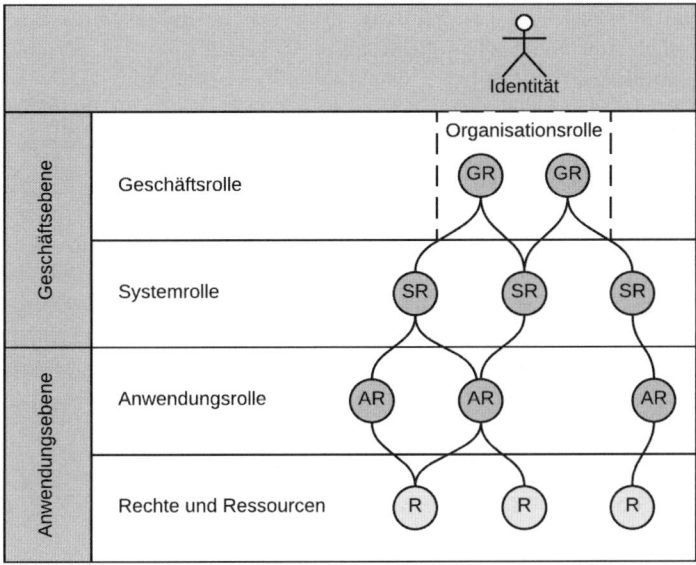

Bild 23.3 Typen von Rollen im Rollenmodell

poräre Rollen wie die des Projektleiters, beispielsweise durch die Mitarbeit an einem Projekt.

- Ein weiterer Typ ist die *Systemrolle (SR)*, die bestehende Systeme eines Unternehmens grobgranular kapselt und die den Geschäftsrollen zugeordnet wird. Die Definition eines Systems ist offen; so ist es möglich, die Zuordnung nach Anwendungsfällen vorzunehmen. Da wir hier die Geschäftssicht abbilden möchten, sollten an dieser Stelle noch kein konkreter Bezug auf Services vorgenommen werden. Beispiele für Systemrollen sind Service-Desk-Mitarbeiter, Zeugwart oder Fahrzeugtechniker.

- Geschäfts- und Systemrollen werden nun *Anwendungsrollen (AR)* zugeordnet, die im konkreten Service konfiguriert werden. Selbstverständlich sind die Anwendungsrollen spezifisch für den Service, im JIRA-System wäre eine Anwendungsrolle der Systemadministrator. Anwendungsrollen dienen der konkreten Zuweisung von Rechten, die durch die Rollen im Service häufig vorgegeben sind. Die Rechte und Ressourcen sind in Bild 23.3 als unterste Schicht dargestellt. Rechte können einzelne Operationen sein, Ressourcen stehen etwa für einzelne Ordner in einem Dateisystem.

Vorteile von RBAC

Der große Vorteil von RBAC ist der Determinismus: Man kann jederzeit leicht feststellen, wer auf welchen Ressourcen welche Berechtigungen besitzt. Dies macht das Berechtigungskonzept einfacher anpassbar und auch transparenter, da sich die Zusammenhänge leicht visualisieren lassen. Der Vorteil, die Auswirkungen von Änderungen im Vorfeld erkennen zu können, darf nicht unterschätzt werden. Daraus ergibt sich eine gute Auditierbarkeit des Systems auch für Business Owner. Für sie ist es einfach nachvollziehbar, welche

Berechtigungen er vergeben hat oder attestieren soll, da die Rollen klare Namen haben, die leicht verständlich sind. Generell gilt RBAC als einfacher als das ABAC-Modell, das wir weiter unten beschreiben.

Nachteile von RBAC

Der Nachteil von RBAC ist, dass die Rollen und Ressourcen bekannt sein müssen, um Entscheidungen im Kontext fällen zu können. Dies ist insbesondere für einen Administrator bei der Verwaltung schwierig, aber auch für einen Business Owner, der nur seine Ressourcen kennt, aber nicht die Rollen. Zudem kann die Anzahl der Rollen schnell explodieren, wenn zu feingranular berechtigt werden soll. Es besteht hier insbesondere das substanzielle Risiko, dass Servicesemantik in das Rollenkonzept auf Geschäftsebene schwappt und dieses komplizierter als nötig macht.

Häufig wird bei RBAC die Verwaltung von Subbäumen delegiert. Die Delegation ist für Stellvertreterregelungen im IAM zwar sehr wichtig, aber das Rollenmodell läuft dann Gefahr, sich an der Delegationsstruktur zu orientieren und nicht am Geschäft. Wenn viele Rollen im Einsatz sind, so muss auch eine große Anzahl von Delegationen in der Rollenverwaltung erstellt und gewartet werden. Dies bedeutet schlicht Overhead und kostet Geld. Es gibt zu RBAC diverse Zusätze, welche die Delegation erleichtern (PBDM, CRBAC).

■ 23.3 ABAC

 Attributbasierte Berechtigung ist feingranular und kontextbezogen und deswegen sehr flexibel. ■

ABAC erlaubt den Zugriff auf Ressourcen über domänenspezifische Attribute, beispielsweise die Funktion im Unternehmen oder das Alter. Diese können dann für die Autorisierung verwendet werden. Wichtig bei diesem Konzept ist, dass nicht nur der Nutzer diese Attribute hat, sondern auch die Ressource, auf die zugegriffen werden soll. Mittels einfacher mathematischer Funktionen kann ein ABAC-System dann entscheiden, ob der Zugriff erlaubt ist oder nicht. Bei diesem Verfahren kann etwa ein Dokument mit dem Attribut „Finance" versehen werden. Hat ein Benutzer dann das Attribut „Controller", greift eine Regel, die den Zugriff erlaubt.

Policies

Eine Sammlung solcher Regeln zugunsten der Autorisierung heißt Policy, die wiederum zu Policy Sets zusammengefasst werden können. Um das Management von Policies und Policy Sets zu vereinfachen und die verschiedensten Konzepte aus der Disziplin der Zugriffskontrolle formal auszudrücken, wurde die Extensible Access Control Markup Langua-

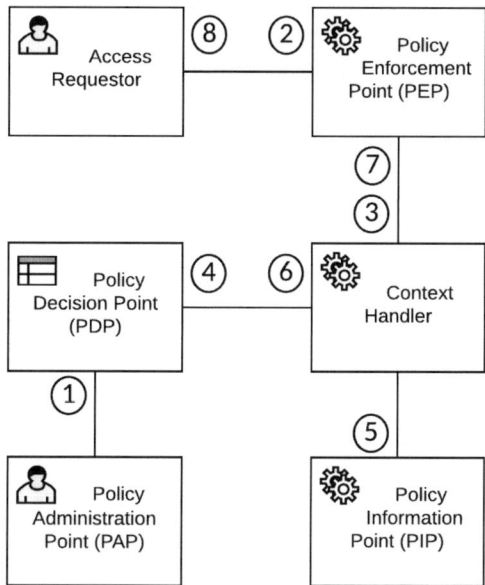

Bild 23.4 Funktionsweise von XACML, vereinfacht

ge (XACML) geschaffen [xac]. XACML definiert deklarative XML-basierte Regeln und Protokolle zur Entscheidung, ob ein Zugang gewährt werden soll. 2013 wurde die Version 3.0 des Standards verabschiedet, der im Wesentlichen die folgenden Schritte umfasst, wie in Bild 23.4 dargestellt:

1. Der Policy Administration Point (PAP) legt Policies und Policy Sets fest.

2. Der Access Requestor sendet eine Anfrage zum Zugriff.

3. Der Policy Enforcement Point (PEP) schickt die Anfrage verbatim im nativen Format an den Context Handler.

4. Der Context Handler übersetzt die Anfrage nach XACML und schickt diese an den Policy Decision Point (PDP).

5. Der PDP fragt nach weiteren Attributen beim Policy Information Point (PIP) nach, beispielsweise für weitere Kontextinformationen über die konkrete Umgebung oder das Subject, also den Access Requestor. Der Grund, warum die Informationen erst an dieser Stelle nachgefragt werden, ist die Sicherheit: Attribute aus dem PIP sind gegen Manipulationen besser geschützt als Eingaben gegen den PEP über den initialen Request. Die Nachfrage des PDP läuft über den Context Handler.

6. Der PDP wertet die Anfrage mit allen Attributen gegen die Policies aus und gibt die Entscheidung an den Context Handler zurück.

7. Der Context Handler übersetzt die Antwort in das native Format für den PEP.

8. Der PEP gibt nun den Zugriff auf die gewünschte Ressource frei und erfüllt außerdem die in den Policies festgelegten Obligations für den Zugriff. Beispielsweise erlaubt XACML den Versand einer E-Mail beim Zugriff auf ein bestimmtes Dokument oder die Ausführung einer konkreten Funktion.

Vorteile von ABAC

Der größte Vorteil der attributbasierten Zugriffskontrolle ist, dass einfache Regeln definiert werden können. Diese können sehr feingranular und kontextbezogen sein, was bei RBAC schwierig ist. Zudem können die Regeln durch die Architektur auch Attribute von Ressourcen und Benutzern auswerten, die gar nicht im IDM-System vorhanden sind, sondern über den PIP provisioniert werden. Es hat sich außerdem gezeigt, dass die Regeln wenig Pflege benötigen, da sie keine Struktur brauchen. Dies ist bei RBAC anders, da sich die Struktur durch die Rollen auch ändern können, wenn sich die Organisation verändert.

Nachteile von ABAC

ABAC kann auch zu einer Regelexplosion führen, ähnlich wie die Rollenexplosion beim RBAC, da ein System mit N Attributen 2^N mögliche Kombinationen von Regeln hat. Hierdurch ist es auch schwierig, die Symmetrie herzustellen und so herauszufinden, welche Berechtigungen ein Benutzer hat. Hier muss gegebenenfalls eine große Anzahl von Regeln ausgeführt werden. Und dies in der exakt gleichen Reihenfolge, wie es für den Benutzer selbst erfolgt. In der Folge kann es unmöglich sein, Risiken bei Zugriffen festzustellen.

ABAC-Systeme können auch langsam in der Durchführung von Autorisationen sein, da Daten von mehreren anderen Services zur Berechnung benötigt werden. Da diese Berechnungen durch das ABAC-System nicht kontrolliert werden können, können sie auch nicht vorberechnet oder zwischengespeichert werden.

■ 23.4   RBAC oder ABAC?

 Ein Hybridansatz von RBAC und ABAC, kurz RABAC, wird empfohlen. ■

In Security-Kreisen findet seit einiger Zeit ein Disput statt, ob RBAC oder ABAC eingesetzt werden sollte. Beide Systeme haben ihre Vor- und Nachteile, so wie im Text beschrieben. RBAC hat den Nachteil, dass initial eine Berechtigungsstruktur mit Rollen definiert werden muss, während ABAC zwar mit einfacheren Strukturen punktet, dafür aber bei der Revision und Anpassung von Benutzerberechtigungen einen hohen Aufwand verlangt. Als Experten empfehlen wir einen Hybridansatz zwischen RBAC und ABAC. Dieser Ansatz wird heute bereits von einer großen Zahl von IDM-Systemen als Möglichkeit angeboten. Die folgenden Verfahren kommen dabei zum Einsatz, und in der Praxis ist eine Mischung der letzten beiden häufig anzutreffen, die wir RABAC nennen.

Attributbasiert: Rollen werden als Attribute behandelt, allerdings flach und ohne Hierarchie. Da die Attribute am Benutzer hängen, geht die Beziehung zwischen Rolle und Berechtigung verloren.

Rollenbasiert: Hier werden die Berechtigungen nach RBAC den Rollen zugewiesen, aber als Attribute im Rahmen der Auswertung von Regeln verwendet. Die Regeln können hier

Berechtigungen nur einschränken, aber nicht erweitern. Die Flexibilität von ABAC geht so teilweise verloren, da Berechtigungen durch die Rollen erzwungen werden. Dafür ist die bei RBAC vorhandene Nachvollziehbarkeit besser gewährleistet.

Dynamische Rollen: Hierbei werden Rollen den Benutzern aufgrund von attributbasierten Regeln zugeordnet. Die Berechtigungen hängen dann an den Rollen und lassen sich auswerten.

■ 23.5 RABAC und Microservices

In einer SOA oder Microservice-Architektur integrieren wir häufig Legacy-Systeme und können einen ESB als Proxy zur Transformation der Kommunikation mit diesen Systemen nutzen. Bild 23.5 zeigt das Vorgehen schematisch. Der Policy Enforcement Point wird in diesem Beispiel durch den Bouncer-Service im ESB ersetzt, der eingehende Requests mit dem PDP verhandelt. Diese Architektur ist einfacher als das vollumfängliche XACML und lässt sich je nach Anzahl der Features in nützlicher Zeit sogar selber entwickeln. Beispielsweise kann auf die Programmierung der optionalen Obligations verzichtet werden. Es gibt auch Open-Source-Implementierungen des XACML-Standards, deren Komponenten eingebunden werden können, beispielsweise OpenAz oder das XACML-Framework von AT&T auf GitHub.

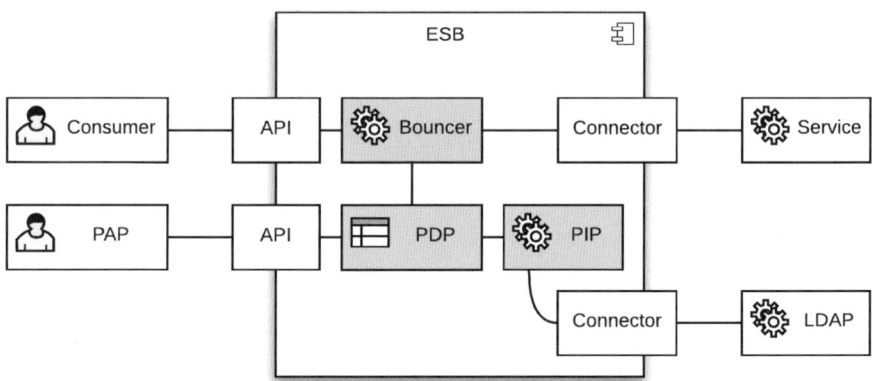

Bild 23.5 RBAC in einer SOA

Je nachdem, welches IDM-System eingesetzt wird, kann der PDP auf unterschiedlich viele Informationen zugreifen. Der Regelfall ist, dass dem Bouncer und damit dem PDP nur der Benutzername präsentiert werden kann. Im Falle von SAML können über die sogenannten Claims auch weitere Attribute gereicht werden, was im Rahmen einer Unternehmensarchitektur Sinn machen kann, es sich um eine begrenzte Anzahl von Attributen handelt.

Möchte man ein hierarchisches Rollenmodell abbilden, so kommt in dieser Architektur dem PIP die Aufgabe zu, die Rollen aus einem Directory-Service zu lesen, der in der Abbildung als LDAP notiert ist. Hier können eventuell auch andere Attribute gespeichert werden. Man beachte, dass dies die Autorisierungen im System verlangsamen kann und Last auf dem LDAP-Service erzeugt. Dieses Problem kann durch Zwischenspeicherung gelöst werden, beispielsweise durch einen Rollen-Cache im LDAP Connector. Wie immer macht die Zwischenspeicherung in der Architektur eine Dose Würmer auf und erzeugt zusätzliche Komplexität.

Literatur

[act]   *https://www.activiti.org/*

[AF15]   ABBOT, Martin ; FISHER, Michael: *The Art of Scalability: Scalable Web Architecture, Processes, and Organizations for the Modern Enterprise.* 2nd. Addison-Wesley Professional, 2015

[akk]   *http://akka.io/*

[Alb79]   ALBRECHT, A. J.: Measuring Application Development Productivity. In: *Proceedings of the IBM Applications Development Joint SHARE/GUIDE Symposium* (1979)

[AM11]   ALAN MACCORMACK, Carliss B. John Rusnak R. John Rusnak: Exploting the Duality between Product and Organizational Architectures: A Test of the Mirroring Hypothesis / Harvard Business School. 2011. – Forschungsbericht

[Amd67]   AMDAHL, Gene M.: Validity of the Single Processor Approach to Achieving Large Scale Computing Capabilities. In: *Proceedings of the April 18-20, 1967, Spring Joint Computer Conference* (1967), April, S. 483–485

[ans]   *https://www.ansible.com/*

[APB09]   ALLMAN, M. ; PAXSON, V. ; BLANTON, E. ; IETF NETWORK WORKING GROUP (Hrsg.): *RFC 5681: TCP Congestion Control.* IETF Network Working Group, September 2009

[apd]   *http://apdex.org/*

[api]   *http://www.apiman.io/latest/*

[arc]   *http://www.arc42.de/*

[asm]   *ttp://asm.ow2.org/*

[axu]   *http://www.axure.com/*

[bal]   *https://balsamiq.com/*

[Bas15]   BASS, Len: *Devops: A Software Architect's Perspective (SEI Series in Software Engineering).* Addison-Wesley Professional, 2015

[BCB03]   BEHREN, Rob von ; CONDIT, Jeremy ; BREWER, Eric: Why Events Are A Bad Idea. In: *HotOS IX: The 9th Workshop on Hot Topics in Operating Systems* (2003)

[beh]   *https://github.com/Behat*

[BJPM16]   BEYER, Betsy (Hrsg.) ; JONES, Chris (Hrsg.) ; PETOFF, Jennifer (Hrsg.) ; MURPHY, Niall R. (Hrsg.): *Site Reliability Engineering.* O'Reilly Media, Inc., 2016

[BKC03]   BASS, Len ; KAZMAN, Rick ; CLEMENTS, Paul: *Software Architecture in Practice*. 2nd. Addison Wesley, 2003 (SEI Series in Software Engineering)

[BKC13]   BASS, Len ; KAZMAN, Rick ; CLEMENTS, Paul: *Software Architecture in Practice*. 3rd. Addison Wesley, 2013 (SEI Series in Software Engineering)

[bra]   *https://www.infoq.com/articles/ddd-contextmapping*

[Bre]   *https://www.infoq.com/articles/cap-twelve-years-later-how-the-rules-have-changed*

[Bre00]   BREWER, Eric: Towards Robust Distributed Systems. In: *Proceedings of the 19th Annual ACM Symposium on Principles of Distributed Computing* (2000)

[BRJ05]   BOOCH, Grady ; RUMBAUGH, James ; JACOBSON, Ivar: *The Unified Modeling Language User Guide*. 2nd Edition. Addison-Wesley Professional, 2005

[broa]   *http://browsershots.org/*

[brob]   *https://leanpub.com/b/software-architecture*

[broc]   *https://www.browserstack.com*

[Bro75]   BROOKS, Frederick P.: *The Mythical Man-Month. Essays on Software Engineering*. Addison-Wesley Longman, 1975

[cac]   *http://www.cacti.net/*

[cas]   *http://cassandra.apache.org/*

[CBB+10]   CLEMENTS, Paul ; BACHMANN, Felix ; BASS, Len ; GARLAN, David ; IVERS, James ; LITTLE, Reed ; MERSON, Paulo ; NORD, Robert ; JUDITH, Stafford: *Documenting Software Architectures*. 2nd Edition. Addison-Wesley Professional, 2010 (SEI Series in Software Engineering)

[cfe]   *https://cfengine.com/*

[che]   *https://www.chef.io/*

[chra]   *http://dev.chromium.org/spdy*

[chrb]   *https://chromium.googlesource.com/chromium/src/+/lkgr/headless/README.md*

[CKK02]   CLEMENTS, Paul ; KAZMAN, Rick ; KLEIN, Mark: *Evaluating Software Architecture*. Addison-Wesley, 2002 (SEI Series in Software Engineering)

[clo]   *https://cloudsecurityalliance.org/*

[cob]   *http://cobertura.github.io/cobertura/*

[coc]   *http://de.slideshare.net/adriancockcroft*

[col]   *https://collectd.org/*

[Con68]   CONWAY, Melvin E.: How Do Committees Invent? In: *Datamation* (1968), April, S. 28–31

[cor]   *https://agourlay.github.io/cornichon/*

[cqr]   *https://martinfowler.com/bliki/CQRS.html*

[css]   *https://www.w3.org/TR/cssom-1/*

[cyc]   *http://icclab.github.io/cyclops/*

[dij70]   Software Engineering Techniques NATO Science Committee, 1970, S. 16

[do192]   RADIO TECHNICAL COMMISSION FOR AERONAUTICS: DO-178B: Software
            Considerations in Airborne Systems and Equipment Certification. 1992. –
            Forschungsbericht

[doc]   *https://www.docker.com/*

[Dor81]   DORAN, George: There's a S.M.A.R.T. way to write management's goals and
            objectives. In: *Management Review* (1981), November

[ela]   *https://www.elastic.co/products*

[emm]   *http://emma.sourceforge.net/*

[Erl08]   ERL, Thomas: *SOA: Principles of Service Design.* Prentice Hall, 2008

[Eva03]   EVANS, Eric J.: *Domain-Driven Design: Tackling Complexity in the Heart of
            Software.* Addison Wesley, 2003

[eve]   *https://martinfowler.com/eaaDev/EventSourcing.html*

[fac]   *https://www.facebook.com/note.php?note_id=23844338919&id=9445547199*

[FGBS10]   FRICKER, Samuel ; GORSCHEK, Tony ; BYMAN, Carl ; SCHMIDLE, Armin:
            Handshaking with Implementation Proposals: Negotiating Requirements
            Understanding. In: *IEEE Software* (2010)

[fid]   *https://fidoalliance.org/*

[fie]   *http://www.ics.uci.edu/ fielding/pubs/dissertation/top.htm*

[fin]   *http://findbugs.sourceforge.net*

[FK92]   FERRAIOLO, David F. ; KUHN, D. R.: Role-Based Access Controls. In: *15th
            National Computer Security Conference* (1992)

[Fowa]   FOWLER, Martin: *http://martinfowler.com/articles/mocksArentStubs.html*

[Fowb]   FOWLER, Martin: *http://martinfowler.com/bliki/SnowflakeServer.html*

[Fowc]   FOWLER, Martin:
            https://martinfowler.com/articles/richardsonMaturityModel.html

[Fowd]   FOWLER, Martin:
            http://www.martinfowler.com/articles/continuousIntegration.html

[gan]   *http://ganglia.info/*

[gat]   *http://gatling.io/*

[GHJV95]   GAMMA, Erich ; HELM, Richard ; JOHNSON, Ralph ; VLISSIDES, John: *Design
            Patterns.* Addison-Wesley Longman, 1995

[gita]   *https://git-scm.com/*

[gitb]   *https://github.com/nvie/gitflow*

[GL02]   GILBERT, Seth ; LYNCH, Nancy: Brewer's Conjecture and the Feasibility of
            Consistent, Available, Partition-tolerant Web Services. In: *SIGACT News* 33
            (2002), Juni, Nr. 2, 51–59. *http://dx.doi.org/10.1145/564585.564601.* – DOI
            10.1145/564585.564601. – ISSN 0163–5700

[graa]   *http://grafana.org/*

[grab]   *http://graphite.wikidot.com/*

[Gre14]   GREGG, Brendan: *Systems Performance: Enterprise and the Cloud.* Prentice
            Hall, 2014

[Gri13]   GRIGORIK, Ilya: *High Performance Browser Networking.* O'Reilly Media, 2013

[Ham]   HAMMANT, Paul: *http://paulhammant.com/2011/11/29/cookie-cutter-scaling/*

[haz]   *https://hazelcast.com/*

[hei]   *http://www.h5l.org/*

[Hig04]   HIGGINBOTTOM, Karen: ANSI INCITS 359-2004 Role Based Access Control / American National Standards Institute. 2004. – Forschungsbericht

[hova]   *https://approov.io/blog/mobile-api-security-techniques-part-1.html*

[hovb]   *https://approov.io/blog/mobile-api-security-techniques-part-2.html*

[HS07]   HAUSSMANN, Martin ; SCHOLZ, Holger: *Bikablo: Das Trainerwörterbuch der Bildsprache.* Neuland, 2007

[htm]   *http://htmlunit.sourceforge.net*

[htta]   *http://httparchive.org/trends.php*

[httb]   *http://httpunit.sourceforge.net/*

[httc]   *https://httpd.apache.org/*

[HW03]   HOHE, Gregor ; WOLF, Bobby: *Enterprise Integration Patterns: Designing, Building, and Deploying Messaging Solutions.* 1st. Addison-Wesley Professional, 2003

[hyp]   *https://sourceforge.net/projects/hyperic-hq/*

[hys]   *https://github.com/Netflix/Hystrix*

[Hys14]   HYSLIP, Thomas S.: *Proactive Botnet Detection: Through Characterization of Distributed Denial of Service Attacks.* Capitol College, 2014

[iee08]   IEEE Standard for Software and System Test Documentation. In: *IEEE Std 829-2008 (Revision of IEEE Std 829-1998)* (2008), July

[IEE09]   IEEE COMPUTER SOCIETY (Hrsg.): *830-1998 - IEEE Recommended Practice for Software Requirements Specifications.* IEEE Computer Society, 2009

[iee14]   IEEE Standard for Software Quality Assurance Processes. In: *IEEE Std 730-2014 (Revision of IEEE Std 730-2002)* (2014), June

[ign]   *https://ignite.apache.org/*

[ins]   *https://docs.oracle.com/javase/7/docs/api/java/lang/instrument/package-summary.html*

[Int11]   INTERNATIONAL ORGANIZATION FOR STANDARDIZATION (Hrsg.): *ISO/IEC 25010:2011.* International Organization for Standardization, 2011

[ire]   *https://www.ireb.org/de/*

[ist]   *http://www.istqb.org/*

[iti11a]   *ITIL Service Operation.* 2nd. The Stationery Office Ltd, 2011

[iti11b]   *ITIL Service Strategy 2011.* 2nd. The Stationery Office Ltd, 2011

[JA10]   JOHN ALLSPAW, Jesse R. (Hrsg.): *Web Operations: Keeping the Data on Time.* O'Reilly Media, Inc., 2010

[Jac92]   JACOBSON, Ivar: *Object-Oriented Software Engineering: A Use Case Driven Approach.* ACM Press, 1992

[jen] *https://jenkins.io/*

[JH10] JEZ HUMBLE, David F.: *Continuous Delivery: Reliable Software Releases through Build, Test, and Deployment Automation.* Addison-Wesley, 2010

[jig] *https://www.jcp.org/en/jsr/detail?id=376*

[jme] *http://jmeter.apache.org/*

[jmx] *http://www.oracle.com/technetwork/articles/java/javamanagement-140525.html*

[kat] *http://codekata.com/*

[Ken] KENT, Ian: *https://github.com/mailhog/MailHog*

[kib] *https://www.elastic.co/downloads/kibana*

[KK13] KOSTKA, Claudia ; KOSTKA, Sebastian: *Der Kontinuierliche Verbesserungsprozess.* 6th. Carl Hanser Verlag, 2013

[KKB+98] KAZMAN, Rick ; KLEIN, Mark ; BARBACCI, Mario ; LONGSTAFF, Tom ; LIPSON, Howard ; CARRIERE, Jeromy: The Architecture Tradeoff Analysis Method / Carnegie Mellon Software Engineering Institute. 1998. – Forschungsbericht

[KO14] KNIPP, Eric ; OLLIFFE, Gary: A Guidance Framework for Designing a Great Web API. In: *Gartner Technical Professional Advice* (2014), August, S. 40

[kon] *https://getkong.org/*

[KP78] KERNIGHAN, Brian W. ; PLAUGER, P. J.: *The Elements of Programming Style.* McGraw-Hill Book Company, 1978

[KSTT84] KANO, Noriaki ; SERAKU, Nobuhiko ; TAKAHASHI, Fumio ; TSUJI, Shin-ichi: Attractive Quality and Must-Be Quality. In: *Journal of the Japanese Society for Quality Control* 14 (1984), apr, Nr. 2, S. 147–156

[lam] *https://aws.amazon.com/lambda/details/*

[lat] *https://www.latex-project.org/*

[LCH14] LIMONCELLI, Thomas A. ; CHALUP, Strata R. ; HOGAN, Christina J.: *The Practice of Cloud System Administration: Designing and Operating Large Distributed Systems, Volume 2.* Addison-Wesley Professional, 2014

[Leh80] LEHMAN, M.M.: Programs, life cycles, and laws of software evolution. In: *Proceedings of the IEEE* (1980)

[lic] *http://www.mojohaus.org/license-maven-plugin/*

[LS80] LIENTZ, Bennett P. ; SWANSON, E. B.: *Software Maintenance Management.* Boston, MA, USA : Addison-Wesley Longman Publishing Co., Inc., 1980

[Mar02] MARTIN, Robert C.: *Agile Software Development. Principles, Patterns, and Practices.* Prentice Hall Computer, 2002

[McC04] MCCONNELL, Steven C.: *Code Complete.* Microsoft Press, 2004

[Mei16] MEIER, Gregor: *Pagespeed Optimierung.* Hanser, 2016

[MFB+07] MEIER, J.D. ; FARRE, Carlos ; BANSODE, Prashant ; BARBER, Scott ; REA, Dennis: *Performance Testing Guidance for Web Applications.* Microsoft Corporation, 2007

[Mol14] MOLYNEAUX, Ian: *The Art of Application Performance Testing: From Strategy to Tools.* O'Reilly Media, 2014

[mon]   *https://www.mongodb.com/cloud/atlas*

[MS03]   MARCUS, Evan ; STERN, Hal: *Blueprints for High Availability.* 2nd. Wiley
          Publishing, Inc., 2003

[msd]   *http://arstechnica.com/information-technology/2014/08/how-microsoft-
          dragged-its-development-practices-into-the-21st-century*

[mud]   *http://www.laputan.org/mud/*

[mun]   *http://munin-monitoring.org/*

[Mus04]   MUSA, John D.: *Software Reliability Engineering: More Reliable Software Faster
          and Cheaper.* 2nd. Authorhouse Print on Demand, 2004

[mys]   *http://dev.mysql.com/*

[nag]   *https://www.nagios.com/*

[Nat65]   NATIONAL TECHNICAL INFORMATION SERVICE (Hrsg.): *MIL-STD-785 Reliability
          Programs for Systems and Equipment.* National Technical Information Service,
          1965

[Nat86]   NATIONAL TECHNICAL INFORMATION SERVICE (Hrsg.): *MIL-STD-781 D
          Reliability Testing for Engineering Development, Qualification and Production.*
          National Technical Information Service, October 1986

[nav]   *http://w3c.github.io/navigation-timing/*

[neo]   *https://www.neos.io/*

[new]   *http://newrelic.com/*

[New15]   NEWMAN, Sam: *Building Microservices.* O'Reilly Media, Inc., 2015

[nex]   *https://www.sonatype.com/nexus-repository-sonatype*

[NF15]   NANZ, Sebastian ; FURIA, Carlo A.: A Comparative Study of Programming
          Languages in Rosetta Code. In: *Proceedings of the 37th International
          Conference on Software Engineering* 1 (2015), May, S. 778–788

[ngi]   *https://nginx.org/en/*

[nis]   *https://pages.nist.gov/800-63-3/sp800-63b.html*

[ntp]   *http://www.ntp.org/*

[Nyg07]   NYGARD, Michael: *Release It!: Design and Deploy Production-Ready Software.*
          Pragmatic Bookshelf, 2007

[Oak14]   OAKS, Scott: *Java Performance: The Definitive Guide.* O'Reilly Media, 2014

[oau]   *https://developers.google.com/oauthplayground/*

[Obj11]   OBJECT MANAGEMENT GROUP (Hrsg.): *Business Process Model and Notation
          (BPMN).* 2.0. http://www.omg.org/spec/BPMN/2.0: Object Management
          Group, January 2011

[OK12]   O'CONNOR, Patrick D. T. ; KLEYNER, Andre: *Practical Reliability Engineering.*
          5th. John Wiley & Sons, 2012

[one]   *https://www.onelogin.com/roi-tool*

[ope]   *http://openid.net/connect/*

[osg]   *https://www.osgi.org/*

[owa]   *https://www.owasp.org*

[pac]   *https://www.packer.io/*

[paga]   *https://developers.google.com/speed/pagespeed/module/*

[pagb]   *https://www.pagerduty.com/*

[pap]   *https://papertrailapp.com/*

[per]   *https://engineering.linkedin.com/performance/who-moved-my-99th-percentile-latency*

[PF13]   PROVOST, Foster ; FAWCETT, Tom: *Data Science for Business.* O'Reilly, 2013

[pmd]   *http://pmd.sourceforge.net*

[Pop03]   POPPENDIEK, Mary: *Lean Software Development: An Agile Toolkit for Software Development Managers.* Addison Wesley, 2003

[PR15]   POHL, Klaus ; RUPP, Chris: *Basiswissen Requirements Engineering: Aus- und Weiterbildung nach IREB-Standard zum Certified Professional for Requirements Engineering Foundation Level.* dpunkt.verlag GmbH, 2015

[pub]   *https://www.programmableweb.com/news/api-terms-and-conditions-done-right/2012/02/02*

[pup]   *Puppet*

[r]   *https://www.r-project.org/*

[rea]   *http://www.reactivemanifesto.org/*

[rfca]   *https://tools.ietf.org/html/rfc1945*

[rfcb]   *https://tools.ietf.org/html/rfc4511*

[rfcc]   *https://tools.ietf.org/html/rfc6749*

[rfcd]   *https://tools.ietf.org/html/rfc6750*

[rfce]   *https://tools.ietf.org/html/rfc7234*

[rfcf]   *https://tools.ietf.org/html/rfc7540*

[rfcg]   *https://tools.ietf.org/html/rfc7642*

[rfch]   *https://tools.ietf.org/html/rfc7643*

[rfci]   *https://tools.ietf.org/html/rfc7644*

[rfcj]   *https://www.ietf.org/rfc/rfc2616*

[RQZ07]   RUPP, Chris ; QUEINS, Stefan ; ZENGLER, Barbara: *UML 2 Glasklar.* 3. Ausg. Hanser, 2007

[RR12]   ROBERTSON, S. ; ROBERSTON, J.: *Mastering the Requirements Process: Getting Requirements Right.* Addison Wesley, 2012

[sam]   *http://saml.xml.org/saml-specifications*

[San00]   *The NIST Model for Role-Based Access Control: Towards A Unified Standard.* 2000

[sca]   *http://www.scalawebtest.org/*

[SCFY96]   SANDHU, Ravi ; COYNE, Edward ; FEINSTEIN, Hal ; YOUMAN, Charles: *Role-Based Access Control Models.* IEEE Computer Society, 1996

[sei]   *http://www.sei.cmu.edu/architecture/start/glossary/community.cfm*

[sel]	*http://www.seleniumhq.org/*
[sem]	*http://semver.org/*
[sera]	*https://github.com/Netflix/servo/*
[serb]	*ServerSpec*
[sig]	*http://www.s-i.ch/ueber-uns/ethikrichtlinien/*
[sim]	*https://github.com/Netflix/SimianArmy*
[sin]	*https://cacm.acm.org/magazines/2016/7/204032-why-google-stores-billions-of-lines-of-code-in-a-single-repository/fulltext*
[SL12]	SPILLNER, Andreas ; LINZ, Tilo: *Basiswissen Softwaretest.* dpunkt.verlag GmbH, 2012
[sla]	*https://slack.com/*
[Smi12]	SMITH, Peter: *Professional Website Performance: Optimizing the Front-End and Back-End.* 1st. Wrox, 2012
[smx]	*http://servicemix.apache.org/*
[son]	*http://www.sonarqube.org*
[sox]	*https://de.wikipedia.org/wiki/Sarbanes-Oxley_Act*
[spa]	*https://cloud.google.com/spanner/*
[spl]	*http://www.splunk.com/*
[sqa]	*http://www.sqale.org/*
[staa]	*https://stackstorm.com/*
[stab]	*http://stackstatus.net/post/147710624694/outage-postmortem-july-20-2016*
[Sti14]	STILL, Andy: *Web Performance Warrior.* O'Reilly, 2014
[swa]	*http://swagger.io/*
[swe04]	*SWEBOK 2004 Guide to the Software Engineering Body of Knowledge.* IEEE Computer Society, 2004
[TESW15]	TILKOV, Stefan ; EIGENBRODT, Martin ; SCHREIER, Silvia ; WOLF, Oliver: *REST und HTTP.* 3rd. dpunkt.verlag, 2015
[Tie07]	TIEMEYER, Ernst: *Handbuch IT-Management.* 2. Aufl. Hanser, 2007
[tog]	*http://pubs.opengroup.org/architecture/togaf9-doc/arch/*
[Tot13]	TOTH, Stefan: *Vorgehensmuster für Softwarearchitektur: Kombinierbare Praktiken in Zeiten von Agile und Lean.* Hanser, 2013
[tra]	*https://en.wikipedia.org/wiki/Traceroute*
[ttf]	*https://blog.josephscott.org/2011/10/14/timing-details-with-curl/*
[twi]	*https://blog.twitter.com/2016/resilient-ad-serving-at-twitter-scale*
[tyk]	*https://tyk.io*
[uma]	*http://kantarainitiative.org/confluence/display/uma/Home*
[Unt15]	UNTERAUER, Markus: *Workshops im Requirements Engineering.* dpunkt.verlag GmbH, 2015
[vag]	*https://www.vagrantup.com/*

[Ver13]   VERNON, Vaughn: *Impementing Domain-Driven Design.* Addison Wesley, 2013

[Vig07]   VIGENSCHOW, Uwe: *Soft Skills für Softwareentwickler.* dpunkt.verlag GmbH, 2007

[vir]   *https://www.virtualbox.org/*

[w3g]   *https://www.w3.org/wiki/Graceful_degradation_versus_progressive_enhancement*

[Wag13]   WAGNER, Stefan: *Software Product Quality Control.* Springer, 2013

[wha]   *http://www.oreilly.com/pub/a/web2/archive/what-is-web-20.html*

[wir]   *http://wiremock.org/*

[x50]   *https://www.itu.int/rec/T-REC-X.509-198811-S*

[xac]   *http://docs.oasis-open.org/xacml/3.0/xacml-3.0-core-spec-cos01-en.html*

[zab]   *http://www.zabbix.com/*

[zen]   *https://www.zenoss.com/*

[Zör12]   ZÖRNER, Stefan: *Software Architekturen Dokumentieren und Kommunizieren.* Hanser, 2012

Stichwortverzeichnis